CÉLINE

Du même auteur

au Mercure de France :

CÉLINE
Première partie :
Le Temps des espérances
(1894-1932)

CÉLINE
Troisième partie :
Cavalier de l'Apocalypse
(1944-1961)

FRANÇOIS GIBAULT

CÉLINE

DEUXIÈME PARTIE

Délires et persécutions (1932-1944)

MERCURE DE FRANCE

MCMLXXXV

ISBN 2-7152-1333-6

26, rue de Condé, 75006 Paris.
Imprimé en France

En souvenir de Jean-Noël

AVERTISSEMENT

Rescapé de l'une des plus sanglantes et absurdes boucheries de l'Histoire, Louis Destouches a lancé en 1932, avec Voyage au bout de la nuit, *un premier cri contre la guerre, contre toutes les guerres.*

Ce présomptueux médecin de banlieue espérait-il mettre fin, avec ce livre, à la folie meurtrière qui avait déjà conduit tant de fois à de si formidables tueries des frères de même race, habitants du même continent, tous adorateurs du même Dieu, qui leur avait enseigné de s'aimer les uns les autres ?

Le docteur Louis Destouches pensait-il sérieusement parvenir seul à vaincre ce Goliath, une fois pour toutes ? Était-il naïf au point de croire que son cri serait entendu des deux côtés du Rhin ? Et jusqu'à l'Oural ?

Vite convaincu d'avoir prêché dans le désert, il acquit la certitude que les Européens n'avaient tiré aucune leçon du massacre. Ceux qui avaient assassiné le Tsar s'étaient jetés dans les bras de Staline, tandis qu'à peine débarrassés de Guillaume II, les Allemands s'étaient précipités dans ceux d'Hitler.

Voyageur infatigable, toujours à l'affût de toutes les palpitations du monde, il se rendit souvent en Angleterre, en Allemagne et aux États-Unis. Il voulut voir aussi l'Union soviétique, d'où il revint avec la conviction que le communisme constituait le plus grand péril pour l'Occident et que, malgré les excès du national-socialisme, l'Allemagne était le seul rempart chrétien contre les hordes des successeurs de Gengis Khan.

Il estima dès lors qu'il fallait éviter à tout prix un nouveau conflit entre la France et l'Allemagne et foudroya tous ceux qui jetaient de l'huile sur le feu et poussaient à la guerre.

Céline s'est précipité seul dans un combat mené principalement contre les Juifs, ennemis naturels du nazisme dont ils avaient été les premières victimes, et aussi contre tous ceux qu'il jugeait responsables de la décadence française : le Front Populaire, les communistes, les francs-maçons, qu'il fustigeait entre autres avec l'Église, les intellectuels en général, les alcooliques, les responsables de l'instruction publique et les Anglais.

Animé au départ d'une intention qui n'était pas reprochable, Céline a voulu forcer le ton, pour être sûr d'être bien entendu, passant délibérément la mesure et se jetant lui-même dans un étau qui ne pouvait que le broyer.

Apprenti sorcier aux commandes d'une machine infernale, arroseur arrosé, Céline fut victime de sa fougue, de sa verve, de sa fureur d'écrire, de son talent de pamphlétaire, de son humour de carabin, parfois si proche du mauvais goût, et de son délire infini.

Les persécutions dont les Juifs ont fait l'objet au cours de la Seconde Guerre mondiale, et qui ont traumatisé l'humanité, ont conféré aux écrits les plus violents de Céline une gravité et une résonance inouïes, qu'ils n'avaient pas lorsqu'ils ont été publiés pour la première fois.

Fidèle exécutrice des volontés de son mari, Lucette Destouches s'oppose à toute nouvelle réimpression des pamphlets. Nul ne peut l'en blâmer. En un temps où le racisme et l'antisémitisme renaissent partout en Europe, toute nouvelle édition de ces livres, hors du contexte historique dans lequel ils ont été écrits, constituerait une véritable provocation.

Plus de quarante années se sont écoulées depuis la Libération et près de vingt-cinq ans depuis la mort de Céline. Il reste difficile, malgré le temps passé, d'évoquer sa mémoire sans susciter de réactions passionnelles. Les plaies n'en finiront-elles jamais de se cicatriser?

Quand sera-t-il enfin possible de relater l'histoire de ce temps sans susciter de telles polémiques ?

Nul en tout cas ne pourra contester que, ayant pris le parti de l'objectivité, je n'ai recélé aucune des informations sérieuses, aucun des documents qui m'ont été communiqués, y compris ceux qui choqueront. Cette attitude délibérée devra conduire les détracteurs de Céline à penser que j'énonce aussi la vérité lorsque j'apporte à sa décharge des pièces ou des témoignages qui lui sont favorables.

Ce livre ne constitue pas une défense de Céline et l'on y cherchera en vain un jugement sur lui. Comme il se trouve toujours beaucoup de « justiciers » pour porter sur les autres des arrêts définitifs, nul doute que cette évocation des années 1932 à 1944 leur permettra de faire de nouveau son procès.

Il faut dire en vérité que pour eux, coupable ou victime, Céline est un sujet de choix. Ne portait-il pas en lui toutes les contradictions imaginables ?

Jean Cocteau écrivit un jour à propos d'Orson Welles : « Comme il est difficile de survivre, lorsqu'on est singulier, dans un monde pluriel [1]. » Céline, navigateur solitaire et cavalier seul, en fit durement l'expérience.

Les chocs ont été pour lui d'autant plus rudes qu'il était d'une extrême sensibilité et plus fragile que les êtres ordinaires. Bien qu'il les ait cruellement ressentis, il n'a jamais accepté de vivre autrement que selon ses impulsions et comme il était, ni fuyant ni hypocrite ni tiède en rien, toujours prêt à se lancer dans toutes les bagarres.

Il a écrit comme il a vécu, avec son intelligence, mais d'abord avec son cœur, avec ses tripes et ses couilles, à coups de hache, avec des mots qui sont autant de cris, coupants comme des rasoirs.

J'ai pensé mieux servir sa mémoire en le montrant tel qu'il m'est apparu et en lui restituant toute sa force, par-delà et à travers ses outrances et ses erreurs.

Céline fut un humaniste authentique et un pacifiste, mais au service de ses idées il fut un homme et un écrivain de combat.

1. Jean Cocteau, manuscrit inédit, 6 mai 1962, partiellement reproduit dans le catalogue de la librairie *Les Neuf muses*, décembre 1984.

Tout au cours de sa vie, hachée de péripéties épiques, il n'a cessé de se battre et de hurler, comme on le fait dans les abattoirs et dans toutes les antichambres de la mort.

Taire ses gueulements, ses engagements et ses écrits les plus violents eût constitué une véritable dénaturation de cet homme unique dont le génie littéraire s'impose chaque jour davantage.

*

Bien que Lucette Destouches connaisse le fond de mes pensées et, qu'à l'instar de Céline, elle n'aime pas trop les mots ni les effusions, je tiens à dire ici que rien pour moi n'eût été possible sans son consentement et son affectueuse collaboration. Je lui en suis et lui en serai toujours reconnaissant.

Je veux aussi remercier tous ceux qui ont mis leurs archives à ma disposition et principalement : Me Maurice Rheims, de l'académie française et son fils, mon ami Louis Rheims, ainsi que M. Lucien Combelle, témoin objectif et lucide de l'avant-guerre et de l'Occupation, Frédéric Empeytaz, Jean Drieu La Rochelle, Robert de Chateaubriant, Mme Lucien Rebatet, Karen Marie Jensen et Marie Bell, qui vient de quitter ce monde.

Directeur des *Cahiers Céline*, fondateur de la Bibliothèque Louis-Ferdinand Céline, co-fondateur de la Société d'études céliniennes, auteur de l'*Album* de la Pléiade et d'une récente et remarquable *Bibliographie* [1], Jean-Pierre Dauphin a été le premier critique des trois tomes de cette biographie et il m'a toujours communiqué très généreusement toute sa documentation. Je l'en remercie, en y associant Pascal Fouché, co-auteur de la *Bibliographie.*

Renouvelant enfin les remerciements exprimés au début de *Cavalier de l'apocalypse,* j'y associe : M. et Mme Pierre De Baecker, Éliane Bonabel, Jean Bonvilliers, Daniel Bordet, Michel Brichard, bibliothécaire de l'Ordre des Avocats, Suzanne Boyer Le Moine, Mme Théophile Briant, le bâtonnier André Damien, Nicole Debrie-Le Goullon, le docteur et Mme Desse, André de Fonscolombe,

1. *Bibliographie des écrits de L.-F. Céline,* Paris, B.L.F.C., 1985.

Henri Godard, René Héron de Villefosse (†), le docteur et Mme Hogarth, Me Suzanne Kieffé, Jean Lansard, Jean-Christophe Le Bail, Sergine Le Bannier, Hervé Le Boterf, Andrée Le Coz, le général Liger-Belair, le pasteur Löchen, Maggy Malose, Simone Marietti, Éric Mazet, Frédéric Monnier, Claudine Monteils, Jacqueline Morand, Florent Morési, Yves Ozanam, Serge Perrault, Gérard Peuch, secrétaire de la mairie de Bezons, Évelyne Pollet, le docteur Odette Poulain, Daniel Rondeau, Me Alain Schmitz, le docteur Pierre Thomas, Bob Westhoff et le docteur André Willemin.

J'exprime enfin ma reconnaissance au Centre de Documentation juive contemporaine et au Harry Ransom Humanities Research Center de l'Université du Texas à Austin.

AVERTISSEMENT BIBLIOGRAPHIQUE

Nous nous sommes limité, ci-dessous, à donner sous une forme brève et aisément identifiable les renseignements dont le lecteur pourrait avoir besoin au fil du texte. Étant donné le grand nombre d'ouvrages et d'éditions épuisés ou en rupture de stock, nous avons pris le parti de renvoyer à la dernière édition disponible, en choisissant toujours celle qui, par l'établissement de son texte ou la présence d'un appareil critique, faisait autorité. Dans le cas d'œuvres non réimprimées depuis longtemps, comme les pamphlets, la référence est faite à l'édition originale.

Bagatelles pour un massacre. Paris, Denoël, 1937.

Les Beaux draps. Paris, Nouvelles Éditions françaises, 1941.

« Carnet du cuirassier Destouches ». Voir *Casse-pipe.*

Casse-pipe suivi du *Carnet du cuirassier Destouches.* Paris, Gallimard, 1970 (Collection « blanche »).

D'un château l'autre. Dans *Romans* II, Paris, Gallimard, 1974 (Collection « Bibliothèque de la Pléiade »).

L'École des cadavres. Paris, Denoël, 1938.

L'Église. Paris, Gallimard, 1952 (Collection « blanche »).

Entretiens avec le Professeur Y. Paris, Gallimard, 1976 (Collection « blanche »).

Féerie pour une autre fois I. Paris, Gallimard, 1952 (Collection « blanche »).

Féerie pour une autre fois II. *Normance.* Paris, Gallimard, 1954 (Collection « blanche »).

Guignol's Band I. Paris, Gallimard, 1952 (Collection « blanche »).

Guignol's Band II. *Le pont de Londres.* Paris, Gallimard, 1964 (Collection « blanche »).

Maudits soupirs pour une autre fois. Paris, Gallimard, 1985 (Collection « blanche »).

Mea culpa. Paris, Denoël et Steele, 1936.

Mort à crédit. Dans *Romans* I, Paris, Gallimard, 1981 (Collection « Bibliothèque de la Pléiade »).

Nord. Dans *Romans* II, Paris, Gallimard, 1974 (Collection « Bibliothèque de la Pléiade »).

Normance. Voir *Féerie pour une autre fois* II.

Œuvres I-V (5 vol.). Paris, Balland, 1966-1969.

Le Pont de Londres. Voir *Guignol's Band* II.

Rigodon. Dans *Romans* II, Paris, Gallimard, 1974 (Collection « Bibliothèque de la Pléiade »).

Semmelweis. Dans *Cahiers Céline* 3, Paris, Gallimard, 1977 (Collection « Cahiers Céline »).

Voyage au bout de la nuit. Dans *Romans* I, Paris, Gallimard, 1981 (Collections « Bibliothèque de la Pléiade »).

Enfin l'ensemble des petits textes de Céline (article, interviews, lettres, ...) ou des témoignages qui lui ont été consacrés sont cités, chaque fois qu'ils ont été réédités, d'après :

Cahiers Céline 1. Paris, Gallimard, 1976 (Collections « Cahiers Céline »).

Cahiers Céline 2. Paris, Gallimard, 1976 (Collection « Cahiers Céline »).

Cahiers Céline 3. Paris, Gallimard, 1977 (Collection « Cahiers Céline »).

Cahiers Céline 4. Paris, Gallimard, 1977 (Collection « Cahiers Céline »).

Cahiers Céline 5. Paris, Gallimard, 1978 (Collection « Cahiers Céline »).

Cahiers Céline 6. Paris, Gallimard, 1980 (Collection « Cahiers Céline »).

Cahiers de l'Herne. Réédition en un volume des *Cahiers* 3 (1963) et 5 (1965), Paris, Éditions de l'Herne, 1981.

Textes et documents 1. Paris, B.L.F.C., 1979 (Collection « Bibliothèque L. -F. Céline », n° 2).

Textes et documents 2. Paris, B.L.F.C., 1982 (Collection « Bibliothèque L. -F. Céline », n° 6).

Textes et documents 3. Paris, B.L.F.C., 1984 (Collection « Bibliothèque L. -F. Céline », n° 9).

Tout Céline 2. Paris, B.L.F.C., 1983 (Collection « Bibliothèque L. -F. Céline », n° 7).

*

Toutes les citations extraites de manuscrits inédits respectent la ponctuation, l'incohérence des majuscules et les alinéas de l'original. Le point final légèrement allongé, fréquent dans les manuscrits de Céline, est ici représenté par un petit tiret. Nous avons conservé ainsi l'ambiguïté que cette graphie présente souvent entre le point et le tiret.

CHAPITRE PREMIER

Place Gaillon

« Autrefois les Goncourt étaient anarchistes mais ils ont vieilli, ce ne sont plus que de vieilles femelles conservatrices [1]. »

Après s'être déclaré sain d'esprit, avoir réfléchi à l'ébranlement de sa santé depuis la mort de son frère et songé à la servitude de la mort et à l'incertitude de son heure, Edmond de Goncourt définit ainsi dans son testament les critères d'attribution du prix qui allait porter son nom : « Mon vœu suprême, vœu que je prie les jeunes académiciens futurs d'avoir présent à la mémoire, c'est que le prix soit donné à la jeunesse, à l'originalité du talent, aux tentatives nouvelles et hardies de la pensée et de la forme. »

1. Lettre de Céline à Cillie Pam, 12 [novembre 1932], *Cahiers Céline,* n° 5, Gallimard, 1979, p. 82.

Dès qu'il eut en main le manuscrit de *Voyage au bout de la nuit,* Robert Denoël pensa, avec raison, que Louis-Ferdinand Céline était un candidat idéal pour le 30ᵉ prix Goncourt qui devait être décerné à la fin de l'année 1932. Auteur débutant, n'avait-il pas, dans ce premier livre, fait montre d'un talent original? *Voyage* ne constituait-il pas une tentative nouvelle et hardie de la pensée et de la forme? L'homme et l'œuvre avaient trop le profil défini par Edmond de Goncourt pour que Robert Denoël n'eût pas aussitôt songé à les lancer dans la compétition.

Au début, Céline n'y crut pas trop, même après les premiers succès du livre et les bons échos qu'avait pu recueillir son éditeur : « Mon livre se vend admirablement. On me présente au prix Goncourt le 13 déc. mais je ne pense pas l'avoir (500 000 francs). Il est trop anarchiste [1]. » Quelques jours plus tôt il avait écrit dans le même sens à Erika Irrgang [2] : « Le livre a beaucoup de succès en France. J'espère un peu le prix Goncourt pour le 10 décembre mais c'est tout à fait difficile à prédire. La compétition est tout à fait vive [3]. » Puis, après le premier tour de table des membres du jury, il eut de sérieux espoirs : « Je suis dans l'attente du Prix Goncourt qui se décerne demain à midi. Vous avez sans doute entendu parler de cela. C'est en principe le meilleur roman de l'année. Je suis indifférent à cette gloire mais j'aimerais bien le résultat financier, qui est très important et vous assure une fois pour toutes l'indépendance matérielle, mon rêve. Je ne suis pas certain du tout de l'obtenir mais j'ai des chances sérieuses [4]. »

L'académie Goncourt était composée de J.-H. Rosny aîné [5], président, son frère, J.-H. Rosny jeune, Jean Ajalbert, Lucien

1. Lettre de Céline à Cillie Pam, 5 [novembre 1932], *Cahiers Céline,* nº 5, *op. cit.,* p. 81.

2. Voir François Gibault, *Céline,* Mercure de France, 1977, tome I, p. 301. Tous les renvois à venir seront abrégés en : voir tome I.

3. Lettre de Céline à Érika Irrgang [fin octobre 1932], *Cahiers Céline,* nº 5, *op. cit.,* p. 41.

4. Lettre de Céline à Cillie Pam, 6 décembre 1932, *ibid.,* p. 85.

5. Joseph-Henri Boex dit Rosny aîné (1856-1940).

Descaves, Léon Daudet, Roland Dorgelès, Gaston Chérau, Pol Neveux, Léon Hennique et Raoul Ponchon. Dix hommes à convaincre, parmi lesquels quatre académiciens de poids, qui siégeaient tous depuis la première réunion de l'académie en 1900 : les deux Rosny, Léon Daudet [1] et Lucien Descaves [2].

La candidature de Céline fut mise au point par Robert Denoël qui savait que ces choses se préparent comme des batailles. Il le conseilla et obtint de lui qu'il entreprît quelques démarches et dédicaçât de nombreux services de presse. Louis accepta même d'écrire à Lucien Descaves, le 31 octobre 1932, sur papier du dispensaire de Clichy : « Je suis médecin dans ce dispensaire municipal. C'est mon métier après vingt autres. Né en 1894 à Courbevoie, médaillé militaire. Un peu infirme, 38 ans d'âge [3]. » Descaves convoqua Louis, les deux hommes se rencontrèrent, le charme de Louis opéra et Descaves lui promit sa voix. Il promit surtout d'aller voter et d'interrompre une abstention volontaire qui datait de quinze ans, depuis le mois de novembre 1917. Descaves était alors parti en claquant la porte, après que Jean Ajalbert eut été élu au couvert de Mirbeau contre Courteline, qui avait été son candidat. Depuis, il votait par correspondance ou venait chez Drouant le jour de l'attribution du prix, faisait monter son bulletin par un garçon et déjeunait seul, ostensiblement, dans la grande salle à manger du restaurant.

Descaves, qui était un fougueux, ne voulait pas rater son retour chez les Goncourt et il était prêt à pactiser avec le diable pour assurer le succès de son candidat. Il fit alliance avec Ajalbert, qui ne lui avait pas serré la main depuis les événements de 1917, et avec Léon Daudet dont les idées s'accordaient mal avec celles de l'auteur de *Sous-offs*. Il lui suffisait ensuite de rallier Rosny aîné, dont la voix présidentielle pouvait être prépondérante et Rosny jeune, espérant qu'il ferait montre, en cette occasion, d'un peu d'esprit de famille.

1. Il succéda à son père dès 1900. Alphonse Daudet est mort le 16 décembre 1897, sans avoir siégé.

2. Il en fit partie pendant quarante-huit ans.

3. Cité par Max Descaves, *Vu*, 14 décembre 1932, p. 2009.

Il y avait évidemment beaucoup d'autres candidats en lice : André Billy *(La Femme maquillée)*, Robert Brasillach *(Le Voleur d'étincelles)*, Ramon Fernandez *(Le Pari)*, Simonne Ratel *(La Maison des Bories)*, Marcel Jouhandeau *(Tite-le-Long)*, Henri Poulaille *(Le Pain quotidien)*, Maxence van der Meersch *(La Maison dans la dune)* et Guy Mazeline *(Les Loups)*. Ils avaient quatre prix à se partager : le Femina Vie heureuse, l'Interallié, le Goncourt et le Renaudot. Le Femina Vie heureuse fut décerné le 30 novembre au 11ᵉ tour de scrutin à Ramon Fernandez par neuf voix contre neuf à Guy Mazeline et deux abstentions. C'est la voix du président, Mᵐᵉ André Corthis, qui avait emporté la décision. Le 2 décembre, le jury de l'Interallié avait attribué son prix à Simonne Ratel. Céline n'avait recueilli, pour ces deux prix, aucune voix à aucun tour de scrutin. Il n'était du reste candidat ni à l'un ni à l'autre, Denoël ayant préféré se réserver pour le Goncourt.

L'académie Goncourt se réunit chez Drouant le 30 novembre pour un déjeuner préparatoire auquel Lucien Descaves fut accueilli comme un enfant prodigue par tous ses collègues, et surtout par Rosny aîné, heureux de voir enfin ses troupes au complet. Le président de l'académie a-t-il voulu ne pas rompre cette belle harmonie, retrouvée après tant d'années de querelles et de bouderies ? Était-il sincère quand il promit à Descaves de voter pour Céline ? Après un échange de vues, il apparut que Mazeline avait de sérieux partisans, mais Descaves, Daudet, Ajalbert et les deux Rosny se déclarèrent en faveur de Céline. Dorgelès était hésitant. L'affaire paraissait acquise et il fut même envisagé, à l'initiative de Léon Daudet, soutenu par Ajalbert, de procéder immédiatement à l'attribution du prix, idée qui ne fut pas retenue par égard pour la presse, absente ce jour-là. En réalité, le registre des délibérations de l'académie Goncourt, tenu, il est vrai, par Dorgelès, donne de cet événement une version très différente. On peut y lire que Roland Dorgelès a rendu compte de ses démarches auprès de Flammarion pour la réédition du *Journal* des Goncourt puis, au sujet du prix : « On discute ensuite les titres des différents candidats au prix Goncourt. On cite particulièrement MM. L.-F. Céline, Guy

Mazeline, Ramon Fernandez, Édouard Peisson et Roger Vercel [1]. » Le nom de Rienzi n'était pas cité.

Dans *Souvenirs d'un ours,* Lucien Descaves a raconté que, dans le fiacre qui les ramenait de chez Drouant, il avait tenté de rallier Léon Hennique à la cause de Céline en évoquant de vieux souvenirs, la mémoire d'Émile Zola, le naturalisme, *L'Assommoir :* « Vous avez été l'un des premiers et des plus fidèles disciples de Zola [...] Ce que vous devez au Naturalisme n'est certainement pas effacé de votre mémoire [...] L'occasion se présente aujourd'hui de nous retrouver du même côté de la barricade. Si ce *Voyage au bout de la nuit* n'est pas un chef-d'œuvre, convenez qu'il mérite qu'on s'y intéresse ! Il révèle un fameux tempérament. Notre devoir vis-à-vis des Goncourt est, je vous le rappelle, d'encourager les tentatives nouvelles et hardies de la pensée et de la forme. Sous ce rapport, nous ne trouverons pas mieux. [...] Nous nous séparâmes en nous donnant rendez-vous huit jours plus tard, pour remplir nos obligations d'héritiers. Notre entretien ne m'avait nullement rassuré. Hennique était resté évasif ! Le réveil en fanfare de nos souvenirs communs avait paru le laisser sourd [2]... »

Louis avait été tenu informé de tout cela. Il espérait vivement avoir le prix Goncourt et commençait à y croire, entretenu dans cet espoir par l'exaltation de Robert Denoël, par les propos rassurants de Descaves et les certitudes de Léon Daudet qui n'hésitait pas à écrire dans *L'Action française* du 6 décembre, veille du scrutin : « Avant que soit décerné – demain à midi – le prix Goncourt, vraisemblablement à un ouvrage truculent, extraordinaire, que beaucoup trouveront révoltant parce qu'il est écrit en style cru, parfois populacier, mais de haute graisse [...] »

Le mercredi 7 décembre 1932, à midi, la place Gaillon était encombrée de voitures de presse et de nombreux curieux se mêlaient aux journalistes et aux photographes. Louis Destouches, alors totalement inconnu, était dans la foule, allant de l'un à

1. Archives de l'académie Goncourt (Bibliothèque de l'Arsenal).
2. *Souvenirs d'un ours,* Les Éditions de Paris, 1946, p. 268.

l'autre pour écouter les conversations et saisir les dernières nouvelles. Sa mère, Marguerite Destouches, et sa fille Colette l'avaient accompagné et elles s'étaient abritées toutes les deux sous le porche d'un immeuble, à peu près en face de chez Drouant.

L'académie Goncourt était au grand complet. Au menu du déjeuner : huîtres de Marennes et belons, homard grillé, oie farcie aux marrons, cèpes à la bordelaise, glace Loïe Fuller et gâteau Succès, le tout arrosé de blanc de blanc et de Grands-Échézeaux 1915.

Contrairement à l'usage, Rosny aîné invita ses collègues à voter avant le repas, pour ne pas faire attendre la presse. Personne ne s'y opposa. Il fut donc procédé immédiatement au premier tour de scrutin. Rosny aîné vota pour l'un de ses amis, M. de Rienzi, pour son livre *Les Formiciens,* « roman de l'ère secondaire » et Rosny jeune pour Mazeline. Céline était perdu. Mazeline totalisait six voix et l'emportait dès le premier tour.

Le procès-verbal de cette séance est formel sur ce point : « Le mercredi 7 décembre, 203e réunion de l'académie Goncourt chez Drouant. L'académie est encore au complet. Le bilan est lu et approuvé [1]. On procède immédiatement au scrutin pour l'attribution du prix. Au premier tour celui-ci est décerné à Guy Mazeline, auteur des *Loups,* par six voix (G. Chérau, R. Dorgelès, L. Hennique, Pol Neveux, Raoul Ponchon, Rosny jeune) contre trois voix à L.-F. Céline *(Voyage au bout de la nuit)* et une voix à M. de Rienzi *(Les Formiciens).* Monsieur Lucien Descaves se retire sans assister au déjeuner. Le bureau est réélu à l'unanimité [2]. »

Dès le vote acquis, et avant même qu'il fût annoncé par Roland Dorgelès, Lucien Descaves avait effectué avec fracas une « sortie », dont il s'était fait une spécialité, pour rejoindre le jury du prix Théophraste Renaudot, qui déjeunait à l'étage au-dessous et à la table duquel il fut convié. Il leur raconta ce qui venait de se

1. Cette dernière phrase est de la main de Rosny aîné, le reste du procès-verbal est écrit par Dorgelès.

2. Registre des délibérations de l'académie Goncourt (bibliothèque de l'Arsenal).

passer. Les dix du Renaudot étaient, par hasard également, au complet : Georges Charensol, Pierre Demartres, Pierre Descaves, Marcel Espiau, Georges Martin, Raymond de Nys, Odette Pannetier, Gaston Picard, Noël Sabord et Marcel Sauvage. Céline fut loin d'obtenir l'unanimité. Il fallut même trois tours de scrutin pour qu'une majorité se dégage en sa faveur par six voix contre trois à Léopold Chauveau pour *Pauline Gospain* et une à Pierre-René Wolf pour *Le Sac d'Or.*

Quand, au milieu d'une grande agitation, le bruit courut place Gaillon que Mazeline avait obtenu le Goncourt, Louis s'approcha de sa mère et de sa fille, manifestement très dépité. Colette se souvient qu'il prit un petit grelot en argent, qui provenait de son berceau et qu'il portait toujours sur lui, comme un talisman. Il le jeta à terre et l'écrasa du pied comme pour montrer qu'il n'était bon à rien. Colette le ramassa et le mit dans sa poche. Elle le conserve encore aujourd'hui comme l'un des plus attachants souvenirs de son père.

Ensuite, Louis partit seul, furieux. Il passa rue Amélie où se trouvait Jeanne Carayon [1] et où c'était la consternation. Pour Denoël la déception était d'autant plus grande qu'il avait été certain du succès au point d'avoir déjà fait imprimer les bandes destinées à *Voyage au bout de la nuit* et sur lesquelles on pouvait lire : « Prix Goncourt 1932. » A peine arrivé rue Amélie, Céline voulut partir, disant à Jeanne Carayon : « Ne me laissez pas seul. » Ils sont alors remontés ensemble rue Lepic. Il était amer et sentimental. Il lui parla de Colette et lui montra ses dessins d'enfant puis, fatigué, il s'étendit sur son lit pour se reposer tandis que Jeanne restait assise à côté de lui, silencieuse. Un peu plus tard dans l'après-midi, quand ils se quittèrent, il la serra dans ses bras, sans un mot. Tout à fait en fin de journée, il se rendit rapidement à la réception donnée en son honneur rue Amélie où il fut présenté, entre autres, à Philippe Hériat, prix Théophraste Renaudot 1931. Pour Denoël l'échec au Goncourt ne devait pas faire oublier que Céline avait obtenu le Renaudot. Il entrevoyait sans

1. Voir tome I, pp. 308 et 374.

doute aussi le parti qu'il pourrait tirer du scandale. Pour Louis, très déçu, c'était tout juste une compensation.

Au dépit d'avoir été battu vinrent s'ajouter les tracas d'un tapage qui lui faisait une énorme publicité et faisait vendre son livre mais heurtait sa sensibilité et sa pudeur : « Le prix Goncourt est raté. C'est une affaire entre éditeurs. Le livre cependant est un véritable triomphe. Hélas! vous savez combien je redoute les triomphes. Jamais je n'ai été aussi misérable. Cette meute de gens qui vous tracassent et vous poursuivent de leur vulgarité bruyante est une horreur [1]. » Il écrivait quelques jours plus tard à la même correspondante : « Pour le Goncourt ce fut une horreur purement et simplement. Aucun plaisir cela ne me fit – avec ou sans. C'est tout pareil pour moi. Je n'ai retenu que la vulgarité, la grossièreté, l'impudeur de toute cette affaire. Il y a tant de gens qui aiment la gloire ou tout au moins la notoriété. Sauf la Guerre je ne connais rien d'aussi horriblement désagréable. Je fais tout ce que je peux pour oublier cette catastrophe [2]. » Et, encore à la même, en février 1933 : « On m'embête tellement de cent côtés! Ce cochon de livre m'embête à en crever. Tous les jours on m'empoisonne de lettres et d'articles auxquels il faut répondre [3]. »

L'affaire tourna rapidement au scandale. En quittant le restaurant Drouant, Lucien Descaves avait déclaré aux journalistes qui s'empressaient autour de lui : « J'étais retourné avec plaisir à l'académie Goncourt, mais je n'avais pas pensé devoir être obligé d'arriver à la salle à manger en passant par la cuisine [4]. » A d'autres il avait dit : « Je regrette d'être revenu à l'académie Goncourt pour si peu de temps, mais, mercredi dernier, notre vote avait été établi. M. Céline obtenait cinq voix dont celle de notre président contre cinq au candidat d'aujourd'hui. [...] Aujourd'hui tout est renversé. C'est à la défection de M. J.-H. Rosny aîné, notre président, que nous devons cet échec. Je proteste

1. Lettre de Céline à Cillie Pam, 10 [décembre 1932], *Cahiers Céline,* n° 5, *op. cit.,* p. 86.

2. Lettre de Céline à Cillie Pam [semaine du 18 décembre 1932], *ibid.,* p. 88.

3. Lettre de Céline à Cillie Pam [février (?) 1933], *ibid.,* p. 95.

4. Max Descaves, *Vu,* article cité.

contre ces manœuvres de la dernière heure et je voterai à nouveau par correspondance [1]. »

Roland Dorgelès, qui n'avait voté pour Céline ni le 30 novembre ni le 7 décembre, aurait déclaré en sortant de chez Drouant : « Maintenant, je peux bien vous le dire, le candidat de mon cœur était Céline. » Dans son *Journal littéraire,* Paul Léautaud rapporte plusieurs fois ce propos qui l'indignait. Il est vrai qu'il considérait Dorgelès comme un « sauteur complet [2] ». Quant à Pol Neveux, toujours d'après Léautaud, il aurait été scandalisé à l'idée de donner le prix au livre de Céline dans lequel se trouvaient « des attaques abominables contre la patrie [3] », Léon Daudet lui aurait alors répondu : « La patrie, je lui dis merde, quand il s'agit de littérature [2]. » Léautaud, qui savait beaucoup de choses par Alfred Valette, directeur du *Mercure de France,* avait recueilli de lui l'opinion de Chérau qu'il avait questionné au banquet de *La Revue des deux mondes :* « Daudet nous a flanqué dans les jambes un gros roman, long, écrit à la diable, mais ça ne fait rien, mais assez vulgaire, rempli de grossièretés qui ne sont pas toujours nécessaires [4]... »

Toute la presse se faisait évidemment l'écho de cette bagarre, mais les attaques les plus vives furent lancées par Lucien Descaves lui-même, par Galtier-Boissière et surtout par Maurice-Yvan Sicard. Descaves avait déclaré : « Je ne puis admettre que l'on revienne sur un engagement... Je ne remettrai plus les pieds dans une académie qui est une foire, et où, à quelques exceptions près, tout est à vendre. » Il dénonçait aussi « les moyens dont certains disposent pour imposer leur voix » et « la presse qui est vendue ». Galtier-Boissière, dans *Crapouillot,* rappelait insidieusement que le président de l'académie Goncourt, Rosny aîné, venait de publier un roman en feuilleton dans *L'Intransigeant* dont le directeur était Léon Bailby et où collaborait Mazeline ! Il accusait le président

1. Rapporté par Jean A. Ducourneau dans *Œuvres* de L.-F. Céline, Balland, tome I, 1966, p. 742.

2. Paul Léautaud, *Journal littéraire,* Mercure de France, tome X, p. 179.

3. *Ibid.,* p. 189.

4. *Ibid.,* p. 55.

des Goncourt de vendre sa voix chaque année et réclamait sa démission.

Rosny aîné répondit à ces attaques par une lettre qu'il fit paraître dans... *L'Intransigeant* du 9 décembre : « A propos du " prix Goncourt ", un journaliste du matin parle de mon *revirement.* Or je me suis borné à voter pour le candidat que j'avais présenté à mes collègues. Et quoique sa chance parût faible, j'étais résolu à le défendre d'abord. Qu'aurais-je fait ensuite ? Cela me regarde, mais je n'ai pas eu à hésiter : au premier tour où je donnais ma voix à M. de Rienzi, M. Mazeline a été élu. C'est un tort de considérer les jurés d'un prix comme des partisans : il ne s'agit pas pour eux de vaincre mais de juger, et juger comporte le plus souvent des hésitations, parfois jusqu'à la dernière minute. »

C'est un article de Maurice-Yvan Sicard qui mit le feu aux poudres. Publié le 16 mars 1933 dans le n° 1 de la revue *Le Huron,* qu'il venait de créer, il y prêtait à Lucien Descaves des propos injurieux et diffamatoires : « On sait comment à l'admirable *Voyage au bout de la nuit* – ce " livre anarchiste " a affirmé le maréchal des logis Dorgelès – fut doucement substitué le bouquin pommadé de M. Guy Mazeline... L'affaire, cette année encore, fut menée par Dorgelès et par les deux Rosny, dont l'un est sourd et l'autre certainement idiot... [...] à part deux ou trois exceptions près, les autres Goncourt – le commandeur Dorgelès en tête – sont d'authentiques escarpes [...] chaque année, la voix du président de l'académie Goncourt est achetée au plus offrant. »

Estimant que la mesure était comble, Rosny aîné et Dorgelès firent assigner Sicard et Galtier-Boissière pour le 22 avril 1933 devant la 12e chambre du tribunal correctionnel de Paris. En demande plaidaient Mes Python et Peytel, en défense Mes Campinchi et Gabriel Delattre. L'affaire fut remise de nombreuses fois et ne fut plaidée que le 15 décembre 1933.

L'académie Goncourt avait tenu à manifester sa solidarité à son président. Le registre de ses délibérations porte la mention suivante, inscrite après une réunion tenue le 22 février 1933 : « Sur proposition de M. Pol Neveux, l'académie Goncourt, indignée par la campagne de diffamation menée contre son vénéré président Rosny aîné à l'occasion de l'attribution du dernier prix Goncourt, adresse à M. J.-H. Rosny aîné le fervent témoignage de son admiration et de son respect [1]. » Le 26 avril, après une réunion à laquelle assistaient seulement Rosny aîné, Léon Daudet, Jean Ajalbert, Roland Dorgelès et Raoul Ponchon : « Les membres présents approuvent chaleureusement le président qui a résolu de poursuivre en diffamation devant les tribunaux. M. Roland Dorgelès a pris la même décision [2]. » Ajalbert et Léon Daudet avaient donc désapprouvé les excès verbaux de Lucien Descaves. On sait aussi que Léon Daudet était intervenu auprès de lui dans le sens de la modération, pour l'inciter à accepter sportivement son échec et à revenir siéger parmi les Goncourt. Il y avait eu beaucoup de craquements parmi eux depuis la fondation de leur académie et quelques éclats, mais jamais on n'en était venu à se lancer des assignations. Descaves n'avait certes pas été cité, mais il était le véritable accusé de ces poursuites. Si les protagonistes avaient été plus jeunes, l'affaire se serait certainement terminée par un duel. Dans un projet de lettre d'excuse que Maurice-Yvan Sicard avait envisagé d'envoyer à Rosny aîné, il y faisait précisément allusion : « Moi je ne vous connaissais pas encore; et, aujourd'hui, je suis effectivement persuadé qu'il n'est pas logique de vous rendre responsable des faits scandaleux qui révoltent si justement Lucien Descaves. Je sais aussi que vous seriez homme à me demander raison – non devant un tribunal – mais sur le terrain, si vous étiez resté l'athlète qu'on connaissait [3]... »

Les deux affaires sont venues ensemble à l'audience du 30 novembre. La première opposait seulement Rosny aîné à Galtier-Boissière. Dans la seconde, Roland Dorgelès s'était joint au président de l'académie Goncourt contre Maurice-Yvan Sicard. On attendait surtout le témoignage de Descaves. César Campinchi demanda le renvoi de l'affaire pour lui permettre de le faire citer, mais les avocats des parties civiles s'y opposèrent. Le

1. Archives de l'académie Goncourt (Bibliothèque de l'Arsenal).
2. Archives de l'académie Goncourt (Bibliothèque de l'Arsenal).
3. Projet de lettre de M.-Y. Sicard à Rosny aîné, 14 décembre 1933 (collection Jacques Robichon).

président Dullin, qui dirigeait les débats de la 12e chambre, décida de retenir l'affaire, qui fut plaidée par défaut, les prévenus et leurs avocats ayant décidé de quitter l'audience. La cause fut toutefois renvoyée « en continuation » au 14 décembre. Le défaut fut alors « rabattu », ce qui permit à la défense de faire entendre sa voix.

Lucien Descaves avait promis de venir mais il se déroba au dernier moment. Il envoya son fils Max, auteur d'un article rapportant les propos litigieux [1], et qui fut entendu par le tribunal. Lucien Descaves adressa au président une lettre dans laquelle il se déclarait souffrant et affirmait avoir parlé d'une façon générale et sans vouloir attaquer personne. C'était une véritable volte-face qui laissait à Maurice-Yvan Sicard toute la responsabilité des propos rapportés par lui et dont on pouvait dès lors penser qu'ils n'avaient pas été tenus. Descaves avait aussi écrit une lettre à Pol Neveux qui fut lue à l'audience par Me Peytel et dans laquelle il disait que, s'il n'avait pas été témoin dans l'affaire, il aurait contresigné la déclaration du 22 février 1933, par laquelle les membres de l'académie Goncourt avaient rendu hommage à leur président.

Rosny aîné et Roland Dorgelès étaient présents à l'audience, au cours de laquelle le président du tribunal posa des questions de fond qui débordaient nettement le cadre du procès, ainsi à Rosny aîné : « Le testament des Goncourt aurait-il pu permettre d'attribuer le prix à M. Céline qui a employé des mots grossiers ? » Rosny lui répondit chastement : « L'académie étant d'intérêt public se doit de respecter certaines convenances. » Pendant les débats, Dorgelès fut assez bavard et donna l'impression d'être résolu à poursuivre la procédure jusqu'au bout, au contraire de Rosny aîné qui se fit conciliant. Le président de l'académie Goncourt était manifestement gêné d'avoir « traîné » Galtier-Boissière en correctionnelle, visant à travers lui Lucien Descaves, qui était de ses pairs depuis plus de trente ans, pour une méchante querelle qui ressemblait à une bataille de chiffonniers. Il déclara nettement après les plai-

1. *Vu,* article cité.

doiries : « Tout cela m'ennuie, je préfère renoncer. Je demande un jugement qui se termine par un acquittement, mais un jugement tout de même [1]. » Le président du tribunal enregistra le propos et l'affaire fut mise en délibéré, le jugement devant être rendu le 21 décembre.

Sur les conseils de Campinchi, Galtier-Boissière écrivit à Rosny aîné une lettre d'excuse dont le texte fut communiqué au président du tribunal : « Monsieur, j'ai été ému à l'audience par votre sincérité et l'accent de votre défense. Je me suis persuadé désormais que votre honnêteté a été surprise et vous a toujours masqué les méprisables agissements qui se perpétraient sous vos yeux. Vous ne me connaissiez pas disiez-vous. Je crois aujourd'hui vous connaître un peu mieux et c'est tout à votre honneur [2]. »

Dès l'ouverture de l'audience du 21 décembre, le président du tribunal annonça que sa décision dans l'affaire Sicard ne serait rendue que le 4 janvier, il donna lecture de la lettre de Galtier-Boissière et lut, en ce qui le concernait, un jugement qui contenait des attendus sévères : « Attendu que la mauvaise foi de Galtier-Boissière résulte de son souci [...] de créer un scandale [...] exploité par le *Crapouillot;* attendu qu'il ne s'est pas aperçu que le livre de Céline auquel les membres de l'académie Goncourt ont refusé le prix 1932 contient des expressions outrageusement triviales, grossières et intolérables, susceptibles de révolter les lecteurs non avertis, qu'une récompense littéraire doit protéger contre d'aussi désagréables surprises [3] [...] »

Le tribunal avait donc répondu à une question qui ne lui avait pas été posée, celle de savoir si les Goncourt avaient bien ou mal jugé en refusant le prix à Céline! Il leur avait délivré un brevet de vertu et avait approuvé leur jugement, ce qui n'était pas de sa compétence. L'académie Goncourt avait été louée pour avoir si bien défendu le beau langage, tandis que Céline était renvoyé dans

1. Cité par Roger Gouze, *Les Bêtes à Goncourt,* Hachette, 1973, p. 157.

2. Lettre inédite de Galtier-Boissière à Rosny aîné, 14 décembre 1933 (collection Jacques Robichon).

3. Cité par Roger Gouze, *op. cit.,* p. 157; et par Jean Galtier-Boissière, *Mémoires d'un Parisien,* La Table ronde, 1961, p. 288.

le clan des écrivains de mauvaise éducation, sinon dans celui des pornographes.

Après avoir ainsi fustigé indirectement Céline et très directement Galtier-Boissière, la 12e chambre avait constaté le désistement de Rosny aîné. Aucune condamnation n'était donc prononcée contre le prévenu. Les dépens restaient à la charge de la partie civile, de telle façon que le seul condamné de cette affaire fut... Rosny aîné! Quelques instants après le prononcé du jugement, dans les couloirs du Palais et devant beaucoup de journalistes, Rosny aîné et Galtier-Boissière se donnaient l'accolade.

Maurice-Yvan Sicard n'avait apprécié ni les lâchetés de Lucien Descaves ni les réconciliations théâtrales qui sonnaient un peu faux. Entraîné par Galtier, il avait envisagé d'écrire, lui aussi, une lettre d'excuse à Rosny aîné. Dans le projet daté du 14 décembre 1933, dont Jacques Robichon conserve une version dactylographiée : « C'est avec une extrême émotion que j'ai été témoin de votre geste, qui a terminé les débats judiciaires de samedi dernier [...] D'abord interprète – violent il est vrai – de la pensée de Lucien Descaves, j'ai toujours craint de trahir cette pensée, et lorsque Descaves a déclaré ne plus vouloir faire de personnalité, il était trop tard. Toutefois, même si je suis condamné, jeudi, à une peine de prison il ne me semble pas trop tard, monsieur, pour vous formuler quelques regrets. » Non seulement cette lettre ne fut jamais envoyée, mais Sicard décida de repartir en guerre, surtout contre Descaves, en adressant le 26 décembre à *L'Intransigeant* une lettre dans laquelle il se désolidarisait de l'attitude conciliante adoptée par Galtier-Boissière.

« Je n'ai pas à faire d'excuses pour cette raison que tout ce que j'ai écrit sur MM. Rosny et Dorgelès m'a été rapporté par certaines personnes qui, pour une raison ou pour une autre, ne sont pas venues témoigner en justice. [...] Je ne peux donc admettre que l'on attende de moi des excuses alors qu'il n'y a qu'une personne au monde dont les excuses puissent donner tous apaisements à MM. Rosny et Dorgelès. J'exprime encore une fois tous mes regrets et mon écœurement total de rencontrer si peu de courage, non pas chez mes adversaires qui jouent le jeu, mais chez ceux que, pendant un an, j'ai considéré comme mes amis. Conclusion : on a voulu me traîner en justice; qu'on me juge. »

Son vœu fut rapidement exaucé. Le tribunal correctionnel le condamna le 4 janvier 1934 à 200 francs d'amende et à 30 000 francs de dommages et intérêts!

CHAPITRE II

Paris

> « Seraient-ils neuf cent quatre-vingt-quinze millions et moi tout seul, c'est eux qui ont tort, Lola, et c'est moi qui ai raison [1] [...] »

Le dimanche 11 décembre 1932, quatre jours seulement après l'attribution du prix Goncourt, et bien que Paris fût à cause de lui en plein remue-ménage littéraire, Céline prit une nouvelle fois le train pour Genève d'où il partit ensuite pour Berlin : « Quelle pipe que ce Goncourt! Hachette nous a possédés [2]. Je l'avais le mercredi précédent merde. Je pars en Suisse à l'instant. Au retour

1. *Voyage au bout de la nuit,* dans *Romans* 1, nouvelle édition, Gallimard, 1981 (« Bibliothèque de la Pléiade »), p. 65.

2. *Le Cri du jour* du 17 décembre évoquera les pressions qu'Hachette (qui diffusait Gallimard, mais non Denoël et Steele) aurait exercées sur le jury Goncourt.

en janvier on se verra [1]. » A Genève il descendit à l'hôtel de l'Écu et, dès le lendemain, il écrivit à sa mère [2] : « Voici enfin un peu de calme. Quelle abomination toute cette curiosité imbécile, cette agressive sottise – Le livre suffit après tout. Ici rien de neuf, des phrases. L'École [?] est toujours dans les limbes. J'en tirerai toujours 6 semaines de tranquillité – la seule chose à laquelle j'aspire. Ils ont un peu peur de moi à présent et redoublent d'amabilité – Mais que peuvent-ils? Pas grand-chose je le crains [3]. »

Louis ne savait évidemment pas quel avenir littéraire il avait devant lui. Sur le plan médical il était déçu par ses expériences et ses perspectives de carrière étaient assez médiocres. Il avait bien d'autres idées en tête, rêvait toujours de parcourir le monde et savait bien que c'était à Genève, au sein d'une communauté internationale parmi laquelle il comptait quelques amis et beaucoup de relations, qu'il avait encore les meilleures chances de satisfaire son insatiable besoin de vadrouille. Grâce à l'amitié constante de Ludwig Rajchman [4] il avait obtenu une mission à Berlin sous prétexte d'étudier sur place la « médecine du chômage ».

Il s'agissait d'un sujet d'actualité particulièrement brûlant à une époque où le chômage affectait toutes les nations industrialisées et où l'Allemagne, plus que tous les autres pays d'Europe, ressentait le choc de la crise née aux États-Unis en octobre 1929. Ce pays avait été le premier à en subir le contrecoup du fait de l'arrêt des prêts américains grâce auxquels il avait opéré de 1923 à 1929 un redressement économique spectaculaire. En 1932, l'Allemagne comptait six millions de chômeurs, soit plus d'un quart des travailleurs, principalement concentrés dans les villes et à Berlin plus que partout ailleurs. Les pouvoirs publics avaient mis en place, à leur intention, des campements autour de la ville. Des milliers de familles s'y entassaient dans des conditions lamentables, luttant comme elles pouvaient contre le froid et souvent contre la

1. Lettre de Céline à Simone Saintu, sans date, *Cahiers Céline,* n° 5. *op. cit.,* p. 21 (avec variantes).
2. Il avait été initialement prévu que sa mère l'accompagnerait jusqu'à Genève.
3. Lettre inédite de Céline à sa mère, lundi [12 décembre 1933].
4. Voir tome I, pp. 245 et suivantes.

faim. L'hygiène la plus élémentaire faisant souvent défaut, l'état sanitaire de cette population était préoccupant.

La république de Weimar, complètement débordée par les événements, se montrait incapable de résoudre la crise. Aux yeux de beaucoup, la faillite de l'Allemagne était d'abord celle de la démocratie bourgeoise. C'est pourquoi l'Allemagne de 1932 constituait un terrain idéal pour le marxisme et pour le national-socialisme. Beaucoup d'Allemands pensaient qu'ils n'avaient que cette alternative pour sortir de la crise.

Céline arriva à Berlin le samedi 17 décembre. Il y passa une semaine dans l'un des palaces de la ville, l'hôtel Hessler. Malgré le dépaysement, il n'avait pas oublié ce qu'il venait de vivre à Paris, dont les échos lui parvenaient par la presse : « Ils ne nous laisseront décidément jamais tranquilles. As-tu vu le *Temps* du 19 en première page ? Je crois que jamais livre n'eut tant de publicité – aussi gratuite – Je n'ai guère l'esprit à la distraction, je pense seulement à tout ce que ce bruit va finalement nous rapporter. Car enfin on doit vendre à pleines boutiques... Il faut bien du scandale pour gagner un peu d'argent [1]. »

Dans « Pour tuer le chômage, tueront-ils les chômeurs ? », article paru dans *Le Mois* du 1er février 1933 et repris dans *La République* du 19 mars 1933, Céline rendit compte de ses observations : « Sur quatre Allemands, le premier mange beaucoup trop, les deux autres mangent à leur faim, le quatrième crève lentement de sous-alimentation. Voilà un problème qu'un enfant de dix ans, moyennement doué, mais non empêtré, abruti par la politique et l'égoïsme, pourrait résoudre en dix secondes. [...] Un problème, humainement parlant, ne présente plus d'intérêt quand on s'est juré, tacitement, de ne point le résoudre. Il ne s'agit pas de capitalisme ou de communisme. Dans le cas allemand, il s'agit d'ordre et de bonne foi. On ne fait jusqu'ici que taquiner la grande misère du chômage : on l'excite, on l'énerve, on s'en fait une propagande, une chemise, une espérance, un parti, mais au fond on s'en fiche énormément,

1. Lettre inédite de Céline à sa mère, sur papier de l'hôtel Hessler, probablement écrite de Breslau, sans date.

on pense à tout, à soi surtout, mais pas à elle. » Puis, après avoir dénoncé l'anarchie qui régnait dans les services administratifs chargés du chômage, il abordait franchement la question de savoir si le nazisme était ou non la solution propre à résoudre le mal. Le texte de Céline est ici prophétique : « L'Avenir ? Il est possible que dans l'entourage d'Hitler se trouve le dictateur au chômage qui organise enfin cette misère anarchique et la stabilise à un niveau raisonnable. C'est le truc d'un Hoover mort ou d'un Nansen vivant. Pendant la guerre, l'Allemagne eut à nourrir *toute sa population* dans des conditions bien plus périlleuses et précaires que celles d'aujourd'hui ; seulement, alors, c'était la guerre avec toute son hystérie collective, son but, sa passion commune. Il est facile d'imposer des disciplines farouches aux masses fanatisées. Hitler, lui, tout fuhrer qu'il est, aura bien du mal à sortir de ce marasme alimentaire imbécile ; la paix n'intéresse personne et la fraternité embête tout le monde. Il lui sera difficile en vérité d'obtenir un morceau de sucre, pour organiser la paix allemande, tandis qu'on lui donnera pour la guerre tout le sang qu'il voudra. Devant les hommes, toujours, la même question se pose : s'ennuyer ou pas [1]. »

Après cette semaine passée à Berlin, Louis, qui savait toujours joindre l'utile à l'agréable, avait prévu de passer la fin du mois de décembre à Breslau avec Erika Irrgang, puis la première semaine de janvier à Vienne avec une autre de ses maîtresses, Cillie Pam.

Avant d'arriver à Breslau, il avait donné quelques conseils à Erika : « Amusez-vous un peu aussi – soyez bien vicieuse – nous verrons cela ensemble – *mais attention aux maladies* [2]. » Et à Cillie Pam : « Je partirai le 25 pour Breslau et serai le 2 ou 3 à Vienne. J'irai directement à l'Hôtel (?) et NE VEUX pas coucher *chez vous.* Pour plusieurs raisons. D'abord ce serait vous compromettre très bêtement aux yeux de vos amis et de *votre ami.* Ensuite je ne VEUX PAS que vous alliez coucher ailleurs comme vous me le

1. *Cahiers Céline,* n° 3, Gallimard, 1977, pp. 217-218.

2. Lettre de Céline à Erika Irrgang [entre le 7 et le 9 décembre 1932], *Cahiers Céline,* n° 5, *op. cit.,* p. 44.

proposez. Vous savez Cillie comme j'ai HORREUR qu'on fasse quelque chose spécialement pour moi. Cela me gêne abominablement. Soyez gentille indiquez-moi un hôtel très silencieux près de chez vous. Je serai chez vous souvent *mais pas pour coucher.* De cette façon personne ne sera gêné. Voulez-vous être ainsi très obéissante et très gentille? Alors je vous aimerai bien [1]. »

Cette petite tournée médico-sentimentale à travers l'Europe fut financée par la S.D.N., à raison de six dollars U.S. par jour. Rentré à Paris le 15 janvier 1933, Céline était resté hors de chez lui pendant trente-cinq jours, ce qui lui valut quelques démêlés d'ordre comptable avec le capitaine Johnston-Watson [2] chargé de toutes les questions d'intendance : « Je ne comprends pas du tout ce qui se passe avec la comptabilité? J'ai reçu en effet *126 dollars d'avance* – sur indemnité, soit à 6 dollars par jour – 21 jours – je suis resté *35 jours dehors* – soit on me doit encore *14 jours à 6 dollars,* cela ne fait pas mon compte – Mais si la chose est arrangée *volontairement ainsi* par la comptabilité – c'est entendu mais je voudrais seulement être bien fixé [...] Quand je suis absent de Clichy je suis obligé de me faire remplacer à 70 fr. par jour [3]. » Cette lettre se croisa avec celle que le capitaine lui avait envoyée le 28 janvier 1933, contenant un chèque de 2 505,20 francs, qui venait s'ajouter à un autre chèque de 490,55 francs correspondant aux dépenses de voyage et de séjour à Berlin. Bon enfant, la S.D.N. paya donc les visites à Erika et à Cillie comme des déplacements de caractère professionnel. Elle ferma aussi les yeux sur le fait qu'aucun compte rendu de voyage ne lui fut adressé. Ce fut la dernière « mission » de Louis Destouches pour la S.D.N.

Pensait-il sérieusement pouvoir se tenir à l'écart des gens de lettres et abandonner la littérature, comme il l'écrivait à Simone Saintu, dès le lendemain de son retour à Paris : « Je viens en effet

1. Lettre de Céline à Cillie Pam [semaine du 18 décembre 1932], *Cahiers Céline,* n° 5, *op. cit.,* pp. 87 et 88.

2. Voir tome I, pp. 263 et 293.

3. Lettre inédite de Céline au Capitaine Johnston-Watson [arrivée à Genève le 7 février 1933] (archives de l'O.M.S. à Genève).

de rentrer espérant qu'enfin on m'aurait tout à fait oublié. C'est en train mais pas encore autant que je le voudrais. Je n'écrirai plus jamais, ou du moins ne publierai jamais rien – dans les conditions où je vis. Toute ce[tte] notoriété croayante s'ajoute à l'horreur de vivre [1]. »

Céline écrivait en 1932 au sujet des hommes de lettres : « Ces gens de la littérature s'excitent fort rien qu'avec des mots. Ce sont des créatures du vent. J'ai un grand mépris pour la littérature Cillie [2]. » Bien des années plus tard, dans une lettre à Thorwald Mikkelsen, il confirma cette manière de voir : « Je suis l'inventeur d'un *petit truc* dans le genre d'un bouton de col – *Pas plus* – Je ne rivalise pas avec Victor Hugo, Goethe, Heine, Dickens – les grrannds sommets du Grrrand Patati! Horreur! moi : le *petit truc.* Je ne marche pas dans la Glooooîre!... J'emmerde le monde avec un bouton de col [3]. »

Il se trouvait, à coup sûr, très mal à l'aise dans le petit monde des littérateurs où l'on s'écoute volontiers parler, où chacun fait part de ses états d'âme et dit comment et pourquoi il écrit. Bien que Louis eût tout cela en horreur, il lui fallut sacrifier aux rites et remercier ceux qui avaient été avec lui dans la bataille. Il invita ainsi à déjeuner le jury du Renaudot le 16 mars 1933, avant de se retrouver avec lui, selon l'usage, pour le présider, le 7 décembre 1933, un an jour pour jour après les événements que l'on sait. Le prix Renaudot 1933 fut attribué ce jour-là à Charles Braibant, qui appartenait lui aussi à l'écurie Denoël, pour *Le Roi dort.* Quelques instants plus tôt, le prix Goncourt avait été décerné à André Malraux pour *La Condition humaine,* au quatrième tour de scrutin et par cinq voix, contre trois à Charles Braibant, une à Paul Nizan et une à René Bréhaine.

Céline manifesta aussi sa reconnaissance aux trois mousquetaires qui avaient ferraillé pour lui au sein de l'académie Goncourt, à la

1. Lettre de Céline à Simone Saintu [16 janvier 1933], *Cahiers Céline,* n° 5, *op. cit.,* p. 22.

2. Lettre de Céline à Cillie Pam, 12 [novembre 1932], *ibid.,* p. 81.

3. Lettre inédite de Céline à Thorwald Mikkelsen, le mercredi, sans date.

ville et dans les journaux : Lucien Descaves, Léon Daudet et Jean Ajalbert.

Lucien Descaves était né à Paris le 18 mars 1861, il avait donc déjà soixante et onze ans quand il connut Céline. Il était de l'académie Goncourt depuis sa fondation et avait à son actif plus de trente livres et quelques coups d'éclat parmi lesquels *Sous-offs*, en 1889, qui avait fait scandale [1] et lui avait valu de comparaître en cour d'assises pour diffamation et injures envers l'armée et pour outrages aux bonnes mœurs. Jugé le 15 mars 1890, traité par l'avocat général de « malfaiteur de la plume », il avait été acquitté, sous les applaudissements du public, après plaidoiries de Maurice Thezenas et d'Alexandre Millerand. Il se considérait, non sans fierté, comme ayant été, après Léon Tolstoï, parmi les premiers objecteurs de conscience. En 1932, et malgré son âge, il était encore capable de coups de cœur, il s'emballait facilement et avait gardé intactes ses facultés d'enthousiasme. En cela, il était resté d'une étonnante jeunesse. Ce vieil enfant terrible avait l'esprit de famille et veillait à ce que l'on ne touchât à aucun cheveu de ses deux fils, Pierre et Max, qui évoluaient dans son sillage et s'occupaient tous les deux de littérature et de journalisme.

Louis fut vite adopté par le clan et souvent reçu chez Lucien, rue de la Santé, pour déjeuner en famille ou avec d'autres écrivains parmi lesquels l'abbé Mugnier, qui rapportait ensuite ces rencontres dans son journal. Ainsi, après le déjeuner du 17 janvier 1933 : « Hier déjeuné chez les Descaves avec leur fils Max, Céline et sa mère, le peintre Vlaminck. Céline fut tout de suite simple, gentil, bon enfant avec moi. Je lui dis que certains mystiques avaient parfois le langage très raide. Il ajouta que les vieux prédicateurs leur ressemblaient sous ce rapport. Ce fut à table un véritable feu... et fumée d'artifices. Céline parle facilement, tumultueusement, on le sent peuple, gamin. Il mime bien ses personnages, les fait parler avec toutes les répétitions nécessaires et beaucoup de hein. Il n'épargna pas mes oreilles de prêtre : pognon, couillon, putain, carne, truc, vache; les verbes : enfiler, emmerder, bouffer,

1. Voir tome I, p. 123.

coucher avec, se succédaient. Il a été à Berlin et nous a dit que le peuple allemand est anarchique. Il est impossible qu'il fasse la guerre en ce moment. Il a peur des communistes et cette peur nous protège contre la guerre. Il a été à Breslau, ville de charbon dont il nous a fait une affreuse peinture. Il y a été, dit-il, avec une copine (car c'est son habitude, dit-il). Un Moyen Age horrible. Vlaminck lui a demandé s'il continuerait à écrire sur les sujets qu'il traite, il a répondu qu'il restera dans le milieu dont il a décrit toutes les horreurs. Il croirait déserter s'il en était autrement, il a besoin de ce milieu-là pour penser. Vlaminck lui a demandé pourquoi il n'avait pas tiré une leçon de ce qu'il avait vu et décrit, à quoi Céline lui a répondu : " On ne livre pas son secret, c'est à chacun de tirer la leçon. C'est comme un tableau. " Il aime Bruegel, en a parlé à plusieurs reprises. Il en a vu d'admirables à Vienne, des fêtes paysannes, un garçon qui coupe une miche... Il nous a dit l'ignominie du peuple qu'il connaît, plus vicieux encore que les gens de la société, il est pire dans ses excès. [...] J'ai fait signer deux exemplaires du *Voyage au bout de la nuit.* Céline s'y prête avec très bonne grâce, sur la table de la salle à manger, le premier destiné à la comtesse de Castries, le second pour moi avec ces mots : " A M. le Chanoine Mugnier, notre compagnon d'infini, bien amicalement et respectueusement [1]. " »

L'abbé Mugnier rapporte aussi dans son journal qu'il devait déjeuner avec Céline, toujours chez Descaves, le 26 juin 1933, mais qu'il leur avait fait faux bond. Il le rencontra de nouveau le 13 avril 1934 : « Dîner chez les Descaves avec Pierre Descaves, Charles Daudet et Céline. Céline m'a dit à propos du 6 février : " Cela n'existe pas, c'était une galopade. C'était fait par des hommes sans idées. Les Anciens Combattants avaient peur. " " Oui, mais, lui ai-je dit, il y a eu du sang répandu. " Et Céline de répondre : " C'est la fève du gâteau. " Céline à table fait un grand éloge de Jules Vallès. La fin du *Bachelier* de Vallès est splendide. C'est un coup de délire. On n'a rien fait de mieux. On a parlé de Jules

1. *Journal* de l'abbé Mugnier, 18 janvier 1933, Mercure de France, 1985, pp. 531-532.

Romains avec éloge comme d'un grand romancier mais Céline de répéter à plusieurs reprises " du navet ". Il n'aime pas ceux qui sortent d'un lycée, les professeurs, le style qui est une gomme, une chose morte. Il disait " pas de Picon, c'est la Révolution ". A propos de Chateaubriand, il nous a dit qu'il avait habité pas très loin de Combourg et nous a cité certaines choses qui prouvent qu'il connaît Chateaubriand. Je crains qu'il n'ait pas dit toute sa pensée étant donné qu'il était dans un milieu favorable au grand écrivain. Il habite Clichy. Il est bon enfant, mais assez commun [1]. »

Céline et l'abbé Mugnier se sont rencontrés une troisième fois le 12 septembre 1934, alors que Céline rentrait des États-Unis : « Déjeuné chez les Descaves avec Céline. Il revient de Californie où les gens ne s'occupent que de leur plaisir. Les blancs, ajoute-t-il, ont perdu leur raison d'être en lâchant le catholicisme. Ils n'ont plus de but spirituel. Je lui ai demandé comment il faudrait élever les jeunes gens. Il m'a répondu : " Leur faire connaître tous les folklores, ne pas éteindre leurs enthousiasmes " et je lui ai dit alors l'étymologie de ce mot grec qui l'a ravi. Dans l'université, pas d'enthousiasme [...] Il faut gagner de l'argent, c'est tout. Les parents ajoute-t-il sont des châtreurs d'enthousiasme. Je lui ai dit que j'avais été en Bretagne. Il m'a répondu : " Vous êtes allé voir l'incestueux vicomte ? " Et comme je m'étonnais, il m'a dit : " Disons vicieux. " Et il a ajouté encore : " On n'a ni talent ni génie si l'on n'est pas vicieux. " Parlant de la cathédrale du Moyen Age, il m'a dit : " Elle est lubrique et mystique. " Il a protesté avec Descaves contre Claude Farrère qui dans la presse, dernièrement, s'est insurgé contre Victor Hugo. Pour le moment, il se dit athée [2]. »

Lucien Descaves était fidèle. Il conserva son amitié pour Louis et la lui témoigna aux heures les plus sombres de son exil. Céline lui en était reconnaissant. Ainsi, dans une lettre à la famille Descaves : « Votre lettre nous fait verser des larmes... Les terribles malheurs rendent romantiques... Nos larmes sincères se contenteront de vous savoir tout de même épargnés par le Destin... Mais

1. *Journal* de l'abbé Mugnier, 13 avril 1934, *op. cit.*, pp. 540 et 541.
2. *Ibid.*, 12 septembre 1934, pp. 543 et 544.

opéré à froid tout ira bien... Lucien tient la rampe. Que de tempêtes déjà il a subi le robuste ormeau! Il n'est point déracinable... Les aquilons le rendent plus vénérable c'est tout. Bien sûr le déluge est en route... Qu'il nous réunisse au moins [1]! » Il les tenait aussi au courant de son affaire : « Naud mon avocat s'est rendu au Parquet pour mon compte. Il n'a rien trouvé de plus à mon dossier que ce que l'on reproche à Montherlant, à La Varende, à Giono, à cent autres qui ne s'en portent pas plus mal. Je suis vraiment l'objet d'un traitement de choix. D'une haine fignolée. Et je ne vois guère les choses s'arranger. Trop de gens se sont faits des situations dans la répression. Et Dieu sait si en France on s'accroche aux " situâàtions ". Il faudra attendre au moins dix ans comme les Communards. La France n'a pas beaucoup de cœur. C'est une race " légère et dure " disait Voltaire. Sauf exceptions. On pense bien à vous, à chaque instant. Vous parlez de l'été comme s'il était déjà fini. Déjà l'automne... la rentrée en ville. On en pleure d'y penser, nous qui sommes sortis du monde habitable, dont chaque heure est une angoisse, qui n'osons voir personne, ni être reconnu de personne. Les saisons pour nous n'ont plus de sens. C'est la haine notre saison [2]. »

Pendant l'occupation allemande, et à la différence de certains Goncourt, Lucien Descaves n'avait commis aucune imprudence, ce qui lui avait valu d'être porté en 1945 à la tête de l'académie. Il présidait encore à ses destinées lorsqu'il mourut en 1949 à l'âge de quatre-vingt-neuf ans, sans avoir pu revoir Céline.

Jean Ajalbert était né à Levallois-Perret le 10 juin 1863. Avocat à Paris de 1884 à 1896, il était ensuite devenu conservateur du château de la Malmaison puis administrateur de la manufacture de tapisseries de Beauvais. Il avait écrit une trentaine de livres et avait été élu à l'académie Goncourt en 1917. C'était aussi un grand

1. Lettre de Céline aux Descaves, 20 avril 1947, *Textes et documents* 2, B.L.F.C., 1982, p. 101.

2. Lettre de Céline aux Descaves, 16 mai 1947, *ibid.*, p. 102.

voyageur qui avait notamment parcouru l'Extrême-Orient de 1901 à 1905. Son sport favori était l'aéroplane. Tout cela n'impressionnait pas Léautaud qui le tenait pour une nullité : « Écrivain sans talent, avide de publicité, arriviste forcené, et que c'est un monde de le voir à l'académie Goncourt, que c'est même à se demander quels moyens il a bien pu employer pour se faire élire [1]. » Allant encore plus loin, Dominique de Roux n'a pas hésité à écrire qu'« Ajalbert, lui, n'avouera jamais que Denoël l'a soudoyé en publiant son essai malheureux sur la cathédrale de Chartres [2]. »

Né à Paris le 16 novembre 1867, Léon Daudet avait soixante-cinq ans lorsqu'il fit la connaissance de Céline. Il avait publié plus de quarante volumes, jouissait d'une vitalité exceptionnelle et menait de front une double carrière, littéraire et politique. Il était député de la Seine et surtout rédacteur en chef de *L'Action française.* Il avait au moins deux points communs avec Céline pour avoir fréquenté le passage de Choiseul, emmené par son père à la librairie d'Alphonse Lemerre, et pour avoir aussi été élevé dans un milieu foncièrement antisémite, au point qu'il y avait toujours un couvert pour Drumont chez les Alphonse Daudet, rue de Bellechasse. Léon Daudet avait du reste salué la publication de *La France juive* comme « une révélation du même ordre que l'*Introduction à* [l'étude de] *la médecine expérimentale* de Claude Bernard ou que le *Traité d'auscultation médiate* de Laennec [3] ». Après avoir commencé ses études de médecine, il avait dénoncé le mandarinat dans *Les Morticoles* et brocardé l'Institut Pasteur « en pleine décomposition [4] ». Enfin, et comme beaucoup d'écrivains de sa génération, il détestait Zola, qu'il appelait « l'égoutier de Médan [5] » ou « le grand fécal [6] », rappelant volontiers le mot de Hugo, qu'il avait bien connu pour avoir épousé sa petite-fille :

1. Paul Léautaud, *Journal littéraire,* tome V, lundi 8 février 1926, *op. cit.,* p. 145.
2. Dominique de Roux, *La Mort de L.-F. Céline,* Bourgois, 1966, p. 70.
3. Léon Daudet, *Souvenirs,* tome II, Nouvelle librairie nationale, 1926, p. 113.
4. *Ibid.,* p. 174.
5. *Ibid.,* p. 227.
6. *Ibid.,* p. 38.

« Tant qu'il n'aura pas dépeint complètement un pot de chambre plein, il n'aura rien fait. » Léon Daudet ajoutait, cette fois de son cru : « Ce vœu devait être comblé. La série des Rougon-Macquart renferme plusieurs de ces choses vues [1]. »

Proust comparait Léon Daudet à Saint-Simon. C'était un aristocrate, élevé dans un sérail, au milieu de tous les amis de son père. Son goût était d'une sûreté étonnante. Il avait toujours été dans le bon camp; pour les Impressionnistes contre les « pompiers », pour Debussy le soir de la première de *Pelléas,* et au Goncourt pour Apollinaire contre Pergaud (qui eut le prix en 1910), pour Proust contre Dorgelès en 1919 et pour Céline contre Mazeline en 1932. Il fut parmi les premiers à célébrer Giraudoux, Valery Larbaud et Paul Morand. Dès le début du XXe siècle il avait considéré Picasso comme le plus grand peintre vivant.

Céline a subi très fortement l'influence de Léon Daudet. Il se rendit souvent chez lui, rue Saint-Guillaume. Il aimait son franc-parler, la façon qu'il avait de s'engager à fond et d'utiliser la parole et la plume comme des armes de combat. Daudet est sans doute, à ce titre, un peu responsable des pamphlets de Céline, bien qu'il ait mis son antisémitisme en veilleuse à l'approche de la Seconde Guerre mondiale. Daudet partageait dans le fond la même aversion qu'avait Céline pour le monde juif. N'avait-il pas écrit combien il détestait le juif pour : « son outrecuidance, son impudence ethnique et son mépris affiché pour notre patriotisme traditionnel [2] ». Au moment de l'armistice, en juin 1940, Léon Daudet se réfugia avec *L'Action française,* en zone libre, à Lyon. Il mourut le 2 juillet 1942 à Saint-Rémy-de-Provence.

De toutes les critiques de *Voyage au bout de la nuit,* ce fut l'article de Léon Daudet, publié dans *Candide* du 22 décembre 1932, qui eut le plus grand retentissement. « A vrai dire, il y avait fort longtemps qu'on n'avait entendu retentir pareils accents, nos lettres, sinon nos auteurs étant, depuis quelque trente ans, pas mal

1. Léon Daudet, *Souvenirs,* tome II, *op. cit.,* p. 76.
2. *Ibid.,* p. 351.

édulcorées et féminisées. La vogue inouïe de Marcel Proust avait incliné vers l'introspection et l'autoanalyse – dérivation du « culte du moi » barrésien – un très grand nombre de ceux qui tiennent une plume en France, Angleterre, Italie et Allemagne. Or, cette façon de se placer devant le miroir et de s'observer longuement est plus " femme " que mâle. Proust, avec toute sa puissance, que j'ai célébrée un des premiers, c'est aussi un recueil de toutes les observations et médisances salonnières dans une société en décomposition. Il est le Balzac du papotage. » Ainsi, et dès 1932, Céline était-il opposé à Proust, alors que leurs démarches étaient comparables. Ils ont, l'un et l'autre, créé une œuvre originale et inimitable, à partir de souvenirs personnels et de choses observées dès la petite enfance, avec comme modes d'expression des langages originaux qui leur collaient à la peau et qu'ils avaient l'un et l'autre entendu dans leur milieu social [1].

Daudet avait ensuite comparé Bardamu à Panurge. Il s'était indigné que Bardamu soit sans cesse confondu avec Céline : « [...] c'est assimiler Shakespeare à Falstaff, c'est le rendre responsable du crime de Macbeth, c'est accuser Sophocle d'inceste à cause d'*Œdipe-Roi,* c'est identifier Molière à Tartufe. Une telle façon de voir et de juger limiterait vite la littérature française à des ouvrages de patronage et de sucrerie plus ou moins épicés, qui obtiennent des prix et mentions académiques, sans laisser ici-bas aucune trace autre que la bave argentée du colimaçon [2]. »

Sans attendre le 7 décembre 1932, jour de l'attribution du Goncourt, la critique s'était intéressée au livre, souvent pour le dénigrer, ainsi Lucien Wahl dans *l'Information* du 28 octobre, Gonzague Truc dans *Comœdia* du 31 octobre sous le titre « Contre le roman de l'abjection », Victor Margueritte dans *La Volonté* du 6 novembre, Pierre Lœwel dans *L'Ordre* du 2 novembre, Gilles

1. Voir tome I, p. 309.

2. Léon Daudet, « L.-F. Céline : *Voyage au bout de la nuit* », *Candide,* 22 décembre 1932; repris d'après Jean-Pierre Dauphin, *Les Critiques de notre temps et Céline,* Garnier, 1976, pp. 22-23.

Anthelme dans *La Presse* du 18 novembre, qui se disait révolté par cette « épopée de la bassesse ». Il y avait eu cependant quelques articles favorables. Georges Altman dans *Monde* du 29 octobre avait salué en *Voyage* : « un livre neuf et fort ». De même, les critiques de Noël Sabord dans *Paris-midi* du 12 novembre et de Jean Pallu dans *Cahiers du Sud* de novembre 1932 avaient été tout à fait positives pour Céline. Pierre Descaves alla dans le même sens dans *L'Avenir de Paris. L'Éclair* du 15 novembre et Ramon Fernandez dans *Marianne* du 16 novembre. Charles Plisnier dans *Le Rouge et le Noir* du 23 novembre, avait écrit : « Le livre de M. Louis-Ferdinand Céline est un long cri qui n'a pas fini d'ébranler les hommes. »

Denoël avait fait, de son côté, un gros effort de publicité et des bonnes feuilles avaient été publiées dans plusieurs journaux. Un placard publicitaire paru en octobre était ainsi rédigé : « Vous aimerez ce livre ou vous le haïrez : il ne vous laissera pas indifférent [1]. » « Une œuvre cruelle mais si vraie, d'un accent si pleinement douloureux et si truculent à la fois qu'elle s'imposera sans délai, en dépit des révoltes [2]. » Après le 7 décembre, il y eut même cet écho ironique : « Attention le vrai Prix Goncourt 1932 c'est *Voyage au bout de la nuit* par Louis-Ferdinand Céline. Méfiez-vous des imitations [3]. » Il est de fait que le livre atteignit rapidement des tirages importants.

A partir d'un tirage initial de 3 000 exemplaires, pratiquement épuisé à la veille du prix Goncourt, 50 000 *Voyage au bout de la nuit* avaient été vendus fin janvier 1933. A la même date, Mazeline avait vendu 100 000 exemplaires des *Loups,* dont Gallimard avait réduit le prix de vente de 20 à 15 francs. Les mauvaises langues disaient qu'il vendait à perte [4].

D'après Céline, en février 1933, le chiffre de 50 000 aurait été largement dépassé : « *Le Voyage* poursuit sa carrière, c'est un

1. *Gringoire,* 21 octobre 1932; repris d'après Jean-Pierre Dauphin et Pascal Fouché, *Bibliographie des écrits de L.-F. Céline,* B.L.F.C., 1985, notice 32A1.

2. *Les Nouvelles littéraires,* 22 octobre 1932, *ibid.*

3. *Le Canard enchaîné,* 14 décembre 1932, *ibid.*

4. *Le Cri du jour,* 17 décembre 1932, p. 10.

monstre – voici le 75 000e [1]. » Début mars, il écrivait de nouveau à Erika Irrgang : « Ici le livre se vend toujours énormément – 100 000 [2]. » Il donnait le même chiffre le 9 mars à Cillie Pam [3]. Fin 1938, Denoël annonçait avoir vendu 112 000 exemplaires.

Roland Dorgelès mettait ce succès sur le compte du snobisme : « Dans les salons, par pose, pour jouer les audacieux, on ne parle que du livre de Céline sans en comprendre l'hallucinante grandeur. Mais si le chauffeur ou le valet de chambre se permettait d'employer un des mots qui font frétiller d'aise tous ces snobs, on le flanquerait dehors avec des airs pincés. Croyez-moi, ce qui fait le succès du livre de Céline, c'est ce qu'il a de moins bon [4]. »

Louis avait envoyé son livre à beaucoup de sommités du monde littéraire avec lesquelles il n'avait pas forcément d'affinités [5]. C'était le cas de François Mauriac qui le remercia et reçut de lui une lettre que Jean Lacouture, dans son excellente biographie de Mauriac, situe par erreur après la guerre, pendant l'exil au Danemark :

« Monsieur,

» Vous venez de si loin pour me tendre la main qu'il faudrait être bien sauvage pour ne pas être ému par votre lettre. Que je vous exprime d'abord toute ma gratitude un peu émerveillée par un tel témoignage de bienveillance et de spirituelle sympathie. Rien cependant ne nous rapproche. Rien ne peut nous rapprocher. Vous appartenez à une autre espèce, vous voyez d'autres gens, vous entendez d'autres voix. Pour moi, simplet, Dieu c'est un truc pour penser mieux à soi-même et pour ne pas penser aux hommes, pour déserter en somme superbement. Vous voyez comme je suis argileux et vulgaire ! Je suis écrasé par la vie. Je veux qu'on le sache avant d'en

1. Lettre de Céline à Erika Irrgang [février 1933], *Cahiers Céline* n° 5, *op. cit.*, p. 48.

2. Lettre de Céline à Erika Irrgang [début mars 1933], *ibid.*, p. 50.

3. *Cahiers Céline,* n° 5, *op. cit*, p. 96.

4. Roland Dorgelès, « Les Prix discutés. Roland Dorgelès répond à Léon Deffoux », *Comœdia,* 28 décembre 1932, p. 1.

5. C'est Juliette Beckers (aujourd'hui Mme Jean Delannoy) qui s'était occupée du service de presse.

crever, le reste je m'en fous. Je n'ai que l'ambition d'une mort peu douloureuse mais bien *lucide,* et tout le reste est du yoyo [1]... »

On sait que plus tard, Céline écrivit à François Mauriac des lettres moins respectueuses dans lesquelles il le traitait de « canaille », ne sachant si c'était « canaille par tartuferie, messes noires, ou connerie » et d'« enfant de cœur pernicieux [2] ».

Céline avait envoyé un exemplaire de son livre à Élie Faure [3], sans doute parce qu'il était médecin et aussi parce qu'il avait aimé son *Histoire de l'Art.* Élie Faure lui écrivit pour le remercier, puis il naquit entre les deux hommes une amitié passionnée. Ils se virent assez souvent pour déjeuner, soit chez Élie Faure, 147, boulevard Saint-Germain, soit parfois chez *Lipp.* Céline avait pour lui beaucoup d'admiration. Dans une lettre à John Marks, il le disait très clairement, donnant au passage un nouveau coup de patte à Malraux : « Malraux me semblait splendidement doué et puis il a manqué de pudeur, d'autocritique, et de véritable expérience – et il s'est pris au sérieux – A présent il est devenu tout à fait putain – je ne crois plus qu'il en sortira rien – Des vagues bafouillages orientaux prétentieux et gratuits – C'est grand dommage – Avec Marcel Aymé, Dabit et Morand, ce fut à peu près la même histoire – Quant à Élie Faure à présent vieilli ce fut un critique d'art de très grande envergure, un grand homme certainement, de cent coudées surpassant tous ces petits velléitaires – connaissez-vous son histoire de l'Art ? Il pense énormément et touffu ce qui est devenu très rare en France – Je le connais j'ai pour lui beaucoup d'admiration – Il a le sens de la création – il sait comment se forment et se passent les choses – Il est familier des grands secrets [4]. »

Céline n'aimait pas son côté sentimental, son romantisme : « Mais bien sûr que j'ai raison, dix mille fois raison! " L'amour " n'est pas un propos d'homme, c'est une formule niaise pour gonzesse!

1. Jean Lacouture, *François Mauriac,* Seuil, 1980, p. 432.
2. Voir François Gibault, *Céline,* Mercure de France, 1981, tome III, pp. 161 et 162. Tous les renvois à venir seront abrégés en : voir tome III.
3. 4 avril 1873-29 octobre 1937.
4. Lettre inédite de Céline à John Marks, 20 septembre 1934.

L'Homme va au fond des choses, y reste, s'installe, y crève. Vous n'avez pas un langage d'ouvrier, vous êtes emmené par les femmes [...] Il faut cesser de baver. On n'existe que dans l'intimité muette des hommes et des choses. [...] Vous parlez tous beaucoup trop. Ce qu'on dit n'existe pas. Vous savez bien tout cela g[ran]d ami. Vous savez combien il faut peu, infiniment peu, d'impudeur pour que " l'endroit " où les choses chantent et se donnent se rétracte, se souille, s'empâte et meure sous le regard, sous le mot, sous le doigt [1]. » Dans *Bagatelles pour un massacre,* Céline le critiqua de nouveau. Son jugement sur l'homme restait le même, malgré le préjugé racial : « Élie Faure bien qu'à mi-youtre, si franc-maçon, me passionne, sauf quand il parle d'amour, alors il déconne à pleine bourre, il se met à peser d'un seul coup plusieurs tonnes de merde gaffeuse, comme presque tous les enjuivés lancés dans le sentiment [2]. »

La dernière lettre connue, envoyée par Céline à Élie Faure, date du 3 août 1935. Élie Faure s'engageait de plus en plus à gauche. Céline était sur le point de prendre un tout autre chemin : « Le malheur en tout ceci c'est *qu'il n'y a pas de " peuple "* au sens touchant où vous l'entendez, il n'y a que des exploiteurs et des exploités, et chaque *exploité* ne demande qu'à *devenir exploiteur.* Il ne comprend pas autre chose. Le prolétariat héroïque égalitaire *n'existe pas.* C'est *un songe creux,* une FARIBOLE, d'où l'inutilité, la niaiserie absolue, écœurante de toutes ces imageries imbéciles, le prolétaire en cotte bleue, le héros de demain, et le méchant capitaliste repu à chaîne d'or. Ils sont aussi fumiers l'un que l'autre. Le prolétaire est un bourgeois qui n'a pas réussi. Rien de plus. Rien de moins. Rien de touchant à cela, une larmoyerie gâteuse et fourbe. C'est tout. Un prétexte à congrès, à prébendes, à paranoïsmes [3]... »

Paul Léautaud avait aussi reçu un exemplaire de *Voyage.* Le lendemain de l'attribution du Goncourt à Mazeline, il avait noté

1. Lettre de Céline à Élie Faure, 3 août 1935, *Textes et documents 2, op. cit.,* p. 75.
2. *Bagatelles pour un massacre,* Denoël, 1937, pp. 215-216.
3. *Textes et documents* 2, *op. cit.,* p. 73.

dans son *Journal :* « Monsieur Céline, qui a ainsi raté le Prix Goncourt après avoir été si près de l'avoir, a eu le Prix Théophraste Renaudot, dont l'attribution a suivi, comme d'habitude, celle du Prix Goncourt. J'ai reçu son livre à sa publication, avec un envoi, ce qui me donne à penser qu'il me connaît comme écrivain [1]. » En fait Léautaud parcourut le livre qu'il referma rapidement. Après un dîner chez Benjamin Crémieux, auquel assistait Gaston Gallimard et au cours duquel on avait parlé de Céline et de *Mort à crédit,* célébré par tous les convives, Léautaud avait noté dans son *Journal :* « On me demande mon avis. Je dis que lorsque j'ai reçu le premier Céline : *Voyage au bout de la nuit,* je l'ai feuilleté et quand j'ai vu ce vocabulaire je l'ai laissé là, que je n'ai lu du nouveau que des extraits dans des articles de critique et que cela me suffit. Je n'ai aucun goût pour ce style volontairement fabriqué, que les inventions ne m'intéressent pas, comme sujet ni comme forme. J'ajoute que, dans moins de cinq ans, on ne pourra plus lire un livre de ce genre. J'ai même fini par dire tout crûment que cela me fait un peu pitié qu'on puisse admirer des livres de ce genre, comme on admire aussi cet Henri Michaux dont ils sont tous si férus, et qu'ils ont décidément à la N.R.F. des goûts littéraires extraordinaires [2]. »

Louis-Ferdinand Céline et Paul Léautaud ne se sont jamais rencontrés. Pourtant beaucoup de choses les rapprochaient, la vivacité de leur plume, leur amour pour les bêtes, leur misanthropie, certaines amitiés et aussi certaines opinions sur les Juifs et sur les événements du monde, avant la Seconde Guerre mondiale et pendant l'occupation allemande.

Pour avoir annoncé la publication de *Voyage au bout de la nuit* dans *Les Nouvelles littéraires,* Edmond Jaloux [3] fut remercié par une lettre dans laquelle Céline se défendait d'avoir cédé au goût du jour : « Il ne s'agit pas d'un travail entrepris en vue de s'adapter à une mode, ni à la manière de ceci ou de cela. Ce projet remonte

1. Paul Léautaud, *Journal littéraire,* 8 décembre 1932, *op. cit.,* tome X, p. 46.

2. *Ibid.,* samedi 13 juin 1936, tome XI, p. 214.

3. Edmond Jaloux (1878-1949) fut l'un des critiques les plus importants de l'entre-deux-guerres.

à 10 ans. Le boulot dura 6 ans et me tint *50 000 pages manuscrites.* On ne parlait pas à cette époque ni de populisme ni de romans anglais [1]. » Après qu'Edmond Jaloux eut écrit une excellente critique dans *Les Nouvelles littéraires* du 10 décembre, Céline lui écrivit une lettre respectueuse, dans le style de celles que les élèves adressent à leurs maîtres : « J'ai lu et relu avec beaucoup d'émotion votre admirable critique de ce matin s[u]r le *Voyage.* Je l'attendais. Vous avez très finement et très profondément raison (je parle de vos griefs). Il faut faire attention à la fatigue... au bavardage, au paradoxe qui les Jours gris tend à remplacer la verve défaillante... On ne délire pas assez franchement, assez simplement. Jamais assez. On veut paraître raisonnable. On a honte, on a tort. Tout cela vieillit si vite... Il faut en [faire] énormément po[u]r qu'il en reste un petit peu. Au prochain livre (dans 6 ans) j'aimerais si vous le voulez bien, vous soumettre le manuscrit [2]. »

Céline a connu aussi Maurice Maeterlinck [3] dans des circonstances très imprécises que Lucette Destouches situe à Saint-Cloud, en présence d'Élie Faure et de Lucien Descaves, et Pierre Monnier chez Maeterlinck, au château de Médan, le 1er octobre 1933, après la commémoration de l'anniversaire de la mort de Zola [4]. C'est probablement André de Fonscolombe [5] qui est le plus proche de la vérité quand il se souvient que Céline lui a dit avoir rencontré l'auteur du livret de *Pelléas* au cours d'un dîner donné chez lui à Nice. Ce qui est plus invraisemblable c'est que Céline lui aurait dit que, parmi les convives, se trouvait Georgette Leblanc, qui avait été la compagne de Maeterlinck de 1895 à 1920. Cantatrice renommée, elle était aussi la sœur de Maurice Leblanc [6], immortel

1. Lettre de Céline à Edmond Jaloux, 19 [novembre 1932], *Textes et documents* 1, B.L.F.C., 1979, p. 55.
2. Lettre de Céline à Edmond Jaloux, 10 [décembre 1932], *ibid.,* p. 57.
3. Gand, 1862-Nice, 1949.
4. Pierre Monnier, *Ferdinand furieux,* L'Age d'homme, 1979, p. 94.
5. Voir *infra,* pp. 140-142.
6. Rouen, 1864-Perpignan, 1941.

auteur du *Bouchon de cristal* et d'*Arsène Lupin gentleman cambrioleur.*

Louis racontait volontiers cette entrevue de la façon la plus comique. Il disait que, d'un bout à l'autre de la soirée, Georgette Leblanc avait été Mélisande, à laquelle, faute d'avoir pu créer le rôle, elle s'identifiait complètement. L'idée que Mary Garden lui eût été préférée lui était intolérable et elle ne l'avait jamais acceptée, non plus que Maurice Maeterlinck qui s'était brouillé pour cela avec Claude Debussy. Céline disait aussi qu'il y avait un petit jet d'eau dans la salle à manger. Chaque fois que le maître d'hôtel ouvrait ou fermait une porte, un courant d'air détournait le jet d'eau, de telle façon qu'à chacune de ses allées et venues, les convives étaient régulièrement aspergés. C'est tout le souvenir que Louis conservait de sa rencontre avec le grand homme.

Henry Miller vécut à Paris pendant une partie des années trente et découvrit *Voyage au bout de la nuit* avec enthousiasme. Il a ensuite toujours reconnu qu'il avait subi très fortement l'influence de Céline, notamment pour son style et aussi pour la vision lucide et désespérée qu'il avait du monde. Céline et Miller ne se sont jamais vus mais Henry Miller avait écrit à Louis pour lui dire son admiration et il avait reçu de lui une réponse un peu déroutante : « *I held Céline in high esteem all my life. But we had only one exchange of letters and that was in 1930's when I read his books. He answered me rather cryptically if not acerbity – and that was it no follow up. But I continued to praise him everywhere I went and especially among those hostile to him and his works. I believe he has left his mark on french litterature, almost as much as Rimbaud and Blaise Cendrars* [1]. »

1. Lettre inédite de Henry Miller à François Gibault, 3 janvier 1979 : « Toute ma vie, j'ai tenu Céline en haute estime. Mais nous n'avons eu qu'un seul échange de lettres. C'était pendant les années trente, quand j'ai lu ses livres. Il m'a répondu de façon énigmatique sinon acerbe. Et ainsi il n'y a pas eu de suite. Mais j'ai continué à faire son éloge partout où je suis allé et particulièrement parmi les gens hostiles à lui et à ses œuvres. Je crois qu'il a marqué la littérature française, presque autant que Rimbaud et Blaise Cendrars. »

Voici la réponse de Céline, qui avait tant déconcerté Miller : « Je vais être bien content à lire votre *Tropic* [1]. Déjà ce que j'ai parcouru m'intrigue et me donne bien envie de tout connaître. Puis-je me permettre une toute petite indication dans un genre que je connais assez bien. *Soignez bien votre discrétion. Toujours plus de discrétion!* Sachez avoir tort – le monde est rempli de gens qui ont raison – c'est pour cela qu'il *écœure* [2]. »

Miller disait qu'un jour à Paris, avant la guerre, il avait manqué de peu Céline chez Tschann, le libraire du boulevard du Montparnasse [3] et, dans *Le Menuet du haricot,* Albert Paraz rapporte que Miller lui aurait raconté comment « il allait le guetter rue Lepic, sans jamais oser lui parler, électrisé quand il l'avait vu boire son café. Comme le jeune Lamartine venait épier Chateaubriand à travers les buissons de la Vallée-aux-Loups [4] ».

Paraz aurait pu citer aussi Paul Léautaud : « En passant devant le café Mahieu, je vois à la terrasse Verlaine avec cette femme qui l'accompagne toujours. J'ai acheté un petit bouquet de violettes à la fleuriste qui se trouve à côté de la pâtisserie Pons et je lui ai fait porter par un commissionnaire, allant me poster sur le terre-plein du bassin pour voir de loin l'effet. Il a porté le bouquet à son nez, pour en respirer le parfum, en regardant de tous côtés d'où il pouvait lui venir. J'ai repris mon chemin, enchanté de mon geste [5]. »

Il faut enfin rappeler que, lorsqu'une pétition a circulé aux États-Unis en faveur de Céline, alors emprisonné au Danemark, Miller a tout de suite donné sa signature [6]. Il aurait voulu faire plus : *« I am genuinely interested in Céline – in his welfare. His*

1. *Tropic of Cancer,* dont l'édition originale anglaise venait d'être publiée à Paris (Obelisk Press, 1934).

2. Lettre de Céline à Henry Miller [septembre ou octobre 1934], *Textes et documents* 1, *op. cit.,* p. 64.

3. Lettre inédite de Henry Miller à François Gibault, 3 janvier 1979. Sur la librairie Tschann, voir tome III, p. 27.

4. Albert Paraz, *Le Menuet du haricot,* Genève, Connaître, 1958, p. 69.

5. Paul Léautaud, *op. cit.,* tome I, p. 10.

6. Voir tome III, pp. 123, 139, 227 et 291.

books meant a great deal to me. I am very glad to know he is out of prison. Once again I am rushing out of town – to try to raise money. I am terribly in debt. Otherwise I would have contributed something[1]. »

A la même époque, sans doute après avoir appris que Miller s'engageait en sa faveur, Céline avait exprimé ce qu'il pensait de lui sur le plan littéraire : « Oh mon cher Ami, Miller il fait tout ce qu'il peut pour faire du Céline mais il ne sait ni transposer ni construire ni faire rigoler – Seulement il a le monde des lecteurs anglo-saxons pour lui! d'où tout le vacarme. Kif Faulkner! des ratés du genre – des falots[2]. »

Céline fut catalogué, malgré lui, dans le courant populiste issu de la Grande Guerre, de la révolution de 1917, de l'effondrement des trois empires européens et de la prise de conscience de problèmes sociaux que les générations précédentes n'avaient pas soupçonnés et qui se trouvèrent aggravés par les conséquences désastreuses de la crise de 1929. Le populisme était le cousin germain du naturalisme. Après trente années de purgatoire, Zola redevint à la mode et plus actuel que jamais, avec ses ouvriers, ses mineurs, ses prolétaires, ses bourgeois cupides et ses filles de joie. Il avait été détesté par les hommes de sa génération et pendant toute la première partie du XXe siècle. On sait ce que disait de lui Victor Hugo[3]. Dans l'intimité Edmond de Goncourt l'appelait « ce cochon de Zola[4] ». Léon Daudet lui avait donné divers surnoms peu ragoûtants et disait à son sujet : « Cet écrivain de sang italien, barbouilleur à la détrempe, orgueilleux et fourbe[5]... » Descaves,

1. Lettre inédite de Henry Miller à Julien Cornell : « Je suis véritablement intéressé par Céline. Ses livres ont représenté beaucoup pour moi. Je suis très heureux de savoir qu'il est sorti de prison. Une fois de plus, je cours hors de chez moi – pour tenter de trouver de l'argent, j'ai des dettes terribles. Sinon j'aurais contribué financièrement. »

2. Lettre inédite de Céline au pasteur Löchen, le jeudi, sans date.

3. Voir *supra*, pp. 45-46.

4. Léon Daudet, *Souvenirs, op. cit.*, tome I, p. 236.

5. *Ibid.*, p. 38.

qui avait débuté dans les rangs des naturalistes, avait rapidement déserté pour signer du vivant de Zola, avec Paul Margueritte et Rosny aîné notamment, le *Manifeste des cinq* [1], véritable réquisitoire anti-zoliste. Quand il connut Louis en 1932, Descaves avait encore changé d'avis et admirait de nouveau Zola. C'est lui qui demanda à Céline de participer à la manifestation qui se tenait tous les ans à Médan pour commémorer l'anniversaire de sa mort.

Louis n'aimait pas Zola, dont il avait entendu dire tant de mal chez ses parents, au temps de l'affaire Dreyfus. Il n'appréciait pas mieux le naturalisme : « Admirable truc juif [2]! » Il accepta cependant de préparer un discours, mais sans le moindre enthousiasme. Dans *Souvenirs d'un ours,* Lucien Descaves se souvenait d'un déjeuner chez lui, rue de la Santé, en présence de l'abbé Mugnier : « Il nous lut un jour, à l'abbé et à moi, le discours qu'il devait prononcer à Médan pour le 31e anniversaire de la mort de Zola. J'assistai à la cérémonie que j'eus à présider ultérieurement [3]. »

L'événement eut lieu le 1er octobre 1933, par une belle journée d'automne, devant deux cents personnes environ. Il y eut d'abord un discours de M. Batillat, secrétaire de la Société des amis de Zola, et une allocution de Jean Vignaud, président de l'Association de la critique littéraire. Puis : « [...] c'est au tour de Louis-Ferdinand Céline de gravir lentement les marches de l'escalier qui fait fonction de tribune aux harangues. Bardamu n'est pas orateur. Il le sait sans doute, car si l'on ne peut dire qu'il paraisse tout à fait gêné, l'on ne saurait davantage prétendre qu'il affiche une rare aisance. Céline timide? Naturellement. N'a-t-il pas proclamé certain jour dans ce mâle langage qui n'appartient qu'à lui : “ Faire dans sa culotte, voyez-vous, c'est le commencement du génie [4] ”? »

Céline parla un peu de Zola, pour dire qu'il avait eu le courage de décrire la société telle qu'elle est, mais il utilisa surtout la tribune pour avertir les Français de 1933 des nuages qui s'amoncelaient à l'horizon et de la superbe catastrophe qui les attendait.

1. Les deux autres signataires étaient Paul Bonnetain et Gustave Guiches.
2. *Bagatelles pour un massacre, op. cit.,* p. 170.
3. Lucien Descaves, *Souvenirs d'un ours, op. cit.,* p. 270.
4. Yves Gandon, « Bardamu chez Zola », *Les Nouvelles littéraires,* 7 octobre 1933.

Ici, comme dans « Pour tuer le chômage, faut-il tuer les chômeurs ? », le discours était prophétique. Il y avait peu d'écrivains et peu d'hommes politiques au début des années trente assez lucides pour mettre ainsi leurs contemporains en garde contre la guerre qui se préparait. L'inconscience était trop forte pour que soient entendus les prophètes du malheur. L'avertissement était pourtant dépourvu d'ambiguïté :

« Il fallait à Zola déjà quelque héroïsme pour montrer aux hommes de son temps quelques gais tableaux de la réalité. La réalité d'aujourd'hui ne serait permise à personne. A nous donc les symboles et les rêves ! [...] Ils seront bien traqués aussi les rêves, un jour ou l'autre. C'est une dictature qui nous est due. La position de l'homme au milieu de son fatras de lois, de coutumes, de désirs, d'instincts noués, refoulés, est devenue si périlleuse, si artificielle, si arbitraire, si tragique et si grotesque en même temps, que jamais la littérature ne fut si facile à concevoir qu'à présent, mais aussi plus difficile à supporter. Nous sommes environnés de pays entiers d'abrutis anaphylactiques; le moindre choc les précipite dans des convulsions meurtrières à n'en plus finir.

» Nous voici parvenus au bout de vingt siècles de haute civilisation et, cependant, aucun régime ne résisterait à deux mois de vérité. Je veux dire la société marxiste aussi bien que nos sociétés bourgeoises et fascistes.

» L'homme ne peut persister, en effet, dans aucune de ces formes sociales, entièrement brutales, toutes masochistes, sans la violence d'un mensonge permanent et de plus en plus massif, répété, frénétique, " totalitaire " comme on l'intitule. Privés de cette contrainte, elles s'écrouleraient dans la pire anarchie, nos sociétés. Hitler n'est pas le dernier mot, nous verrons plus épileptique encore, ici, peut-être. Le naturalisme, dans ces conditions, qu'il le veuille ou non, devient politique. On l'abat. Heureux ceux que gouvernèrent [*sic*] le cheval de Caligula !

» Les gueulements dictatoriaux vont partout à présent à la rencontre des hantés alimentaires innombrables, de la monotonie des tâches quotidiennes, de l'alcool, des myriades refoulées; tout cela plâtre dans un immense narcissisme sadico-masochiste toute issue de recherches, d'expériences et de sincérité sociale. On me parle beaucoup de jeunesse, le mal est plus profond que la jeunesse! Je ne vois en fait de jeunesse qu'une mobilisation d'ardeurs apéritives, sportives, automobiles, spectaculaires, mais rien de neuf. »

Puis, après avoir affirmé que la civilisation française lui semblait « bien coincée dans une incurable psychose guerrière », il avait continué ainsi son discours : « Ni la misère profonde ni l'accablement policier ne justifient ces ruées en masse vers les nationalismes extrêmes, agressifs, extatiques de pays entiers. On peut expliquer certes ainsi les choses aux fidèles, tout convaincus d'avance, les mêmes auxquels on expliquait il y a douze mois encore l'avènement imminent, infaillible, du communisme en Allemagne. Mais le goût des guerres et des massacres ne saurait avoir pour origine essentielle l'appétit de conquête, de pouvoir et de bénéfices des classes dirigeantes. On a tout dit, exposé, dans ce dossier, sans dégoûter personne. Le sadisme unanime actuel procède avant tout d'un désir de néant profondément installé dans l'homme et surtout dans la masse des hommes, une sorte d'impatience amoureuse, à peu près irrésistible, unanime, pour la mort. [...] Or les Gouvernements ont pris la longue habitude de leurs peuples sinistres, ils leur sont bien adaptés. Ils redoutent dans leur psychologie tout changement. Ils ne veulent connaître que le pantin, l'assassin sur commande, la victime sur mesure. Libéraux, Marxistes, Fascistes ne sont d'accord que sur un seul point : des soldats! [...] On peut obtenir tout d'un animal par la douceur et la raison, tandis que les grands enthousiasmes de masse, les frénésies durables des foules sont presque toujours stimulés, provoqués, entretenus par la bêtise et la brutalité. [...] Nous savons aujourd'hui que la victime en redemande toujours du martyr, et davantage. [...]

» Quand nous serons devenus normaux tout à fait au sens où nos civilisations l'entendent et le désirent et bientôt l'exigeront, je crois que nous finirons par éclater tout à fait aussi de méchanceté. On ne nous aura laissé pour nous distraire que l'instinct de destruction. C'est lui qu'on cultive dès l'école et qu'on entretient tout au long de ce qu'on intitule encore : La vie. Neuf lignes de crimes, une d'ennui. Nous périrons tous en chœur, avec plaisir en somme, dans un monde que nous aurons mis cinquante siècles à barbeler de contraintes et d'angoisses.

» Il n'est peut-être que temps, en somme, de rendre un suprême hommage à Émile Zola à la veille d'une immense déroute, une autre. [...]

» La rue des Hommes est à sens unique, la mort tient tous les cafés, c'est la belote " au sang " qui nous attire et nous garde. [...]

» Selon certaine tradition, je devrais peut-être terminer mon petit travail sur un ton de bonne volonté, d'optimisme. Mais que pouvons-nous espérer du naturalisme dans les conditions où nous nous trouvons ? Tout et rien. Plutôt rien, car les conflits spirituels agacent de trop près la masse, de nos jours, pour être tolérés longtemps. Le doute est en train de disparaître de ce monde. On le tue en même temps que les hommes qui doutent. C'est plus sûr.

» Quand j'entends seulement prononcer autour de moi le mot " Esprit " : Je crache! nous prévenait un dictateur récent et pour cela même adulé. On se demande ce qu'il peut faire, ce sous-gorille, quand on lui parle de " *naturalisme* " ?

» Depuis Zola, le cauchemar qui entourait l'homme, non seulement s'est précisé, mais il est devenu officiel. A mesure que nos " Dieux " deviennent plus puissants, ils deviennent aussi plus féroces, plus jaloux et plus bêtes. Ils s'organisent. Que leur dire ? On ne se comprend plus.

» L'École naturaliste aura fait tout son devoir, je crois, au moment où on l'interdira dans tous les pays du monde.

» C'était son destin [1]. »

Sur le moment, le discours fit sensation. On était loin des propos académiques tenus habituellement en de telles circonstances.

1. Texte reproduit intégralement dans *Cahiers Céline,* n° 1, Gallimard, 1976, pp. 78-83.

Me Hild [1], qui prit la parole après Céline, eut du mal à se faire entendre. Tout le monde parlait de Céline, de l'originalité et de l'outrance de ses propos. C'était le discours d'un hurluberlu et d'un provocateur. On s'était bien amusé, on était content, chacun pouvait rentrer tranquillement chez soi pour rejoindre son confort et son petit bonheur. Yves Gandon notait dans *Les Nouvelles littéraires :* « Après lui Me Hild pourra présenter son lorgnon d'or, sa barbiche, un honnête bedon, et le monumental dossier où il a courageusement reconstitué le rôle de Zola dans l'affaire Dreyfus. On l'écoutera avec résignation. Car l'auditoire s'atteste aussi satisfait que peu ému des orages que Bardamu vient lui montrer s'accumulant sur sa tête. Tiendrait-il ce pseudo-outlaw pour un révolutionnaire de salon ? Ou pense-t-il qu'il convient de vivre, de vivre d'abord, sous ce beau soleil qui dore la vallée, et qu'on ne vit pas dans ce désespoir sans remède concédé à la seule littérature [2] ? »

Il y avait du Don Quichotte dans le discours de Médan. Céline n'avait-il pas en commun avec le héros de Cervantes d'être un seigneur, un solitaire, un incompris et un gêneur ? Il avait aussi cette manière inimitable de tenir aux hommes, dans un langage sans détour, des discours qu'ils ne voulaient pas entendre et qui leur tombaient dessus comme autant de douches glacées.

1. Joseph Hild (1870-1945), avocat du barreau de Paris. Il avait été le collaborateur de Fernand Labori et avait participé à ce titre à l'affaire Dreyfus et au procès Zola.
2. Yves Gandon, article cité, 7 octobre 1933.

1. *Louis Destouches est sur la charrette, en blanc.*

2. *Louis Destouches, enfant, assis sur l'âne.*

3. *Louis Destouches, fin 1914 ou 1915.*

4. *Louis Destouches, probablement à Diepholz ou à Karlsruhe en 1908.*

5. Louis Destouches, au Val-de-Grâce, en décembre 1914, à droite en képi. Mention manuscrite au dos : « Vue de héros en décadence, Louis ».

6. Louis Destouches, en 1923 ?

7. Louis Destouches.

8. *Louis Destouches (debout), à Roscoff en 1920.*

9. *Louis Destouches à Rome,*
(quatrième en partan

Mussolini, avec les « Echangistes »
auche); 3 août 1925.

10. *Colette Destouches. Mention manuscrite au dos de la photo : « Chère Madame, j'ai bien reçu la photo de la petite Colette que voici. Elle va très bien, ce qui fait que vous la verrez bientôt, je crois. Je vous embrasse bien affectueusement tous les deux. Edith. »*

11. *La mère de Louis Destouches.*

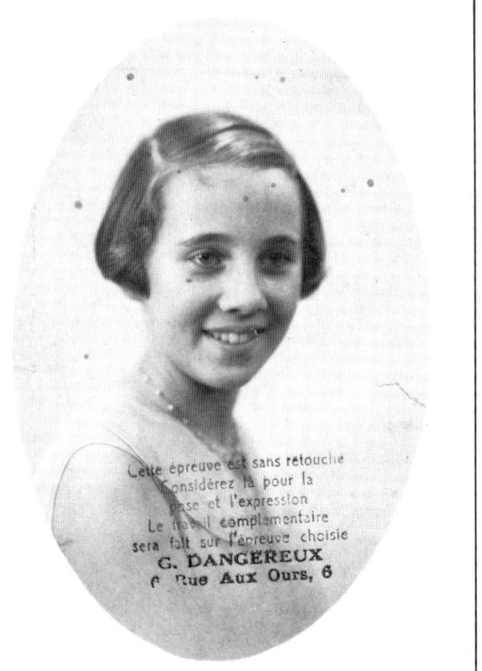

12. « *Ma petite fille Colette* » (*mention manuscrite au dos de la photo*).

13. *Lucette Almansor en costume de scène.*

14. *Karen Marie Jensen.*

15. *A l'extrême gauche, Blanche d'Alessandri; à la barre, Lucette Almansor et Ludmilla Tcherina.*

16. *Céline à Saint-Malo sur la terrasse de Maria Le Bannier, en 1933.*

17. « *Je ne puis que vous envoyer notre photographie dans un moment sportif triomphal* » : *lettre inédite de Louis Destouches à Maria Le Bannier* (*1931*).

18. *Henri Mahé (au centre).*

19. *Le* Meknès
à Bordeaux.

20. *Céline au retour de Leningrad en 1936, à bord du* Meknès.

21. *Gen Paul dans son atelier, avec sa femme.*

22. *Gen Paul, dans son imitation de Hitler.*

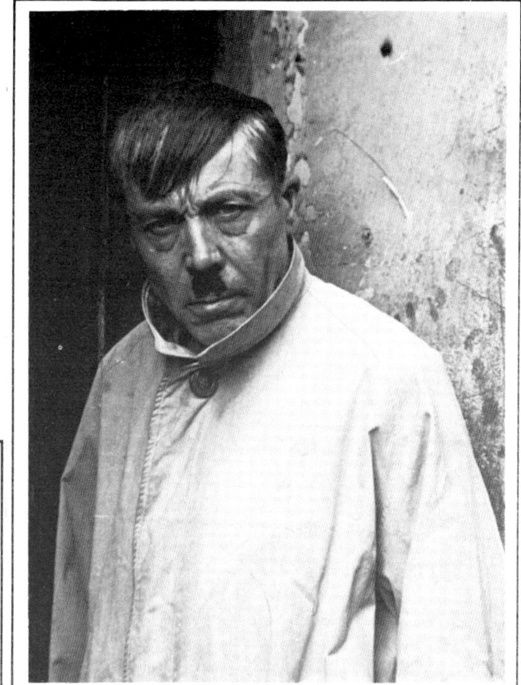

23. *Gen Paul et son orchestre.*

24. *Céline (premier à gauch*
L'ambulance de Sartrou

tte Almansor (deuxième à droite).
ant l'Exode, en juin 1940.

25. *Louis-Ferdinand Cé*
à l'Institut d'études
questions jui
Paris, 11 mai 19

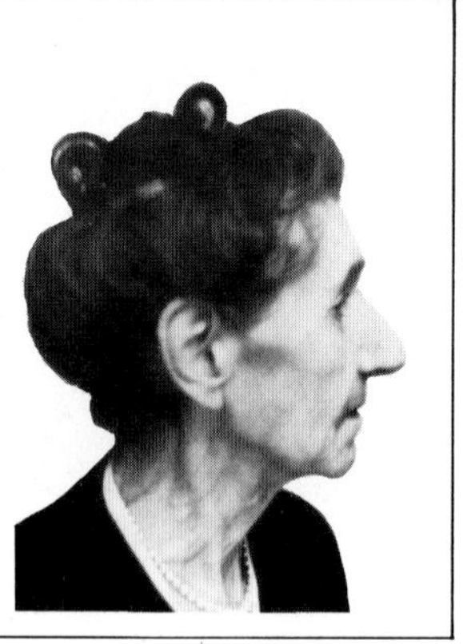

26 et 27. *Profils de Cé*
et de sa m
(dans les années quaran

CHAPITRE III

Rue Lepic

« Un passé d'horribles soucis, de bête traquée m'a ôté pour toujours le goût de l'aventure et des engagements [1]. »

Grâce à *Voyage au bout de la nuit,* Céline avait vu beaucoup de portes s'ouvrir devant lui. Le monde littéraire s'intéressait à lui et le sollicitait, parfois en vain. Ainsi Jean Paulhan, qui régnait sur la N.R.F., aurait-il bien voulu qu'il y collaborât. Il écrivit à Denoël, proposant à Céline les colonnes de la revue mais il n'obtint qu'une réponse, certes polie, mais négative : « Denoël a sans doute répondu à votre très aimable lettre du 12 décembre – en mon absence. Je suis tout à fait flatté par les propositions que vous me faites mais j'écris très lentement et seulement dans d'énormes cadres et dans

1. Lettre de Céline à Cillie Pam [octobre (?) 1932], *Cahiers Céline,* n° 5, *op. cit.,* p. 75.

le cours d'années. Ces infirmités diverses me condamnent aux monuments que vous savez [1]. » Les rapports entre les deux hommes s'arrêtèrent là. Ils ne devaient reprendre qu'en 1947, quand Paulhan vint au secours de Céline, alors exilé à Copenhague puis à Klarskovgaard [2].

Céline fut souvent approché par des journalistes en quête d'une interview. Le succès de *Voyage,* l'affaire du Goncourt et l'intrigante personnalité de ce médecin, entré du jour au lendemain dans la littérature, justifiaient de la part du public une curiosité qu'il appartenait à la presse de satisfaire. Le premier reportage a été réalisé en fait bien avant que le moindre tapage soit fait autour de *Voyage au bout de la nuit.* Dès le 7 novembre 1932, un journaliste de *Paris-soir* avait percé la véritable identité de Céline : « Lorsqu'un auteur se cache aussi soigneusement que Louis-Ferdinand Céline, l'interview devient du sport. Pour arriver d'abord à connaître le vrai nom de cet écrivain, son adresse (à laquelle il n'est d'ailleurs jamais) et pour enfin le surprendre en pleine occupation il m'a fallu employer des ruses de Sioux [3]. » Céline avait fait promettre à Pierre-Jean Launay de ne rien dire de lui et de ne parler que de son livre. A la question de savoir pourquoi il écrivait dans une langue « si volontairement faubourienne », il avait répondu : « Volontairement! Vous aussi? C'est faux, j'ai écrit comme je parle. Cette langue est mon instrument. Vous n'empêcheriez pas un grand musicien de jouer du cornet à piston. [...] Et puis je suis du peuple, du vrai... J'ai fait toutes mes études secondaires, et les deux premières années de mes études supérieures en étant livreur chez un épicier. Les mots sont morts, dix sur douze sont inertes. Avec ça, on fait plus mort que la mort. Et puis, la littérature importe peu à côté de la misère dont on étouffe. Ils se détestent tous... S'ils savaient s'aimer! » Pierre-Jean Launay notait alors : « Les yeux de Céline expriment une telle tristesse que je n'ai pas voulu lui en demander plus. Sur le seuil il me recommande à

1. Lettre inédite de Céline à Jean Paulhan, datée par ce dernier de 1933 (collection Jacqueline Paulhan).

2. Voir tome III, principalement pp. 163-165, 172-174 et 290-292.

3. *Paris-soir,* 10 novembre 1932; repris d'après *Cahiers Céline,* n° 1, *op. cit.,* p. 21.

nouveau “ – Laissez-moi dans l’ombre. Ma mère même ne sait pas que j’ai écrit ce livre, ça ne se fait pas dans la famille ”. »

En quelques mots, Louis avait exprimé, sur lui-même, les principaux thèmes qui se retrouveront dans toutes ses interviews ultérieures, sur son style, sur ses origines misérables, sur la méchanceté des hommes et sur sa pudeur, si forte dans la vie et pourtant tellement absente de son œuvre.

Jean-Pierre Dauphin a rassemblé dans les *Cahiers Céline* 1 et 2 sous le titre « Céline et l’actualité littéraire » toutes les interviews connues de Céline. Celles données à l’occasion de la publication de *Voyage au bout de la nuit* sont rassemblées dans le premier cahier. On y trouve celles réalisées par Max Descaves pour *Paris-midi,* par Merry Bromberger pour *L’Intransigeant,* par Paul Vialar pour *Les Annales politiques et littéraires,* par Georges Altman pour *Monde,* par Victor Molitor pour *Les Cahiers luxembourgeois,* par Lucien Miquel pour *Je suis partout* et par Élisabeth Porquerol, avec laquelle Céline avait pris contact à la suite d’un article qu’elle avait publié dans *Crapouillot* de février 1933. Peu après la mort de Céline, elle raconta dans *La Nouvelle Revue française* de septembre 1961, comment il se présenta chez elle : « A dix heures, il sonnait; dans l’encadrement de la porte un grand type en ciré noir qui s’incline un petit peu et dit en même temps : Destouches, avant que j’ouvre la bouche. Stupéfaction, il n’est pas laid. Je me demande pourquoi je l’imaginais gros, sombre, crasseux. Il fait plutôt anglo-saxon lavé au baquet et il a un très beau profil. Grand front, long visage, yeux pâles de marin, paupières lourdes, paraît jeune (trente-neuf ans), sans doute à cause de sa tenue, familière, tout de suite copain, genre étudiant [1]. »

Bien qu’il ne s’agisse pas à proprement parler d’un entretien destiné à la publication, les *Cahiers Céline* reproduisent les propos de Céline rapportés par Robert de Saint-Jean dans *Journal d’un journaliste* [2], qui donnait aussi une bonne description physique de Louis Destouches à cette époque : « Bâti comme un “ compagnon ”,

1. 13 février 1933; repris d’après *Cahiers Céline,* n° 1, *op. cit.,* p. 44.
2. Grasset, 1974, pp. 109-111.

lourdes pattes, la tête très grosse comme Bardamu, avec un front volumineux et des cheveux en désordre, des yeux clairs, très bleus, petits et pleins de méditation, des yeux " sérieux " d'homme qui a couru beaucoup de dangers, pris des responsabilités, etc., des yeux de marin (il est breton) ou de psychiatre (il est docteur). Simplicité apparente. Complet marron, sportif. Il sait l'anglais, dit-il, admire l'Angleterre, Shakespeare bien entendu [1]... »

Robert de Saint-Jean précisait que leur entrevue avait eu lieu le 22 février 1933, le soir après le dîner, chez Daniel Halévy, qui dirigeait alors chez Grasset *Les Cahiers verts.* Lucien Daudet, second fils d'Alphonse Daudet, et Robert Valléry-Radot étaient présents, de même que Georges Bernanos auquel Céline fut présenté ce soir-là [2]. Bernanos aurait tenté de démontrer à Louis que son pessimisme et le délire de ses personnages trahissaient chez lui une véritable soif de surnaturel. Bernanos espérait-il le convertir ? Il avait découvert, dès le premier contact, que se cachait, derrière l'écrivain provocateur, un homme d'une très grande sensibilité : « [...] aux premières phrases – si touchantes! sur le freudisme et la médecine taylorisée, il m'est apparu clair comme le jour qu'arraché de son délire, de sa logique particulière et posé sur la table, le cher Céline est tout juste un poisson hors de l'eau [3]. »

En bonne logique, Céline et Bernanos étaient plutôt faits pour s'entendre. Ancien combattant volontaire de la Grande Guerre, antisémite, Bernanos était incapable de collaborer durablement avec qui que ce soit. Ne devait-il pas se fâcher avec presque tous ses amis ? Avec Maurras qu'il avait vénéré, avec les franquistes, avec Léon Daudet, avec Henri Massis, puis avec la IVᵉ République dont il avait salué l'avènement. Classé à droite après *La Grande peur des bien-pensants,* puis à gauche après *Les Grands cimetières sous la lune,* il avait réussi à écrire, presque en même temps, dans

1. *Cahiers Céline,* nº 1, *op. cit.,* p. 49.

2. Bernanos avait publié dans *Figaro* du 13 décembre 1932 une critique de *Voyage* très favorable à Céline.

3. Lettre de Bernanos à Ramon Fernandez, *Correspondance,* tome I, Plon, 1971, pp. 413-414.

L'Action française et dans *L'Ami du peuple*, et avait su admirer, sans contradiction apparente, mais il est vrai en des temps différents, Charles Maurras et Charles de Gaulle. Il était en plus, comme Céline, un écrivain de combat qui dénonça sans complaisance les lâchetés de ses contemporains.

Il n'y eut cependant pas de véritables liens entre Céline et Georges Bernanos [1], qui eurent plusieurs fois l'occasion de se rencontrer, notamment chez Ramon Fernandez avec lequel Céline entretint des relations amicales. Les deux hommes avaient fait connaissance, étant tous deux lauréats d'un grand prix littéraire en 1932. Céline, prix Théophraste Renaudot, avait été présenté à Ramon Fernandez, prix Femina pour *Le Pari.* Lucette Destouches se souvient avoir été chez Ramon Fernandez et André de Vilmorin se rappelle aussi d'un dîner fin 1937 ou début 1938, quai de Bourbon, chez Jeanne Fernandez [2], auquel avaient assisté Céline et Bernanos. Il avait été frappé de les voir, après s'être salués courtoisement, gagner deux points opposés du salon et ne plus se parler jusqu'à la fin de la soirée. Il se souvient bien que Céline lui avait dit ce soir-là qu'il pouvait travailler plusieurs heures sans écrire quoi que ce soit de satisfaisant. Il fallait qu'il se sente « dans le saignant ». Alors il écrivait ce qu'il voulait et comme il le voulait. André de Vilmorin ne devait ensuite plus revoir Céline avant son installation à Meudon [3].

Robert Denoël désirait « battre le fer » et pressait Céline de lui donner quelque chose pour exploiter le succès de *Voyage* et le relancer. Céline lui répondait qu'il écrivait lentement, que ses livres demandaient une longue gestation. Par ailleurs il refusait de se disperser en donnant des articles à des journaux. Il fit cependant une exception à ce principe en publiant dans *Candide* du 16 mars 1933 un article intitulé « Qu'on s'explique... » pour mettre bien au point un certain nombre de choses : « Désormais, l'effroi d'être coupable environne nos jours... Aurais-je, en passant, réveillé

1. Bernanos avait obtenu le Femina en 1929 pour *La Joie* (Plon).

2. Journaliste, mère de Ramon Fernandez, grand-mère de Dominique Fernandez, prix Goncourt 1982 pour *Dans la main de l'ange* (Grasset).

3. Voir tome III, p. 271.

quelque monstre ? Un vice inconnu ? La terre tremble-t-elle déjà ? [...] Et cependant, parole d'honneur, nous ne fîmes scandale que bien malgré nous ! Nos éditeurs pourront le répéter à qui voudra l'entendre. Je crache en l'air... A deux mille lecteurs nous pensions timidement au début, triés sur le volet, et puis même, faut-il l'avouer, sans l'amicale insistance de l'un d'eux, jamais le manuscrit n'aurait vu le jour... On ne fait pas plus modeste. Nous avions nos raisons, nous les avons encore. Tout bruit se regrette [1]. »

Cédant aux instances de Robert Denoël, il accepta de lui donner *L'Église,* dont l'existence fut annoncée par Céline lui-même dans son interview du 28 mars 1933 à Max Descaves pour *Paris-midi.* « J'ai situé l'action en 1922... la grande époque de la S.D.N., celle de la religion internationale du rapprochement des peuples, enfin l'époque Briand. J'ai essayé de traduire ces grands courants d'Europe en Amérique et vice versa qui existaient alors... courants politiques... courants financiers... courants esthétiques... qui aboutirent finalement, il faut en convenir, à un lamentable avortement [2]. »

L'Église fut publiée chez Denoël et Steele le 26 septembre 1933 dans la collection « Loin des foules ». Céline s'opposa à ce que sa photo figurât sur le frontispice du livre et, comme il fallait bien y mettre quelque chose pour respecter la présentation de cette collection, il y fit placer une photographie du masque de « l'inconnue de la Seine », moulage qui aurait été pris sur le cadavre d'une jeune noyée, repêchée dans la Seine en 1830. Selon Jean A. Ducourneau, il s'agirait seulement de l'empreinte du visage d'une jeune fille qui posait comme modèle dans les ateliers de peinture [3].

L'Église fut représentée pour la première fois à Lyon le 4 décembre 1936, au théâtre des Célestins, par une troupe d'amateurs. La pièce avait été mise en scène par Charles Gervais. Elle

1. Repris d'après *Cahiers Céline,* n° 1, *op. cit.,* p. 55.
2. *Ibid.,* p. 68.
3. Voir Jean A. Ducourneau, *op. cit.,* tome I, pp. 757-758.

fut jouée dans des décors de Pierre Combet-Descombes. Il n'y eut qu'une seule représentation qui dura cinq heures et n'eut aucun succès. Céline s'en ouvrit beaucoup plus tard, le 29 mai 1947, dans une lettre à Milton Hindus : « Ce fut un four à hurler (flop) total – Il faudrait un prodigieux metteur en scène pour mettre cela debout, vivant, pimpant, snappy à l'américaine – Je n'ai pas le don du théâtre – du dialogue seulement – La pièce est ratée – Je n'aime pas les échecs [1]. » Il exprima la même opinion dans plusieurs lettres à John Marks, dans lesquelles il disait la pièce injouable, inadaptable et intraduisible : « C'est un travail assez raté – (tout à fait) et dont je n'attends rien. Si par hasard il en résulte quelque chose ce sera une admirable surprise – Attendons que les couillons s'excitent, ce qui est mauvais les attire naturellement [2] – » Les mêmes jugements se retrouvent à peu près dans une lettre à Joseph Delteil [3] : « Jouvet voulait monter cet ours. De vous à moi, je n'y crois pas. Je l'ai retenu sur cette pente dont vous jugerez par vous-même l'inclinaison. Il faudrait je crois ajouter à tout cela encore un certain délire américain qui manque. Ça pue tout de même le petit français à sa maman. La fin de race prudente. C'est du Shakespeare revu par Berlitz [4]. »

Malgré toutes les difficultés d'une entreprise, dont Céline avait été le premier conscient, *L'Église* fut montée avec bonheur par François Joxe. Jouée par la troupe du Chantier Théâtre à Paris, au théâtre de la Plaine du 27 janvier au 31 mars 1973, puis au théâtre des Mathurins, du 1er au 20 mai 1973, la pièce fut diffusée sur les antennes de France-Culture, puis retransmise par la Télévision française. François Joxe tenait le rôle de Bardamu et Pierre Forget celui de Pistil.

Céline aimait le théâtre, mode d'expression littéraire qu'il jugeait plus vivant que le livre. Il aimait davantage le cinéma qui permet

1. Lettre de Céline à Milton Hindus, 29 mai 1947, *Cahiers de l'Herne,* réédition en un volume des nos 3 et 5, 1981, p. 113.

2. Lettre inédite de Céline à John Marks, juillet 1933.

3. 1894-1978.

4. Lettre de Céline à Joseph Delteil, 15 mai 1933, *Le Bulletin célinien,* n° 14, octobre 1983, p. 4.

une représentation encore plus fidèle du monde réel et de la fiction. Il considérait même que le cinéma avait tué la littérature purement descriptive, le cinéaste disposant de moyens techniques pour montrer des choses qu'il estimait dès lors bien inutile de décrire : « " Gertrude entre par la porte droite... tout en larmes... son fiancé, maussade, bougonne sur le sofa etc... " tout ceci le cinéma s'en charge *une fois pour toutes*. Pour faire mieux que le cinéma, pour *être lisible* il faut être à présent *dans* Gertrude et *dans* le fiancé – sans les DÉCRIRE oh surtout ne pas les décrire – Sinon on chie dans le pot – crochet! je ne trouve plus lisible que Louise Labé, Christine de Pisan... un peu Villon... par passages l'abbé Brémond [1]... »

Dans une lettre écrite à Eugène Dabit, après le discours de Médan, Céline lui avait dit, en d'autres termes, qu'il avait pris conscience à cette occasion de la mort d'une certaine forme de littérature : « D'abord notre littérature mon vieux n'existe plus. C'est une archéologie. Dimanche pour faire plaisir à Descaves, j'ai dû aller bavarder sur Zola à Médan. Ces occasions me sont toujours odieuses. Mais j'ai eu l'impression consolante – l'absolution – que la littérature ne signifiait plus rien dans la vie d'aujourd'hui. C'est une ville ancienne – capitale – comme Dijon – abandonnée aux retraités à renvois... aux automobiles de troisième main – aux ébats amputés... La vie ne passe plus par là. La T.S.F., le cinéma, détiennent ces friperies. C'est fini mon vieux. A nous la casquette des gardiens de musée [2]... »

Céline aimait aussi les gens de théâtre et de cinéma. Il en a connu de très nombreux et de très grands comme Louis Jouvet, Marie Bell, Arletty [3], Michel Simon [4], Maurice Escande [5], Robert le Vigan, Jean-Louis Vaudoyer qui fut, sous l'Occupation, admi-

1. Lettre inédite de Céline à Jean Paulhan, le 27 [1949] (collection Jacqueline Paulhan).

2. Lettre de Céline à Eugène Dabit, le 5 [octobre 1933], *Textes et documents* 2, *op. cit.*, p. 53.

3. Voir tome III; et *infra*, p. 345.

4. Voir tome III, pp. 299 et 303.

5. Voir tome III, pp. 168-169.

nistrateur de la Comédie-Française, Jacques Deval qu'il appréciait beaucoup [1], Raimu, rencontré aux studios de Joinville où il tournait *Le Colonel Chabert* avec Marie Bell [2], Julien Duvivier, Charles Dullin, son voisin de Montmartre avec lequel il entretint des relations très amicales et dont il suivit toute la production. Il assista par exemple à la générale de *Richard III* de Shakespeare, à l'Atelier en 1933, dans laquelle Dullin jouait le rôle titre.

Leurs relations avaient commencé par un échange de lettres, Céline écrivant le premier à Dullin, le 29 novembre 1929, pour lui dire très franchement ce qu'il pensait de son théâtre : « [...] Un mot plutôt des œuvres que vous nous donnez. A mon sens, il y a deux genres de pièces, comme de serpents, celles qui vont quelque part et celles qui se mordent la queue. Celles que vous nous jouez, et de plus en plus, semblent se mordre la queue. [...] Les vraiment bonnes pièces vont quelque part. Où ? Vers l'avenir du monde et c'est leur rôle. Presque tout Shakespeare va quelque part, c'est un feu d'artifice, une délivrance. C'est ça : une bonne pièce doit être une délivrance [3]. » Dullin lui avait répondu : « [...] des indications comme celles que contient votre lettre sont certainement précieuses à quelqu'un qui recherche avec bonne foi un accord entre son œuvre et son public. [...] Je retournerai tout Shakespeare contre vous, cher Monsieur, et la meilleure preuve, c'est que vous dites de lui : *c'est un feu d'artifice.* Vous savez bien qu'un feu d'artifice n'est qu'un brillant velléitaire, il s'éteint dès qu'il retombe sur le sol. [...] Le théâtre a une âme et une parole, et quand on le quitte on doit en remporter comme après une entrevue avec un ami, un souvenir attendri ou amusé, et parfois un réconfort [4]. »

Céline connut aussi des artistes de moindre renommée, Gemond-Vital, gendre de Dullin, Christiane Delyne qui faisait du cinéma et parfois du nu au Palais Royal, Nane Germont [5], Jean Chevrier, Madeleine Robinson, Pierre Brasseur, Max Rovol, véritable inven-

1. Voir *infra,* pp. 95-96.
2. Témoignage de Jacques Blanche, secrétaire de Marie Bell.
3. Lettre de Céline à Charles Dullin, *Textes et documents* 1, *op. cit.,* pp. 5-6.
4. Lettre de Charles Dullin à Céline, sans date, *ibid.,* pp. 7-8.
5. Voir tome I, p. 297.

teur du genre burlesque, et beaucoup d'auteurs, Marcel Aymé, Jean Cocteau, André Barsac, Jacques Deval, René Fauchois, Jacques Hébertot [1]. Mais dans ce monde du théâtre, il faut principalement citer Jean Bonvilliers, Marie Bell et Le Vigan qui ont, à des titres divers, joué des rôles importants dans sa vie.

Jean Bonvilliers, qui s'appelait Dauvilliers, se consacre maintenant à la peinture sous le nom de Loiret. Né au Pré-Saint-Gervais, Bonvilliers a toujours vécu à Montmartre, où il a fait la connaissance de Gen Paul en 1926 ou 1927 [2]. Il connut ensuite Lucette Almansor en 1927 ou 1928 alors qu'ils étaient tous les deux au Conservatoire de Paris, dans une classe de comédie. Quelques années plus tard, sur les conseils de Gen Paul, il vint consulter Céline pour une crise de furonculose. Ils se revirent ensuite chez Gen Paul, Céline lui accorda son amitié et la lui conserva jusqu'à sa mort [3].

Jean Bonvilliers était grand et fort, il avait un visage rond et un physique très français qui lui permit de tenir avec bonheur de très nombreux seconds rôles aussi bien dans le répertoire classique que sur les Boulevards. Il joua beaucoup à l'Atelier avec Dullin où Céline venait les voir répéter ou venait les chercher pour dîner après les spectacles. Très assidu aux réunions amicales qui se tenaient chez Gen Paul, on peut dire que Bonvilliers fut, de 1933 à 1944, avec Gen Paul, l'un des plus proches amis de Céline. Pendant l'Occupation, il prêta son concours à des émissions littéraires en lisant des textes classiques. Malheureusement il accepta aussi, à la demande de Denoël, de participer avec lui à une émission sur Céline au cours de laquelle il lut des passages des *Beaux draps,* ce qui lui valut de connaître à la Libération quelques démêlés avec le Comité d'épuration.

1. Voir tome III, pp. 302 et 335.

2. Quand il a quitté la scène pour la palette et le pinceau, il a partagé l'atelier de Gen Paul avant de s'installer chez lui rue Poulbot.

3. Voir tome III.

Céline était un grand admirateur de Marie Bell. Il avait été séduit par son talent, par sa très forte personnalité et par son assurance qui lui permettait de franchir toutes les portes et d'accéder à toutes les alcôves. Louis fut sans doute un peu amoureux et le moins que l'on puisse dire est qu'ils ont été intimes. Il venait la voir, souvent sans prévenir, dans sa loge au Français, dans les studios où elle tournait ou chez elle, d'abord rue Raynouard puis, à partir de 1938, à son nouvel appartement du 32, Champs-Élysées.

Marie Bell conservait un certain nombre de lettres dont beaucoup ont été écrites du Danemark, à une époque où Céline lui avait demandé d'intervenir en sa faveur, tant auprès de Raoul Nordling que du président de la cour de justice, des avocats et de beaucoup d'amis. Marie Bell accepta de le faire, bien qu'elle ait été de celles qui avaient tenté de le dissuader d'écrire ses pamphlets. Après la Libération, Marie Bell ne manqua pas de le lui rappeler, ce qui lui valut cette réponse : « Et bien ma Bell tu es joliment méchante et vilainement rancuneuse! Tu as eu sans doute raison dans tes conseils et présages! Certes dans quels draps pas beaux! atroces ne suis-je enseveli! momie positivement! Et dont tout le monde se fout! Mais est-ce une raison? Je crains votre silence...! Sociétaire! t'es plus pote alors? Je t'écœure? oh je te demande rien tu le sais tu me connais – un petit bonjour, c'est tout et pour tous une bonne vache magnifique année! tout de même t'es méchante [1]. »

Marie Bell voulait bien l'aider mais elle entendait diriger les opérations et critiquait certaines initiatives déjà prises, notamment le choix de ses avocats. Elle lui suggérait de prendre Me Doublet comme avocat, ne lui cachait pas sa manière de voir et exigeait les pleins pouvoirs : « Il n'est nullement question d'observer une discrétion qui, en ce qui concerne nos rapports, ne serait qu'illusion et sans intérêt, mais seulement de confier tes intérêts aux plus qualifiés et non pas à des défenseurs qui risquent encore de compliquer ta situation. Tu n'as pas non plus à t'exagérer ta situation judiciaire. Il faut seulement écarter une fausse manœuvre qui pourrait compromettre une solution que nous entrevoyons très

1. Lettre inédite de Céline à Marie Bell, le 7, sans date.

favorable pour toi. En conclusion : comme tu es très loin et que tu ne vois pas très clairement ce qui se passe ici, je te demande de me faire confiance, de m'envoyer ton Avocat danois avec pleins pouvoirs de ta part, de nous laisser faire et de nous foutre la paix... Nous réglerons alors le cas de tes deux Avocats en tenant compte, bien entendu, du fait qu'ils ne doivent pas être offensés et que tu tiens absolument à ménager leur susceptibilité. Si tu n'es pas de mon avis, ne m'envoie pas ton Avocat et règle directement ton affaire avec tes deux défenseurs parisiens, ce qui ne m'empêchera pas de te conserver toute mon affection, mais de réserver mon jugement sur la façon dont tu t'y prends pour te sortir de la " merde " [1]. »

Marie Bell accepta de faire pour lui tout ce qui était en son pouvoir, ce dont Céline fut bien conscient : « Chère Marie, Reçu ta lettre à l'instant! admirable amie! Rien à dire – c'est parfait – Reine de la Scène et des portes capitonnées! J'apporte la situation – à toi le texte...! les répliques! tu vas voir – j'applaudirai de toutes façons... pendu, décollé! ou triomphal [2]... »

Né dans le 18e arrondissement de Paris le 7 janvier 1900 [3], Robert Coquillaud sortit du Conservatoire en 1923 et fit presque aussitôt la connaissance de Gen Paul. C'est par lui qu'il connut ensuite Ralph Soupault et Céline. Coquillaud, devenu rapidement Le Vigan, fit une brillante carrière dans le cinéma, tournant avec Christian-Jaque, Henri Jeanson, Jean Renoir et Julien Duvivier. Il s'illustra dans de nombreux films à succès : *L'Assassinat du Père Noël, Maria Chapdelaine, Golgotha,* dans lequel il jouait le rôle du Christ, *Les Enfants du paradis,* etc. C'était un étrange personnage. Inverti, toxicomane et paranoïaque, il avait fini par se spécialiser dans les rôles de désaxés pour lesquels il était, il est vrai, particulièrement doué.

Dans le milieu du cinéma on le considérait comme un fou. On

1. Lettre inédite de Marie Bell à Céline, 26 novembre 1949.
2. Lettre inédite de Céline à Marie Bell, le 5, sans date.
3. Décédé en Argentine le 12 octobre 1972.

disait qu'il s'était fait scier les dents pour jouer le Christ [1] et qu'il avait vécu totalement son personnage, au point de s'imposer un régime de méditation et de jeûne pendant toute la durée du tournage. Persuadé qu'on voulait l'assassiner, il couchait avec sa bicyclette au pied de son lit, une hache, puis un revolver, à portée de la main. Dans la journée, il rasait les murs toujours couvert d'un chapeau à large bord. Il avait l'air d'un conspirateur de cinéma.

Ses camarades de travail se méfiaient de lui et le soupçonnaient d'appartenir à toutes les polices. Quand il fut arrêté à Feldkisch, le 3 mai 1945, puis transféré à Paris pour y être condamné, le 16 novembre 1946, à dix années de travaux forcés, nombreux sont ceux qui ont pensé qu'il avait donné des Juifs et des résistants. Son ami Fernand Ledoux affirma même qu'il avait dénoncé Granval [2] comme Juif aux autorités allemandes, déclaration formellement contredite par Madeleine Renaud [3]. Tous les témoins entendus, parmi lesquels Louis Jouvet, Marcel Aymé, Jean Renoir et Jean-Louis Barrault, ont dit de lui qu'il s'était enfoncé petit à petit dans la folie, qu'il ne parlait plus que du péril noir et du péril jaune et que la dégradation de son état mental était due à l'influence néfaste de son mauvais génie : Louis-Ferdinand Céline...

Il est certain que Le Vigan n'était pas tout à fait normal. Le docteur Paul Abely, commis par le juge d'instruction Maurice en 1945 pour l'examiner sur le plan psychiatrique, notait dans son rapport : « [...] on ne trouve chez lui aucun symptôme de maladie mentale caractérisée, aucune tendance délirante, confusionnelle ou démentielle. [...] Il est donc conscient de ses actes et responsable de ceux-ci. Ces actes ont été en partie motivés par des besoins d'argent, par une vanité d'artiste sous-estimé, enfin par des suggestions néfastes extérieures. Il prétend en particulier que Céline, qu'il connaissait depuis longtemps, avait sur lui la plus grande influence. Il retrouva Céline en Allemagne et celui-ci continua à

1. Interrogatoires de Madeleine Renaud des 7 juin et 13 décembre 1945, dossier Le Vigan (Archives de France).

2. Comédien, premier mari de Madeleine Renaud.

3. Dossier Le Vigan (Archives de France).

" l'envoûter ". En réalité Coquillaud, dit Le Vigan, est simplement un instable déséquilibré, vaniteux, excentrique, perverti dans son instinct de reproduction, asthénique, veule, suggestible, émotif. A cet ensemble s'associe une déchéance éthique directement provoquée par la toxicomanie [1]. » L'expert concluait que Le Vigan n'était pas un malade mental mais qu'il était atteint de diverses anomalies affectives, morales et instinctives suffisamment accentuées pour atténuer dans une assez large mesure sa responsabilité pénale.

*

A Montmartre, où il habitait toujours 98, rue Lepic, comme au dispensaire municipal de Clichy, la vie pour Louis avait repris son cours normal. Déjà considéré par beaucoup comme un original, avant la publication de *Voyage au bout de la nuit,* il fut désormais regardé partout comme un mouton à cinq pattes. A Clichy, après l'attribution du prix Renaudot, l'accueil avait été très sympathique. Les malades étaient flattés qu'un homme de cette notoriété veuille bien s'intéresser à leur santé et les autres médecins du dispensaire découvraient chez leur collègue des talents cachés et une personnalité hors du commun. Quant à la municipalité, elle avait tenu à manifester contre l'académie Goncourt en votant à Céline, sur le budget de la ville, une allocation de cinq mille francs qui correspondait exactement au montant du prix Goncourt. Céline se déclara très touché par l'attention mais il refusa l'argent. Il avait déjà trop de goût pour la liberté, et trop d'amour-propre, pour accepter les secours, d'où qu'ils viennent et quelle que soit l'étendue de ses besoins [2].

Il n'est pas possible de savoir exactement quand Céline a entrepris *Mort à crédit.* Tout permet de penser que le livre n'a été commencé qu'au cours de l'été 1933. Dans une lettre écrite par Céline à Robert Denoël, peu avant la publication de *L'Église,* Céline

1. Rapport du docteur Paul Abely, dossier Le Vigan (Archives de France).
2. Évelyne Pollet en fit l'expérience, voir *infra,* p. 195.

annonçait la mise en chantier du livre et donnait aussi, en passant, son opinion sur Bernard Steele, associé de Robert Denoël : « J'ai envoyé à Steel[e] une lettre de verte engueulade à propos des comptes – Il me dégoûte – voici 3 jours que je lui demande 2 *Voyage* dont j'ai besoin et rien reçu – S'il fait toutes les livraisons de même la maison est foutue. Pour *L'Église* je crois qu'on en vendra comme petits pains à cause de l'acte S.D.N. – Entendu pour les tirés à part – J'en veux – On ne sait rien du public – on ne sait rien de l'homme – une fois pour toutes. Ce Figuière [1] est bien aussi con que Steel[e] ce qui n'est pas facile. Je vais mettre en route mon prochain éléphant " Mort à crédit " dans quelques temps – mais il me faudra 4 ou 5 ans – ça aura 800 pages au moins – *Je veux cela en un seul volume* – Il faudra aussi me refaire mon contrat – je vous dirai plus tard ce que je demande – Bonnes vacances [2] – »

Il avait certainement envisagé, avant de publier sur son enfance, de raconter les péripéties de sa vie à Londres en 1915 et 1916. Les travaux de Pierre Lainé, professeur à Marrakech, permettent aujourd'hui d'affirmer que Louis Destouches avait rencontré en 1928 à Montmartre un certain Farges qui lui ressemblait à s'y méprendre et qui lui inspira sans doute le personnage de Bardamu.

Paul Farges était né en 1897, c'était un ancien de la Grande Guerre, au cours de laquelle il avait été blessé une première fois en 1916, puis très grièvement en 1917, ce qui lui avait valu de séjourner dans divers hôpitaux militaires, tout en s'occupant du Théâtre aux Armées. Après la guerre, il avait été contremaître dans une plantation au Cameroun puis il s'était embarqué pour bourlinguer sur des bateaux de commerce avant de séjourner en Amérique comme ouvrier chez Ford à Detroit et même comme employé au Bureau des statistiques de New York [3].

C'est au cours de l'été 1929 que Bardamu/Paul Farges présenta

1. Voir tome I, p. 311.

2. Lettre de Céline à Robert Denoël, le 3 [août 1933], *Textes et documents* 3, *op. cit.*, p. 73.

3. Voir Pierre Lainé, « Deux modèles biographiques de l'œuvre célinienne », *Actes du colloque international de Paris, 1979,* B.L.F.C., 1980, pp. 5-18.

Louis Destouches à Joseph Garcin, qui lui servit de modèle pour le personnage de Cascade dans *Guignol's Band*. Ici encore, on croit rêver. Joseph Garcin était né, comme Céline, en 1894. Engagé volontaire à la déclaration de la guerre, il avait été blessé en 1916 puis, en 1917 et 1918, il avait séjourné à Londres, vivant principalement dans le Milieu.

Pierre Lainé, qui a eu accès aux lettres écrites par Louis à Joseph Garcin entre 1929 et 1937, considère que *Guignol's Band* était en germe depuis septembre 1929, puisqu'il lui écrivait le 1er septembre : « J'ai un projet [...] il faudra que je vous en fasse part, et vous pourrez m'aider [1]. » L'épisode de Londres devait alors faire partie de *Voyage au bout de la nuit*. Il décida ensuite d'en faire un livre distinct, qu'il a envisagé, pendant un temps, d'écrire avant *Mort à crédit*.

A la fin du mois de mai 1933, il se rendit pour quelques jours à Londres pour faire la connaissance de John Marks, qui entreprenait la traduction en langue anglaise de *Voyage au bout de la nuit*, et pour rencontrer Joseph Garcin qui devait lui montrer les bas-fonds de Londres : « Vous me conduirez chez vos tueurs et dans tous les bobinards je confesserai toutes les petites amies de votre baron White. Diable, rien de vulgaire là-dedans, la vulgarité vous le savez bien elle est chez tous les marchands de philosophie, dans les loges à idées, comme en 14 chez la duchesse [2] – » En 1930, il lui avait écrit d'autres lettres qui donnent à penser qu'à Londres, en 1915 et 1916, il n'avait peut-être pas vécu aussi près du Milieu qu'il s'est plu ensuite à le raconter : « Je vais me servir de vous – votre lettre m'y encourage d'ailleurs. Après le charnier des Flandres (qui fait recette), une petite halte anglaise, pour la rigolade et l'oubli. Vous avez trop bien connu ce Londres que je n'ai fait qu'entrevoir, vous êtes mon homme, tant pis pour les scrupules – mais assurée la discrétion, un tombeau... Marcel joue les timides et ignorants, alors dites-moi :

1. Pierre Lainé, *De la débâcle à l'insurrection contre le monde moderne : l'itinéraire de L.-F. Céline*, thèse inédite, 1982, p. 615.

2. Lettre inédite de Céline à Joseph Garcin, [13 mars 1931], Pierre Lainé, thèse citée, p. 625.

» – rôle de la Police Tamise ? – je songe à un gradé bien compromis dans tous trafics.

» – Consulat de France ? Rapports ?

» – cet épisode de la drogue à l'hôpital ? Jusqu'où les responsabilités [1] ? »

Après ce bref séjour à Londres, Céline entretint des relations très amicales avec John Marks et correspondit avec lui de février 1933 jusqu'en 1939. Cette correspondance, comprenant quatre-vingt-quatre lettres, fut vendue à Londres, chez Sotheby, au cours des vacations des 14 et 15 avril 1982. Ces lettres sont riches de réflexions, pas toujours très flatteuses, sur l'Angleterre et les Anglais : « Rien à attendre du public anglais. Il a la gueule pourrie par la sucrerie et le préchi-préchа [2]. » Elles contiennent aussi des indications pour la traduction entreprise par John Marks : « Tâchez de vous porter dans le rythme *toujours dansant* du texte – ne laissez pas tomber l'entrain – non que je veuille vous demander de faire du " peppy style [3] " mais tout de même d'élaguer en anglais ce qui n'est pas la vie mais la mort – [...] Tout cela est danse et musique – toujours au bout de la mort, ne pas tomber dedans [4] – »

Cette lettre peut être rapprochée de celles qu'il écrivit plus tard à son éditeur américain, Robert MacGregor [5], à l'époque où l'on traduisait *Guignol's Band* aux États-Unis. Céline donnait à MacGregor toutes sortes de conseils, envisageant même de changer le titre pour : *« Soho and the reste », « Be careful », « Jolly danse walz », « French and easy », « Tourist moments », « Leicester motions », « Thames and time »,* ou *« Forget us not [6] »*. Dans une autre lettre il donnait à peu près les mêmes indications qu'à John Marks en 1933 : « Quant au changement dans le texte... Vous me faites

1. Lettre de Céline à Joseph Garcin, 18 [juin 1930], Pierre Lainé, thèse citée, p. 620.
2. Lettre inédite de Céline à John Marks, le 28, sans date.
3. Expression tirée du mot « pep » : avoir de l'entrain.
4. Lettre inédite de Céline à John Marks, 22 février 1933.
5. Voir tome III, pp. 302-303.
6. Lettre inédite de Céline à Robert MacGregor, 20 [mars 1952].

l'impression d'un homme bien élevé et même distingué, mais comment vous faire comprendre que demander à un auteur de modifier son texte a quelque chose d'indécent, d'insolent, voire d'obscène?... Demandez-vous à Debussy de jazzer " Pelléas " pour le public américain? ou à Manet de refaire son " déjeuner " pour l'" Harpers Bazaar "? (cela a lieu hélas!) Je ne vous donne pas du roman américain, c'est-à-dire du scénario bafouilleux, prétentieux, naturalistico-couillon, phrasouilleur qu'on peut remanier dans tous les sens! romans qui n'ont jamais existé! velléités de romans! Je vous donne de l'" émotif direct " dont vous n'avez pas encore notion! en retard de 50 ans que vous êtes! tâchez de comprendre! et ne tripotez pas! ne jugez pas! apprenez [1]! »

Céline pressait aussi John Marks, lui demandant de faire vite, le prévenant qu'il risquait d'être « doublé » par les Hollandais s'il ne forçait pas l'allure : « Tant mieux alors puisque le *Voyage* ne vous embête pas à mourir –! mais hâtez-vous mon vieux voici les Hollandais qui se mettent à traduire aussi! l'Empire est en danger [2]! » Il se faisait communiquer le texte anglais au fur et à mesure de sa réalisation. D'une façon générale il était satisfait, parfois il donnait des conseils et faisait des observations de détail. Il lui demandait aussi beaucoup de renseignements sur Londres, qui lui étaient nécessaires pour *Guignol's Band.* Marks devait lui fournir des adresses et lui décrire des lieux, notamment une gare au bord de la Tamise où l'on embarquait des cadavres sur des bateaux pour les inhumer hors de la ville, dans la fosse commune d'un cimetière.

Une sorte d'intimité s'était rapidement établie entre Marks et Céline, au point que ce dernier lui faisait des confidences et lui demandait, comme à Joseph Garcin, de lui ouvrir les portes des bordels londoniens. Il lui donnait toujours des conseils sur la meilleure façon de se conduire avec les femmes : « Quand on est jeune et intellectuel on rougit d'être maquereau, quand on est vieux et intellectuel on rougit de ne pas l'être – on a compris.

1. Lettre inédite de Céline à Robert MacGregor, 22 juin [1953].
2. Lettre inédite de Céline à John Marks, 16 novembre 1933.

Vous n'avez pas encore compris petit lapin – ça viendra – la culture est pleine de fausses notions, pratiquement la femme est mère ou putain, ce n'est jamais une honnête femme au sens où nous l'entendons idiotement [1] – ».

Dans une autre lettre du 26 mai 1934, il lui annonçait sa venue à Londres le 7 ou le 8 juin, projet qui n'eut pas de suite, Céline étant alors parti en Amérique [2] : « J'amènerai avec moi une très jolie et bien intelligente danseuse russe (pas Karène qui part en Amérique) une autre également séduisante – A ce propos il faudra prévenir Parsons – que j'aurai besoin d'un véritable gentleman pour la night life de cette ravissante personne – *lui-même s'il est libre et le désire* – vous savez que ma vie nocturne n'est pas celle d'un gentleman et on me rendra grand service si on montre les beaux endroits anglais à cette admirable compagne – je crois d'ailleurs que le guide ne s'embêtera pas du tout – Toujours un peu maquereau par mes tendances – j'aime à rendre service [3] – »

John Marks tenait Céline informé de ses succès et de ses déboires et Céline le conseillait : « Cette petite malicieuse s'est donc mariée! Pouah! elle en sera bien dégoûtée avant vous – Prenez une espagnole alors chaude comme la braise – ou plutôt *faites un riche mariage* mon vieux et *n'importe* OÙ l'homme qui réussit sa vie est celui qui réussit son mariage – Dans réussite il y a argent, sécurité – pas de gentillesse sans argent – Apprenez à danser – c'est par la danse qu'on arrive à la fortune – sortez un peu quand vous serez de retour à Londres – Fréquentez les salons de la bourgeoisie – de la riche édition – ne faites pas comme moi – le discret – l'effacé [4] – » Parfois il lui demandait aussi d'organiser un peu les choses pour que son séjour dans la capitale britannique se passe dans les meilleures conditions possibles : « [...]préparez-moi mon vieux un cul bien anglais pour ce séjour – que je puisse m'inspirer intimement des choses locales

1. Lettre inédite de Céline à John Marks, 27 septembre 1934.
2. Voir *infra*, p. 92 et suivantes.
3. Lettre inédite de Céline à John Marks, 26 mai 1934.
4. Lettre inédite de Céline à John Marks, 17 septembre 1933.

– je ne veux pas quitter le bordel la prochaine fois je veux enculer le printemps [1] – »

Il s'agissait sans doute de velléités plus que d'intentions véritables. Tout acte de pénétration impliquait, pour Céline, l'acceptation de risques qu'il ne voulait pas courir et dont il avait mesuré les conséquences comme médecin d'un dispensaire de banlieue. Il craignait autant de faire des enfants que d'attraper des maladies mais, en hygiéniste, il pensait que l'exercice régulier des fonctions sexuelles était indispensable. A cet égard, il disait volontiers que cela provoquait chez l'homme et la femme un choc biologique salutaire. Ainsi, dans une lettre adressée à Georges Geoffroy, alors âgé d'une cinquantaine d'années, il donnait ses conseils habituels et quelques autres qui l'étaient moins : « Ne bois pas une goutte du tout ni d'alcool du tout. Ne fume pas du tout. Mange peu. Maigre. Tu as un bide ridicule – tu es frais de teint et solide – tu vivras cent ans et heureux si tu n'écoutes pas ces médecins optimistes ils sont endormeurs et ils s'en foutent. Sois sévère pour toi. Couche-toi de très bonne heure – Maigre... mort au bide! pas de brioche – maigre – pas de vin, de l'eau... » Et comme Geoffroy connaissait quelques difficultés avec sa femme, Céline lui avait donné de bons conseils pour ne pas se laisser gagner par la vieillesse : « Il ne peut plus être question que de sentiments, de platoniques et poétiques échanges. Mon dieu pourquoi pas? mais si tu perds ta prostate comme elle a perdu ses ovaires tu es un sacré imbécile. *Il faut faire fonctionner tout ce bazar un petit peu mon vieux – ne pas collaborer avec la vieillesse* [2]! »

Beaucoup plus tard, à Meudon, à l'âge de soixante-sept ans, c'est-à-dire pendant l'année qui a précédé sa mort, Céline avait confié à André Parinaud : « Il y a deux personnages bien ridicules, c'est le jeune homme pudibond et le vieillard libertin [3]. » Puis, oubliant qu'il avait écrit le 7 février 1935 à John Marks : « Je ne

1. Lettre inédite de Céline à John Marks, 7 février 1935.

2. Lettre inédite de Céline à Georges Geoffroy, 2 août 1948 (collection Jacques-Henri Pinault).

3. Interview de Céline par André Parinaud, *Cahiers Céline,* n° 2, Gallimard, 1976, p. 187.

veux pas quitter le bordel la prochaine fois je veux enculer le printemps [1] », il avait déclaré à André Parinaud : « [...] j'ai cette supériorité [sur] les autres qui sont eux-mêmes pourris, qui sont toujours en train de jouir de la vie. Jouir de la vie, c'est boire, c'est bouffer, c'est roter, c'est baiser. C'est un tas de choses qui foutent le bonhomme à zéro, ou la bonne femme, pas ? Alors moi, je suis né d'une façon que je ne suis pas jouisseur du tout. Alors ça tombe bien, je reconnais. Je sais bien, je sais faire la sélection, je sais goûter. Mais, disait un Romain : " la débauche ce n'est pas d'entrer au bordel, c'est de n'en pas sortir ", n'est-ce pas. Moi, j'y suis entré toute ma vie dans les bordels, mais j'en suis sorti tout de suite. [...] Je suis comme ça mal doué. Ma mère était comme ça. J'ai hérité d'elle ce tempérament bizarre qui consiste à ne pas être jouisseur du tout, de rien. Rien du tout. Je n'ai qu'une envie, c'est dormir et qu'on me foute la paix. Ce qui n'est pas le cas [2]. » Ce propos tenu à Meudon permet de mesurer le chemin parcouru par Céline entre 1935 et 1961. Répondant à la question de savoir s'il était désespéré, il avait répondu à André Parinaud : « Ah! mais pas du tout! Merde encore! C'est encore des histoires, ce désespoir. Mais rien du tout! Il faudrait encore que j'espère quelque chose. J'espère rien. J'espère crever le moins douloureusement possible, comme tout un chacun. C'est tout. C'est exactement tout, strictement tout. Que personne ne souffre pour moi, par moi, autour de moi, et puis crever tranquillement, quoi! Crever si possible d'un ictus – ou du moins je me finirai moi-même. Ça sera encore beaucoup plus simple [3]. »

Céline aimait les femmes. Il disait volontiers qu'il n'en fallait rien attendre de sérieux mais il appréciait leur compagnie, il se confiait à elles, leur écrivant, traitant de tous les sujets et leur ouvrant son cœur comme il ne l'a fait avec aucun homme.

1. Voir *supra*, p. 82.
2. Interview de Céline par André Parinaud, *Cahiers Céline*, n° 2, *op. cit.*, p. 191.
3. *Ibid.*, p. 195. Céline avait alors voulu acheter un pistolet pour s'en servir éventuellement contre lui; voir tome III, p. 344.

Après beaucoup d'aventures et un premier mariage rocambolesque [1], il avait épousé Édith Follet dont il avait divorcé en 1926, mais avec laquelle il entretint jusqu'à la fin de sa vie des relations affectueuses [2], surtout grâce à leur fille Colette, née à Rennes le 15 juin 1920.

A la fin de l'année 1926 ou au tout début de l'année 1927, il avait connu Elizabeth Craig, dont il avait été follement amoureux et avec laquelle il a vécu à Genève, à Clichy et à Montmartre jusqu'en 1932 [3]. Après être retournée en Amérique, elle était revenue en France en 1933 et Céline avait espéré pouvoir revivre avec elle comme avant, projetant d'aller ensemble à Vienne à la fin du mois de mai. Savait-il qu'Elizabeth voulait reprendre sa liberté ? Osa-t-elle le lui avouer ? Le 6 juin 1933, il partit seul pour Bâle, Zurich, Innsbruck et Vienne. Deux jours plus tard, le 8 juin, Elizabeth partait de son côté pour les États-Unis sous prétexte d'y régler quelques affaires de famille, mais sans esprit de retour. Ils devaient se revoir une fois, en 1934, à Los Angeles, dans des conditions dramatiques [4].

Louis souffrit de cette rupture. C'est peut-être seulement après l'avoir perdue qu'il mesura la place qu'Elizabeth tenait dans sa vie. Il conserva en tous cas jusqu'à sa mort le souvenir nostalgique de cette femme qu'il avait beaucoup aimée.

Louis connut alors une période de grande instabilité. Lui, qui détestait les personnages du répertoire romantique et brocardait volontiers ses amis lorsqu'ils avaient des peines de cœur, crut sans doute qu'il allait remplacer facilement celle à laquelle il avait dédié *Voyage au bout de la nuit.* En fait, il multiplia les aventures et il lui fallut attendre de rencontrer Lucette Almansor à la fin de l'année 1935 pour sortir d'un isolement affectif dont il souffrit sans jamais oser l'avouer, car il avait une grande pudeur de sentiments.

1. Voir tome I, pp. 169-170.
2. Voir tome III, pp. 303-306.
3. Voir tome I, pp. 294-300.
4. Voir tome I, p. 299; et *infra,* p. 117.

Le 4 septembre 1932, dans l'après-midi, au *Café de la Paix,* il avait fait la connaissance de Cillie Pam à une époque où ses relations avec Elizabeth Craig étaient déjà assez tendues [1]. Cillie Pam venait juste d'arriver à Paris. Elle s'était assise à la terrasse et fut abordée par Céline qui l'aida à se faire comprendre d'un serveur [2]. Ensuite il avait bavardé avec elle et l'avait emmenée rue Lepic d'où Elizabeth était absente. Le 8 septembre il lui confiait une clef de l'appartement dans lequel elle s'installait le lendemain. Cillie Pam était une juive autrichienne. Elle était aussi professeur de gymnastique, qualité à laquelle Céline fut certainement sensible.

Grâce au journal tenu par Cillie Pam [3], nous savons qu'ils se sont vus presque tous les jours pendant deux semaines et qu'il l'emmena à Montmartre chez La Mère Catherine, à Montparnasse à La Coupole, au Casino de Paris, à Saint-Germain-des-Prés, au Moulin Rouge et au moins deux fois au cinéma. Le 15 septembre au soir, Céline avait donné une petite réception chez lui, à laquelle avaient assisté cinq ou six personnes et qui, selon Cillie Pam, avait été « une sorte de partouze ». Elle affirme en tous cas dans son journal avoir vu se peloter sur un lit : « une prolétaire qui s'appelait Pauline et la belle jeune femme lesbienne d'un Juif déjà assez âgé ».

Après une quinzaine de jours à Paris, Cillie Pam était rentrée à Vienne où Céline devait la retrouver à la fin du mois de décembre 1932, puis en juin 1933. Ils devaient encore se voir pour une semaine en février 1935, près d'Innsbruck, au mont Patscherhofel, puis encore à Salzbourg en juillet de la même année alors que Céline s'y trouvait en compagnie de la pianiste Lucienne Delforge [4].

Céline lui écrivit, de 1932 à 1939, quatre-vingt-deux lettres qui ont été publiées dans les *Cahiers Céline* par Colin W. Nettelbeck qui précise que Cillie Pam l'introduisit auprès de spécialistes de

1. Voir tome I, pp. 300-301.
2. En avril 1932, Céline avait rencontré Erika Irrgang dans des conditions comparables; voir tome I, p. 301.
3. Voir *Cahiers Céline,* n° 5, *op. cit.,* pp. 145-146.
4. Voir *infra,* p. 114; et tome I, principalement, pp. 51 et 55.

la psychanalyse, et qu'il fut ainsi présenté au docteur A. J. Strofer, éditeur de Freud et directeur de l'*International Psychoanalytischen Verlag*, au docteur Anny Angel et à la psychanalyste Annie Reich.

Louis s'intéressait depuis longtemps à la psychanalyse et il connaissait les théories de Freud, ce qui apparaît dans deux lettres adressées en 1921 à Jean et à Germaine Thomas. Avant même d'avoir achevé ses études de médecine, il pensait que, au-delà des thérapeutiques purement médicales, l'inconscient jouait un rôle essentiel sur la santé. A la suite d'une otite, et en raison du surmenage au moment de ses examens, Louis Destouches subissait lui-même les effets d'une dépression nerveuse, moins grave cependant que celle dont souffrait Jean Thomas : « L'idée fixe domine le névropathe – surtout l'intellectuel. La pensée est un poison – L'analyse personnelle, toujours stérile, est toujours nocive – Il faut cesser de se penser et de se repenser sans cesse. [...] *Subir simplement l'entraînement des instincts primitifs est la meilleure thérapeutique nerveuse.* [...] ...le moindre bobo fournira ce prétexte et le drame qui couvait depuis longtemps dans les ténèbres de l'inconscient surgit en pleine lumière. [...] Il faut détruire l'*autoanalyse.* C'est elle qui enfante le mal. *Heureux sont ceux qui n'ont jamais fait de science ils peuvent croire aux choses par leur seul aspect,* le cerveau scientifique ne croit plus qu'à l'expérience. *C'est une terrible rançon de la vérité.* [...] Notre activité doit être inconsciente pour être heureuse [1]. »

Dans les *Cahiers Céline,* Colin W. Nettelbeck a reproduit la relation que fit le docteur Anny Angel de son entrevue à Vienne avec Céline : « Je l'ai connu quand il séjournait à Vienne avant la guerre, lorsqu'il n'était pas encore nazi. Je me souviens qu'à cette époque il a passé une nuit entière à parler de toutes sortes de perversions enfantines, d'excitation sexuelle à propos de cadavres, etc. Il avait des dons extraordinaires et donnait certainement l'impression, à ce moment-là, d'être un perverti et un psychopathe, mais autrement il semblait capable d'être un ami loyal et bon. Il l'était

1. Lettre inédite de Louis Destouches à Jean Thomas [juillet 1921]; voir annexe I, pp. 349-350.

pour Cillie Pam, assurément, et à l'époque je croyais qu'il avait de semblables sentiments à mon égard. Par exemple, il m'a offert son appartement à Paris au cas où je devrais quitter l'Autriche à la hâte avec mon fils pour des raisons politiques, et m'a assuré non seulement que je serais la bienvenue, mais que je pourrais rester autant que je voudrais jusqu'à ce que je trouve autre chose – offre qui à l'époque n'était certainement pas à négliger.

» [...] Je l'ai revu par hasard pendant l'été de 1938 en Bretagne. Mon mari et moi venions de monter une côte quand soudain ont apparu un homme et deux enfants à bicyclette. L'homme s'est arrêté, m'a regardée, et s'est approché les bras ouverts pour m'embrasser affectueusement. C'était Céline. Comme vous pouvez l'imaginer, je suis restée clouée au sol à le regarder. Je n'ai pas dit un mot. A ce moment, il a rougi et a demandé seulement " où est Cillie ? " Je le lui ai dit. Il a sauté alors sur sa bicyclette et est parti [1]. »

Interné au camp de Dachau bien avant la Seconde Guerre mondiale, le mari de Cillie Pam y était mort avant qu'elle sût en 1938 que Céline avait écrit contre les juifs. Elle avait déjà fui d'Allemagne avec son fils et avait trouvé refuge à l'étranger. La dernière lettre que Céline lui écrivit date du 21 février 1939. Il venait d'apprendre la mort de son mari :

« Voilà des nouvelles atroces! Enfin vous voici bien loin de l'autre côté du monde. Avez-vous pu emporter un peu d'argent? Vous allez évidemment refaire votre vie là-bas. Comment allez-vous travailler? Au moment où vous recevrez cette lettre où en sera l'Europe? Nous vivons sur un volcan.

» De mon côté mes petits drames ne sont rien comparés aux vôtres (pour le moment) mais cependant la tragédie est là...

» A la suite de mon attitude antisémite j'ai perdu tous mes emplois (Clichy etc...) et je passe au Tribunal le 8 mars [2]. Vous

1. Lettre privée d'Anny Angel, 15 avril 1975, *Cahiers Céline,* n° 5, *op. cit.,* pp. 65-66.

2. Début du procès intenté à Céline et à R. Denoël pour diffamation et injures par le docteur Rouquès à la suite de la publication de *L'École des cadavres*; voir *infra,* pp. 180-183.

voyez que les Juifs aussi persécutent... hélas! Ici vous savez nous sommes littéralement envahis et de plus ils nous poussent ouvertement à la guerre. Je dois dire que toute la France est philosémite – sauf moi je crois – aussi évidemment j'ai perdu! Enfin donnez-moi de vos nouvelles Cillie et bien affect[ueuseme]nt [1]. »

Évelyne Pollet avait vingt-sept ans quand elle écrivit à Céline, en janvier 1933, pour lui dire simplement qu'elle avait été bouleversée par *Voyage au bout de la nuit* et pour lui demander s'il accepterait de lire un de ses manuscrits. Céline répondit poliment et reçut ensuite un conte qu'il n'apprécia qu'à moitié. Peu après, rentrant de Londres, où il était allé voir John Marks et Joseph Garcin, il s'arrêta à Anvers pendant trois jours, juste le temps de faire sa connaissance et de devenir son amant.

Céline la revit, à Anvers puis à Bruxelles, à dix reprises, séjournant toujours à l'hôtel où il la recevait dans la journée car elle était mariée et mère de deux jeunes garçons. Elle le présenta à son mari et à ses enfants et Céline fut invité plusieurs fois à dîner en famille. Il descendait toujours dans les meilleurs Hôtels, au Carlton ou au Century, parfois à l'Hôtel des Flandres et, pour son dernier passage en 1941, au Tourist Hôtel, établissement de condition beaucoup plus modeste, situé tout près de la gare.

Ensemble ils ont visité Anvers mais Céline appréciait surtout le port et *la Campine,* sorte de lande de sable et de bruyère, située sur l'autre rive de l'Escaut, complètement déserte et sauvage où ils aimaient se promener. C'était là qu'Évelyne était tombée amoureuse de lui au point que *la Campine* était devenue pour elle une sorte de lieu sacré. C'est si vrai qu'elle reproche encore aujourd'hui à Céline de l'avoir profané en y menant Lucette Almansor en 1938, au retour d'un voyage en Hollande [2].

A ceux qui pensent que Céline n'avait peut-être plus en 1933 l'ardeur d'un homme de trente-neuf ans, Évelyne Pollet répond que c'était un amant magnifique, qu'il ne manquait jamais de lui

1. *Cahiers Céline,* nº 5, *op. cit.,* p. 144.
2. Voir *infra,* p. 193.

rendre hommage à chacune de leurs rencontres, même quand il est venu à Anvers avec Lucette Almansor, et encore en 1941, quand il est passé en coup de vent, au retour d'un bref voyage en Hollande [1].

Il semble pourtant que la sexualité de Louis Destouches ait été, à partir du début des années trente, de plus en plus verbale et que beaucoup de ses aventures aient été platoniques. Fut-il atteint, comme Drieu La Rochelle, de faiblesses qu'il a voulu compenser en paroles et par un grand nombre de conquêtes? Comme pour se tromper lui-même? Insuffisance qui s'est traduite aussi par un goût de plus en plus prononcé pour le voyeurisme? Il est certain qu'il y eut du Don Juan chez Céline et qu'il fut de moins en moins « consommateur », ainsi qu'il l'écrivit à Milton Hindus dans une lettre du 28 février 1948 [2].

Eut-il besoin de témoigner sa virilité par des manifestations de force? Par un langage de moins en moins romantique? Par des démonstrations outrageuses d'ingratitude et de cruauté? Par une insensibilité et un cynisme qui n'étaient pas dans sa nature? Certains y voient une explication des pamphlets et de la démesure avec laquelle il s'est jeté dans une mêlée où il ne pouvait récolter que de mauvais coups.

Les plus grands dictateurs ont été de piètres amants, ce qui fut vrai au moins pour Napoléon et pour Hitler. Chez eux, le besoin de dominer les autres cache parfois l'impossibilité dans laquelle ils sont de régner sur eux-mêmes. Céline n'avait aucune ambition politique. Il eût été bien embarrassé d'un pouvoir que personne n'a jamais songé à lui donner mais, à sa manière, il fut une sorte de tyran de plume, une plume qu'il utilisa comme une arme, pour ridiculiser, abattre et pourfendre ses ennemis, parfois véritables, bien souvent imaginaires, et pour monter à l'assaut de quelques forteresses et de beaucoup de moulins [3].

1. Voir *infra*, pp. 226 et 237-238.

2. Voir tome I, pp. 296-297.

3. Sur un cahier inédit, écrit en prison, Céline a noté : « Don Quichotte au moins lui se ruait contre de véritables moulins à vent, je n'ai rien rencontré de semblable [...] »

CHAPITRE IV

Los Angeles

> « La vie ici aux États-Unis est une aventure démesurée. La beauté des femmes est immense comme le reste [1]. »

Céline n'avait pas oublié Elizabeth Craig, mais il n'en parlait à personne, pas même à Gen Paul. Pour les amis, c'était une femme de moins dans sa vie et, pour les persuader qu'il l'avait oubliée – ou pour s'en persuader lui-même –, il jouait au libertin, courait les femmes et tenait à leur sujet des propos désabusés qui cachaient mal le profond désarroi dans lequel il était depuis le départ d'Elizabeth. Cette attitude était conforme à la pudeur qui était l'une de ses règles de vie. Il avait toujours eu horreur de tous les étalages de sentiments [2]. Il critiquait ceux qui, comme Élie Faure,

1. Lettre de Céline à Erika Irrgang, 19 [juillet 1934], *Cahiers Céline*, n° 5, *op. cit.*, p. 56.
2. Voir tome I, pp. 78-79.

donnaient une trop large part à l'amour et il affectait de considérer les femmes comme des objets. En apparence, il ne leur demandait que des qualités physiques : « Il me tarde de vous voir, toute belle, vicieuse et brillante [1]. » Il leur donnait aussi d'affreux conseils : « Devenez franchement vicieuse sexuellement. Cela aide beaucoup et libère du romantisme, la pire des faiblesses allemandes. Apprenez à faire l'amour " par-derrière ". Cela aide énormément à contenter les hommes sans risques aucun. *Devant c'est une plaie.* Attention! *Mille fois attention* [2]! » Dans une lettre à Albert Paraz, il avait magnifiquement résumé son opinion sur les femmes, du moins l'opinion qu'il voulait que l'on connaisse, disant de leur « cul », qu'il était « le ciboire des femmes [3] ».

Céline, sachant qu'Elizabeth habitait en Californie, décida d'y aller pour la revoir et pour lui demander de revenir vivre avec lui. Il avait aussi plusieurs autres idées en tête : aider au lancement de l'édition américaine de *Voyage au bout de la nuit* et prospecter pour une adaptation du livre au cinéma. Il s'embarqua le 13 juin 1934 sur le paquebot *Champlain,* de la Compagnie générale transatlantique, qui toucha New York le matin du 20 juin.

Louis découvrit en 1934 une Amérique ressuscitée, qui réapprenait à croire en elle-même et à vivre. Après une nouvelle dévaluation du dollar, les Américains étaient en plein *New Deal* et sortaient pour de bon de la crise de 1929. A la suite de quatorze années de prohibition [4], le F.B.I. marquait des points contre la pègre et la Mafia en éliminant au cours de la seule année 1934, trois gangsters de réputation internationale, « Pretty Boy » Floyd, « Baby Face » Nelson et John Dillinger. Céline se trouvait à Chicago le 22 juillet 1934 quand la police abattit Dillinger devant le cinéma *Biograph Theater,* événement rapporté par lui dans plusieurs lettres : « J'étais

1. Lettre de Céline à Erika Irrgang, 25 [ou 26] novembre 1932, *Cahiers Céline,* n° 5, *op. cit.,* pp. 43-44.

2. *Ibid.,* p. 43.

3. Lettre de Céline à Paraz, 17 mars 1948, *Cahiers Céline,* n° 6, Gallimard, 1980, p. 64.

4. 16 janvier 1920-5 décembre 1933.

à Chicago le jour où fut abattu Dillinger – je demeurais Lawrence Avenue dans un hôtel tout plein de maquereaux nègres – si j'ai bon souvenir la belle époque [1]! »

Descendu à l'hôtel Vanderbilt, Louis séjourna quelques jours à New York où il se rendit chez Little-Brown, maison d'édition qui publiait *Voyage au bout de la nuit* dans la traduction de John Marks. A la demande de son éditeur américain, il eut des contacts avec la presse : « J'ai fait ici le nécessaire avec les journalistes et consenti à de bien stupides entrevues y compris hélas les photographes. Little Brown pense atteindre bientôt les 20 000. [...] Je dépense des fortunes en boufailles. Il faudra me faire encore *4 000 fr.* de traites au *compte* Voyage. Vous me donnez cela à mon retour. J'espère un peu de Cinéma. Mais pas trop. Quant à la vente du livre, il apparaît bon pour les États-Unis c'est un très grand succès. Faulkner ne tire pas davantage. Le public se répartit ici à la façon de l'Angleterre. Le public-cinéma lit le genre Benoit et s'y tient. L'autre 20 000 environ, lit le genre Céline, Gide. Au surplus le prix 2/50 soustrait une grande partie du public. Enfin nous verrons [2]. »

Dans d'autres lettres à Robert Denoël, écrites de Chicago, il évoquait la vente du livre, lui faisant part de ses doutes au sujet des comptes de Little Brown, ce dont tous ses éditeurs ont eu à souffrir : « Je m'occupe ici un peu du livre et du film. Je suis assez douteux en ce qui concerne la véracité des comptes Little Brown. Ce n'est pas une manie mais certains indices... Enfin je verrai. Je reste ici douze jours et puis New York et *le Havre* [3]. »

Il ne perdait pas de vue qu'il était aussi en affaire avec Denoël : « A ce propos j'ai résolu d'éditer Mort à crédit 1er livre, l'année prochaine *Enfance, Guerre, Londres,* mais aux conditions que je vous ai données 12 % dès le début toutes traductions et

1. Lettre de Céline à Milton Hindus, 13 octobre 1945, *L.-F. Céline tel que je l'ai vu,* Éditions de l'Herne, 1969, p. 205.

2. Lettre de Céline à Robert Denoël [juin 1934], *Textes et documents* 3, *op. cit.,* p. 81.

3. Lettre de Céline à Robert Denoël, 16 [juillet 1934], *ibid.,* p. 83.

adaptations pour cézigue [1]. » Dans une seconde lettre, écrite également de Chicago, il revenait à la fois sur la vente de son livre aux États-Unis, sur ses besoins d'argent et sur les conditions de publication de *Mort à crédit :* « Je reçois d'assez mauvaises nouvelles de Boston au sujet du " Voyage " qui se vend assez mal *d'après eux ?* Et pourtant, je le vois exposé en excellente place chez tous les libraires de Chicago ? Il y a là quelque chose de troublant... Cependant, il faut admettre que le marché du livre en général est *excessivement mauvais.* Une chaleur constante, atroce ralentit tous achats. Et 2 $ 50 constituent par les temps qui courent une somme importante. Les cinémas sont à *15 cents !* Enfin les Public Librairies *de Prêt* enlèvent les 3/4 des acheteurs éventuels. Il s'est fait sur ma venue ici une large et désagréable publicité que j'ai endurée pour tenter d'exciter les gens du *film* les seuls qui m'intéressent. Nous verrons sans doute venir des offres au cours de l'hiver, 20 000 $. [...] Entendu pour le tome premier Mort à crédit, dans *8 mois environ,* un an. Et je vous assure que c'est du pur jus première bourre. Mais j'attends la lettre que vous savez de vous. 12 % de 1 à 20 000. 15 % de 20 à 40 000. 18 % au-dessus de 40 000. Toutes traductions, adaptations *à moi seul.* Cette lettre au Havre s'il vous plaît. Sinon pas plus de Mort à crédit que de beurre au cul [2]. »

Après son séjour à New York, Louis prit le train pour Los Angeles pour voir Elizabeth Craig avec laquelle il était resté en correspondance. Il ne fait pas de doute qu'ils se sont rencontrés, dans des conditions certainement très pénibles. Il est sûr aussi qu'Elizabeth a refusé de revenir avec lui [3]. Céline a toujours prétendu qu'elle était tombée entre les mains de gangsters dont il n'était pas parvenu à l'arracher, explication moins mortifiante pour lui et plus romanesque qu'une simple rupture, mais qui n'était

1. Lettre de Céline à Robert Denoël, 16 [juillet 1934], *Textes et documents* 3, *op. cit.,* p. 83.

2. Lettre de Céline à Robert Denoël, 23 juillet [1934], *ibid.,* pp. 84-85.

3. Voir tome I, pp. 298 à 300.

sans doute pas totalement conforme à la vérité. Céline s'est tenu à cette version jusqu'à la fin de sa vie, ainsi dans une lettre à Robert MacGregor, le 31 mai 1954 : « *Very nice the* GUIGNOL'S BOOK! *Very famous the Los Angeles Daily News – It remains me that Elizabeth Craig is probably still living there... I was there myself to try to get her out of a gang (drug, Catalina etc...) but have to give her up – (1934) " alas poor Yorick! " all our days are " Yorick days* [1] ". » (« Très bien le GUIGNOL'S! Très fameux le Daily News de Los Angeles – Cela me rappelle qu'Elizabeth Craig habite probablement toujours là... J'y suis allé moi-même pour tenter de la sortir des mains d'un gang (drogue, Catalina, etc.) mais j'ai dû l'abandonner – (1934) " alas poor Yorick "! tous nos jours sont des " jours Yorick ". »)

Louis ne devait plus jamais revoir Elizabeth et il vécut à Los Angeles des instants déchirants qui l'ont profondément marqué : « Il m'est arrivé depuis un mois des choses si fantastiques que je délire encore un peu. Le destin m'a fadé, véritablement [2]. » Avant de quitter Los Angeles, il avait écrit à Robert Denoël quelques mots qui montrent à quel point il avait été touché par son entrevue avec Elizabeth puis par leur séparation : « Au privé j'ai passé ici des journées atroces, qui ne seront jamais racontables, même par moi, qui pourtant... Je ne semble avoir qu'un maître mais il me comble et c'est mon destin [3]. »

Profitant de son séjour à Los Angeles, Louis visita Hollywood où il rencontra beaucoup de gens de cinéma et toute une équipe de Français parmi lesquels Jacques Deval, qu'il affectionnait tout particulièrement et qui menait alors joyeuse vie. Paul Marteau a noté dans son journal ce que Céline lui avait raconté : « Il nous parle de Jacques Deval, évoqué par Pascaline [4]. Il l'a connu à Hollywood priapique comme personne, fuyant l'une pour essayer

1. Lettre inédite de Céline à Robert MacGregor, 31 mai 1954.

2. Lettre de Céline à Henri Mahé, *La Brinquebale avec Céline,* La Table ronde, 1969, p. 103.

3. Lettre de Céline à Robert Denoël, 12 [juillet 1934], *Textes et documents* 3, *op. cit.*, p. 82.

4. Mme Marteau.

l'autre [1]. » Le même écho se retrouve dans une lettre écrite par Céline à Milton Hindus : « J'ai retrouvé grâce à vous Jacques Deval – Il m'écrit très affectueusement – J'ai été avec lui à Hollywood – lorsque je courais amoureux après Elizabeth Craig – Nous avons demeuré ensemble plusieurs mois [*sic*], lui, moi et SES femmes – Car il mène une vie de Nabab à la Alexandre Dumas – C'est un admirable cœur et un des plus subtils esprits que je connaisse – Il faudrait absolument que vous le connaissiez – Il s'imaginait mille bêtises à mon sujet – des torrents – des tombereaux d'ordures qui lui ont été déversés à mon sujet! Je lui ai écrit à votre propos. Vous l'aimerez sûrement beaucoup – C'est l'esprit français en personne – hallucinant presque – il est inquiétant monstrueux de cruauté spirituelle [2] – »

Céline souhaitait une adaptation cinématographique de *Voyage au bout de la nuit.* L'entreprise a tenté beaucoup de cinéastes et en premier Abel Gance, que Céline avait rencontré à son retour d'Afrique en 1917, à une époque où il traînait dans Paris, avec comme principal emploi celui de « collaborateur » d'Henry de Graffigny [3]. Le fait est établi par une lettre de Céline à Élie Faure : « J'ai vu Gance hier et " artistiquement " je me suis très bien entendu avec lui au sujet de l'adaptation. Demeure la question matérielle que Gance est en train je le pense de régler en ce moment. De ce côté donc tout va bien [4]. » Dans *La Brinquebale avec Céline,* Henri Mahé a confirmé ces pourparlers. Il affirme que Céline, qui disait s'être fait rouler par Denoël, avait de sérieuses exigences financières, citant à ce sujet un extrait d'une de ses lettres : « J'ai la peau en billets de banque [5]. » Abel Gance

1. Journal inédit de Paul Marteau, 31 juillet 1951.
2. Lettre de Céline à Milton Hindus, 18 juillet 1947, *Cahiers de l'Herne, op. cit.*, p. 119.
3. Voir tome I, p. 202.
4. Lettre de Céline à Élie Faure [début mars 1933], *Textes et documents* 2, *op. cit.*, p. 32.
5. *La Brinquebale avec Céline, op. cit.*, p. 72.

obtint finalement le 4 mars 1933 une option de huit jours. La cession des droits était de 300 000 francs.

Les lettres adressées par Céline à Robert Denoël, durant son voyage en Amérique, montrent bien qu'il était fortement question d'une adaptation de *Voyage* au cinéma : « Je viens de signer une option de 6 mois, cinéma, pour le Voyage avec Lester Yard le directeur de *Variety* à Los Angeles... De tous les agents, il m'a semblé le plus apte, le plus coquin. Les temps sont peu propices aux ouvrages du genre. Mais tout de même on peut espérer que d'ici six mois les rigueurs puritaines seront oubliées [1]. »

Après avoir ainsi donné une option de six mois, qui n'eut aucune suite, et avoir tenté en vain de reconquérir Elizabeth, Louis se rendit vers le 15 juillet à Chicago où Karen Marie Jensen [2] dansait au *French Casino* dans une revue à grand spectacle, produite par Fischer. Il descendit au New Lawrence Hotel, souffrit de la chaleur, qui était intolérable, et traîna douze jours dans cette ville sans charme, qu'il n'avait pas visitée en 1925 quand, dans l'enthousiasme, il avait découvert le Nouveau Monde [3].

Louis savait qu'il avait perdu Elizabeth et il dit à Karen combien il en était affecté. Elle fut certainement la seule à recueillir ses confidences sur ce point. Elle eut l'impression qu'il était profondément blessé, atteint au point le plus sensible de son affection et sans doute aussi de son orgueil. Avec l'étonnante faculté qu'il avait de savoir toujours retomber sur ses pieds, il demanda à Karen de l'épouser. Bien qu'elle n'ait peut-être pas été tout à fait étrangère au départ d'Elizabeth et malgré la grande affection qu'elle éprouvait pour lui, Karen ne pouvait accepter de devenir la compagne habituelle de Louis qu'elle savait exclusif, difficile de caractère, fantasque et jaloux, alors qu'elle menait en toute indépendance l'existence de ses rêves.

Âgée alors de vingt-neuf ans, elle était d'une éclatante beauté. Elle appartenait à une excellente famille de Copenhague et disposait

1. Lettre de Céline à Robert Denoël, 12 [juillet 1934], *Textes et documents* 3, *op. cit.*, p. 82.

2. Danseuse danoise, née en 1905; voir tome I, pp. 296 et 299.

3. Voir tome I, pp. 255 à 268.

de revenus importants. Elle voyageait à travers le monde et dansait où bon lui semblait, à Copenhague, à Chicago, à New York, à Paris, à Berlin. Karen était une femme parfaitement libre.

Le voyant si malheureux, non pas de son refus mais d'avoir perdu Elizabeth Craig, sachant qu'il allait passer huit jours à New York avant de s'embarquer pour l'Europe et connaissant aussi son goût pour les danseuses, elle lui donna l'adresse d'Irene Mc Bride, qui dansait à Broadway avec Clifton Webb et Marilyn Miller dans *As Thousands Cheer,* comédie musicale qui remportait alors un immense succès.

Bien que Céline ait trouvé qu'elle n'avait pas les jambes tout à fait assez longues, Irene Mc Bride était le type même de la danseuse américaine dont il raffolait. De souche irlandaise, elle avait vingt-six ans, était d'une rare beauté et ne manquait pas d'esprit. Immédiatement il la courtisa, presque brutalement, puis, après qu'elle l'eut éconduit, il fit, devant elle, des propositions à d'autres danseuses et même à une gamine qui n'avait pas quinze ans. Il avait l'air malheureux, pressé de voir, de vivre et de jouir. Vers la mi-août, il s'embarqua pour la France, complètement désabusé.

Il effectua le voyage de retour sur le *Liberté,* petit paquebot à classe unique, sur lequel voyageait aussi Louise Nevelson. Elle était sculpteur, belle, intelligente et un peu agressive. Céline lui fit une forte impression. Au cours de la traversée, il lui raconta une partie de sa vie, son enfance, les difficultés qu'il avait rencontrées pour achever ses études, la condition modeste de sa mère, encore obligée de travailler comme visiteuse médicale. Il lui avait aussi exposé de grandes théories sur la décomposition de la société française, qu'il disait entièrement aux mains des Juifs. Elle se souvenait aussi qu'il lui avait demandé de l'épouser [1].

Au cours d'une de ses traversées de l'Atlantique, Louis rencontra également Jean Gabin, Danielle Darrieux et une jeune romancière, Jane Bowles, femme de l'écrivain américain Paul Bowles : « Elle voyageait beaucoup. Un jour, sur un bateau, il lui est arrivé une petite aventure avec Céline. Moi, je n'ai jamais lu Céline. Je suis

1. Louise Nevelson, *Dawns & dusks,* Charles Scribner's Sons, 1976, pp. 47-51.

trop paresseux, et sa langue est trop difficile. J'ai essayé *Guignol's Band* mais non. Jane, elle, un jour lisait le *Voyage* assise sur un transat sur le pont d'un paquebot entre New York et Le Havre. Un homme est passé, il s'approche d'elle et lui dit : " Ah, vous lisez Céline ? " " Oui vous voyez. " Et le type lui a répondu : " Eh bien, Céline, c'est moi. " Ils ont parlé pendant tout le voyage. Elle l'a trouvé très sympathique [1]. »

De retour à Paris le 28 août, après quelques jours passés à Carteret, près de Carentan dans la Manche, et à Saint-Malo, d'où il avait écrit à Louise Nevelson pour lui exprimer son désir de la voir à Paris, il reprit contact avec ses amis pour leur dire que son séjour en Amérique avait été un fiasco. Ainsi à John Marks : « Le voyage aux USA pour diverses raisons personnelles fut absolument atroce, aux 3/4 c'est-à-dire – *Journey* se vend modérément aux USA – petit public et livre trop coûteux, crise de librairie [2]... » A Cillie Pam : « Je rentre à l'instant d'Amérique et je trouve ta lettre. Je voudrais bien te voir aussi mais où et comment ? Ce voyage fut atroce. J'ai trouvé Elizabeth dans des conditions de semi-démence qui ne sont ni racontables ni explicables. Un abominable cauchemar je t'assure [3]. » Quelques jours plus tard, il s'était confié également à Erika Irrgang, à Henri Mahé [4] et à Élisabeth Porquerol : « Je rentre d'Amérique atrocement sonné en des circonstances tout à fait burlesques [5]. »

Deux jours après son retour à Paris, le 30 août, il avait écrit aussi à Évelyne Pollet, auprès de laquelle il ne s'était pas manifesté depuis le mois d'octobre 1933 : « Voici un revenant. Il faut me pardonner tout ce silence et cet abandon. J'ai vécu depuis un an

1. Propos recueillis par Daniel Rondeau, « Paul Bowles, prince à Tanger », *Libération,* 26 juin 1985, p. 30.

2. Lettre inédite à John Marks, écrite de Carteret et que Marks avait datée par erreur du 15 juillet 1934; elle est probablement du 15 août 1934.

3. Lettre de Céline à Cillie Pam, 28 août 1934, *Cahiers Céline,* n° 5, *op. cit.,* p. 120.

4. Voir tome I, p. 299.

5. Lettre de Céline à Élisabeth Porquerol, 15 [août ou septembre 1934], *Cahiers Céline,* n° 5, *op. cit.,* p. 156.

une aventure atroce à plusieurs titres, en plusieurs lieux, jusqu'en Amérique d'où je reviens. Voilà [1]. » Une semaine plus tard, le 6 septembre, il lui avait avoué qu'Hollywood n'avait pas été le but principal de son déplacement : « Il ne s'est rien passé de cinéma en Amérique. Tout ceci pure invention de journalisme – sans plus. J'allais aux États-Unis pour tout autre chose, de très personnel et c'est tout. Il n'est pas question du Voyage en film pour mille raisons. Je n'ai jamais travaillé pour Hollywood. Ils ne me connaissent même pas [2]. »

Le voyage en Amérique avait donc bien été entrepris pour rechercher Elizabeth Craig. Après l'échec, Louis s'était retrouvé dans une solitude affective dont il avait souffert au point d'écrire, dès son retour à Paris, à chacune de ses amies, comme pour lancer autant d'appels au secours.

Au cours de ce second séjour aux États-Unis, Céline découvrit un aspect de la société américaine qui ne l'avait pas frappé lors de son premier voyage en 1925 [3] : la puissance des Juifs en Amérique. Cette constatation deviendra l'un des leitmotive de *Bagatelles pour un massacre :* « Encore un effronté mensonge, un credo pour gueules vinasseuses, une culottée d'infamie, " l'Internationale prolétaire "! Il n'existe en tout au monde qu'une seule vraie internationale, c'est la raciale tyrannie juive, bancaire, politique, absolue... Celle-là est internationale! on peut le dire! sans interruption, sans une défaillance, totale, d'Hollywood, de Wall-Street la youtre, de Washington (Roosevelt n'est que l'instrument cabotin des grands Juifs Morgenthau, Loeb, Schiff, Hayes, Barush et consorts) à Moscou, de Vancouver à Milan... Une véritable internationale, bien intégrale, bien intriquée, bien inflexible, bien sinueuse, aurifiée, râcleuse, soupçonneuse, criminelle, angoissée, insatiable, toujours en conquête, jamais assouvie, jamais lassée,

1. Lettre de Céline à Évelyne Pollet [30 août 1934], *Cahiers Céline,* n° 5, *op. cit.,* p. 182.

2. Lettre de Céline à Évelyne Pollet, 6 sept[embre 1934], *ibid.,* p. 183.

3. Voir tome I, pp. 255 à 268.

jamais somnolente... L'" Internationale " des Aryens, des ouvriers, c'est qu'une chanson... exactement! rien qu'une chanson pour esclaves, rien de plus [1]... »

Il avait découvert aussi l'insolente opulence de l'Amérique face aux pays pauvres, ce qui lui avait donné la matière de réflexions toujours très actuelles : « Jamais les prolétaires " favorisés " n'ont été si fort attachés à leurs relatifs privilèges patriotiques, ceux qui détiennent dans leurs frontières des richesses du sol abondantes, n'ont aucune envie de partager. " La nature ne fait pas de frontières. " Salut! Elle a parfaitement doté certains territoires de toutes les richesses du Monde tandis qu'elle laissait aux autres pour toute fortune appréciable, des silex et du choléra. Les frontières sont venues toutes seules, tout naturellement... Les hommes ils se mettent en quart terrible tant qu'ils peuvent, ils y tiennent plus qu'à l'honneur à ces bonnes richesses du sol... Ils les défendent à vrai dire, comme la prunelle de leurs yeux... contre toute immixtion, contre tout genre de partage avec les prolétaires des autres pays miteux, avec les enfants de la malchance, qui sont pas nés sur du pétrole... Tout le reste n'est que batifoles, pitreries, marxeries. Jamais on a vu la riche " Trade-Union britannique " présenter à ses " Communes " quelque jolie motion d'accueil en faveur des chômeurs spécialistes belges, français, japonais, espagnols, valaques, " frères de classe " dans le malheur. Jamais!... Ni les syndicats U.S.A. demander qu'on débride un peu les " quotas " féroces... Pas du tout! des clous! au contraire!... Pour les prolétariats cossus, les autres n'ont qu'à se démerder, ou tous crever dans leur fange [2]... »

Céline devait se rendre de nouveau aux États-Unis en 1937 [3]. Il traversa l'Atlantique sur le *Champlain* qui toucha New York le 8 février. En mer, il avait écrit à Karen Marie Jensen : « Nous sommes à deux jours de N.Y.! Cela me paraît bien étrange de revenir à cet endroit! [...] Sans doute n'aurai-je plus l'occasion de

1. *Bagatelles pour un massacre, op. cit.,* p. 152.

2. *Ibid.,* p. 155.

3. Céline retourna une dernière fois aux États-Unis en mai 1938; voir *infra,* pp. 186-187.

revenir [aux] U.S.A. ou si vieux que tout sera affreux! Je ne connais déjà plus personne là-bas sauf les journalistes hélas [1]! »

Céline avait tout de même encore quelques amis à New York parmi lesquels Louise Nevelson qu'il rencontra à plusieurs reprises. Il ne vit pas Irene Mc Bride, mais une autre danseuse, Margaret Sandy, qui l'introduisit une nouvelle fois dans le milieu de la danse.

Louis admira la perfection des spectacles donnés à New York et les extraordinaires qualités sportives des danseuses : « J'ai été à l'Américan School Ballet c[he]z Balanchine. Là il y a de la jolie femme! Ah! Ah! Quelles merveilles! Quelle souplesse! Quel miracle! Juste à la limite extrême de l'esprit! Le raffinement du corps presque à l'absolu [2]! » Il avait écrit aussi à Gen Paul, sur papier du Barbizon Plazza Hotel, *« overlooking Central Park » :* « Vieux lapins – me voici encore tout ébloui par tant de généreuses beautés – je reviens à la jeunesse – sans doute pour la dernière fois – Ton vieux Louis, mille bonnes pensées aux potes [3] – »

Céline avait cherché à comprendre l'Amérique. Il en revint plus déçu et plus antisémite encore qu'avant : « J'ai trouvé New York d'autre part bien changé. Plus du tout aussi insolent qu'autrefois. Il n'y a plus d'américanisme. Ils suivent la même pente dégoûtante que l'Europe. Ils sont à la remorque de l'Europe et des Juifs entièrement, de grèves en grèves et de démagogie en révolution qui je crois ne tardera guère au train où ils vont. La grande époque américaine est certainement passée. Avant dix ans ils seront aussi pouilleux qu'ici [4] – »

Les mêmes impressions, notamment au sujet des juifs, se retrouvent dans une lettre envoyée à Gen Paul, sur papier du Barbizon Plazza Hotel, au cours de son dernier séjour en 1938 :

1. Lettre de Céline à Karen Marie Jensen, 6 [février] 1937, *Cahiers Céline,* n° 5, *op. cit.,* p. 240.

2. Lettre de Céline à Karen Marie Jensen, *ibid.,* p. 242.

3. Lettre inédite de Céline à Gen Paul, sans date (collection Georges Charayre).

4. Lettre de Céline à Karen Marie Jensen, 2 mars [1937], *Cahiers Céline,* n° 5, *op. cit.,* p. 242.

« Vieux fiston

» J'arrive au Havre par Normandie le 23 courant [1].

» La vie est si coûteuse que plus rien n'est possible au dollar 35ᵗ! Dans l'ensemble d'ailleurs il y a de la réflexion dans l'air! L'optimisme est en fâcheuse baisse – la machine cogne de partout – j'ai mille choses à vous raconter – la propagande youtre anti-nazi rafale nuit et jour – Et cependant un fort mouvement anti-juif croît, gonfle –

» La pétoche est évidente –

» Bien entendu – notre peau doit fournir l'enjeu de la prochaine croisade –

» J'ai vu tes amies – fait tes courses –

» Affect à tous –

» Et à bientôt

Fer [2] »

1. Céline écrivit des États-Unis à John Marks sur papier à en-tête du S/S *Île de France :* « Je suis sur le retour. Pouvez-vous me traduire un court ballet que je viens de faire pour l'Exposition 37 ? *Voyou Paul brave Virginie.* »

2. Lettre inédite de Céline à Gen Paul [1938] (collection particulière).

CHAPITRE V

Avenue Junot

« [...] ma vocation c'est la médecine!... mais je réussissais pas beaucoup... et la médecine sans clients! Le roman est venu... J'ai continué, alas! alas! [...] [1] »

A son retour des États-Unis, fin août 1934, Céline reprit le chemin du dispensaire de Clichy et se remit à *Mort à crédit,* y travaillant avec acharnement. Il avait d'abord envisagé de l'appeler « Tout doucement », « Chanson morte », puis « L'Adieu à Molitor ». Il portait toujours des feuilles de papier sur lui et notait dans la journée les idées, les mots ou les bouts de phrase qui lui venaient à l'esprit. Il y consacrait presque toutes ses soirées et une bonne partie de ses nuits. Parfois, il partait s'isoler pour quelques jours, au Havre à l'hôtel Frascati ou au pavillon Henri IV à Saint-Germain-en-Laye.

Céline écrivait pour le public, dans une langue aussi simple que possible. Il avait horreur des figures de style, des tournures savantes,

1. *Féerie pour une autre fois,* I, Gallimard, 1952, p. 40.

des adjectifs précieux et il reprenait son texte un grand nombre de fois, jusqu'à ce qu'il fût complètement épuré et à la portée de tous. Il n'a jamais changé de technique et ne comprenait pas ceux qui écrivaient autrement. Théophile Briant en a fait l'expérience : « Il me trouve paresseux, je me contente trop facilement, mécanisme d'inhibition. Il faut refaire une page sept fois comme lui. L'art doit être un martyre. Il me demande de lui lire quelques passages : " Tout cela est trop tendu, dit-il. Tu charges ta monture avec trop d'escarboucles. Tu l'écrases, c'est pas si facile d'être simple. Tu n'as pas l'âme en face des trous. Regarde le type qui lance le disque ou le marteau. Il a une technique pour aboutir. Tu ne te mets pas dans la bonne position. Tu es un cavalier qui monte sur les couilles. Rectifie la technique et tâche d'intéresser la concierge [1]. " »

Comme Céline racontait dans *Mort à crédit* les événements de son enfance et de son adolescence, qui s'étaient déroulés principalement dans un quartier populaire de Paris et qu'il voulait utiliser le vocabulaire et les accents qu'il y avait entendus, il avait toujours besoin du contact de la rue. L'atelier de Gen Paul, situé tout en haut de l'avenue Junot et en face du Moulin de la Galette, constitua pour lui, jusqu'en 1944, un remarquable laboratoire dans lequel il vit défiler toute une cour des miracles qui lui était indispensable pour écrire comme il l'entendait.

Marcel Aymé, qui habitait tout près de là, 9 *ter,* rue Paul Féval [2], était au nombre des habitués. Comme à l'accoutumée, il sortait rarement de son mutisme mais il observait. Il donna dans *Avenue Junot,* cette description de l'atelier de Gen Paul : « Du plancher au plafond, c'était toujours le même entassement de toiles, de cadres, de livres, de cartons, bourrés, éventrés, de bidons, de palettes encroûtées, de bouteilles d'huile, de torchons, sous lesquels avaient depuis longtemps disparu le piano et d'autres meubles dont Gen Paul lui-même ne soupçonnait pas l'existence. Dans cet amas

1. Journal inédit de Théophile Briant, 14 mars 1943 (collection Pierre De Baecker).

2. En 1954, il s'est installé rue Norvins, en face de chez Gen Paul, du Moulin de la Galette et de l'ancien appartement de Céline, rue Girardon.

écrasant était percé un ravin, boyau profond, escarpé, semé de pièges, hérissé de pinceaux, de brosses, de bâtons de chaises, et que des piles d'objets, toujours vacillantes, menaçaient à chaque instant d'obstruer. Le ravin aboutissait à un espace rectangulaire ménagé au fond de l'atelier, espace disputé par l'encombrement d'autour, qui le rétrécissait d'année en année. Là étaient réunis, empiétant l'un sur l'autre, le boudoir où l'on accueillait les visiteurs et l'atelier proprement dit avec le chevalet, les palettes, les toiles en train et les torchons maculés de couleur [1]. »

L'atelier de Gen Paul était un lieu de passage et, par tradition, le siège d'une réunion qui se tenait, tous les dimanches matin, soit à l'intérieur soit, si le temps le permettait, sur le banc de l'avenue Junot. Parfois la réunion était coupée d'intermèdes musicaux. Gen Paul jouait assez bien du piston. D'autres instrumentistes se joignaient à lui pour former une petite fanfare, la « Chignole », uniquement composée d'instruments à vent, qui défilait parfois dans Montmartre, surtout de bistrot en bistrot.

Outre Marcel Aymé, figuraient parmi les habitués, Jean Bonvilliers, René Fauchois, auteur de pièces à succès, le peintre André Villebœuf, le graveur Jean-Gabriel Daragnès, qui habitait un peu plus bas dans l'avenue Junot, Le Vigan qui avait sa chaise réservée, venait généralement dans des tenues extravagantes et ne disait jamais rien, Ralph Soupault, caricaturiste qui avait commencé à *L'Humanité* et devait achever sa carrière à *L'Émancipation nationale*, Henri Philippon, le céramiste Paco Durio, Louis Francis, Max Revol, Bourdat, le journaliste René Miquel, Jean Perrot, qui habitait en face de chez Gen Paul, les peintres Henri Mahé [2], Jean d'Esparbès et le Catalan, Pedro Creshams, qui vivait dans la même maison que Céline, 98, rue Lepic avec une Péruvienne, Nana de Herera, remarquable danseuse de flamenco.

Parmi les visiteurs occasionnels, on peut citer sans ordre de préséance : le graveur André Dignimont, le compositeur Noceti, qui

1. Marcel Aymé, *Avenue Junot,* publié dans *Je suis partout* du 13 août 1943; repris en volume par Les Bibliophiles de l'Étoile, 1949, pp. 24-25; et dans *En arrière,* nouvelles, Gallimard, 1950, p. 101.

2. Voir tome I, p. 297.

aida Céline à composer la musique de ses chansons et habitait rue Lepic dans l'ancienne maison de Courteline, André Brissaud, qui devait retrouver Céline à Sigmaringen, les docteurs Rivault et Morchain, le peintre André Utter, mari de Suzanne Valadon qui l'accompagna quelquefois, Marie Bell, Florence Gould venue dans un superbe manteau de zibeline, immédiatement qualifié par Gen Paul de peau de lapin, Robert Nali, aquafortiste, les peintres Empy, Georges Charayre, Cléda, Frank Will, Lucien Génin, Chervin, dont la femme tenait à Montmartre une boutique où elle vendait des gravures et eaux-fortes à l'enseigne du « Singe qui parle », et des peintres plus connus tels Dunoyer de Segonzac, Vlaminck et Derain. On y voyait encore le graveur Courrière, M. de Ballencourt, la chanteuse Irène Doryat, Damia, Pierre Labric, maire de la Commune libre de Montmartre, qui s'était illustré le 2 juin 1923 en descendant du premier étage de la tour Eiffel en bicyclette. Venaient aussi les frères Casadesus, le chanteur Pizella, Michel Simon, le diplomate espagnol Antonio Zuloaga, le peintre et sculpteur animalier Guyot, Mac Orlan, qui avait occupé dans sa jeunesse l'atelier de Gen Paul, le photographe Gimon, René Héron de Villefosse, le docteur Michel Allari, Jean Dufy et parfois Raoul Dufy, Jo Varenne, marié à la fille adoptive de Mme Debray, propriétaire du Moulin de la Galette, et neveu de l'avocat et homme politique Alexandre Varenne dont Céline requit l'intervention quand il était en prison au Danemark [1], un peintre surréaliste bulgare, Papazof, dit Papa, Francis Carco, une ou deux fois Roland Dorgelès et même Paul Valéry, amené par Georges Charayre et qui n'échangea pas une parole avec Céline [2].

Chez Gen Paul, comme ailleurs, Céline n'adoptait jamais que deux attitudes : ou il se taisait pour écouter les autres, ou il explosait. A Montmartre, comme en bien d'autres occasions, il aimait choquer. Ainsi leur racontait-il des histoires de corps de garde ou de sinistres souvenirs de carabin, quand il ne se lançait pas dans de grandes diatribes politiques, toujours pour annoncer

1. Voir tome III, p. 114.

2. Céline voyait aussi quelques amis personnels : Charles Bonabel, le médecin-colonel Clément Camus, André Pulicani, etc.

la prochaine extinction de la race blanche ou l'approche de l'Apocalypse. Pour Marcel Aymé : « Céline prédisait pour la fin de l'été des catastrophes, des guerres puantes, des coulées d'abcès monstrueux crevant sur le monde [1] [...]. » Il rapportait aussi une anecdote qui donne bien le ton des réunions chez Gen Paul : « Céline raconta une aventure qui venait d'arriver dans son dispensaire de banlieue; un accouchement avec déchirure; le chirurgien, un jeune, un apprenti barbier un peu myope, avait recousu jusqu'à l'anus inclus; la malade se plaignait de ne pas aller, etc. [2]... »

Tout le monde se retrouvait également, au bas de l'avenue, à la terrasse du Café Junot, et dans des petits restaurants de la Butte, rue Tholozé, Chez Pomme, Chez Canarie ou, encore plus bas, rue Caulaincourt, Chez Michou. Céline aimait aussi se rendre à Montparnasse, principalement à La Coupole et à la crêperie de la rue Vandamme.

Gen Paul régnait sur ce petit monde en seigneur. Né le 2 juillet 1895 [3], Eugène Paul avait donc à peu près le même âge que Céline et, comme lui, il avait été élevé dans un milieu très simple. Sa mère était brodeuse et son père musicien de cabaret. Comme Céline, il avait exercé plusieurs petits métiers avant d'être grièvement blessé au genou, à Bois-le-Prêtre, blessure vite infestée de gangrène, ce qui entraîna l'amputation de sa jambe droite. Après la guerre, il s'était retrouvé sur le pavé de Paris, en pleine bohème, lié d'amitié avec Maurice Utrillo, Juan Gris et quelques autres. Il se mit à la peinture, sans avoir jamais appris ni à dessiner ni à peindre. Il commença à boire, ce qui le conduira en 1936 à l'hôpital français de Madrid, avec une cirrhose et des crises de delirium tremens. Chapitré par Céline dès son retour à Paris, il renonça à l'alcool (provisoirement) et perdit du même coup une partie de son inspiration.

1. Marcel Aymé, *op. cit.*, pp. 54-55; et dans *En arrière, op. cit.*, p. 117.
2. *Ibid.*, p. 33; et dans *En arrière, op. cit.*, p. 105.
3. Gen Paul est décédé à Paris le 30 avril 1975.

Gen Paul avait des yeux et des mains extraordinaires. C'était un fameux coureur de femmes et un grand comédien. Il aimait mentir, se grimer, se déguiser, se travestir et ne se consolait pas d'avoir été seulement figurant de cinéma. Il avait le sens du spectacle. Quand il se mettait un imperméable gris, dont il relevait le col, quand il se rabattait une mèche de cheveux sur le front et se collait une petite moustache aussi haute que large, il ressemblait à Hitler à s'y méprendre, divertissement qui ne sera pas du goût d'Otto Abetz [1].

Gen Paul et Louis avaient l'un pour l'autre une affection que les événements de la Libération et de l'après-guerre n'ont entamée qu'en surface. Céline admirait Gen Paul, il appréciait sa manière de peindre. Il aimait surtout sa liberté et la façon qu'il avait de vivre et de rire, toujours en marge de toutes les conventions. Quant à Gen Paul, il considérait Céline comme un dieu et lui vouait un véritable culte.

Après la Seconde Guerre mondiale, ils ont dit beaucoup d'horreurs l'un de l'autre. Gen Paul, qui n'était pas bon, soutenait que Louis était un « cave » et un lâche, que sa folie raciste et ses mauvaises fréquentations pendant l'Occupation avaient eu pour effet de le mettre, lui Gen Paul, au ban de la société, au point de n'avoir pas pu vendre une toile pendant plusieurs années après la Libération. Rien n'était plus inexact, non seulement parce que Gen Paul a toujours vendu très facilement, trop peut-être, mais aussi parce qu'il avait suivi Céline en bien des endroits où ils auraient mieux fait, l'un et l'autre, de ne pas aller. Il portait en cela une large part de responsabilité.

Céline, quant à lui, a fait de Gen Paul « Gologolo » et prétendait qu'il était le Diable en personne. Dans une lettre à Paul Marteau, il dira de lui : « un enfant gâté du malheur, bien plus intelligent et dangereux encore! parce que génial artiste [...] faux ivrogne, faux fou... faux pauvre... le bourgeois le plus coriace et le mieux camouflé du monde, et jaloux, du délire!

1. Voir *infra*, pp. 254-255.

de l'ombre de son ombre! pas un atome de *cœur!* lui! lui! Sa gueule [1]!... »

Il s'agissait, de la part de Céline, d'une attitude résolue, construite sur un fond de vérité, mais qui ne pouvait effacer complètement les liens profonds qui unissaient les deux hommes et qui apparaissent, du moins du côté de Céline, dans plusieurs lettres qu'il lui adressa du Danemark : « On t'aime toujours tu sais – on te quitte pas du cœur! » et aussi : « Frère Jacques les cloches sonnent-elles au mariage? Dis nous vite! Dépêche toi! Mimick [2] nous fait de ces descriptions de beauté qui lui font pétiller les mires... ça va être joli au printemps! Lucette que ces choses-là intéressent bien aussi demande à être présentée – Enfin en somme tu ferais bien de venir en personne – toi et ta merveille, qu'on se rende compte – Je te vois sur photo déjà maqué avec Hindus... tu prends des drôles de mœurs – on voit bien que tu avais commencé avec Oscar [3] –! Je vais finir, par nostalgie, par m'habiller en demoiselle et venir clandestin poser chez toi – Je sais que tu ne me trompes pas par goût – C'est la séparation qui nous tue – Ah que de Gaulle passe Führer je te ferai voir mon amnistie, Lucette l'entrechat, Bebert sa languette qui pique... Tu dois être devenu si vicieux... Un monstre! et l'on t'adore [4]! »

Quand Gen Paul commençait à parler de Céline, il était intarissable. Il est vrai qu'ils s'étaient vus tous les jours pendant de nombreuses années, qu'ils avaient été intimes, complices et confidents et ne s'étaient rien caché de leurs frasques, quand ils ne les avaient pas faites ensemble. Gen Paul, qui n'était pourtant pas un enfant de chœur, disait que Céline était dégoûtant, qu'il racontait toujours des histoires à soulever le cœur et avait des pratiques ignobles comme cette manière de mettre le fromage à

1. Lettre inédite de Céline à Paul Marteau, écrite de Klarskovgaard, sans date.

2. Thorvald Mikkelsen.

3. Oscar-Louis Rosembly, juif que Gen Paul avait caché chez lui pendant l'Occupation; voir aussi tome III, p. 177.

4. Lettre inédite de Céline à Gen Paul, 16 novembre 1945 (collection particulière).

même ses poches, souvent du brie ou du roquefort, dont il prenait des petits bouts pour les manger en bavardant, de la façon la plus naturelle. Il le critiquait pour son avarice et pour avoir accumulé pendant la guerre, dans son appartement de la rue Girardon, une tonne de produits alimentaires. Il prétendait aussi que Céline aimait les petites filles et qu'il était voyeur, ce dont Louis ne s'est jamais caché. Il paraît qu'il passait des heures dans les cours de danse, parfois caché derrière un paravent puis que, une fois rentré chez lui, la tête pleine d'images adorables, il s'adonnait à l'onanisme. Dans *Voyage au bout de la nuit,* Céline avait écrit à ce sujet une phrase qu'il a finalement rayée : « La masturbation déçoit moins, c'est un fait, que la Gloire militaire ou le Royaume de Dieu, elle donne à chacun le petit paradis qu'il lui demande et ne fait de mal à personne [1]. » Gen Paul disait aussi qu'il aimait voir deux femmes ensemble, ce que Céline a reconnu dans une lettre à Milton Hindus [2]. Il paraît que Baudelaire faisait pareil : « Il réunissait deux femmes qu'il faisait faire l'amour devant lui et il se branlait devant ce spectacle. Cette passion a certainement été la cause de l'état dans lequel il a fini [3]. »

Pendant l'hiver 1934-1935, et quelle que fût son attirance pour les studios de danse, Louis se consacra essentiellement à *Mort à crédit.* Refrénant le besoin qu'il avait aussi de s'échapper, il ne fit au cours de l'hiver qu'une escapade à Bruxelles et à Anvers à la fin du mois de novembre 1934 et un séjour de deux semaines en Autriche du 10 au 25 février 1935. En Belgique, il avait retrouvé Évelyne Pollet à Anvers, où il devait retourner pour quarante-huit heures en mars 1935. En Autriche, il avait séjourné avec Cillie Pam, dans une station de sports d'hiver proche de Vienne, au mont Patscherkofel. Cillie l'avait initié au ski, sans grand succès.

1. Fragment du manuscrit de *Voyage au bout de la nuit,* manuscrit de Paris, p. 246, cité par Jean-Pierre Dauphin. Thèse inédite, p. 101.

2. Voir tome I, pp. 296-297.

3. Paul Léautaud le tenait de Jacques Crépet, *Journal littéraire,* 2 juin 1937, *op. cit.,* tome XIII, p. 14.

En mai 1935, Céline fit la connaissance de la pianiste Lucienne Delforge. Un soir, la voyant dans le public lors d'un concert donné salle Gaveau, il l'avait abordée. Il lui dit l'avoir entendue quelques jours plus tôt salle Chopin et lui avoua qu'il éprouvait beaucoup d'admiration pour elle.

C'était le début d'une liaison qui dura un an et s'acheva en avril 1936. Ils ne vécurent cependant presque jamais ensemble. Lucienne était mariée et elle était aussi très prise par les exigences de sa carrière. Très vite, il l'avait emmenée pour quarante-huit heures à Amsterdam, comme il le fit ensuite avec Lucette Almansor, pour lui faire visiter le Rijksmuseum, commentant pour elle les Bruegel, les Frans Hals et les Rembrandt. Il l'entraîna quelques jours à Londres à la fin du mois de mai, jusque dans les coulisses de plusieurs music-halls où il lui présenta des danseuses, auxquelles il offrit des dessins de Gen Paul qu'il avait apportés en rouleau sous son bras.

Le 4 juillet 1935, ils s'étaient embarqués à Anvers pour le Danemark, où ils étaient arrivés le lendemain après une traversée difficile. Débarqués à Ebsjerg, ils avaient gagné Copenhague pour s'installer le 6 juillet à l'hôtel d'Angleterre. Lucienne avait été présentée à Karen Marie Jensen qui dansait au *Kursal* de Tivoli et qui les avait introduits auprès de beaucoup de ses amis, parmi lesquels : Otterstrøm et Mme Lindequist [1], photographe qui avait réalisé quelques portraits de la famille royale et tenait le haut du pavé de Copenhague. Dans la journée, Lucienne travaillait sur le piano de l'hôtel et préparait la tournée qu'elle devait entreprendre à la fin de l'année dans les pays scandinaves. Le soir ils se retrouvaient au restaurant, Chez Lucullus, au Bellevue, Chez Krog. Le 13 juillet, ils étaient allés en Suède passer la journée à Malmö. Il lui avait aussi montré le château d'Elseneur et les musées de Copenhague. Louis aimait cette ville, surtout pour sa lumière et pour son port. Ils avaient quitté Copenhague avec regret, le 16 juillet, pour passer en Allemagne par le bateau de Warnemünde

1. Voir tome III, principalement pour Otterstrøm, pp. 165-166; et pour Mme Lindequist, pp. 74 et 166.

où, quelques années plus tard, Céline, Lucette et l'infatigable Bébert se virent refuser l'embarquement pour le Danemark [1].

Lucienne et Louis gagnèrent alors par chemin de fer Berlin, Munich et Badgastein, où ils arrivèrent le 17 juillet, pour voir Émile Sauer, professeur au conservatoire de Vienne, avec lequel Lucienne devait travailler. Ils allèrent ensuite à Salzbourg jusqu'au 17 août, pour le festival, au cours duquel ils entendirent *Tristan et Isolde* dirigé par Bruno Walter. Louis, très amateur de musique allemande, était enchanté de participer avec une excellente musicienne à cette grande fête de la musique dans l'atmosphère quasi religieuse du célèbre festival autrichien.

En septembre 1935, ils se sont retrouvés au pavillon Henri IV à Saint-Germain-en-Laye où Louis achevait *Mort à crédit.* Le soir il relisait tout haut ce qu'il avait écrit dans la journée, avec force gestes et accents passionnés. Ils se sont retrouvés à Londres le 21 novembre 1935, mais le lendemain elle partait pour Oslo où devait débuter sa tournée en Scandinavie, tandis que Louis rentrait à Paris.

A son retour à Paris, Lucienne Delforge revit Céline. Ensemble ils allèrent encore à Londres le 5 mars 1936, mais leur liaison touchait à sa fin. Céline venait de rencontrer Lucette Almansor. Lucienne Delforge estimait qu'elle était trop fragile pour partager la vie d'un tel homme. Elle ne supportait plus cette façon qu'il avait de voir toujours tout en noir et de tourner en dérision les plus belles choses de la vie. Elle se sentait détruite, prise dans un piège et elle préféra s'échapper. Ils ne devaient plus se revoir qu'en de rares occasions pendant l'Occupation, mais leurs chemins se croiseront de nouveau, en 1944-1945, à Baden-Baden et à Sigmaringen [2].

Céline eut beaucoup de mal à terminer *Mort à crédit.* « C'est un monstre cette fois. Je parle du fonds! une énormité – *800 pages* [3]! »

1. Voir tome III, p. 38.

2. Voir tome III, p. 30, 43, 51, 55-56.

3. Lettre de Céline à Eugène Dabit, 1er septembre [1935], *Textes et documents* 2, *op. cit.*, p. 77.

Pour écrire plus tranquillement, il quitta parfois Paris pour Le Havre ou Saint-Germain-en-Laye, mais il découvrait alors que, s'il avait besoin de solitude, il avait aussi besoin de compagnie pour parler. Les idées lui venaient en parlant et à force d'écouter les autres. Ce livre, il le voulait : « [...] plus substantiel, moins déclamatoire, plus musical [1] [...] ». Il le voulait aussi plus personnel. Retenu dans *Voyage au bout de la nuit* par une sorte de pudeur, Céline ne s'y était pas personnellement mis en scène. Il avait seulement conçu deux personnages à son image, Bardamu et Robinson. Il avait aussi épargné ses parents, bien que les Henrouille aient ressemblé par bien des côtés à Fernand et à Marguerite Destouches. Quant à la vieille Mère Henrouille, qui méprisait sa fille et son gendre, elle était de loin la plus sympathique de cette famille, comme Céline Guillou l'avait été dans la famille de Louis [2].

Dans *Mort à crédit,* toutes les pudeurs de Céline se sont effondrées comme autant de barrières qui le séparaient du monde de son enfance et de son adolescence, auquel il ajouta le récit de ses aventures avec Raoul Marquis [3]. Sans bienséance, il donna de ses parents l'image de gens petits et mesquins. Il décrivit aussi maints épisodes de sa jeunesse sous un jour grotesque. Aussi fit-il jurer à sa mère qu'elle ne lirait jamais le livre. Il savait qu'il pouvait lui faire confiance. Elle ne revenait pas sur ce qui avait été entendu. Marguerite Destouches jura et tint sa promesse.

Quand le livre fut écrit, il fallut encore le faire dactylographier. Jeanne Carayon [4] était partie aux États-Unis, contre l'avis de Louis, à la recherche d'un bonheur qu'elle n'y trouva pas. Elle lui recommanda une de ses anciennes camarades du lycée de Nîmes, Marie Canavaggia [5], traductrice de Moravia, de John Cowper Powys et d'Evelyn Waugh. Elle lui servit de secrétaire et mit tous ses

1. Lettre de Céline à Karen Marie Jensen, 7 février [1935], *Cahiers Céline,* n° 5, *op. cit.,* p. 227.

2. Voir tome I, pp. 50-51.

3. Voir tome I, pp. 191-204.

4. Voir tome I, pp. 308 et 314.

5. Décédée à Paris le 30 septembre 1976.

manuscrits au net, de *Mort à crédit* à *Nord,* c'est-à-dire de tous ses livres (y compris les pamphlets) à l'exception de *Voyage, Le Pont de Londres* et *Rigodon.* Elle ne tapait pas directement à la machine mais dictait à une dactylo qui fut Mme Dugué pour *Mort à crédit,* puis Mme Chennevier pour les livres suivants [1]. Céline appréciait les qualités professionnelles de Marie Canavaggia mais il la jugeait trop possessive, voire amoureuse, et se moquait volontiers de sa jalousie et de ses excès de tempérament : « La pauvre Marie est une femme bien dévouée bien magnifique. Je m'impatiente avec elle. J'ai tort. Il faut la ménager au contraire. [...] Seulement elle est corse, Colomba, emmerdante de certaine jalousie [2]... »

Robert Denoël prit connaissance du manuscrit et fut horrifié par le réalisme de certains passages. Il fit part à Louis de ses craintes et lui demanda des suppressions auxquelles Céline ne consentit qu'après discussions et marchandages. Il accepta certaines coupures mais sans vouloir remanier son texte. On laissa donc des blancs à la place des passages supprimés, comme en cas de censure, sauf sur cent dix-sept exemplaires hors commerce. Denoël voulut bien préciser en tête du livre que les coupures avaient été effectuées à sa demande. Le texte intégral sera rétabli en 1950 par Frédéric Chambriand [3], mais uniquement sur les exemplaires de tête. Il faudra attendre l'édition de la Pléiade en 1981 pour le trouver en édition courante.

Il n'est pas sans intérêt d'extraire, à titre d'exemple, certains passages censurés par Robert Denoël, ainsi : « Un soir au mur il y a eu scandale, un sidi monté comme un âne englandait un petit patissier, pour le plaisir [4] [...] » Quelques pages plus loin, sans le coup de ciseaux de l'éditeur, on aurait pu lire : « La bonne vient aussi. La cliente alors elle s'allonge parmi les dentelles. Elle

1. En 1930, avant de connaître Jeanne Carayon, il avait utilisé les services de Mme Riccini, Juive italienne réfugiée en France et qui habitait Clichy.

2. Lettre de Céline à Albert Paraz [17 mars 1948], *Cahiers Céline,* n° 6, *op. cit.,* p. 64.

3. Pierre Monnier.

4. *Mort à crédit,* Denoël et Steele, 1936, pp. 62-63; Chambriand, p. 49.

retrousse son peignoir brusquement, elle me montre toutes ses cuisses, des grosses, son croupion, et sa motte poilue la sauvage! Avec ses doigts elle fouille dedans [1]...[...] »

Les semaines qui précédèrent la publication de *Mort à crédit* ont été particulièrement fiévreuses. Denoël voulait publier le plus vite possible, Céline ne partageait pas cette hâte et voulait apporter, jusqu'au dernier moment, de nouvelles corrections. Il était sans cesse en discussion avec Marie Canavaggia sur des points de détail. La *Bibliographie de France* avait annoncé la sortie du livre pour le 5 avril 1936, puis pour le 4 mai. La mise en vente intervint finalement le 12 mai. Le livre portait une bande publicitaire avec cette citation approximative de Jean-Sébastien Bach : « Je me suis énormément appliqué à ce travail. Celui qui s'appliquera autant que moi fera aussi bien [2]. »

Céline avait consacré tout le début du mois d'avril aux dernières mises au point. Le 12 avril, désirant encore des corrections alors que le livre était déjà sur épreuves, il écrivait du Havre à Marie Canavaggia : « Chère Amie, Mais non! mais non! Il n'est pas de petits détails qui peuvent me lasser! JE LES VEUX TOUS! *La moindre virgule me passionne.* Je ne connais pas et JE HAIS le caprice et l'accommodement béat [3]. » D'Anvers, où il avait rejoint Évelyne Pollet, il demandait encore à Marie Canavaggia de changer un dernier mot à la main sur les exemplaires du service de presse.

Pendant ce temps, Robert Denoël s'était dépensé dans les services de rédaction, écrivant par exemple dans *Bibliographie de France :* « Cet ouvrage, qui sera une date dans l'histoire des lettres françaises, s'annonce comme un formidable succès [4] » et dans *Paris-soir* du 14 mai : « Il y avait longtemps que les lettres françaises n'avaient retenti de pareils accents [...] *Mort à crédit* est le grand livre de l'époque [5]. »

1. *Mort à crédit, op. cit.*, p. 29; Chambriand, p. 24.
2. Cité dans *Tout Céline*, B.L.F.C., 1981, p. 45; et reproduit en fac-similé dans *Bibliographie des écrits de L.-F. Céline, op. cit.*, notice 36A1.
3. Cité par Jean A. Ducourneau, *op. cit.*, tome II, p. 709; repris par Henri Godard, *Romans* I, p. 1399.
4. et 5. Cité dans *Bibliographie des écrits de L.-F. Céline, op. cit.*, notice 36A1.

En fait le livre tombait au plus mal. Le 26 avril et le 3 mai 1936, les Français étaient allés aux urnes et avaient envoyé à la Chambre des députés une majorité de parlementaires appartenant au Front Populaire. La coalition des communistes et des radicaux accédait au pouvoir. Quelques jours plus tard, le 6 juin, Léon Blum devenait président du Conseil.

L'opinion se souciait plus de politique que de littérature et la sortie de *Mort à crédit* n'eut pas le retentissement escompté par Denoël. Le livre fut mal accueilli, au point que Robert Denoël décida de publier une *Apologie de Mort à crédit,* fait sans doute unique dans les annales de l'édition. En tête de cette plaquette, il avait rappelé le jugement d'un critique musical allemand : « Cette œuvre est une honte. Il est impossible de ne pas reconnaître que la musique de Beethoven est une musique d'ivrogne. Il n'en restera rien [1]. »

Céline fut même abandonné par ceux qui avaient été ses meilleurs défenseurs au moment de la sortie de *Voyage au bout de la nuit* et de la querelle du Goncourt. Ni Léon Daudet ni Lucien Descaves, ce dernier pourtant dédicataire du livre, ne prirent la défense de Céline qui fut attaqué de partout. L'éreintement vint autant de la gauche que de la droite; il portait à la fois sur le fond du livre et sur sa forme. On retint surtout l'obscénité de certaines situations, la trivialité et l'image haineuse que Céline donnait de l'homme, y compris de lui-même et de ses parents dont il avait fait ses principales victimes. Résumant assez bien l'opinion générale, Pierre Descaves avait donné pour titre à l'article qu'il publia dans *La Griffe* du 28 juin : « Le Marathon de la crotte ». Le 11 juin, le critique de *Candide* avait achevé son article par ces mots : « Visiblement nous avons affaire à un maniaque. » Pour Robert Brasillach dans *L'Action française* du 11 juin : « De tels livres, qui seront incompréhensibles dans vingt ans [...] me paraissent le contraire même de l'art. » Dans une lettre à un ami, Élie Faure reconnaissait : « Il y a de beaux passages, mais il piétine trop dans la merde [2]. »

1. *Apologie de Mort à crédit* suivi de *Hommage à Émile Zola* de Céline, Denoël et Steele, 1936, p. 3.

2. Élie Faure, *Œuvres complètes,* Pauvert, 1964, tome III, p. 1127.

Pour la droite, le livre était décadent, obscène et scatologique. A gauche, on y trouvait curieusement un arrière-goût fasciste. Dans *L'Humanité* du 15 juillet, Paul Nizan, dont la sensibilité était pourtant proche de celle de Céline, écrivait : « Il y avait dans le *Voyage* une inoubliable dénonciation de la guerre, des colonies. Céline ne dénonce plus aujourd'hui que les pauvres et les vaincus. » En 1960, Simone de Beauvoir affirmait que, pour elle et Sartre : « *Mort à crédit* nous ouvrit les yeux. Il y a un certain mépris haineux des petites gens qui est une attitude préfasciste [1]. » Hormis quelques articles assez favorables, signés par Eugène Marsan dans *Comœdia,* Noël Sabord dans *Paris-midi,* Jacques Lejeune dans *L'Ouest* du 20 juillet, Châtelain-Tailhade et Pierre Scize dans *Le Merle blanc* des 30 mai et 19 septembre, Ramon Fernandez dans *Marianne* du 27 mai et les avis donnés par André Gide, Emmanuel Berl et Marcel Arland, *Mort à crédit* fut mal reçu par la critique et par le public qui, aujourd'hui, quelque cinquante ans plus tard, considèrent souvent *Mort à crédit* comme un des meilleurs titres de Céline.

L'insuccès du livre s'explique aussi par le fait que les lecteurs, écœurés par la décomposition de la société française, n'ont pas supporté l'image que Céline en avait donnée dans un langage volontairement outrancier. L'Europe, saisie par le délire, était devenue un immense terrain d'affrontement pour les idéologies. Les démocrates et les libéraux, dépassés par la crise de 1929, avaient ouvert la voie aux solutions extrêmes, laissant le champ libre à toutes les dictatures. Pour sortir de la crise, du désordre et de la gabegie, on avait l'impression qu'il n'y avait plus que deux voies, celle du fascisme et celle de la dictature du prolétariat. Ce conflit d'idéologie allait se régler à coups de canon, d'abord en Espagne après l'élection en 1936 du Frente Popular.

Désorientées, les opinions publiques attendaient des intellectuels, et plus particulièrement des écrivains, qu'ils s'engagent et leurs servent de guides. La Cité n'avait pas besoin de romanciers, elle avait besoin de penseurs et de philosophes. Pour tenter de savoir

1. *La Force de l'âge,* Gallimard, 1960, p. 142.

où elle en était, et ce qu'elle devait faire, elle se tournait vers des hommes comme Malraux, Gide, Duhamel, Bernanos, Nizan, Maurras, Daudet ou Béraud. C'est en cela aussi que *Mort à crédit* était mal venu. *Voyage au bout de la nuit*, livre de caractère plus politique, aurait été plus opportun en 1936 que *Mort à crédit*.

Il n'est pas impossible que Céline l'ait ressenti et qu'il ait compris à cette occasion que le public attendait autre chose des écrivains que le récit romancé de leur petite enfance et de leurs premières éjaculations. C'est l'une des explications possibles de ses engagements ultérieurs.

La très violente réaction d'un lecteur du *Merle blanc* a pu aussi contribuer à l'orienter vers une autre forme de littérature. Un habitant de Biarritz, M. Etcheverry, avait écrit à ce journal satirique pour protester contre un article de Pierre Scize, paru le 19 septembre 1936, le mettant au défi de publier intégralement sa lettre. *Le Merle blanc* lui avait donné satisfaction malgré ses outrances. Céline était ainsi présenté : « triste gueule de dégénéré par excès de masturbation, [...] d'obsédé sexuel, de crapuleux érotomane. [...] cet enfileur de néant veut épater le bourgeois. Résultat : il répugne aux ouvriers. Ni santé, ni carcasse, ni ferveur, ni conscience, ni beauté. La merde, la merde, la *merde*. [...] Céline c'est l'ombre, la haine, la rage, l'ignoble, l'écœurante lâcheté devant la vie, la boue, la merde ». La lettre s'achevait par un appel au meurtre : « Céline : à supprimer – et le premier – le jour où, l'idéal crevant nos paillasses, nous crèverons celles des saligauds de son acabit qui, non contents de nous dégoûter, vivent de nous, charognards affamés de jouir [1]. »

Céline a répliqué en termes mesurés dans *Le Merle blanc* du 1er octobre : « Qui veut me tuer est libre! royalement libre! Je ne me cache pas. Je n'ai pas de miliciens à mon service. Je suis même mutilé [...] Ah! cependant je ne crains pas les Etcheverry! Je garde encore à leur disposition une fameuse dégelée de coups de pieds au cul. »

1. « Comme c'est mal nous connaître. Rien, mais rien de rien, ne gêne le *Merle* aux entournures. Le cas Céline », *Le Merle blanc*, 26 septembre 1936.

La lettre d'Etcheverry au *Merle blanc* a probablement concouru, au même titre que les critiques de *Mort à crédit,* au changement de manière de Céline. Il était trop sensible pour ne pas accuser très durement les coups qu'on lui portait. Il réagissait crânement, mais il était touché au vif et tous les chocs reçus alimentaient son délire de persécution. Force est en tout cas de constater que, après la publication de *Mort à crédit,* il interrompit son œuvre romanesque pour se lancer dans un genre littéraire complètement différent, donnant successivement *Mea culpa* en 1936, *Bagatelles pour un massacre* en 1937, *L'École des cadavres* en 1938 et *Les Beaux draps* en 1941.

*

Malgré les grands bouleversements survenus en Europe et les secousses dont la France était agitée, il y avait encore des hommes publics qui lisaient des romans. C'est ainsi que, sur les conseils d'Anatole de Monzie, Édouard Herriot, fraîchement élu président de la Chambre des députés, entreprit de lire Céline pour lequel il éprouva un véritable « coup de foudre » au point de demander à Paul-Yves Rio, qui évoluait dans son entourage et dans celui d'Édouard Pfeiffer, d'aller trouver Céline au dispensaire de Clichy pour obtenir de lui une dédicace. Paul-Yves Rio, qui devait retrouver Céline beaucoup plus tard à Sigmaringen, après un passage dans les troupes du grand mufti de Jérusalem, se rendit au dispensaire où Céline voulut bien écrire à l'intention d'Herriot : « Honneur, gloire, saucisson de Lyon et trompette à la Grosse, Sympathiquement. » Paul-Yves Rio s'en souvient encore par cœur, comme il se rappelle qu'Herriot avait été enchanté de la dédicace et pas du tout choqué que Céline l'ait appelé « la Grosse », surnom qui lui avait été donné par Léon Daudet dans *L'Action française.* Il lui dit qu'il se faisait fort de lui obtenir la Légion d'honneur à la seule condition qu'il l'acceptât. Paul-Yves Rio retourna voir Céline à Montmartre. Il refusa le ruban rouge mais se serait déclaré prêt à porter une décoration pour laquelle il n'avait aucun titre, la « cravate du poirot [1] ».

Paul-Yves Rio connaissait déjà Lucette Almansor par deux autres danseuses, Desta et Menène, filles du prince Yacoub, conseiller du Négus et se disant, comme lui, descendant de la reine de Saba. Lucette était née à Paris, dans le quartier de la place Maubert, le 20 juillet 1912. Quand elle rencontra Céline, à la fin de l'année 1935, elle avait donc vingt-trois ans. Il en avait quarante et un. Les parents de Lucette étaient séparés depuis longtemps. Son père [2], ancien combattant de la guerre de 1914-1918, était comptable et travaillait surtout pour des marchands de tissus, brodeurs et passementiers établis dans le quartier de la Bourse, proche du passage de Choiseul et de la rue Marsollier. C'était aussi un fanatique du vélo. Mme Almansor [3] était également très sportive et surtout une remarquable nageuse. Elle était féminine à l'excès, un peu snob et ne cachait pas son goût immodéré pour le clinquant, les fanfreluches, le champagne et les casinos. Enfant unique, Lucette n'avait pas été heureuse dans son enfance et ses premiers souvenirs lui rappelaient sinon la misère, du moins les difficultés rencontrées par sa mère pendant la guerre de 1914-1918, obligée de se placer pour subvenir à leurs besoins. Comme Céline, c'est de sa grand-mère qu'elle avait reçu les plus grandes marques d'affection quand elle allait en vacances en Normandie dans sa ferme de Moulin-Lamarche, près de Sainte-Gauburge.

Lucette était très douée pour le théâtre. Contre le gré de ses parents, elle avait préparé le Conservatoire et obtenu un premier accessit de comédie, puis elle avait préféré continuer dans la classe de danse. A sa sortie du Conservatoire, elle avait été admise dans le corps de ballet de l'Opéra-Comique et, malgré le soutien de P.-B. Gheuzi, qui en fut le directeur de 1932 à 1936, elle donna sa démission en 1935, écœurée par les intrigues, pour partir en

1. Commandeur du Mérite agricole.
2. Joseph, Jules Almansor.
3. Gabrielle, Pétronille, Alexandrine Donas.

Amérique où elle dansa d'abord à New York, chez Fischer, puis à Miami pendant une partie de l'hiver 1935-1936.

C'est chez Blanche d'Alessandri Valdine, au sixième étage du 21, rue Henri-Monnier, que Louis rencontra Lucette pour la première fois. Mme d'Alessandri était une ancienne danseuse, dont la carrière avait été interrompue après qu'elle se fût cassé le genou en tombant dans une trappe au cours d'une représentation de *Giselle* à la Nouvelle-Orléans. Céline la tenait, avec raison, pour une grande dame et il lui baisait toujours la main, ce qu'elle aimait assez. Elle n'acceptait aucun spectateur à ses leçons mais faisait une exception pour lui qui, conscient de la faveur dont il était l'objet, s'asseyait sur un canapé pour n'en plus bouger jusqu'à la fin de la leçon. Le cours était très dur, donné la canne à la main, ponctué d'ordres secs. Beaucoup d'élèves abandonnaient. C'est là que Lucette fit la connaissance de Ludmilla Tcherina, de Serge Lifar, de Mlle Adabache et, plus tard, de Serge Perrault. Karen Marie Jensen et Irene Mc Bride y venaient aussi quand elles étaient à Paris.

Céline éprouvait pour Lucette une grande admiration : « Elle est étonnante de génie chorégraphique et précisément dans l'oriental, l'espagnol (et castagnette) et l'Hindou – et première danseuse classique à l'opéra comique – Elle a fait l'émerveillement de tous les grands Music Halls avec la troupe de Shandra Kali [1]! Scala de Berlin! New York! etc. – Pas scandaleuse tapageuse – hystérique – “ *vedette!* ” régulière – muette – moi itou – le diplomate né – l'Habitude – 5 ans à la SDN en missions sanitaires – Pas de besoins – pas fumeurs – buveurs d'eau – couchés à 8 heures – jamais de sorties nocturnes. Jamais de bafouillages, bignolages – ragoteries! *Jamais* – “ La vie est à l'intérieur [2] ”. » Quant aux autres : « Oh Tcherina [3] mon petit pote est parfaitement 1/2 russe père russe – elle pue la russe d'abord – elle est mariée avec *Audran* qui possède les Studios Walke [4] Rue de Douai C'est une élève d'*Alessandri* où

1. Voir *infra*, p. 234.
2. Lettre de Céline à Paraz, 29 [mai 1951], *Cahiers Céline* n° 6, *op. cit.*, p. 336.
3. Ludmilla Tcherina, danseuse, actrice et peintre, née en 1924.
4. Edmond Audran, décédé en 1951 ; il s'agissait des studios Waker.

j'ai été *mille fois.* piètre danseuse d'ailleurs. Grimaceuse mais pas *douée* et *mal placée – belle conne* – Adabache [1] hystérique acharnée et combien russe celle-là! Toutes ces filles n'allaient pas à l'orteil de ma pauvre Lucette – des " ouvrières " les appelait Mme d'Alessandri qui les méprisait bien et cherchait à les refiler au Tabarin! ainsi de la petite Etery Pagava [2] élève de Lucette – et Lifar [3] lui-même – *Raffil* de son nom – né au Ghetto de Kiev en 1905 – qui portait les valises chez Diaghilev – Quant à Charrat [4] c'est une grotesque tout à fait nulle – fille du capitaine des Pompiers de l'opéra, française en effet – Mais pas capable de tenir 1/2 heure une leçon sérieuse. Tu sais je connais tout ce gracieux essaim dessus et dessous et *derrière* – Mais tu as raison aucune importance ce ne sont pas les fourriers – ou les fourrières du Grd Théâtre Kirghizo-nègre – qui fera la grande Relève –! Tout art français est déjà crevé – celui de Noverre, Petitpa, etc. Ces gens moujicks le haïssent, te haïssent et me haïssent – Amen – Il ne faut rien dire de tout ceci – on dirait que la jalousie me dicte – à cause de Lucette et patati Et puis c'est futile – Tcherina copiait Lucette – mille fois mieux douée et artiste que cette lourde et brutale baba! Mais Lucette est née rue Saint-Louis en l'Île! alors! Comme je suis né à Courbevoie [5]. »

Passionné de danse, Céline écrivit cinq arguments de ballet, dont trois avant ou pendant la guerre : *La Naissance d'une fée* en 1936, traduit en anglais par John Marks, *Voyou Paul. Brave Virginie,* conçu en 1937 pour l'Exposition internationale, qui ne le retiendra pas, *Scandale aux Abysses,* qu'il acheva en 1943 et pour lequel, Éliane Bonabel, nièce et fille adoptive de Charles Bonabel, réalisa aussitôt un projet d'illustration, ce que Roger Wild fit de son côté.

1. Olga Adabache, danseuse née à Saint-Petersbourg (Petrograd) en 1918.
2. Éthéry Pagava, danseuse d'origine russe, née à Paris en 1932.
3. Serge Lifar, danseur étoile de l'Opéra de Paris, maître de ballet et chorégraphe, né à Kiev le 2 avril 1905.
4. Janine Charrat, danseuse, née le 24 juillet 1924 à Grenoble; son père fut colonel de sapeurs-pompiers.
5. Lettre de Céline à Paraz, 14 [novembre 1949], *Cahiers Céline,* n° 6, *op. cit.,* pp. 197-198.

Ce ballet fut publié pour la première en novembre 1950 par Pierre Monnier, illustré par lui-même. Deux autres ballets datent de l'exil : *Foudres et flèches,* commencé à Copenhague avant l'arrestation de Louis et achevé en prison en 1947, et *Van Bagaden.* Les cinq ballets ont été réunis en un seul volume par Gallimard en 1959 avec une charmante illustration d'Éliane Bonabel. Elle avait manifesté très tôt son désir d'illustrer un livre de Céline, réalisant à l'âge de douze ans des esquisses pour *Voyage au bout de la nuit.* Céline lui avait alors écrit une préface, reproduite en fac-similé dans la *Bibliographie* établie par Jean-Pierre Dauphin [1].

Aucun de ces ballets n'a jamais été monté bien que des chorégraphes et des musiciens s'y soient intéressés. C'est en vain que John Marks a présenté à Londres sa traduction de *La Naissance d'une fée.* C'est sans succès non plus que Louis en a parlé au cours des années trente à Serge Lifar, puis à Boris Kniassef et à Birger Bartholin [2], qui travaillait alors avec le ballet de Monte-Carlo. C'est à Londres, en mai 1935, que Céline rencontra le maître de ballet danois Bartholin pour lequel il n'était pas un inconnu, Karen Marie Jensen lui ayant déjà parlé de lui. Céline lui confia un texte, peu élaboré, qui passa de main en main, jusque dans celles de Michel Fokine puis de Boris Kochno qui ne le lui aurait jamais rendu. Céline fondait de grands espoirs sur le ballet de Monte-Carlo dirigé alors par René Blum, frère de l'homme politique, avec lequel il était en amitié. C'est un peu plus tard, à Londres ou à Paris, que Céline rencontra Igor Stravinski, pour lequel il éprouvait beaucoup d'admiration. Il lui demanda de mettre un de ses ballets en musique et Stravinski se serait déclaré prêt à le faire, mais ce projet n'eut pas de suite.

1. *Bibliographie des écrits de Louis-Ferdinand Céline, op. cit.,* iconographie de l'année 1933.

2. Voir tome III, principalement pp. 82-84 et 89-90.

CHAPITRE VI

Leningrad

> « Le bonheur sans Marx et ses fils... Ça alors c'est la fin du monde... C'est le renversement des vapeurs. C'est l'explosion du soleil. C'est le suicide du haricot [1]. »

Louis Aragon a probablement connu Céline rue Lepic en 1932, peut-être même avant la publication de *Voyage au bout de la nuit.* Aragon soutenait, qu'ayant appris par une voisine que le docteur Destouches avait écrit un livre dont le manuscrit était chez Denoël, il serait intervenu auprès de ce dernier pour lui signaler la très étrange et forte personnalité de son auteur [2].

Il n'est pas douteux qu'Aragon et Elsa Triolet ont aimé *Voyage,* comme beaucoup de gens de gauche, notamment parmi les

1. *Les Beaux draps,* Nouvelles éditions françaises, 1941, p. 144.
2. Témoignage de Louis Aragon, recueilli chez Antoine et Annie Gallimard le 20 juin 1979.

communistes. Le livre était pacifiste et anticolonialiste, un peu anarchiste et donnait une image assez hideuse de la société bourgeoise. Aussi beaucoup de communistes ont-ils vu en Céline un écrivain prolétarien. Georges Altman dans *Monde* et Paul Nizan dans *L'Humanité* avaient été séduits par la vision célinienne d'une société capitaliste en pleine décomposition.

Bien que n'appartenant à aucune école et malgré son anticonformisme, Céline, écrivain considéré comme « populiste », fut sans doute de ceux auxquels les communistes ont pensé pour prendre la succession d'Henri Barbusse qui avait été leur chantre à partir de 1923 et devait décéder à Moscou en 1935. Barbusse avait reçu des communistes de puissants moyens de propagande puisqu'il avait été nommé en 1926 directeur littéraire de *L'Humanité* et, dès sa fondation en 1928, directeur de *Monde*.

Au cours de la conférence réunie en 1930 à Karkov par la R.A.P.P. (Association des écrivains prolétariens soviétiques), Barbusse avait été critiqué pour s'être écarté de la ligne de Moscou en défendant la forme et les techniques de la littérature bourgeoise, ce qui avait été l'une des grandes idées de Trotski. A partir de 1930, Barbusse était donc devenu un apôtre un peu refroidi du communisme tel qu'on le concevait à Moscou.

Dès le début des années vingt les Soviétiques avaient lancé une vaste entreprise de charme en direction des intellectuels européens dont ils avaient besoin pour pénétrer la classe libérale et pour réaliser l'internationalisation qui était l'une des vocations essentielles du mouvement communiste. Leur effort de persuasion devait même porter sur les prolétaires, dont beaucoup hésitaient à se lancer dans l'aventure collectiviste. Après avoir pensé que la révolution de 1917 était le printemps du monde, nombre d'entre eux s'étaient détournés du communisme. Les échecs de la collectivisation, les purges staliniennes et, d'une façon plus générale, tous les excès de la dictature du prolétariat, avaient rapidement détruit le formidable pouvoir de séduction exercé à ses débuts par la révolution russe.

Aucune propagande ne pouvait aboutir sans l'appui d'intellectuels et c'est pourquoi les Soviétiques ont tenu à montrer les réalisations de leur peuple en marche vers un monde meilleur. Les nazis n'ont pas agi différemment en multipliant les missions culturelles et en invitant les intellectuels à visiter l'Allemagne, avec un effort particulier auprès de la jeunesse [1].

Il est impossible d'énumérer tous les écrivains français qui se sont rendus en U.R.S.S. à l'invitation du gouvernement soviétique ou sur leur demande. Les premiers voyageurs français ont été Romain Rolland, Édouard Herriot, Louise Weiss dès 1921, puis Georges Montandon, Charles Gide, Anatole de Monzie, Henri Béraud, Paul Vaillant-Couturier, Luc Durtain, Géo London, Georges Duhamel, Alfred Fabre-Luce et, bien entendu, Henri Barbusse.

Au cours des années trente y sont allés également : André Malraux, Marc Chadourne, Louis Aragon, Henri de Kérillis, Roland Dorgelès, Charles Vildrac, André Gide, Louis Guilloux, Eugène Dabit, Victor Serge, André Chamson, etc. Beaucoup sont revenus d'U.R.S.S. violemment anticommunistes et certains se sont retrouvés dans les rangs du fascisme, considéré comme le seul véritable rempart contre le communisme.

Voyeur, maniaque de la curiosité et voyageur infatigable, Céline fut naturellement tenté par le voyage. Aragon l'avait incité à l'entreprendre à l'époque où ils se voyaient à Montmartre. Leurs rapports étaient encore excellents. Aragon faisait de son mieux pour l'attirer vers le communisme en le touchant à son point le plus sensible : « Le grand problème pour vous Louis-Ferdinand Céline sera quoi que vous en croyez, de sortir de l'agnosticisme... vous qui vous refusez à choisir, vous choisirez. Nous vous verrons un jour dans la bataille. Permettez-moi de souhaiter vous voir du côté des exploités et non pas des exploiteurs [2]. »

Elsa Triolet partageait le même espoir. Elle intervint à Moscou, avec Aragon, pour que *Voyage au bout de la nuit* soit traduit en russe; ce qui fut fait, dans une traduction signée par Elsa Triolet,

1. Voir *infra,* p. 189.

2. « A Louis-Ferdinand Céline loin des foules », *Commune,* novembre 1933, pp. 179-181.

mais réalisée en fait à Moscou par un traducteur soviétique. Aragon ne lisait pas suffisamment bien le Russe pour effectuer lui-même cette traduction et Elsa Triolet y participa seulement en fournissant au traducteur tous les éclaircissements nécessaires pour les passages de langage populaire qu'il ne comprenait pas [1].

La traduction était précédée d'une préface d'Ivan Anissimov, de caractère évidemment politique : « [...] fresque gigantesque de la vie contemporaine [...] Céline a écrit une vraie encyclopédie du capitalisme mourant. » Anissimov reconnaissait que l'auteur était un écrivain d'un talent exceptionnel, ajoutant : « Céline n'est pas un ennemi conscient du capitalisme. Il n'est qu'un grand artiste qui ne cache pas la vérité... Céline montre que le monde qui existe est d'un sadisme total, mais Céline est loin d'en chercher la sortie [...] »

Le livre fut publié à Moscou en 1934 aux éditions Gosudarstvennoe Izdatel'vo (collection de littérature romanesque), tiré à 6 000 puis à 15 000 exemplaires. Il ne comportait que 296 pages imprimées en gros caractères. Un troisième tirage de 40 000 exemplaires intervint en 1935 à Moscou, aux éditions Gougosob'Ed'Enienie. Le livre reçut donc une très large diffusion, d'autant qu'il fut traduit en ukrainien en 1935 aux éditions Gosidat, tiré à 10 000 exemplaires. Aujourd'hui le livre figure encore dans les bibliothèques, notamment à la Bibliothèque de littérature étrangère de Moscou où l'on trouve la plupart des livres de Céline, y compris *Mea culpa.* Le livre est pratiquement introuvable en librairie et atteint des prix très élevés, de l'ordre de 100 roubles (près de 1 000 francs actuels).

De nombreuses critiques ont été consacrées au livre dans des revues soviétiques : « Dans l'impasse », écrit par Bobacher pour la revue *Octobre* [2], « Céline et la fin du réalisme bourgeois », par

1. Témoignage de Louis Aragon. Elsa Triolet affirmait avoir traduit elle-même : « Mais on me " rédigeait " mon texte, comme c'est l'habitude en Union soviétique, on coupait dedans sans consulter ni l'auteur ni le traducteur. » (*Œuvres romanesques croisées,* tome I, Laffont, 1964, p. 31).

2. 1934, n° 8, pp. 178-182.

E. Galperina, paru dans *La Gazeta*[1] et, par le même auteur, un article publié dans la revue *Les Belles Lettres*[2]. Il faut encore citer ceux de Kalletski dans *Commune*[3], de Lévidon dans *Les Annonces*[4], de A. Leites sous le titre « La Patrie perdue et retrouvée » dans *La Pravda*[5] et, par le même critique, dans *Le Journal littéraire*, sous le titre « La Méchanceté ou la haine[6] », de A. Ningoula « La Jungle de la famille » dans *Le Nouveau monde*[7], de Nicoulin « L.-F. Céline l'œuvre » dans *La Pravda*[8], d'A. Oborin « La Guerre mondiale et les belles lettres étrangères » dans la revue *Octobre*[9], d'Olecha « Le *Voyage au bout de la nuit* » dans la *Revue littéraire*[10], de N. Ricova dans *Le Contemporain littéraire*[11], de Selivanovski « La voie de l'autre bout » dans *Drapeau*[12], de N. Sobolevski « Le livre de la désespérance et de la mort » dans *Le Nouveau Monde*[13], de M. Tcharov dans la revue *Le Compagnon de la dictature*[14], de L. Chemchelevitch dans *La Montée*[15].

Voyage au bout de la nuit avait eu un grand retentissement parmi les intellectuels. Pour tous, la première impression avait été favorable, acquise d'emblée à l'écrivain du peuple. D'autres, après avoir poussé plus loin la réflexion, ont considéré qu'il était un écrivain décadent, prêt pour toutes les tentations. Gorki était de ceux-là. Il s'en est ouvert en 1934, à Moscou, au Ier Congrès de l'Union des écrivains, en présence d'André Malraux, de Jean-

1. 1934, n° 79, p. 3.
2. 1934, n° 8, pp. 39-41.
3. 1934, n° 167.
4. 1934, n° 155.
5. 1934, n° 209.
6. Juillet 1935, n° 42.
7. Juillet 1935, n° 42, pp. 236-242.
8. 1935, n° 217.
9. 1934, n° 8, pp. 144-163, 157-159.
10. 25 octobre 1936, n° 20, pp. 13-16.
11. 1934, n° 9.
12. 1934, n° 10, pp. 219-227.
13. 1934, n° 9, pp. 170-180.
14. 1934, n° 19, p. 76.
15. 1935, nos 3-4.

Richard Bloch et de Louis Aragon : « Comme nous le voyons, la société bourgeoise a entièrement perdu la possibilité d'une réflexion intelligente sur l'art. [...] Le romantisme bourgeois de l'individualisme, avec sa tendance au fantastique et au mysticisme, ne fait pas travailler l'imagination et ne développe pas la pensée. Séparé, détourné de la réalité, il ne se construit pas en prenant pour base la représentation convaincante, mais presque uniquement la " magie du mot " comme nous le voyons chez Marcel Proust et ses continuateurs. [...] La littérature occidentale contemporaine a, elle aussi, perdu son ombre, passant de la réalité dans le nihilisme du désespoir, comme cela apparaît dans le livre de Louis Céline, *Voyage au bout de la nuit.* Bardamu, le héros de ce livre, a perdu sa patrie, méprise les gens, appelle sa mère une " chienne " et ses maîtresses des " prostituées ", est indifférent à tous les crimes et, ne possédant aucune donnée pour " adhérer " au prolétariat révolutionnaire, il est parfaitement mûr pour accepter le fascisme [1]. »

Céline fut surpris de constater que *Voyage au bout de la nuit* avait été publié en Union soviétique avec de très larges coupures et il tint Aragon et Elsa Triolet responsables de cette mutilation. Leur brouille fut donc probablement antérieure à l'été 1936, au cours duquel Céline se rendit à Leningrad. Après la publication de *Mea culpa,* puis des pamphlets antisémites et surtout après l'occupation allemande, Aragon prit ses distances à l'égard de Céline, affectant de l'avoir à peine connu : « J'ai rencontré, mais pas à proprement parler connu L.-F. Céline. Je n'ai rien d'intéressant à en raconter. [...] J'étais pour Céline un aîné. Il n'y avait pas pour nous de conversation longtemps poursuivable... Je n'ai jamais été intéressé que par le *Voyage,* que ma femme, Elsa Triolet, a traduit en russe, et qui a paru à l'époque à Moscou avec un certain succès, mais dans une édition où de larges coupures avaient été faites dans son travail sans son autorisation ni (bien entendu) celle de l'auteur [2]. »

1. Maxime Gorki, « La Littérature soviétique », discours prononcé le 17 avril 1934.

2. Lettre de Louis Aragon à Albert Chesneau, *La Langue sauvage de L.-F. Céline, essai stylistique thématique,* Université de Lille III, 1974, p. 203.

Céline répondit à cette froideur par des vitupérations dont il s'était fait une spécialité. Dès 1934 ou 1935, Aragon et son épouse étaient passés du camp des amis dans celui des idiots, ce qui n'avait pas encore été le cas d'Élie Faure, auquel il écrivait : « Je suis anarchiste depuis toujours, je n'ai jamais voté, je ne voterai jamais pour rien ni pour personne. Je ne crois pas aux hommes. [...] Je n'ai rien de commun avec tous ces châtrés – qui vocifèrent leurs suppositions balourdes et ne comprennent rien. Vous voyez-vous penser et travailler sous la férule du supercon Aragon par exemple [1] ? »

Après la guerre, Céline s'est littéralement déchaîné, affirmant à Charles Deshayes : « Je n'ai jamais lu *une* ligne d'Aragon [2] [...] » Dans plusieurs lettres à sa femme, écrites de prison, Aragon était sérieusement pris à partie : « Aragon est fâché avec moi – il va essayer de me nuire parce que sa femme Elsa Triolet s'est emparée du *Voyage au bout de la nuit* pour le traduire en russe pour les Soviets sans me demander mon autorisation et qu'elle a horriblement tripatouillé le texte en vue de propagande *ce ménage m'en a toujours voulu* [3]. » Et dans cette autre lettre : « Je vois qu'Aragon ne perd pas une occasion de m'attaquer à présent que Denoël a été assassiné, que l'on ne craint plus ses révélations. Aragon qui m'a toujours *copié* en tout, le pisse froid, l'impuissant, le branlé aigrelet stérile par excellence, qui me jalouse à mort, lui et sa clique, qui n'a jamais pu faire tenir un roman debout à présent que je suis en prison il m'attaque, lui l'âne! Lâche, impudent, raté, mouchard. Le beau rôle d'accabler un adversaire emprisonné, malade et mutilé de guerre à 75 p 100 – bâillonné, à 3 000 kilomètres! Ah! les coups de pieds au cul! Qu'il faut être lâche! Ai-je attaqué moi Aragon pendant les années difficiles pour lui ? Qu'a-t-il souffert ce fin fumier sous l'occupation allemande? Planqué, résistant chienlit dans son midi pétaniste. Je savais tout cela par Denoël *notre* éditeur, j'étais au courant semaine par semaine de sa bonne

1. Lettre de Céline à Élie Faure, le 14 [1934], *Textes et documents* 2, *op. cit.*, p. 64.

2. Lettre inédite de Céline à Charles Deshayes, 26 mai 1948.

3. Lettre inédite de Céline à sa femme, sans date, sur papier hygiénique.

santé. Sa femme *Triolet* encore plus ratée que lui si possible publiait chez *Denoël* pendant la terrible occupation *sous la botte allemande même en 42 à Paris* avec toute *l'autorisation* de la censure allemande un roman *philosémite!* Quelle bravoure! Quelle héroïne! Comme Colette! Les mêmes risques! Les mêmes souffrances! [...] Si j'avais consenti à remplacer Barbusse aux Soviets comme on me l'a bien souvent proposé, Aragon serait venu faire mes chaussures avec grimaces mais ponctuellement – sa Triolet ma vaisselle – Ils y auraient gagné en dignité – tous les deux! et en talent! Si nous avions été aussi " vaches " avec eux sous les Boches, il n'y en aurait plus un de ces morveux à présent pour baver, des Malraux, Aragons et la clique! Toute mansuétude, toute générosité, toute honnêteté même se trouve perdue avec de pareils saligots, nabots vicieux, épileptiques pour polices, appareils à " listes " [1]. »

Le même regret de n'avoir pas accepté de remplacer Barbusse se retrouve exprimé dans une lettre écrite par Céline à Paraz le 17 mars 1948 : « Quelle chance j'ai perdue en ne prenant point la suite à Barbusse! Actuellement Charbonnière viendrait me faire mes chaussures. Thorez m'enverrai des bonbons – Ramadier sa fille [2]... »

Parfois Céline gratifiait de ses compliments d'autres écrivains. C'est André Malraux, dont le nom apparaît le plus souvent dans ces billets : « *Malraux* l'écrivain cocaïnomane, voleur (condamné pour vol!) mythomane inverti, jaloux au délire est capable de tout ainsi que Cassou. Ils sont hélas tout-puissants en ce moment. Aragon ne vaut pas mieux – Penses donc que sa femme *Elsa Triolet* qui a pris à présent une telle place dans les lettres françaises (née russe) a traduit le *Voyage* en russe! Tout pour m'abattre et m'effacer – Je sais trop de choses Je suis trop au courant du guignol – On a tué Denoël pour cette raison – Il avait lancé dans des conditions si miteuses! tous ces géants de la littérature actuelle [3]. »

1. Lettre inédite de Céline à sa femme, écrite de prison, sans date.
2. Lettre de Céline à Albert Paraz, *Cahiers Céline,* n° 6, *op. cit.,* p. 63.
3. Lettre inédite de Céline à sa femme, 20 mars 1946.

Les Soviétiques, qui avaient considéré *Voyage au bout de la nuit* comme un livre allant dans le sens de l'histoire, ont été rebutés par *Mort à crédit* qui ne fut jamais traduit en russe. Plusieurs revues littéraires firent état de cette publication intervenue en France peu avant le voyage de Céline en U.R.S.S. La critique soviétique fut unanimement mauvaise.

La *Revue littéraire internationale* publia en juillet 1936, à peine deux mois avant la venue de Céline, un article dans lequel l'auteur, qui signait E. G., faisait état de sa « déception totale », trouvait le livre « mauvais » et y voyait un exemple de « dégradation littéraire ». Il reprochait à Céline d'avoir repris les thèmes de *Voyage* et d'avoir montré comment la vie transforme l'homme en animal. « Céline crie merde à travers tout son livre [...] merde est le leitmotiv du livre. » L'œuvre était considérée comme « anarchiste, cynique, nihiliste [...] » et Céline comme un écrivain « de la plus profonde antihumanité ». Il aurait enfin exprimé dans ce livre : « Un mépris absolu pour l'homme, pour l'humanité, pour la vie [1] ».

D'autres articles ont été consacrés à *Mort à crédit,* notamment dans la *Literaturnaja gazeta* des 26 juillet et 20 octobre 1936. Dans ce dernier article, A. Startsev écrivait : « *Voyage au bout de la nuit* est connu chez nous comme un livre contre la boue du capitalisme mais nous croyons qu'il n'y a pas beaucoup de critiques dans ce livre, mais de la boue [...] Y a-t-il une différence entre Céline et Bardamu ? Non. J'en suis sûr après avoir lu le nouveau roman de Céline, *Mort à crédit.* [...] Céline c'est une esthétique de la boue. »

Le même jour, 20 octobre 1936, et donc après le passage de Céline en Union soviétique, *La Revue littéraire* publia un article de Youri Aliecha (écrivain non conformiste, très en vogue après la fin du stalinisme), négatif pour Céline et pour *Mort à crédit :* « Il n'y a pas de maniérisme chez Céline, il est tout à fait réaliste, il n'y a pas de chose qu'il ne peut décrire [...] Céline n'est pas compétent dans les affaires de bonté [...] Céline est

1. La *Revue littéraire internationale,* n° 7, juillet 1936.

cynique, on n'a pas de pitié pour Céline [...] Céline réfléchit-il historiquement sur ceux qui l'entourent? non, il veut rester solitaire. »

Céline eut au moins, parmi les communistes, un admirateur inconditionnel en la personne de Léon Trotski. Il écrivit de son exil à Prinkipo, le 10 mai 1933, une étude qu'il intitula curieusement « Céline et Poincaré », dans laquelle il dit tout le bien qu'il pensait de l'un et tout le mal qu'il pensait de l'autre et dont voici les premiers mots : « Louis-Ferdinand Céline est entré dans la grande littérature comme d'autres pénètrent dans leur propre maison. Homme mûr, muni de la vaste provision du médecin et de l'artiste, avec une souveraine indifférence à l'égard de l'académisme, avec un sens exceptionnel de la vie et de la langue, Céline a écrit un livre qui demeurera, même s'il en écrit d'autres et qui soient au niveau de celui-ci [1]. » Trotski saluait Céline comme un moraliste, un écrivain de l'absurde et du désespoir et en tout cas un grand écrivain français : « Céline tel qu'il est procède de la réalité française et du roman français. Il n'a pas à en rougir. Le génie français a trouvé dans le roman une expression inégalable. Partant de Rabelais, lui aussi médecin, une magnifique dynastie de la prose épique s'est ramifiée durant quatre siècles, depuis le rire énorme de la joie de vivre jusqu'au désespoir et à la désolation, depuis l'aube éclatante jusqu'au bout de la nuit [2]. »

Si Trotski avait eu la chance d'être expulsé d'U.R.S.S. en 1929, beaucoup de ceux qui avaient partagé ses idées n'ont pas connu le même bonheur, parmi lesquels il faut surtout citer Kamenev [3] et Zinoviev [4], fusillés ensemble le 25 août 1936, après un procès retentissant au cours duquel Staline leur avait reproché d'avoir trempé dans divers complots et d'avoir été complices des assassins de Kirov. Le voyage de Céline en Union soviétique coïncida avec les grandes purges staliniennes et avec les procès dits « de Moscou »

1. Léon Trotski, *Atlantic Monthly,* octobre 1935; repris d'après *Littérature et Révolution,* 10-18, 1964, p. 417.

2. *Ibid.,* p. 433.

3. Lev Borissovitch Rosenfeld dit Kamenev (1883-1936).

4. Grigori Ieseïevitch Apfelbaum dit Zinoviev (1883-1936).

qui eurent un énorme retentissement en Occident. Les journaux soviétiques ne parlaient que de cela et du voyage d'André Gide.

Le voyage de Céline en U.R.S.S. fut aussi discret que celui de Gide avait été tapageur [1]. Il est vrai que Céline voyagea en touriste tandis que Gide avait été l'invité officiel du gouvernement, qu'il s'était déplacé en wagon spécial, accompagné de cinq autres écrivains dont Eugène Dabit, qui devait mourir au cours du voyage à Sébastopol. Jamais aucun écrivain étranger n'avait été reçu avec autant d'égards qu'André Gide qui, dès son arrivée à Moscou, le 20 juin 1936, assista sur la place Rouge, dans la tribune officielle, à côté de Staline et de Molotov aux obsèques de Gorki, au cours desquelles il prononça un discours.

Céline a toujours été très discret sur son voyage en U.R.S.S. et très avare en anecdotes, sans doute pour mieux cacher qu'il avait seulement séjourné à Leningrad et en simple touriste. S'il a publié, comme beaucoup d'autres voyageurs, une relation de voyage, écrite au vitriol, sa discrétion a favorisé toutes les légendes : Céline reçu par les Soviets! Céline à Iekaterinbourg! Céline recevant à Moscou des mains de policiers patibulaires une urne contenant les cendres d'Eugène Dabit assassiné par la *Gépéou,* etc.

La réalité est beaucoup moins romanesque, encore qu'il soit difficile de dire avec précision ce que fut son voyage. On ne sait même pas exactement à quelle date il est arrivé à Leningrad. La seule lettre que l'on conserve de lui est une carte postale envoyée à Jean Bonvilliers, qui habitait alors chez Gen Paul et qui leur était destinée à tous les deux. Elle représente une vue du palais Impérial donnant sur la Néva, elle porte un cachet de la poste soviétique (Leningrad – 4 septembre 1936). Elle est ainsi rédigée : « Merde! Si c'est cela l'avenir il faut bien jouir de notre crasseuse condition. Quelle horreur! mes pauvres amis. La vie à Gonesse prend une espèce de charme en comparaison! Bien amicalement à vous deux. Louis F. [2]. »

1. Gide a séjourné en U.R.S.S. du 17 juin au 22 août 1936.
2. Carte postale inédite de Céline à Jean Bonvilliers.

Il faut ajouter à cela que la présence de Céline en Union soviétique n'a été signalée par aucun journal, qu'il n'existe aux archives de l'U.R.S.S. aucun document se rapportant à lui, hormis une lettre sans intérêt écrite à M. Brown de l'ambassade de Turquie : « Cher Ami, voici qui vous intéressera peut-être, une copie d'une lettre d'*Élie Faure,* le très g[ran]d critique d'art (communisant) à propos de *Mort à crédit.* D'autre part voici la liste extraordinaire des Français traduits en russe! Bien amicalement. L.-F. Céline [1]. »

Il ne reste enfin, sous réserve de découvertes ultérieures, qu'une seule photographie de Céline au cours de son voyage de retour [2] et un seul témoin : André de Fonscolombe, alors employé de la Compagnie générale transatlantique, qui avait connu Céline au Havre où il avait beaucoup sympathisé avec lui, déjeunant de temps à autre avec lui en tête-à-tête au petit bistrot « Chez Mme Engerer ». Céline et M. de Fonscolombe se sont retrouvés à Leningrad le 18 septembre 1936. Céline fut d'autant plus heureux de sa présence qu'André de Fonscolombe parlait russe. Il avait un peu de sang russe et éprouvait beaucoup de sympathie pour ce pays où il devait achever sa carrière comme consul général de France à Leningrad de 1973 à 1975.

A quelle date Céline est-il arrivé à Leningrad? On ne peut sur ce point que se référer à ses correspondances. Le 3 août 1936, il avait écrit à John Marks : « Je ne sais encore où j'irai – sans doute en Russie – mais tout est si hasardeux que je n'ai pas beaucoup d'entrain – Je serai peut-être ici le 10 août [3]. » A Cillie Pam, il avait envoyé, sur papier à en-tête du S/S *Polaris,* une lettre sans date : « Je suis en route pour la Finlande et Moscou. [...] Je vais à Moscou chercher un peu d'argent si possible [4]. » Une seule certitude : il s'est arrêté au Danemark avant de passer en Finlande et de là à Leningrad où il est arrivé soit à la fin du mois d'août soit

1. Lettre inédite de Céline à M. Brown, sans date.

2. Voir *supra,* cahier photographique.

3. Lettre inédite de Céline à John Marks, 3 août 1936.

4. *Cahiers Céline,* n° 5, *op. cit.,* p. 139; donnée par erreur comme ayant été écrite fin juillet 1936.

plus probablement au tout début du mois de septembre 1936. Il descendit au principal hôtel de la ville, l'hôtel de l'Europe.

Il est également impossible de dire s'il a perçu ou non, à l'occasion de sa présence sur le territoire soviétique, ses droits ou une partie de ses droits d'auteur pour la traduction de *Voyage au bout de la nuit.* Céline l'a toujours affirmé, ainsi dans *D'un château l'autre :* « Quand je pense le " chapiteau " que j'avais!... qu'Altman [1] qui me traite à présent de sous-chiure de lubrique vendu monstre, honte la France, Montmartre, Colonies et Soviets, se rendait malade à bout de transes, l'enthousiasme, l'état ou le mettait le " Voyage "!... pas " in petto "! non! du tout! dans le " Monde " de Barbusse!... aux temps où Mme Triolette et son gastritique Larengon traduisaient cette belle œuvre en russe... ce qui m'a permis d'y aller voir en cette Russie! *à mes frais!* pas du tout aux frais de la princesse, comme Gide et Malraux, et tutti quanti, députés!... vous voyez si j'étais placé! je vous mets les points sur les i!... un petit peu mieux que l'agent Tartre! crypto mon cul! miraux morbac! à la retraite rien qu'à le regarder! je remplaçais Barbusse! d'autor! les Palais, Crimée, Sécurit! l'U.R.S.S. m'ouvrait les bras! j'ai de quoi me la mordre!... ce qui est fait est fait, bien sûr!... l'Histoire repasse pas les plats!... ils se sont rabattus sur ce qu'ils ont pu, ce qu'ils ont trouvé!... sous-sous délavures de Zola!... déchets de Bourget [2]!... » Dans *Rigodon,* Céline est revenu sur le fait qu'il avait dû payer son voyage : « Oui!... et à mes frais, j'ajoute!... qu'on le sache!... même qu'ils me doivent encore du pognon... malpolis et malhonnêtes! j'insiste!... moi qui ne dois rien à personne, ni à Achille [3], ni à Hitler, ni à Nobel, ni à Staline, ni au Pape! j'ai la preuve, je suis en train de crever absolument à mes frais [4]... »

Céline s'est-il déplacé en U.R.S.S.? Est-il allé à Moscou comme certains l'ont prétendu? Tout porte à croire qu'il est resté pendant

1. Journaliste favorable à Céline, qui a collaboré à *L'Humanité* et à *Monde,* puis au *Populaire* et, après la guerre, à *Franc-Tireur;* voir *supra,* pp. 48 et 65.

2. *D'un château l'autre,* dans *Romans* 2, Gallimard, 1974 (« Bibliothèque de la Pléiade »), pp. 18-19.

3. Gaston Gallimard, éditeur de Céline.

4. *Rigodon,* dans *Romans* 2, *op. cit.,* p. 839.

tout le temps à Leningrad, assisté d'une guide qu'il appela « Nathalie » dans *Bagatelles pour un massacre.* Il a certainement visité au moins un hôpital et les châteaux et musées auxquels les touristes avaient alors accès. Il est certain qu'il est allé aussi plusieurs fois au théâtre Marinski, plus connu aujourd'hui sous le nom de théâtre Kirov.

M. de Fonscolombe, qui faisait une croisière en mer du Nord sur le *Meknès,* de la Compagnie générale transatlantique, a noté dans son journal que Céline avait embarqué le 19 septembre [1] et que le *Meknès* avait quitté Leningrad le 21 septembre 1936.

M. de Fonscolombe se rappelle parfaitement que, au cours de ces trois jours passés ensemble avec Céline, ils ont visité le musée de *L'Ermitage* et le palais de *Tsarskoe Selo,* c'est-à-dire le palais d'*Alexandrovski,* aménagé pour le tsar Alexandre III et où avaient habité Nicolas II et sa famille [2]. Céline et M. de Fonscolombe ont ainsi visité le cabinet de travail du tsar, la loggia d'où l'impératrice Alexandra Fedorovna assistait aux conseils des ministres, la chambre de Nicolas II, sa piscine privée, le tout dans un style 1900 qui manquait de légèreté et où l'on retrouvait la marque d'Alexandra Fedorovna, d'origine allemande. La femme qui leur servait de guide insistait sur le mauvais goût avec lequel ces lieux avaient été aménagés. Excédé par ces remarques, Céline sortit de ses gonds et l'apostropha vivement : « Bande de vaches, maintenant que vous l'avez zigouillé, arrêtez la musique [3]. »

André de Fonscolombe se souvient aussi d'avoir été avec Louis au théâtre Marinski. Dans *Bagatelles pour un massacre,* Céline en parle comme du « plus beau théâtre du monde [4] ». Il affirme y avoir vu *La Dame de pique* de Tchaïkovski, qui y fut effectivement donnée le 20 septembre 1936, dernière soirée passée à Leningrad par M. de Fonscolombe et par Céline. Il y parle aussi d'autres opéras qui se trouvaient à l'affiche, mais sans dire s'il les avait

1. Le *Meknès* était le *sister ship* du *Marrakech;* construit en 1912, il pouvait embarquer 550 passagers. Il a été coulé dans la Manche le 24 juillet 1940.

2. Palais détruit au cours de la Seconde Guerre mondiale.

3. Notes de voyage inédites d'André de Fonscolombe.

4. *Bagatelles pour un massacre, op. cit.,* p. 342.

vus : *Rousslan et Ludmila, Eugène Onéguine, Mazeppa.* Il dit y avoir vu des ballets, *La Fontaine de Bakhtchissarai* et plus probablement *Le Lac des cygnes* avec la célèbre danseuse Oulanova. Il avait même gardé un souvenir ébloui du charmant « pas de quatre », apparemment si simple et pourtant si difficile à exécuter parfaitement.

Céline affirma aussi qu'il avait demandé audience au directeur du théâtre pour lui proposer son ballet *La Naissance d'une fée.* Il a raconté leur entrevue en des termes qui ne manquent pas de pittoresque : « C'est moi l'empressé, le galant Ferdinand, le tourbillon des dames [1]! » Si l'on en croit Céline, l'accueil aurait été des plus courtois mais l'œuvre aurait été refusée sur-le-champ pour apolitisme. Voici la réponse prêtée au directeur : « Voici, cher Monsieur Céline, le point de réalité que nous devons toujours atteindre, le " sozial " au cœur des foules... Le " sozial " en charme et en musique... Poème dansé! vigoureux! émouvant! tragique! sanglant! émeutier!... libérateur!... Voici le souffle!... voici le thème!... et " sozial " par dessus tout!... Voici la ligne!... la commande!... Artiste! celui qui nous comprend! Voici les œuvres attendues par les Ballets russes du " Plan ". Et plus du tout, plus jamais! ces grêles perfides anémies! ces languissements mélodieux!... Honteuses tricheries, cher Monsieur Céline, du Devenir " sozial "!... Peut-être vers 1906... vers 1912 ces agaceries pouvaient-elles encore se défendre... mais de nos jours... pouah [2]!... »

D'après Céline, il aurait assisté à un match de tennis entre le Français Cochet et le Soviétique Koudriach [3]. La lecture de *Mea Culpa* et de *Bagatelles pour un massacre,* qui ne constituent que des preuves très relatives, ne permet pas de penser qu'il ait assisté à d'autres manifestations, ni qu'il ait effectué des déplacements en Union soviétique pour se rendre, par exemple, à Moscou.

M. de Fonscolombe n'a pas gardé un souvenir précis des conversations qu'ils ont eues pendant le voyage de retour sur le *Meknès.*

1. *Bagatelles pour un massacre, op. cit.,* p. 349.
2. *Ibid.,* p. 351.
3. *Ibid.,* p. 335.

Il n'est cependant pas douteux que la Russie et le communisme aient été au centre de toutes les conversations. M. de Fonscolombe conserve un exemplaire de *Voyage au bout de la nuit* dédicacé à son « Cicérone et initiateur des mystères russes », ce qui montre que Céline avait dû le harceler de questions car il avait certainement en tête de dire ce qu'il pensait et d'écrire une relation de ce qu'il venait de voir.

La situation politique en France, les premières décisions du gouvernement du Front populaire et la présence à bord de Paul Gsell, écrivain et journaliste communiste [1], ont certainement donné lieu à de beaux échanges et à quelques éclats, d'autant que le commandant du *Meknès,* René Février, avait pris le soin d'inviter régulièrement dans sa salle à manger ses trois hôtes de marque, André de Fonscolombe, Céline et Paul Gsell.

Le 25 septembre 1936, de retour au Havre, Céline écrivait à Lucien Descaves, de l'hôtel Frascati [2] : « Je rentre à l'instant de Russie par mer. Quel voyage! J'espère que vous allez tous bien. J'ai mille choses à vous raconter [3]. » Divers autres correspondants ont reçu des lettres désabusées, écrites dans le ton de la carte postale envoyée sur le vif, de Leningrad, à Jean Bonvilliers et à Gen Paul, ainsi à John Marks : « Mon vieux, Je reviens à l'instant de Russie après un bien dégoûtant voyage. Quel affreux pays [4]! » Et, dans une autre lettre au même, sans date : « La Russie, une ordure monstrueuse – je vous en parlerai. » Cillie Pam recevait des informations identiques : « Je suis revenu de Russie, quelle horreur! quel bluff ignoble! quelle sale stupide histoire! Comme tout cela est grotesque, théorique et criminel! Enfin [5]! » On retrouve

1. Il a publié des entretiens avec Anatole France et Auguste Rodin et, dans la collection « Le Monde à l'endroit », *U.R.S.S.,* Éditions sociales internationales, 1936.

2. Voir aussi le témoignage de Jean Vanier, « A propos de Céline », *Archives médicales de Normandie,* novembre 1962.

3. Lettre de Céline à Lucien Descaves et à sa femme, citée par Jean A. Ducourneau, *op. cit.,* tome III, p. 570.

4. Lettre inédite de Céline à John Marks, 30 septembre 1936.

5. Lettre de Céline à Cillie Pam [octobre 1936?], *Cahiers Céline,* n° 5, *op. cit.,* p. 140.

aussi les mêmes échos, avec un peu plus de précisions, dans une lettre à Karen Marie Jensen : « J'ai été à Leningrad pendant un mois. Tout cela est *abject, effroyable,* inconcevablement *infect.* Il faut voir pour croire. Une horreur. *Sale, pauvre – hideux.* Une prison de larves. Toute police, bureaucratie et infect chaos. Tout bluff et tyrannie. Enfin je vous raconterai. Je suis passé en Bateau par Copenhagen où je suis resté 3 heures! Quel paradis après la Russie [1]! »

Dans ses correspondances ultérieures, il ne parlera plus beaucoup de ce voyage, n'apportant en tout cas aucun détail supplémentaire, ce qui permet de penser qu'il a vu en fait assez peu de choses. Il faut tout de même citer un passage d'une lettre écrite par Céline à Robert MacGregor, de Meudon, le 4 juillet 1955 : « *Soon I hope a solid alliance between USA and URSS I always predicted. They have the same ideal. The sames ambitions – They are divided brothers – Family soon réunited – Kisses! I Know both* [2]*!* » (« J'espère une prochaine alliance entre les U.S.A. et l'U.R.S.S. Je l'ai toujours prédite. Ils ont le même idéal. Les mêmes ambitions – ce sont des frères séparés. Famille bientôt réunie – Baisers! Je connais les deux! »)

Il ne fait pas de doute que Céline a été rebuté et choqué par le régime soviétique, dénoncé dans sa lettre à Karen Marie Jensen. Il a souvent raconté que la jeune femme qui lui avait servi de guide à Leningrad avait eu de sérieux ennuis après son passage pour avoir été trop familière ou trop franche avec lui, pour lui avoir fait certaines confidences et peut-être aussi pour avoir cédé à ses instances!

Les mesures de surveillance policière dont Céline, comme tous les autres visiteurs, avait fait l'objet au cours de son séjour en U.R.S.S., ont certainement ravivé cet instinct qu'il avait de ne jamais laisser derrière lui qu'un minimum de traces. Les événements ultérieurs de sa vie, après qu'il eut écrit les pamphlets, ne firent

1. Lettre de Céline à Karen Marie Jensen, 15 [octobre(?) 1936] *Cahiers Céline,* n° 5, *op. cit.,* p. 238.

2. Lettre inédite de Céline à Robert MacGregor, 4 juillet [1955].

qu'exacerber sa méfiance et le sentiment d'être toujours persécuté qui devait le conduire aux portes de la paranoïa. Ce réflexe d'homme traqué trouve son expression dans une lettre écrite à Gen Paul en 1950, à une époque où Céline lui reprochait ses bavardages et ses indiscrétions et où il se préparait à recevoir la seconde femme de Gen Paul, envoyée à Klarskovgaard pour tenter d'arranger un peu les choses [1] : « J'ai appris par tout le monde sauf *toi* que ton épouse devait venir à Copenhague et peut-être venir nous voir ?... Ah c'est dur la main à la plume ! Dieu sait si vous en demandez vous des noms ! des noms ! comme Zoulou Farouk ! A croire que vous montez tous des archives, on ne sait jamais – C'est si compromettant *les lettres* ah ! ah ! ah ! apprends petit caveau qu'un homme c'est mon cas, *conserve pas les lettres* il les *brûle* TOUTES dès réception. Pour un homme tout est *flics provocateurs délateurs, mouches* et C° Donc on s'attend *toujours* à être pinglé, perquisé, d'une minute l'autre TOUJOURS et quand on est homme on veut jamais tremper personne – *Donc jamais de traces auprès de soi – ON BRÛLE TOUT Ce qui se fait ici* – Prends la leçon – la graine T'as besoin [2]. »

Céline revint aussi d'U.R.S.S. avec la conviction que les Juifs y étaient aussi puissants qu'à Londres ou à New York. Cette idée a été souvent reprise par lui dans *Bagatelles pour un massacre :* « Le Russe est un geôlier né, un Chinois raté, tortionnaire, le Juif l'encadre parfaitement. Rebut d'Asie, rebut d'Afrique... Ils sont faits pour se marier... c'est le plus bel accouplement qui sera sorti des enfers [3]... » Il critiquait les écrivains qui refusaient de dénoncer ce phénomène : « En toute candeur, il me paraît bien que tous ceux qui reviennent de Russie, ils parlent surtout pour ne rien dire... Ils rentrent pleins de détails objectifs, inoffensifs, mais évitent l'essentiel ils n'en parlent jamais du Juif. Le Juif est tabou dans tous les livres qu'on nous présente. Gide, Citrine [4], Dorgelès,

1. Voir tome III, pp. 177 à 180.

2. Lettre inédite de Céline à Gen Paul, le 2 [1950] (collection particulière).

3. *Bagatelles pour un massacre, op. cit.*, p. 47.

4. Walter Citrine, secrétaire général des Trade-Unions et président de la Fédération internationale des syndicats ouvriers.

Serge, etc... n'en disent mot... Donc ils babillent... Ils ont l'air de casser le violon, de bouleverser la vaisselle, ils n'ébrèchent rien du tout. Ils esquissent, ils trichent, ils biaisent devant l'essentiel : le Juif. [...] La seule chose grave à l'heure actuelle, pour un grand homme, savant, écrivain, cinéaste, financier, industriel, politicien (mais alors la chose gravissime) c'est de se mettre mal avec les Juifs. – Les Juifs sont nos maîtres – ici, là-bas, en Russie, en Angleterre, partout!... Faites le clown, l'insurgé, l'intrépide, l'anti-bourgeois, l'enragé redresseur de torts... le Juif s'en fout! Divertissements... Babillages! Mais ne touchez pas à la question juive, ou bien il va vous en cuire... Raide comme une balle, on vous fera calancher d'une manière ou d'une autre... Le Juif est le roi de l'or de la Banque et de la Justice... Par homme de paille ou carrément. Il possède tout... Presse... Théâtre... Radio... Chambre... Sénat... Police... ici ou là-bas... Les grands découvreurs de la tyrannie bolchévique poussent mille cris d'orfraies... ça s'entend! Ils se frappent au sang la poitrine, et cependant jamais, jamais ne décèlent la pullulation des yites, ne remontent au complot mondial... Étrange cécité [1]... »

Céline eut aussi l'impression que la gauche, aveuglée par son antifascisme, ne voyait pas que montait à l'Est un autre péril, tout aussi totalitaire et au moins aussi dangereux parce que travesti sous des théories aguichantes et sous les habits de l'égalité et de la liberté. Céline voulut mettre les Français en garde contre ce *chant des sirènes.* Il eut tout de suite l'idée que l'intérêt de la France était de voir Hitler et Staline se jeter l'un contre l'autre : « Je regrette de le dire. Qu'il en plaise au Consistoire, moi je m'en fous énormément qu'Hitler aille dérouiller les Russes. Il peut pas en tuer beaucoup plus, dans la guerre féroce, que Staline lui-même en fait buter, tous les jours, dans la paix libre et heureuse [2]. »

Céline, comme beaucoup de diplomates français de l'époque, et quelques hommes politiques, comme Pierre Laval, y aurait vu un avantage principal : « Hitler il aurait tant de travail, de telles

1. *Bagatelles pour un massacre, op. cit.,* pp. 49-50.
2. *Ibid.,* p. 317.

complications inouïes à défendre ses vaches conquêtes, dans toutes les steppes de la Russie, dans les banlieues du Baïkal, que ça l'occuperait foutrement. Il en aurait bien pour des siècles avant de venir nous agacer [1]... »

Après son séjour à Leningrad, Céline se détacha naturellement d'une gauche qui le sollicitait et vers laquelle il se serait porté si elle avait été aussi généreuse dans ses réalisations que dans ses intentions. Il estima qu'il n'avait pas le droit de se taire et prit la décision de témoigner de ce qu'il avait vu en U.R.S.S. A cette occasion, il découvrit son extraordinaire talent de polémiste et donna libre cours au torrent verbal qu'il portait en lui et qu'il transposa dans l'écriture, se jetant dans la mêlée comme un fou, mettant ainsi le doigt dans un engrenage qui allait faire de lui le chien galeux que l'on sait, le suppôt d'Hitler et l'apôtre de tous les génocides.

1. *Bagatelles pour un massacre, op. cit.*, p. 318.

CHAPITRE VII

Sur les rives du Styx

« Pas plus de 200 familles que de beurre au train, une seule réelle grande omnipotente famille : la famille juive [...] [1]. »

Céline était un être trop singulier et trop épris de liberté pour ne pas avoir étouffé en Union soviétique. Comment et pourquoi ce « cavalier seul », cet individualiste, ce fils unique, cet anarchiste, ce « Don Quichotte », aurait-il supporté la toute-puissance de la bureaucratie soviétique et l'omniprésence de cette gigantesque machine administrative qui broie les individus, ne supporte pas la contradiction et ne peut survivre qu'au mépris des libertés.

En réalité, et comme l'exprime fort bien Nicole Debrie dans une thèse en préparation [2], Céline s'est heurté une fois de plus au

1. *L'École des cadavres,* Denoël, 1938, p. 235.
2. « Il était une fois... Céline. Lecture psychanalytique des écrits de Céline. »

rationalisme sectaire et borné qui avait été l'ennemi déclaré de Semmelweis.

Son voyage à Leningrad eut pour lui l'effet d'un révélateur. Il marqua un tournant de sa vie et le mena à la réflexion et à l'engagement politiques.

Il était parti en U.R.S.S. en curieux, un peu comme il était parti à la Grande Guerre, et il en était revenu, comme il était revenu du front, choqué par ce qu'il y avait vu, déçu par l'effondrement de toutes ses illusions et blessé. Le cri d'alarme qu'il avait cru devoir jeter contre la guerre avec *Voyage au bout de la nuit,* lui parut devoir être renouvelé, avec d'autant plus de vigueur que le péril lui semblait énorme et avec d'autant plus de force que ses contemporains lui semblaient s'enliser dans l'inconscience et la légèreté.

Chacun sait qu'il y a certaines convictions qui ne peuvent s'exprimer sur le ton de la conversation. Comme elles vous éclatent la tête, il faut les gueuler du plus fort que l'on peut. Et si, malgré cela, personne ne veut les entendre, il ne reste plus que l'usage des explosifs pour être certain d'être bien entendu. Il y avait de l'anarchiste chez Céline, qui tenait aussi beaucoup du poseur de bombes.

Depuis le demi-succès de *Mort à crédit,* Robert Denoël vivait dans l'impatience. Pour défendre Céline, attaqué de toutes parts, il avait pris publiquement son parti, sans lui tenir rigueur des accusations dont il l'accablait et qui allaient de l'incompétence à la malhonnêteté. Il pressait donc Céline de lui donner quelque chose pour éviter que l'opinion ne se détourne de lui. Il avait en plus toujours besoin d'argent et pensait qu'il fallait continuer à exploiter la veine ouverte par *Voyage au bout de la nuit* et par *Mort à crédit.* Céline brûlait de son côté de témoigner de ce qu'il avait vu en U.R.S.S. Il avait établi à ce sujet un texte fragmentaire destiné à s'inscrire dans un volume qui restait à écrire. Comme il voulait publier très vite, ses premières notes furent immédiatement données au public, sous le titre *Mea culpa* et, comme ce texte ne dépassait pas vingt-sept pages, il décida d'y joindre *La Vie et l'œuvre de Philippe-Ignace Semmelweis* [1].

1. *Mea culpa* suivi de *La Vie et l'œuvre de Semmelweis,* Denoël et Steele, 1936.

Mea culpa est, dans son genre, un petit chef-d'œuvre, d'une densité extraordinaire. Céline y a dit tout le mal qu'il pensait du système bourgeois dans lequel l'homme le plus fort exploite le plus faible : « Jamais depuis le temps biblique ne s'était abattu sur nous fléau plus sournois, plus obscène, plus dégradant à tout prendre, que la gluante emprise bourgeoise. Classe plus sournoisement tyrannique, cupide, rapace, tartufière à bloc! Moralisante et sauteuse! Impassible et pleurnicharde! De glace au malheur. Plus inassouvible? Plus morpione en privilèges? Ça ne se peut pas! Plus mesquine? Plus anémiante? plus férue de richesses plus vides? Enfin pourriture parfaite [1]. » Après ce constat qui est l'une des pierres de touche de sa pensée politique, Céline, qui savait manier le paradoxe et la dérision, rendait hommage aux monarques absolus et aux anarchistes qui sont effectivement, chacun à leur manière, des antibourgeois : « Vive Pierre Ier! Vive Louis XIV! Vive Fouquet! Vive Gengis Khan! Vive Bonnot! la bande! et tous autres [2]! »

Céline constatait au passage que les bourgeois étaient assez lâches pour être du côté du peuple quand la prudence le leur commandait : « Se faire voir aux côtés du peuple, par les temps qui courent, c'est prendre une “ assurance-nougat [3] ”. » Ajoutant ce propos qui montre, avec le recul, que Céline pouvait aussi se tromper : « Pourvu qu'on se sente un peu juif ça devient une “ assurance-vie ” [4]. »

Puis, sur l'air d'une chanson bien française, il soutenait qu'il n'était pas difficile pour le peuple de commencer les révolutions par l'élimination des nantis :

> « Les riches on les boulottera!
> Tra-tra-tra
> Avec des truffes dans le croupion!
> Vive le son du canon!
> Boum [5]! »

Que fera ensuite « Prolo » de son pouvoir? C'est là, pour

1. *Mea culpa, op. cit.*, p. 9.
2. *Ibid.*, p. 9.
3. *Ibid.*, p. 10.
4. *Ibid.*, p. 10.
5. *Ibid.*, p. 11.

Céline, que les vraies questions commencent à se poser : « Voilà Prolo libre! A lui, plus d'erreur possible, tous les instruments dont on cause, depuis le fifre jusqu'au tambour!... La belle usine! Les mines! Avec la sauce! Le gâteau! La banque! Vas-y! Et les vignes! et le bagne aussi! Un coup de ginglard! Tout descend! Nous voilà tout seuls! Cœur au ventre! Prolo désormais chargé de tous les bonheurs du troupeau... Mineur! la mine est à toi! Descends! Tu ne feras plus jamais grève! Tu ne te plaindras plus jamais! Si tu gagnes que 15 francs par jour ce seront tes 15 francs à toi [1]! »

Tout irait bien si l'homme n'était pas ce qu'il est, ce qui fut aussi l'un des thèmes favoris de Céline : « Mais y a tous les vilains instincts de cinquante siècles de servitude... Ils remontent dare-dare, ces tantes, en liberté, encore beaucoup mieux qu'avant! Méfiance! Méfiance!... Être la grande victime de l'Histoire ça ne veut pas dire qu'on est un ange [2]!... »

Céline constatait l'échec du communisme, à partir d'observations simples : « Le peuple est Roi!... Le Roi la saute! Il a tout! Il manque de chemise!... Je parle de Russie. A Leningrad, autour des hôtels, en touriste, c'est à qui vous rachètera des pieds à la tête, de votre limace [3] au doulos [4]. [5] »

Il critiquait le matérialisme et la résurrection du pouvoir de l'argent. Quant au peuple : « Il est devenu là-bas hideux de prétention, de suffisance, à mesure qu'on le faisait descendre plus profond dans la mouscaille, qu'on l'isolait davantage! C'est ça l'effrayant phénomène [6]. »

Tout s'expliquait, pour Céline, par la « vacherie » de la nature humaine, qui revient toujours à la surface : « Popu, t'es seul! T'as plus personne pour t'accabler! Pourquoi ça recommence les vacheries?... Parce qu'elles remontent spontanées de ta nature infernale,

1. *Mea culpa, op. cit.*, pp. 11-12.
2. *Ibid.*, p. 12.
3. Chemise.
4. Chapeau.
5. *Mea culpa, op. cit.*, p. 13.
6. *Ibid.*, p. 16.

faut pas te faire d'illusion, ni de bile, *sponte sua.* Ça recommence [1]. » Et, quelques lignes plus loin : « L'Homme il est humain à peu près autant que la poule vole. Quand elle prend un coup dur dans le pot, quand une auto la fait valser, elle s'enlève bien jusqu'au toit, mais elle repique tout de suite dans la bourbe, rebecqueter la fiente. C'est sa nature, son ambition. Pour nous, dans la société, c'est exactement du même. On cesse d'être si profond fumier que sur le coup d'une catastrophe. Quand tout se tasse à peu près, le naturel reprend le galop. Pour ça même, une Révolution faut la juger vingt ans plus tard [2]. »

La publication de *Mea culpa,* dans les derniers jours du mois de décembre 1936, ne fit aucun bruit, la gauche et la droite rivalisant d'indifférence à l'égard d'un texte dont personne ne mesura l'importance et qui dérangeait tout le monde.

C'est dans la même indifférence que Gallimard avait publié en novembre 1936, pour le dixième anniversaire du prix Théophraste Renaudot, un recueil de dix nouvelles réunies sous le titre *Neuf et une,* écrites par les dix lauréats du prix et parmi lesquelles figurait *Secrets dans l'île* de Louis-Ferdinand Céline. La première et unique représentation de *L'Église,* à Lyon, le 4 décembre 1936, n'avait pas suscité plus d'intérêt, même pour Céline qui ne s'était pas dérangé pour assister au spectacle [3].

Ce que personne ne pouvait imaginer, c'est qu'avec *Mea culpa,* Céline avait engagé le fer dans un genre où il excellait. Denoël, qui répugnait à publier du mièvre, jeta certainement beaucoup d'huile sur le feu pour la publication de textes violents qui correspondaient, il est vrai, à une demande d'un certain public et aussi à ses opinions personnelles.

Dans *Mea culpa,* Céline avait annoncé deux livres « en préparation » : *Casse-pipe* et « Honny soit [4] ». Il avait donc décidé d'entreprendre la relation des deux épisodes de son existence qui n'avaient été traités ni dans *Voyage* ni dans *Mort à crédit,* sa vie

1. *Mea culpa, op. cit.,* p. 24.
2. *Ibid.,* p. 25.
3. Voir *supra,* pp. 68-69.
4. Premier titre envisagé pour *Guignol's Band.*

au quartier du 12e cuirassiers à Rambouillet, d'octobre 1912 à juillet 1914, et le temps qu'il avait passé à Londres, de mai 1915 à mars 1916. *Casse-pipe* était certainement commencé, mais Louis laissa le manuscrit de côté, puis l'abandonna au profit d'écrits d'une violence extrême, qui montaient en lui, à la mesure des événements qui se précipitaient.

Trois faits importants ont ponctué pour Céline l'année 1937 : un voyage aux États-Unis en février [1], un mémorable séjour à Jersey en mai et la publication de *Bagatelles pour un massacre* en décembre.

Le 12 mai 1937, devait avoir lieu à Londres le couronnement du Roi Georges VI et de son épouse Elizabeth Bowes-Lyon. Toutes les polices du royaume étaient sur les dents et des mesures draconiennes avaient été prises sur l'ensemble du territoire britannique pour que tout suspect fût mis à l'écart et au besoin à l'ombre.

Qu'allait faire Céline à Jersey en mai 1937 ? Il paraît qu'il voulait prospecter l'île, à la recherche d'un refuge possible en cas de guerre européenne. Céline, qui cherchait un havre de paix, tomba sur une île en état d'alerte ! Il fit la connaissance des locaux de Scotland Yard, dut répondre de son identité et de la pureté de ses intentions, se vit confisquer son passeport et n'échappa à l'internement administratif que sur l'intervention très énergique du consul de France à Jersey, M. Delalande. Cet incident valut à Céline un article dans *Paris-soir* du 15 mai 1937, les excuses du gouverneur de Jersey et surtout de connaître le consul de France. Il le prit en amitié [2] et lui envoya, pour le remercier de son intervention, un fragment du manuscrit de *Casse-pipe,* avec cette dédicace : « Souvenir d'une arrestation à Jersey ! Mai 37 Et mille gratitude au Consul Delalande. L. -F. Céline [3]. »

Si l'incident de Jersey fut vite oublié, les souvenirs du voyage à

1. Voir *supra,* pp. 101-102.

2. Voir *Cahiers de l'Herne, op. cit.,* pp. 101 et 102.

3. Catalogue de l'hôtel Drouot, vente du 16 novembre 1983 (collection Michel Bolloré).

Leningrad hantaient encore Céline, au point qu'il écrivit des pages étonnantes, qui ont été jointes à *Bagatelles pour un massacre.*

Céline était revenu d'U.R.S.S. viscéralement anticommuniste. Il pensait, comme beaucoup d'autres, que la Grande Guerre avait été une guerre civile entre chrétiens et que l'Europe de l'Entente cordiale y avait été assassinée. Il la savait incapable de résister au péril communiste qu'il voyait monter et qui lui paraissait (à tort ou à raison) plus dangereux que tous les autres. Avec l'instinct qu'il avait des choses futures, il dénonça le péril soviétique avec dix ans d'avance et le pourrissement des nations libérales par les communistes, auxquels il associa les francs-maçons et les Juifs.

On ne retient aujourd'hui de *Bagatelles pour un massacre* que les charges violentes contre les Juifs. C'est par là que le livre a fait scandale et c'est malheureusement par là qu'il demeure, bénéficiant de l'attrait malsain qui s'attache à tous les tabous et à tous les interdits. Pourtant le livre n'épargne personne, il constitue une fresque énorme de la décadence française, dans un style et sur un ton que Céline avait voulus délibérément outranciers, procédé déjà utilisé pour *Mort à Crédit :* « Il a fallu aussi remonter franchement tout le ton sur le plan du délire. Alors les choses s'emboutissent naturellement. Telle est ma certitude [1]. »

Bagatelles contient des attaques tous azimuts contre les phénomènes sociaux qu'il jugeait responsables de la décadence française, parmi lesquels le cinéma et surtout l'alcool : « Le vin poison national!... Le bistrot souille, endort, assassine, putréfie aussi sûrement la race française que l'opium a pourri, liquidé complètement la race chinoise... le haschisch les Perses, la coca les Aztèques... [...] Rendons cependant justice au pinard. Rien ne saurait le remplacer pour pousser les masses au crime et à la guerre, les abrutir au degré voulu. L'anesthésique moral le plus complet, le plus économique qu'on connaisse, c'est le vin! et de première force... " un coup de clairon! et ils voleront tous aux frontières! " [...] Le petit peuple, la foule la plus pauvre, est amenée, drainée au

1. Céline à Eugène Dabit, 4 [mars 1935], *Textes et documents* 2, *op. cit.*, pp. 69-70.

zinc comme le veau à l'abreuvoir, machinalement, la première station avant l'abattoir [1]... »

A ces vérités, étayées de statistiques, il donnait forcément une coloration politique : « Les élections de la gauche je trouve se font encore plus au bistrot que les élections de la droite, sans parti pris. Jamais les bistrots n'ont connu d'affluences comparables à celle que leur vaut les " 40 heures ". Le peuple ? Jamais tant de loisirs, jamais tant picolé [2]... » Il s'indignait aussi, à juste titre que l'on ait laissé les bistrots ouverts tandis que : « On s'en va tracasser, croisade ! deux ou trois malheureux bordels en province, au nom de l'hygiène générale, de la moralité publique, de telles ou telles calembredaines, mais impunément à côté, on vous file de la folie, du crime, du gâtisme à plein comptoir, sur la longueur de quatre cent mille zincs et personne ne tique ! et tout le monde est bien content !... Quelles saloperies d'hypocrites fumiers [3] ! »

Céline voulut réveiller la France endormie, non pas avec des paroles lénifiantes, qui n'étaient pas dans sa nature et qui l'eussent fait sombrer dans un sommeil plus profond, mais avec des propos toniques, virulents et, par voie de conséquence, excessifs et démesurés. Il faut dire aussi que, bien qu'il s'en soit défendu, Céline aimait la bagarre : « Je suis comme les boxeurs professionnels ça m'emm... de me battre – mais si on me force c'est du tapis – je fuis l'esclandre, mais si on m'oblige alors yop ! le compte [4] – »

Bagatelles fourmille ainsi d'outrances, délibérément voulues par Céline, et qui font qu'il s'agit d'un livre dont certains passages peuvent être difficilement pris au sérieux. Il n'est pas question de mettre en doute la sincérité des convictions de Céline ni son antisémitisme ni son chauvinisme, parfois un peu primaire, ni le fait qu'il était, d'une façon plus générale, viscéralement et intellectuellement raciste. Il en voulait particulièrement aux Juifs parce qu'ils constituaient une force dans la société française et disposaient d'une grande puissance dans la société internationale, mais il

1. *Bagatelles pour un massacre, op. cit.*, pp. 145-146.
2. *Ibid.*, p. 146.
3. *Ibid.*, pp. 147-148.
4. Lettre inédite de Céline au Dr Odette Poulain, le 20 [1949].

n'aimait ni les Arabes ni les Noirs [1] et détestait les Jaunes. Il aurait seulement voulu qu'ils restent chez eux et qu'ils laissent la France aux Français. Il eût été encore mieux qu'ils la laissent aux Bretons : « Vous ne trouverez plus qu'une aile droite " Vercingétorix " insignifiante par le nombre, le " reste des Celtes ", puis un centre majoritaire écrasant, sous commandement Blum, et composé de tous les négroïdes du monde, arménoïdes, assyriotes, narbonoïdes, hyspariotes, auvergnoïdes, maurrasiques etc. Tout ce qui hurle le plus " français " se sent de plus en plus coffré [2] [...] »

Ce même type de propos se retrouve dans une lettre à Jacques Mourlet, écrite sous l'Occupation : « Nous payons cher le métissage – Nous sommes devenus bêtes et agités comme des nègres – cupides comme des juifs – roteurs comme des alcooliques [3]. »

Dans une lettre à Lucien Combelle [4], malheureusement sans date, Céline s'est assez clairement expliqué, à la fois sur les raisons de son antisémitisme et sur son racisme : « On explique tout ce que l'on veut avec les " raisons et les mots " on comprend, on se penche, on s'excuse et puis finalement on se fait dépecer à la guerre ou enculer de long en large pendant la paix – Le juif n'explique pas tout mais il CATALYSE TOUTE notre déchéance, toute notre servitude, toute la veulerie râlante de nos masses, il ne s'explique lui, son fantastique pouvoir, sa tyrannie effarante que par son occultisme diabolique – dont ni les uns ni les autres ne vous êtes conscients [*sic*]. Le juif n'est pas tout mais il est le Diable et c'est très suffisant – le Diable ne crée pas tous les vices mais il est capable d'engendrer un monde entièrement, totalement vicieux – Il n'y a d'antisémitisme réel que le RACISME tout le reste est diversion, babillage, escroquerie (genre AF [5]) noyage du poisson

1. Il prit leur défense, contre la colonisation, dans *Voyage au bout de la nuit.*

2. Brouillon de lettre inédite de Céline à un destinataire inconnu au verso du manuscrit de *Guignol's Band,* sans date.

3. Lettre inédite de Céline à Jacques Mourlet, 10 décembre 1941 (Harry Ransom Humanities Research Center, The University of Texas at Austin).

4. Lucien Combelle, ami de Céline, fut pendant l'Occupation, rédacteur en chef, puis directeur de *Révolution nationale.*

5. Action française.

– Dieu sait que le blanc est pourri! Qui le sait mieux que votre serviteur g[ran]d Dieu! Pourri à périr – mais le juif a su gauchir cette pourriture en sa faveur, l'exploiter, l'exalter, la canaliser, la standardiser comme personne. Racisme! Racisme! Racisme! Tout le reste est imbécile – j'en parle en médecin – Équité? Justice? Quelles casuistiques malades et désastreuses – Elles joueront toujours contre nous! C'est ça la règle du jeu – Désorganisés contre férocement organisés – Larves contre fourmis – Libéraux contre racistes! où allez vous! Vous n'avez plus l'instinct de perfection physique, de lyrisme esthétique blanc – Tout le " la " de la chose – Les livres vous ont tués – le sens de la vie blanche – Et pourtant vous savez comme les juifs avec le cinéma présentent cette terrible élimination... comme ils le frôlent... De l'air!... du muscle! De la forme!... nos antijuifs puent la naphtaline – Il faut tendre au vivant – au parfait vivant – pas aux phrases – " je ne croirai qu'à un Dieu qui danse " (Nietzsche) moi aussi – Je ne veux pas me citer mais lisez *L'Église* – mon premier livre – Lisez aussi en anglais *Secret Societies* de Webster – c'est un livre capital – même vous férus de livres négligez les véritables documents [1]. »

Les origines de l'antisémitisme de Céline remontent à sa petite enfance qui fut bercée par les litanies de Fernand Destouches et par les échos de l'affaire Dreyfus qui résonnaient fort sous les verrières du passage de Choiseul [2]. Jean-Denis Bredin, dans son excellent livre sur l'affaire Dreyfus, rappelle que nombre de familles catholiques nourrissaient leurs enfants de la haine quotidienne du Juif. Il cite François Mauriac racontant que : « petit garçon il ne s'étonna pas que son pot de chambre fût appelé " Zola " et qu'à ses côtés, chez les pères, pendant l'étude, " un petit garçon jouait à dégrader Dreyfus en arrachant l'aile d'une mouche, puis une patte, puis une autre aile [3] " ».

Le petit écorché vif qu'avait été Louis Destouches fut trop marqué par les événements de son enfance pour qu'il n'en restât

1. Lettre inédite de Céline à Lucien Combelle, sans date.
2. Voir tome I, pp. 1-2, 57-58.
3. Jean-Denis Bredin, *L'Affaire,* Julliard, 1983, p. 268.

pas quelque chose. L'affaire Dreyfus était sans cesse présente à son esprit. Il la tenait à juste titre pour un fait historique de première importance et, quand il fut lui-même poursuivi et emprisonné, il s'identifia à Dreyfus, considérant que les poursuites engagées contre lui n'étaient autres qu'une « affaire Dreyfus à l'envers [1] ». Il considérait en tout cas que Dreyfus avait donné, pour un siècle au moins, mauvaise conscience à tous les Français non juifs : « Dreyfus est le g[rand] vainqueur du siècle. Le roi incontesté. Amen [1]. »

Et quand il parlait de Zola, même si son propos se voulait seulement littéraire, il lui reprochait toujours implicitement son engagement dans l'affaire Dreyfus, profitant de l'occasion pour un nouveau coup de griffe à Proust : « [...] le Zolaïsme à la 37, encore plus scientifico-judolâtre, dreyfusien, libérateur, que l'autre – ou la très minusculisante analyse d'enculage à la Proust-Proust, “ montée-nuance ” en demi-dard de quart de mouche [2] ? »

Pour comprendre l'antisémitisme de Céline, il faut rappeler que, au XIXe siècle et au début du XXe, l'antisémitisme était considéré comme une chose ordinaire, un sentiment ou une opinion dont personne ne songeait à se cacher. On a peine à imaginer aujourd'hui, après l'holocauste dont l'humanité restera marquée à jamais, avec quelle inconscience et avec quel cynisme chacun pouvait se déclarer antijuif. Sans qu'il soit besoin de citer Voltaire ni de remonter à la mort du Christ que, vingt siècles plus tard, beaucoup d'antisémites reprochent encore aux Juifs, on doit à la vérité de dire que beaucoup d'écrivains français étaient ouvertement contre les Juifs.

Sans parler de Gobineau ni de Drumont, dont les œuvres ont été construites autour de ce thème, il suffit, pour s'en persuader, de citer quelques noms parmi ceux qui avaient alors une audience considérable : Charles Maurras, Léon Daudet, Robert Brasillach, Henri Béraud, Georges Bernanos, Lucien Rebatet, Georges Suarez et le très chrétien Marcel Jouhandeau qui publia en 1936 et 1937

1. Lettre inédite de Céline à Lucien Combelle, le 9, sans date.

2. *Bagatelles pour un massacre, op. cit.*, p. 169.

trois articles réunis ensuite en volume sous le titre *Le Péril juif* et dans lequel on pouvait lire, à titre d'exemple : « [...] il s'agit d'une race et de la race la plus terrible, la plus âpre qui ait existé, d'une race de lion à cœur de chacal en proie à laquelle [*sic*] la France est tombée et s'il est une chose dont se moque le Juif, c'est bien de toutes les religions et de la sienne d'abord, mais dans sa religion il y a deux ou trois choses dont il ne se moque jamais, c'est de celles qui forgent son âme, qui l'aident à se maintenir dans sa force, à s'opposer, à se préférer à toute la terre, à triompher enfin par la patience, par la ruse, par l'insolence ou par la bassesse de tout ce qui n'est pas lui et s'avise de lui résister [1]. »

D'autres ne sont pas allés aussi loin, mais on connaissait leur opinion : Maurice Barrès, Drieu La Rochelle, Paul Valéry [2], Paul Léautaud, le vertueux Paul Claudel [3] et même le très libéral André Gide.

Gide fut de ceux qui n'ont pas pris les pamphlets de Céline au sérieux. Il trouva trop d'outrances et trop de grotesque dans *Bagatelles pour un massacre* pour considérer qu'il s'agissait d'un livre grave [4]. Il y avait beaucoup de vrai dans son observation, mais Gide ne savait évidemment pas en 1937 comment allait tourner le monde. Il ne pouvait deviner jusqu'où irait l'hystérie exterminatrice des nazis qui donna, après coup, aux pamphlets de Céline, une dimension que nul n'avait perçue en 1937 et 1938. Céline en voulut-il à Gide de ne pas l'avoir pris au sérieux? Il ne le ménageait pas dans ses correspondances : « Gide me fait toujours moins rigoler avec ses troufignolages. Il faut que les membres du Nobel Suédois soient aussi secrètement très préoccupés par les questions d'anus pour avoir décerné leur palme à ce grand propagandiste! [...] Voyez-vous, Gide est un auteur avant tout *à la mode, pas du tout écrivain.* [...] Gide est un notaire – je crois un excellent critique – mais tout *de prose* – aucune transe chez lui si ce n'est à la vue des fesses du petit bédouin. La belle histoire! Sa

1. Marcel Jouhandeau, *Le Péril juif,* Sorlot, 1937, p. 26.
2. Paul Léautaud, *Journal littéraire, op. cit.,* tome V, 1972, p. 268.
3. Jules Renard, *Journal,* Gallimard, 1965 (« Bibliothèque de la Pléiade »), p. 570.
4. André Gide, « Les Juifs, Céline et Maritain », *La N.R.F.,* 1er avril 1938, p. 630.

chance a été que l'adultère n'intéresse plus personne. Qu'Emma Bovary se fasse enfiler en fiacre par Léon cela n'intéresse plus cent lecteurs. Léon à présent doit se faire enculer au moins par deux débardeurs jaloux dans les bas quartiers de Rouen [1]. »

Céline était conscient du caractère sarcastique des pamphlets et il s'est étonné, après la guerre, qu'on les eût pris au sérieux : « Il me reste à expliquer pourquoi je suis moi tout spécialement en but aux haines des partis politiques actuellement au pouvoir en France.

» 1° En raison de mes livres humoristiques et rabelaisiens et antisémites et surtout *pacifistes* parus en France avant la guerre *(Bagatelles* et *l'École)* il y a 10 ans!

» Sans doute encore bien davantage en raison de mon attitude anticommuniste et du pamphlet que je fis paraître (Mea culpa) à mon retour d'un voyage en Russie (1936), où je m'étais rendu d'ailleurs entièrement librement et à mes frais [2]. »

Céline était fier d'avoir publié *Bagatelles* sous le ministère de Léon Blum et donc en plein Front populaire. Il disait qu'il n'avait pas attaqué les Juifs quand ils étaient à terre mais quand ils étaient au pouvoir et au faîte de leur puissance politique, ce qui était vrai pour les premières éditions des pamphlets et ne l'était plus pour les rééditions de 1942 et 1943.

En fait Céline savait bien ce qu'il faisait et, si l'aspect satirique retire aux pamphlets une part importante de leur sérieux et de leur gravité, il reste que Céline était à l'époque complètement hanté par le problème juif, ainsi qu'en témoigne une lettre écrite à Maria Le Bannier, très probablement pendant les années trente : « Notre civilisation est juive – nous sommes tous des sous-juifs – A bas les juifs ne veut rien dire – C'est vive quelque chose! qu'il faudrait pouvoir – mais vive quoi? Les Druides? Hélas oui! des néo-druides – aussi différents de nous que le furent les premiers chrétiens des païens – Il faut des hommes nouveaux – Ils ne

1. Lettre de Céline à Ernst Bendz, le 22, sans date, *Cahiers de l'Herne, op. cit.*, p. 145.

2. Lettre inédite de Céline à Thorwald Mikkelsen, 5 mars 1946.

naîtront qu'après quelques décades de catastrophes sans nom – Ils partiront DE RIEN Il faut que nous tombions À RIEN Et nous sommes encore loin de *rien* – nous sommes encore infiniment riches en pourriture – Il faut que nous disparaissions – nous et nos enfants – que la terre s'ouvre pour nous – Le reste, les petits événements éphémères ne sont qu'à la mesure de nos digestions troublées – avec intermèdes de cinéma – Je crois qu'en février on nous donnera un film – notre hystérie juive va frétiller – Chemin faisant l'argent fond, l'or aussi [1]. »

Il y a dans ces propos des relents wagnériens pour ne pas dire nationaux-socialistes. La purification doit se faire par tous les moyens, par le fer et par le feu. Aucun ne doit être écarté dès l'instant qu'il s'agit de la préservation de la race et de sa pureté. Il faut tout rebâtir, à partir des fondations, mais avant de rebâtir, il faut tout raser.

L'antisémitisme de Céline ne s'appliquait pas aux individus mais à leur groupe ethnique très organisé. Il considérait que les persécutions dont ils avaient fait l'objet dans le passé ne pouvaient excuser cette solidarité née d'un réflexe de défense. Dès 1937, dans *Bagatelles pour un massacre,* il avait tenu à préciser qu'il ne reprochait pas à un Juif d'être juif : « J'ai rien de spécial contre les Juifs en tant que juifs, je veux dire simplement truands comme tout le monde, bipèdes à la quête de leur soupe... Ils me gênent pas du tout. Un Juif ça vaut peut-être un Breton, sur le tas, à égalité, un Auvergnat, un franc-canaque, un " enfant de Marie "... C'est possible... Mais c'est contre le racisme juif que je me révolte, que je suis méchant, que je bouille, ça jusqu'au tréfonds de mon benouze!... Je vocifère! Je tonitrue! Ils hurlent bien eux aux racistes! Ils arrêtent jamais! aux abominables pogroms! aux persécutions séculaires! C'est leur alibi gigantesque! C'est la grande tarte à leur crème! On me retirera pas du tronc qu'ils ont dû drôlement les chercher les persécutions! foutre bite! Si j'en crois mes propres carreaux! S'ils avaient fait moins les zouaves sur toute l'étendue de la planète, s'ils avaient fait moins chier l'homme ils

1. Lettre inédite de Céline à Maria Le Bannier, sans date.

auraient peut-être pas dérouillé!... Ceux qui les ont un peu pendus ils devaient bien avoir des raisons... On avait dû les mettre en garde ces youtres! User, lasser bien des patiences... ça vient pas tout seul un pogrom!... C'est un grand succès dans son genre un pogrom, une éclosion de quelque chose... C'est pas bien humainement croyable que les autres ils soient tous uniquement fumiers... Ça serait trop joli [1]... »

On sait que Céline a connu beaucoup de Juifs, avec lesquels il s'est souvent bien entendu et dont certains ont été ses bienfaiteurs, au point que le professeur Robert Debré expliquait son antisémitisme comme le réflexe du chien qui mord son maître. Le professeur Debré ne connaissait pas tous les textes de Céline et notamment pas ce passage d'une lettre de Céline à Lucien Combelle qui s'inscrit bien dans ce contexte : « Les Juifs sont actuellement les maîtres de leur destin nous ne comptons plus nous GOYES POUR RIEN. Joueront-ils bien ou de travers? Tout est là – On ne nous demande rien. Que de nous taire – par décret et sans décret [2] – On ne demande pas aux domestiques de décider du sort des maîtres – ou bien c'est la révolution – Personne n'y songe – Ce sont eux qui jouent – pas nous – Il ne faut pas nous prendre pour des juges – nous sommes des condamnés [3] – » Lorsque le professeur Debré parlait des Juifs qui avaient été les bienfaiteurs de Céline, il pensait évidemment à Ludwig Rajchman [4], mais Céline en a connu beaucoup d'autres. Nombre d'entre eux ont été ses amis, mais en groupe il ne les supportait pas.

Sa haine n'était cependant pas dénuée d'admiration, et tous ceux qui ont été ses proches disent que Céline enviait leur intelligence, leur sens de la tradition, leur esprit de famille et le fait qu'ils soient parvenus, par endogamie, à préserver la pureté de leur sang et leur identité. Il admirait aussi leur solidarité et disait volontiers que, si les Aryens s'étaient toujours tenus entre eux comme se

1. *Bagatelles pour un massacre, op. cit.*, p. 72.
2. Décret Marchandeau; voir *infra*, pp. 183-185.
3. Lettre inédite de Céline à Lucien Combelle, sans date.
4. Voir tome I, chapitre 15.

tiennent les Juifs, ils seraient les maîtres du monde au lieu de connaître la décadence.

Ces idées affleurent dans beaucoup de textes de Céline dont quelques-uns sont postérieurs à la Libération, ce qui aux yeux de certains nuit à leur crédibilité. L'interview qu'il avait donnée en 1941 à Ivan-M. Sicard présente à cet égard un intérêt tout particulier. Questionné sur les capitalistes non juifs, il avait répondu : « Ah! les salauds, les salauds... Il y en a de ceux-là, de ces capitalistes, de ces patrons bien-pensants, bien bondieusards, bien bourgeois, qui sont plus vaches que les youtres. Mais quand je les vois, moi, Céline, ils me feraient aimer les autres, les Juifs. Ceux-là au moins, mon vieux, ceux-là sont souvent intelligents, ils l'ont prouvé puisqu'ils nous ont eus. Et les autres, voulez-vous que je vous dise, c'est des c... Et alors on croit qu'on va pouvoir faire la Révolution nationale, sans toucher aux uns et aux autres. Moi, je refuse de prendre le fric dans la poche des Juifs pour le mettre dans celle des bourgeois aryens dolichocéphales. Je ne marche pas, non et non : A bas les Juifs, à la porte les métèques. Bravo! archi bravo... Et puis après, et les autres, des fois plus dangereux que les Juifs, qu'est-ce qu'on en fait [1] ? »

Une lettre que Céline a envoyée du Danemark à Milton Hindus présente également beaucoup d'intérêt, bien qu'elle soit postérieure à la guerre et qu'elle ait été destinée à un Juif. C'était donc, pour partie, un plaidoyer *pro domo :* « Tout à fait reconnaissant pour votre préface admirable. Glorieuse et combien courageuse et qui me fera un bien immense auprès du public non seulement américain mais *de tous les pays!* vous me faites la part magnifique! Beaucoup d'adresse aussi! Vous glissez à merveille sur ce terrible antisémitisme! hélas comment nous défendre! C'est le grand point faible – On peut évidemment citer Jésus-Christ qui lui aussi a pesté contre les juifs et W. Churchill dans une page *d'une grande violence* (PEU CONNUE) Cela ne nous rachète pas! Qui n'a pas

1. Article d'Ivan-M. Sicard paru dans *L'Émancipation nationale* du 21 novembre 1941 sous le titre : « Entretien avec Céline. Ce que l'auteur du *Voyage au bout de la nuit* " pense de tout ça... ". » Voir tome III, p. 366.

pesté contre les juifs! Ce sont les pères de notre civilisation – On maudit toujours son père à un moment donné – Leur ai-je fait du mal? Rigolade! M'ont-ils fait du mal? Hum... pas mal... J'en crève de les avoir insultés – Nous verrons la suite... de toute façon il n'y a plus d'antisémitisme possible, concevable – L'antisémitisme est mort d'une façon bien simple, physique si j'ose dire – Il y a autant de commissaires du peuple juifs à Moscou que de banquiers juifs à New York – Le juif n'est pas seulement le père de la civilisation mais de nos *deux* civilisations (par ce qu'elles valent) et qui se préparent à s'entretuer fameusement – Qu'ai-je à foutre moi pauvre barbare bafouilleux dans cette lutte entre prophètes? Il est temps que l'on mette un terme à l'antisémitisme par principe, par raison *d'idiotie* fondamentale, l'antisémitisme ne veut rien dire – on reviendra sans doute au racisme, mais plus tard et avec les juifs – et sans doute sous la direction des juifs, s'ils ne sont point trop aveulis, avilis, abrutis – ou trop décimés dans les guerres [1] – »

Dans une lettre à Albert Paraz, écrite en 1948, Céline dit que les Aryens l'ont tellement dégoûté qu'il s'est pris d'estime pour les Juifs : « Questions Juifs. Imagine qu'ils me sont devenus sympathiques depuis que j'ai vu les Aryens à l'œuvre : fritz et français. Quels larbins! abrutis, éperdument serviles. Ils en rajoutent! et putains! et fourbes. Quelle sale clique! Ah j'étais fait pour m'entendre avec les Youtres. Eux seuls sont curieux, mystiques, messianiques à ma manière. Les autres sont trop dégénérés. Et voyeurs les ordures, voyeurs surtout! Les Juifs eux ont payé comme moi. Les autres, mes frères aryens ils se branlent sur les gradins du Cirque! Je veux les voir tous dans l'arène et crever! Vive les Juifs bon Dieu! Certainement j'irai avec plaisir à Tel-Aviv avec les Juifs. On se comprendrait. Dans ma prison il y avait 500 gardiens tous aryens. 500 millions d'Aryens en Europe. On me fait crever pour antisémitisme ils applaudissent! Où sont les traîtres, les ordures? Tu voudrais que je pleure sur le sort de l'immonde bâtarde racaille sans orgueil et sans foi! Merci! Je pense des miens

1. Lettre de Céline à Milton Hindus, 14 juin [1947], *Cahiers de l'Herne, op. cit.*, pp. 116-117.

ce qu'en ont pensé au supplice Vercingétorix et Jeanne d'Arc! De belles saloperies! Vive les Youtres! Les Fritz n'ont jamais été proaryens – seulement antisémites ce qui [est] absolument idiot. J'en voulais aux Juifs de nous lancer dans une guerre perdue d'avance. Je n'ai jamais désiré la mort du Juif ou des Juifs. Je voulais simplement qu'ils freinent leur hystérie et ne nous poussent pas à l'abattoir. L'hystérie est le vice du Juif, mais au moins il est une idée une passion messianique. leur excuse L'aryen est une tirelire et une panse – et une légion d'Honneur [1]. »

En ne suivant aucun des conseils de modération qui lui ont été donnés, notamment par Lucette Almansor, et en écrivant contre les Juifs, Céline savait qu'il s'engageait sur un terrain dangereux : « Le prochain livre ? Hum ! les Juifs sont bien mal traités ! les Anglais pas très bien non plus. Il n'est pas destiné je crains à me faire beaucoup d'amis mais certes beaucoup d'ennemis bien acharnés [2]. »

Plus tard il a souvent expliqué qu'il avait seulement voulu éviter une nouvelle guerre et n'avait attaqué les Juifs que parce qu'ils poussaient la France à la guerre contre l'Allemagne nazie où les Juifs étaient persécutés. Ceci figure effectivement dans *Bagatelles :* « C'est les Juifs de Londres, de Washington et de Moscou qu'empêchent l'alliance franco-allemande. C'est " l'Intelligence Service "... C'est les descendants de Zaharoff. C'est pas d'autres intérêts. On peut plus bouger, se mouvoir... nos tripes sont sur-hypothéquées, sur-spéculées, sur-agiotées, sur-vendues pour la croisade juive. C'est infernal!... Chaque fois qu'on remue, qu'on esquisse un tout petit rapprochement, une protestation anti-youtre... On nous rappelle... de haut lieu, brutalement, au garde à vous... qu'on est de la viande d'abattoir, qu'on est déjà aux bestiaires... On prend le coup de caveçon sur le mufle, la chambrière dans les fesses... Je veux pas faire la guerre pour Hitler, moi je le dis, mais je veux pas la faire contre lui,

1. Lettre de Céline à Albert Paraz, 17 mars 1948, *Cahiers Céline,* n° 6, *op. cit.,* pp. 63-64.

2. Lettre inédite de Céline à John Marks, sans date.

pour les Juifs... On a beau me salader à bloc, c'est bien les Juifs et eux seulement, qui nous poussent aux mitrailleuses [1]... »

Céline ne voulait pas que les Français soient les croisés d'Israël : « J'ai tenté, gauchement dans la mesure de mes misérables forces de m'opposer à une guerre que je jugeais maladroite, désastreuse, imbécile. Je me suis mêlé de ce qui ne me regardait pas. J'ai tout perdu, pays, sous, santé, et même mes moyens d'existence. On m'a tout pris je n'ai plus rien – sauf 54 ans d'âge et une mutilation de guerre 75 p. 100 [2]. »

Céline s'est aussi défendu d'avoir jamais souhaité la déportation et l'extermination des Juifs. Ainsi dans une lettre à André Rousseaux : « Vous allez me trouver encore bien pleurnichard et chichiteux mais je ne veux pas vous laisser penser que j'étais indifférent à Buchenwald etc... N'en serait-ce tenu qu'à moi personne n'y serait allé, bigre ! N'ai-je point prévenu noir sur blanc qu'une nouvelle guerre serait une catastrophe, que l'armée française fouterait le camp, et qu'il s'ensuivrait mille horreurs, que ceux que vous savez nous poussaient vers le gouffre, et que nous n'en sortirions pas [3]... »

L'engagement de Céline contre les Juifs s'inscrivit en fait dans un vaste mouvement qui s'était effacé pendant la Grande Guerre, puis était reparu dans toute l'Europe au cours des années vingt avec notamment la publication des *Protocoles des Sages de Sion,* faux programme juif pour la conquête du monde. L'affaire Stavisky en 1933 et 1934, les manifestations du 6 février 1934, auxquelles Céline s'était mêlé plus en curieux que comme participant, et surtout l'avènement du Front Populaire en juin 1936 ont été autant de facteurs détonnants. Le premier cabinet de Léon Blum, constitué avec l'appui des communistes, mais sans leur participation, allait alimenter la querelle et donner des arguments à ceux qui dénonçaient le trop grand pouvoir des Juifs au sein de l'État. Certains Juifs ont considéré que cela avait constitué un ferment d'antisé-

1. *Bagatelles pour un massacre, op. cit.,* p. 317.
2. Lettre inédite de Céline à Charles Deshayes, 3 juin 1947.
3. Lettre de Céline à André Rousseaux, 8 juillet 1960, *Textes et documents* 3, *op. cit.,* p. 131.

mitisme. Ainsi René Mayer : « Je constate seulement qu'après huit années, M. Boris n'a pas compris le mal que lui et ses pareils, dans leur indiscret envahissement du Pouvoir politique à la suite de Léon Blum, ont fait à leurs corréligionnaires, beaucoup plus que la Politique du Président du Conseil d'alors, mal qui a ensemencé le germe sans lequel la propagande antisémite d'Hitler n'aurait jamais pu avoir en France, l'effet qu'elle y a, comme vous le savez, malheureusement produit [1]. »

Il faut y ajouter les échecs du Front Populaire, deux dévaluations du franc, le pouvoir occulte dont bénéficiaient les communistes, toutes choses qui étaient de nature à attiser chez Céline sa forte propension au délire verbal et sa manie de la persécution, qui ne fit ensuite que se développer pour s'achever en véritable paranoïa.

Comme l'antisémitisme faisait rage en Allemagne, on pourrait penser que *Bagatelles pour un massacre* était d'inspiration national-socialiste, que Céline avait été pro-allemand et partisan d'Hitler. Malgré certains passages de *Bagatelles* et malgré certains propos de Céline sur la nécessité de préserver la pureté de la race blanche, son comportement pendant les années trente a été assez clair. Ainsi, quand en 1933 Henri Barbusse lança un appel en faveur de trois Bulgares, Georges Dimitroff, Tanef et Popoff, réfugiés politiques en Allemagne, Céline le signa [2]. L'appel de Barbusse était cependant sans ambiguïté : « Chassés de leur pays par la terreur blanche qui y sévit depuis le coup d'état militaire du 9 juin 1923 [...] ils vivaient en Allemagne lorsque le parti hitlérien accéda au pouvoir. Pris dans la tourmente qui s'abattit alors sur l'Allemagne, ils furent comme beaucoup d'autres étrangers, israélites ou citoyens allemands, réputés hostiles au nouveau régime, arrêtés. »

Et de même, quand le Dr Walter Strauss, médecin juif qu'il avait connu à Genève, écrivit à Céline pour lui dire qu'il quittait l'Allemagne à cause des persécutions nazies, il reçut de lui une lettre sans équivoque : « Ce qui vous arrive est absolument affreux.

1. Lettre de René Mayer à Emmanuel d'Astier de La Vigerie, 26 avril 1944, citée par Henry Coston, *Dictionnaire de la politique française*, 1967, pp. 137-138.

2. Lettre de Céline à Henri Barbusse, le 19 [entre septembre et décembre 1933], *Monde* du 10 février 1934; repris d'après *Textes et documents* 3, *op. cit.*, p. 9.

Demain ici sans doute nous aurons des choses semblables [1]. » Céline s'était offert de l'aider mais, très loyalement, dès sa première lettre il l'avait averti de son antisémitisme : « Voici un revenant! Vous tombez hélas! bien extraordinairement! Je viens de publier un livre abominablement *antisémite,* je vous l'envoie. Je suis ici l'ennemi n° 1 des Juifs. Je sais combien vous êtes dévoué à l'œuvre palestinienne, la seule supportable de la part des Juifs à l'heure actuelle, mais il me semble que là aussi vous éprouvez quelques déconvenues? Vous me direz tout cela. N'oubliez pas de me faire signe dès votre arrivée. La persécution aryenne existe aussi – J'ai été chassé et dans quelles conditions infâmes! de mon emploi au dispensaire de Clichy, où j'étais médecin *depuis 12 ans,* à la suite de mon livre. Le directeur est un juif lithuanien – naturalisé depuis 10 ans – Ichok, d'Ozok, Isaak [2] et 12 médecins juifs immédiatement installés – Il y a en France vous le voyez un nazisme à l'envers [3]. » Ces lettres sont remarquables parce qu'elles montrent que Céline, même après *Bagatelles pour un massacre,* pouvait avoir un ami juif et l'aider à fuir les persécutions nazies.

Dans le même ordre d'idée, les propos que Céline avaient tenus le 1er octobre 1933 à Médan [4] témoignent qu'il n'était nullement séduit par Hitler ni par le nazisme, ce qui ressort aussi d'une lettre à Cillie Pam : « Je me demande si vous êtes en sécurité à Vienne, si l'Hitlérisme ne va pas envahir aussi l'Autriche? Quelle folie secoue encore le monde [5]! »

Céline fut cependant souvent accusé de collaboration avec l'Allemagne pour son attitude sous l'Occupation. Ce reproche lui avait été fait déjà avant la guerre. Ainsi, en 1939, *L'Humanité* avait accusé Céline de compromission avec Otto Abetz, animateur de services qui, sous prétexte de coopération culturelle, avaient constitué pour les Allemands de véritables bureaux de propagande, disposant de

1. Lettre inédite de Céline au Dr Walter Strauss [1937 ou 1938].
2. Voir tome I, pp. 283-288.
3. Lettre inédite de Céline au Dr Walter Strauss [1937 ou 1938].
4. Voir *supra,* pp. 58-60.
5. Lettre de Céline à Cillie Pam [printemps 1933], *Cahiers Céline,* n° 5, *op. cit.,* p. 98.

publications largement diffusées comme les *Cahiers franco-allemands.* Les autorités françaises venaient d'inviter Abetz à quitter le territoire français et toute une campagne de presse s'était développée autour de cet incident contre les Français qui avaient favorisé les agissements de cet « espion ». La réponse de Céline avait été nette, mais il avait passé sous silence ses voyages en Allemagne et ses rapports avec Karl Epting [1] : « [...] je ne connais cet Abetz ni d'Ève ni d'Adam, *jamais vu, jamais rencontré, jamais écrit, jamais communiqué* avec ce prétendu espion. Son existence m'a été révélée pour la première fois, il y a quelques jours, par les journaux. Je ne connais d'ailleurs pas plus Goebbels. Je ne connais aucun Allemand, ni officiel, ni officieux. Je n'ai pas été en Allemagne depuis 35 ans et je n'irai pas de sitôt. La dernière fois que j'ai rencontré des Allemands, c'était à Poelkapelle, dans les Flandres, en décembre 1914 : cela m'a même valu la médaille militaire – seul argent que m'aient jamais rapporté les Allemands [2]. »

Il est vrai qu'il y a cependant dans *Bagatelles* des phrases très ambiguës : « Il aime pas les Juifs Hitler, moi non plus!... Y a pas de quoi se frapper pour si peu... C'est pas un crime qu'ils vous répugnent... Je les répugne bien moi, intouchable [3]!... » Et plus encore : « Portant les choses à tout extrême, pas l'habitude de biaiser, je le dis tout franc, comme je le pense, je préférerais douze Hitler plutôt qu'un Blum omnipotent. Hitler encore je pourrais le comprendre, tandis que Blum c'est inutile, ça sera toujours le pire ennemi, la haine à mort, absolue. Lui et toute sa clique d'Abyssins, dans la même brouette, ses girons, son Consistoire. [...] Les Boches au moins, c'est des blancs... Finir pour finir, je préfère [4]... » Quelques lignes plus bas, il avait été encore plus loin. A la question : « Alors

1. Karl Epting, directeur de l'Institut allemand à Paris pendant toute l'Occupation (né à Odumase, Côte-de-l'Or, Ghâna, le 17 mai 1905; décédé le 17 février 1979). Voir tome III; et *infra,* chapitre XII.

2. *Je suis partout* du 21 juillet 1939; repris d'après *Textes et Documents* 3, *op. cit.,* p. 28. Voir aussi dans le même sens (et presque dans les mêmes termes) *Le Droit de vivre* du 22 juillet 1939; *ibid.,* pp. 31-32.

3. *Bagatelles pour un massacre, op. cit.,* p. 317.

4. *Ibid.,* p. 318.

tu veux tuer tous les Juifs? », il avait répondu : « Je trouve qu'ils hésitent pas beaucoup quand il s'agit de leurs ambitions, de leurs purulents intérêts... (10 millions rien qu'en Russie)... S'il faut des veaux dans l'Aventure, qu'on saigne les Juifs! c'est mon avis! Si je les paume avec leurs charades, en train de me pousser sur les lignes, je les buterai tous et sans férir et jusqu'au dernier! C'est la réciproque de l'Homme [1]. »

Ces extraits sont ici rapportés parce que rien ne doit être occulté, mais il serait injuste de considérer que ces quelques lignes résument la pensée politique de Céline à l'approche de la Seconde Guerre mondiale [2]. Il était le premier à rappeler l'aphorisme : « Donnez moi deux lignes de n'importe quel homme, je le ferai pendre [3] » et savait qu'il n'est pas difficile de déformer la pensée d'un homme avec quelques mots choisis, délibérément sortis de leur contexte. Ainsi, malgré les extraits que l'on vient de lire, l'œuvre dans son ensemble n'était ni hitlérienne ni même seulement pro-allemande. Elle se voulait essentiellement pacifiste.

Publié en même temps qu'un autre livre de combat, *L'Espoir* d'André Malraux, *Bagatelles* a divisé la critique mais, dans l'ensemble, les articles qui lui ont été consacrés ont été assez modérés. C'est le côté provocateur du livre, la verdeur du langage, les excès et le fait que Céline ait attaqué la société française et les bolcheviks autant que les Juifs qui retint principalement l'attention des journalistes. On a parfois l'impression que le pamphlet n'a pas été pris très au sérieux. Pierre Lœwel, dans *L'Ordre,* posait la question de savoir si l'auteur disposait de toutes ses facultés mentales. Il parlait de son délire de la persécution et notait : « [...] c'est aussi exactement le type d'ouvrage dont un antisémite intelligent se demanderait si, au fond, il n'a pas été payé par les Juifs [4]. » Dans

1. *Bagatelles pour un massacre, op. cit.,* p. 319.

2. Voir Jacqueline Morand, *Les Idées politiques de Louis-Ferdinand Céline,* Librairie générale de droit et de jurisprudence, 1972.

3. Voir tome III, p. 211 et 216.

4. « La Vie littéraire. *Bagatelles pour un massacre* ou l'antisémitisme de M. L.-F. Céline », *L'Ordre,* 7 janvier 1938.

Le Droit de vivre, Bernard Lecache s'est évidemment déchaîné, non sans humour : « Le docteur Destouches, plus connu sous le nom de Louis-Ferdinand Céline, vient de mourir. Mort volontaire. Le malheureux donnait déjà depuis quelque temps des signes évidents de déséquilibre mental, se prenait pour Dieu le Père, vomissait sur l'amour et sur les hommes, et manifestait une propension marquée pour les boissons alcoolisées. Il s'est jeté dans un “ roman-fleuve ” et s'y est noyé. Sa fin ne surprendra personne. Dans son *Voyage au bout de la nuit,* Destouches-Céline avait failli se perdre dans une littérature de clystère. Pour tout avouer, il s'oubliait, et son écriture, eût dit M. Purgon, était relâchée. Avec *Mort à crédit* l'auteur, plaçant son génie dans son derrière, avait écœuré jusqu'aux professionnels de la scatologie. Il s'est achevé avec *Bagatelles pour un massacre,* livre hitlérien, donc abject. [...] Les obsèques seront célébrées aux frais de M. Gœbbels, en témoignage de gratitude envers le défunt [1]. » Dans un autre article, et sur un mode plus sérieux, un chroniqueur anonyme avait écrit : « Je me demande avec inquiétude ce qui va arriver après *Bagatelles pour un massacre,* qui n'est d'ailleurs pas un roman. Je pense que c'est M. Céline qui va se faire massacrer, car il y mène le plus cruel, le plus terrible assaut qu'un Français ait mené contre le communisme et contre les juifs [2]. »

Parmi les critiques positives, celles de Jules Rivet, de Lucien Rebatet et de Robert Brasillach. Le premier avait écrit dans *Le Canard enchaîné :* « Voici de la belle haine bien nette, bien propre, de la bonne violence à manches relevées, à bras raccourcis, du pavé levé à pleins biceps! [...] C'est une barricade individuelle avec, au sommet, un homme libre qui gueule, magnifiquement [3]... » Lucien Rebatet salua l'ouvrage, dans *Je suis partout,* comme un monument et justifia la démesure et le délire de Céline : « Il ne serait pas impossible que Céline fût une sorte de déséquilibré, habité par un étrange génie de l'ordure. Mais je voudrais bien

1. « Mort de Louis-Ferdinand Céline », *le Droit de vivre,* 22 janvier 1938.

2. « *Bagatelles pour un massacre* », *La Flamme,* 22 janvier 1938.

3. « Lettres ou pas lettres. *Bagatelles pour un massacre* », *Le Canard enchaîné,* 12 janvier 1938.

savoir ce qui est en équilibre chez nous, et comment nous pourrions retrouver cet équilibre, aussi longtemps que durera sur cette terre le règne monstrueux et multiforme, insolent ou secret d'Israël. [...] Pour des années démentes, est-il meilleur peintre qu'un fou [1] ? » Rebatet avait enfin dénoncé la conspiration du silence dont le livre était victime, ce qui fit sortir certains critiques de leur réserve pour échapper à ce reproche.

Dès le 13 janvier, Robert Brasillach avait prévenu ses lecteurs, sur le thème de « La Révolte des indigènes [2] » : « Il y a un livre dont on ne dira pas un mot à la radio. Il y a un livre dont les journaux bien-pensants ne parleront pas, ou bien auquel ils feront allusion en termes distingués et réprobateurs. Il y a un livre dont les feuilles de gauche ne diront rien, ou peut-être, pour les plus maladroites, quelques mots méprisants. Il y a un livre dont il est bien possible qu'on entrave la mise en vente, la diffusion. Il y a un livre contre lequel va s'établir la conspiration du silence plus encore que celle de l'attaque. » Puis il avait salué la verdeur, le courage et la fougue de Céline. Il reconnaissait s'être « royalement amusé » à lire le livre, conseillant à ses lecteurs : « Lisez ce livre, faites-le lire, il vous apportera la joie et la consolation. »

Comme André Gide, Robert Brasillach trouvait le livre comique, mais il considérait que, derrière les pitreries, se cachaient des choses sérieuses. Après avoir affirmé qu'il n'était : « ni buveur de sang, ni même terriblement passionné d'antisémitisme [...] », il avait écrit au sujet des projets de Céline : « [...] ils sont presque toujours présentés sous une forme bouffonne, outrancière, qui ne doit pas nous empêcher d'en voir le sérieux profond. » Sa critique s'achevait ainsi : « [...] quand on a eu un premier ministre juif, quand on voit, clairement et simplement, la France dominée par les Juifs, il faut aussi comprendre comment on prépare cette violence, et ce qui l'explique. Je ne dis même pas : ce qui la légitime, je dis : ce qui l'explique. Ayez toutes les opinions que vous voudrez sur les Juifs

1. « *Bagatelles pour un massacre* », *Je suis partout,* 21 janvier 1938.

2. « L.-F. Céline; *Bagatelles pour un massacre* », *L'Action française,* 13 janvier 1938; repris d'après Jean-Pierre Dauphin, *Les Critiques de notre temps et Céline, op. cit.,* pp. 67-70.

et sur M. Céline. Nous ne sommes pas d'accord avec lui sur tous les points, loin de là, Mais on vous le dit : ce livre énorme, ce livre magnifique, c'est le premier signal de “ la révolte des indigènes ”. Trouvez cette révolte excessive, plus instinctive que raisonnable, dangereuse même : après tout, les indigènes c'est nous. »

CHAPITRE VIII

Munich

« On ne risque pas grand-chose à parier pour le pire! Il suffit d'imaginer le pire pour jouer les prophètes – à peu de frais [1]. »

« [...] une seule fois, à propos de cette guerre, j'ai dit : merde! faut faire quelque chose. Ces pauvres Français vont se faire embarquer dans un truc dont ils ne sont pas sortis. Mais c'est un fait qu'ils sont entrés dans un truc dont ils ne sont pas sortis. Ils n'en sortiront jamais. Mais ça, ça m'a valu un surcroît d'emmerdements [2]. »

Ce propos, a été enregistré par André Parinaud. Questionné par lui sur le point de savoir ce qu'il pensait de ses contemporains, Céline avait répondu : « Ah, absolument indifférent. [...] Si! Je m'y

1. Lettre inédite de Céline à Maria Le Bannier, sans date.
2. Interview de Céline par André Parinaud, *Cahiers Céline,* n° 2, *op. cit.,* p. 192.

suis intéressé une fois pour essayer qu'ils n'aillent pas à la guerre. Nom de Dieu, ils y ont été. Ils n'y ont pas été, mais ils y ont été quand même. En tout cas, ils n'ont pas fait la guerre, mais ils sont revenus chargés de gloire. Et puis moi, ils m'ont foutu en prison. [...] Par conséquent, j'ai mal fait en m'occupant d'eux. J'aurais pas dû m'en occuper et j'étais tranquille. J'avais qu'à m'occuper de moi [1]. »

Il est de fait que la publication de *Bagatelles pour un massacre* a entraîné de grands bouleversements dans la vie de Céline. Il avait mis le doigt dans un engrenage qui le conduisit, de péripétie en péripétie, à l'état de bête traquée et lui fournit la matière de quatre livres.

Malgré le destin qui emportait l'Europe vers une nouvelle tragédie, il voulut se battre pour tenter d'éviter le pire : « Les événements se pressent sous le signe de la force. Le destin nous dépasse à présent infiniment – Le pavé va tomber sur notre fourmilière – justes et canailles vont subir la catastrophe mêmement – Après on verra (ou on ne verra plus!) Pour ma part – je crois au racisme – ce n'est qu'une croyance médicale – une mystique biologique – Dans mon modeste très précaire domaine – j'ai fait tout mon possible... Aléa! Destructeur? Pourquoi? Est-ce détruire que décaper les gangrènes? S'il pleut dois-je dire qu'il fait beau pour demeurer honorable? merde de l'honneur dans ce cas – Dans notre société franco-juive tout ce qui pense bien est à vomir deux fois – comme faux libertaire et comme faux bourgeois une horde d'anarchistes opportunistes froussards et sanguinaires – des fossoyeurs libertins – Vous le savez évidemment construire? la dessus? Quoi? un bûcher – c'est tout – ça vient – Je me suis montré plus constructeur, plus « humain » (comme ils disent) que tous les autres puisque j'ai eu encore la faiblesse de jeter un peu d'alarme dans cette pourriture – Pourquoi mon dieu? je m'en repens bien! Pour trois procès en diffamation montés par les aryens! Salut! qu'ils crèvent donc tous ces vendus! ces lâches! les traitres! Et le plus tôt sera le mieux! et leurs " guides spirituels " avec! Et point

1. Interview de Céline par André Parinaud, *Cahiers Céline*, n° 2, p. 190.

bénignement je l'espère! je l'implore! la justice est la justice! D'abord! A un moment mon bon ami la bienveillance devient pure connerie et puis crime – on ne [un mot illisible] pas les crimes avec des mots. Il faut le reste. Le reste arrive [1] – »

La première conséquence de *Bagatelles* fut que Louis dut quitter le dispensaire de Clichy où il travaillait depuis 1929. Sa mésentente avec le médecin-chef du dispensaire, le docteur Ichok, avait pris un tour si aigu qu'il adressa une lettre de démission au maire de Clichy le 10 décembre 1937 [2].

L'antisémitisme de Céline engendra aussi, assez naturellement, contre lui, des accusations de nazisme, qui ont été principalement illustrées par un pamphlet de H.-E. Kaminski et dont le titre, *Céline en chemise brune*, était plus violent que le contenu. Publiée en 1938 aux Nouvelles éditions Excelsior et dédiée « au souvenir de Carlo Rosselli, Révolutionnaire en Italie, Soldat de la liberté en Espagne, Assassiné par le fascisme international », cette plaquette est passée inaperçue [3].

La publication de *L'École des cadavres* est intervenue en novembre 1938 alors que la situation en France et en Europe s'était considérablement dégradée. Depuis la chute du premier gouvernement Léon Blum (juin 1937), le Front Populaire avait tenté de lui survivre avec un ministère présidé par Camille Chautemps dans lequel Blum était encore vice-président du Conseil (juin 1937-janvier 1938), puis Léon Blum avait constitué un ministère d'union nationale avec Maurice Thorez (mars-avril 1938). Édouard Daladier devait lui succéder pour présider aux destinées de la France jusqu'en mars 1940.

Le pays n'était prêt pour la guerre ni moralement ni militairement ni diplomatiquement. Malgré les efforts de Pierre Laval, l'Italie s'était détachée de ses alliés de la Grande Guerre pour se

1. Lettre inédite de Céline à Lucien Combelle, sans date.
2. Voir tome I, p. 285.
3. Rééditée par Plasma en 1977 et par Champ libre en 1983.

tourner résolument vers l'Allemagne par l'instauration de l'axe Rome-Berlin en 1936, prélude au pacte d'Acier qu'Hitler et Mussolini signèrent en 1939. Quant à l'U.R.S.S., le pacte d'assistance mutuelle, signé par Laval en 1936, resta lettre morte. La France n'avait plus que des alliés fragiles ou dangereux, la Pologne, par exemple, et les pays de la Petite Entente, territoires convoités qui constituaient des proies faciles et autant de poudrières. Quant à l'Angleterre, elle n'avait pas beaucoup envie de se battre sur le continent : « L'Angleterre alliée ? mes burnes ! Encore une fameuse balancelle ! Ils iront molo je vous assure ce coup-ci... encore bien plus mou qu'à l'autre... Ils risquent bien davantage... Un an pour mobiliser... encore un an pour instruire... Nous serons déjà tous asticots quand débarqueront dans les Flandres les premiers invertis d'Oxford [1]... »

Céline, comme Laval, détestait les Anglais. Ils les considérait comme des fauteurs de guerre : « Une Europe toujours délirante, brûlante, toujours au bord du coma, voici la force de l'Angleterre. [...] C'est de la prospérité anglaise toute cuite [2]. » Céline pensait que la France et l'Angleterre ne tiendraient pas le choc, d'où qu'il vienne, sans un puissant allié, qui ne pouvait être alors que l'U.R.S.S. (ce que Céline excluait) ou l'Allemagne.

L'alliance avec l'Allemagne est la conclusion à laquelle parvint Céline à la fin de *L'École des cadavres.* C'était pour lui la seule solution pour éviter la guerre : « Il me semble que c'est assez net. Je suis pas très partisan des allusions voilées, des demi-teintes. Il faut tout dire ou bien se taire. Union franco-allemande. Alliance franco-allemande. Armée Franco-Allemande. C'est l'armée qui fait les alliances, les alliances solides. Sans armée franco-allemande les accords demeurent platoniques, académiques, versatiles, velléitaires... Assez d'abattoirs ! Une armée franco-allemande d'abord ! Le reste viendra tout seul. L'Italie, l'Espagne par-dessus le marché, tout naturellement, rejoindront la Confédération. Confédération des États Aryens d'Europe [3]. »

1. *Bagatelles pour un massacre, op. cit.,* p. 89.
2. *L'École des cadavres, op. cit.,* p. 285.
3. *Ibid.,* p. 287.

Comme beaucoup d'anciens combattants de la Guerre 1914-1918, Céline prêchait la réconciliation avec l'Allemagne : « La haine contre les Allemands, c'est une haine contre nature. C'est une inversion. C'est notre poison, et mortel. On nous l'injecte tous les jours, à doses de plus en plus tragiques [1]. » Et à la question qu'il se posait lui-même : « Mais alors, dites donc Ferdinand, vous allez pas terminer ce genre prétentieux? [...] Ce phrasouillis vétilleux? [...] Venez au fait! Que voulez-vous [2]? » Il répondait en 1938 : « Moi, je veux qu'on fasse une alliance avec l'Allemagne et tout de suite, et pas une petite alliance, précaire, pour rire, fragile, palliative! quelque pis aller! Pas du tout! Mais non! Mais non!... Une vraie alliance, solide, colossale, à chaux et à sable! A la vie! A la mort! Voilà comme je cause [3]! »

Il estimait que l'alliance pourrait se faire contre l'Angleterre, et en tout cas sans elle : « On filera Londres en quarantaine, au garde à vous. Ça pourra se faire immédiatement. C'est que des haines artificielles qu'existent entre nous et les boches, ourdies, ranimées, entretenues, propagées par les Traités et les Loges, les journaux, les radios, à la solde du Juif. Ça peut s'arranger en 48 heures. Rien d'irrémédiable.

» Il faut de la haine aux hommes pour vivre, soit! c'est indispensable, c'est évident, c'est leur nature. Ils n'ont qu'à l'avoir pour les Juifs, cette haine, pas pour les Allemands. Ça serait une haine normale, salvatrice, défensive, providentielle, comme contre une vérole ravageante, ou les envahissements de la peste, les rats colporteurs de morbus. Ça voudrait dire quelque chose [4]. »

Depuis la publication de *Bagatelles pour un massacre,* l'Allemagne avait annexé l'Autriche sans coup férir (mars 1938), puis les Sudètes (septembre 1938), tandis qu'en Espagne, les armées franquistes s'étaient emparées des principales villes d'Espagne, en attendant

1. *L'École des cadavres, op. cit.,* p. 284.
2. *Ibid.,* p. 283.
3. *Ibid.,* p. 283.
4. *Ibid.,* p. 284.

la prise de Madrid (mars 1939). Les 29 et 30 septembre 1938, à Munich, Édouard Daladier et Neville Chamberlain, se faisaient duper par Hitler, et « sauvaient » la paix. Montrant la faiblesse des démocraties occidentales, ils laissaient le champ libre à toutes les ambitions hitlériennes. Les nuages s'accumulaient de toutes parts et la guerre apparaissait à beaucoup comme inéluctable. On ne s'étonnera donc pas que la publication de *L'École des cadavres,* en novembre 1938, ait été reçue comme une incongruité, alors que tous les mouvements patriotiques prêchaient l'unité et la réconciliation nationale.

Il est vrai que Céline avait saccagé toutes les idoles, y compris celles qui étaient les plus chères aux patriotes. Ainsi l'Angleterre, était-elle présentée comme le principal ennemi de la France : « Tout le génie de la Judéo-Britannie consiste à nous mener d'un conflit vers un autre, d'un carnage dans un autre, étripades dont nous sortons régulièrement, toujours, en effroyable condition, Français et Allemands, saignés à blanc, entièrement à la merci des Juifs de la Cité [1]. »

Parfois les charges contre l'Angleterre étaient plus injurieuses et d'un goût plus douteux : « Jusqu'à la preuve du contraire c'est une ordure Miss Marmelade, l'atroce Angliche, pas fréquentable, bel et bien maquée, reluisante, avec le plus jeton des doubleurs. C'est même une honte qu'on lui cause à cette bourrique fourreuse de youtres. Pas des paroles qu'on lui devrait! rien que des glaves! Et plein la fiole! Que ça lui dégouline partout [2]! » Le Vatican n'était pas épargné : « Rien de plus juif que le Pape actuel [3]. De son véritable nom Isaac Ratisch. Le Vatican est un Ghetto. Le Secrétaire d'État Pacelli [4], aussi Juif que le Pape [5]. » Même le maréchal Pétain, alors vénéré par les Français (et pour quelques années encore!), était attaqué brutalement. Lui au moins n'était ni injurié ni taxé de judaïsme : « Monsieur le Maréchal Pétain, ce

1. *L'École des cadavres, op. cit.,* p. 285.
2. *Ibid.,* p. 278.
3. Achille Ratti, 257ᵉ pape sous le nom de Pie XI (1857-1939).
4. Eugenio Pacelli, 258ᵉ pape, élu en 1939 sous le nom de Pie XII (1876-1958).
5. *L'École des cadavres, op. cit.,* p. 266.

n'est pas aux deux quarterons [1] de quadragénaires artérieux combattants, fléchis, perclus éclopés rhumatoïdes, émergés par miracle de nos sempiternels charniers franco-allemands qu'il faut maintenant stentoriser vos trop bouleversants “ garde à vous ”! Mais non! Mais non! Monsieur le Maréchal! Quart à gauche! C'est de l'autre côté! Ce sont les Juifs de la Cité! Les Puissants de Londres! Les démoniaques démocrates de “ l'Intelligence ” qu'il faut figer dans la trouille! Maldonne Monsieur le Maréchal [2]! »

Céline n'avait été membre d'aucun des partis de droite, issus de la Grande Guerre et dans lesquels s'étaient retrouvés beaucoup d'anciens combattants. Il n'appartint pas non plus à l'Action française, malgré les bonnes relations qu'il entretint avec Léon Daudet et bien qu'il ait partagé beaucoup des idées de Maurras. Il n'a donc été ni au Faisceau de Georges Valois ni aux Jeunesses patriotes de Pierre Taittinger ni à Solidarité française de François Coty ni aux Croix-de-feu du Colonel de La Rocque ni au P.S.F. [3]. Il n'adhéra pas non plus au Parti populaire français lorsque Jacques Doriot y regroupa, à partir de 1936, des déçus venus de toutes parts, d'anciens stalinistes et d'anciens Croix-de-feu, nombre de socialistes et beaucoup de Camelots du roi. Tout pourtant poussait Céline vers de tels mouvements. Aux désillusions de la Grande Guerre étaient venues s'ajouter celles de la paix manquée, dont il avait été le témoin à Genève, celles du communisme, auxquelles il avait été confronté à Leningrad, et celles du socialisme, nées de l'échec du Front Populaire. En réalité, sa nature le portait moins à se joindre à des formations politiques d'inspiration fasciste qu'à partir seul en guerre pour une croisade solitaire qui devait l'amener à se brouiller avec presque tout le monde.

A la suite de la publication de *L'École des cadavres,* Denoël et Céline furent poursuivis pour diffamation et Céline en fut affecté.

1. Petit nombre; expression employée en avril 1961 par le général de Gaulle contre les quatre généraux putschistes d'Alger.

2. *L'École des cadavres, op. cit.,* p. 289.

3. Parti social français.

Léon Treich, journaliste de gauche, très antiallemand et favorable à une alliance avec l'Union soviétique, n'était pas juif, contrairement à ce qu'avait écrit Céline dans *L'École des cadavres.* Il se déclara diffamé et menaça de faire un procès, qu'il ne fit pas. En revanche, le docteur Pierre Rouquès fit citer en correctionnelle Céline et son éditeur pour diffamation, injures publiques et complicité, pour avoir été traité de « Juif », alors qu'il ne l'était pas. C'est André Saudemont [1], alors avocat à la cour d'appel de Paris, qui assura la défense de Céline; Me Paul Vienney [2] défendait Pierre Rouquès. C'étaient deux avocats engagés. Paul Vienney a plaidé au cours de sa carrière pour Lucien Sampaix, pour Gabriel Péri, Jean Catelas, tous trois exécutés par les Allemands au début de l'Occupation. Après la guerre, il devint l'avocat de *L'Humanité* et défendit Marcel Cachin et Jacques Duclos dans l'affaire dite « Le complot des pigeons ». Il fut aussi l'un des avocats de Ben Bella. André Saudemont appartenait à l'autre bord. Il s'agissait d'un avocat singulier, qui travaillait à la radio comme speaker, non seulement pour des émissions de caractère juridique, mais aussi pour des émissions littéraires et parfois pour de grands reportages. Le Conseil de l'Ordre s'en était ému, mais il avait finalement accepté cette situation [3]. Plus tard, sous l'Occupation, André Saudemont assura des reportages d'un genre un peu particulier, tels l'inauguration de l'Institut aux questions juives, le départ du premier train emportant vers l'Allemagne des travailleurs français, l'inauguration de l'exposition antibolchevique et, à Berlin, la libération de prisonniers français. Il avait aussi réalisé une interview du capitaine Sézille, secrétaire général de l'Institut aux questions juives, au sujet de l'étoile jaune dont le port venait d'être imposé à tous les Juifs.

Arrêté fin septembre 1944, envoyé à Drancy, puis à Fresnes, André Saudemont fut inculpé de trahison. Il rédigea alors un mémoire en défense dans lequel, une fois de plus, tout était de la

1. 23 octobre 1900-10 septembre 1970.
2. 7 janvier 1902-17 septembre 1966.
3. Arrêté du Conseil de l'Ordre du 6 mai 1930.

faute de Céline : « Le soussigné avait eu l'occasion de plaider en 1938 pour le trop fameux L.-F. Céline. Il l'avait connu par l'intermédiaire d'un peintre. Céline était poursuivi à cause de *L'École des cadavres,* par un docteur qu'il avait qualifié à tort de juif dans son livre. Le soussigné plaida devant la XIIe Chambre le seul point de droit. Céline fut condamné pour diffamation. Le soussigné se laissa malheureusement influencer par Céline sur la question juive. Sur le plan général seulement car il s'agissait d'un antisémitisme qui n'avait rien d'agressif ou de violent. Le soussigné, épris de liberté et d'indépendance, craignant toute puissance collective, quelle que soit sa nature, qui peut opprimer l'individu, se trouvait opposé à toute entreprise dominatrice. Il demandait seulement une réglementation évitant les abus, les naturalisations trop nombreuses, un pourcentage trop élevé dans certaines professions ou commerces. C'était question de mesure et de mesure seulement. Il n'a jamais été partisan d'autre chose. Pour la même raison, le soussigné craignait ce qui pouvait faire de la Maçonnerie une force au service de ses membres. Il n'avait jamais admis, pour l'avoir trop vu autour de lui, ces arrivistes qui se faisaient Maçons pour faire leur chemin plus vite. Son esprit d'opposition n'allait pas plus loin [1]. » Traduit devant la cour de justice, Me Saudemont fut acquitté du chef de trahison mais déclaré coupable d'indignité nationale, ce qui entraîna sa radiation du barreau de Paris, le 30 janvier 1945.

Céline avait été poursuivi par le docteur Rouquès pour avoir reproduit (avec quelques modifications et une remarque à sa façon) à la page 302 de *L'École des cadavres* un article publié dans *L'Humanité* du 5 novembre 1938 : « Hier a été inauguré le dispensaire du Syndicat des Métaux de la région parisienne... Plus que jamais cette organisation mérite le titre que notre journal naguère lui décerna : Le plus beau syndicat de France... Au cours du vin d'honneur qui suivit la visite prirent la parole les docteurs Kalmanovitch, Oppman, Rouquès, Lecain, Bli etc... (tous Juifs), les principaux artisans de cette réalisation. » Céline

1. André Saudemont, mémoire inédit.

avait évidemment ajouté « tous Juifs » à l'article de *L'Humanité.*

André Saudemont se garda bien de plaider contre les Juifs. Il soutint au contraire que le tribunal ne pouvait condamner Céline puisque le fait de traiter un Aryen de Juif ne saurait constituer ni une injure ni une imputation portant atteinte à son honneur et à sa considération. L'argument était séduisant. En retenant la culpabilité de Céline, le tribunal ne risquait-il pas de rendre un jugement raciste ? C'était oublier tout le mal qu'il avait dit des Juifs avant d'affirmer que Rouquès était Juif. La diffamation ne résidait pas dans le fait d'avoir écrit qu'il était Juif, mais dans celui de l'avoir taxé indirectement de tous les maux dont il avait chargé les Juifs. C'était une diffamation indirecte.

La 12e chambre du tribunal correctionnel de Paris, devant laquelle l'affaire avait été plaidée, rendit son jugement le 21 juin 1939 devant une salle à peu près vide. Seuls quelques fidèles étaient venus pour témoigner leur amitié à Céline : Marie et Renée Canavaggia, un couple d'amis, M. et Mme Bernardini, Georges Montandon, ethnologue au musée de l'Homme et inventeur de l'ethnoracisme, Louis Tschann, le libraire du boulevard du Montparnasse, Jean Bonvilliers et Lucette Almansor. Céline et Denoël étaient condamnés l'un et l'autre à 200 francs d'amende, tandis que le docteur Rouquès, qui avait demandé 50 000 francs de dommages et intérêts, voyait sa demande réduite à 2 000 francs. Le tribunal ordonnait aussi la suppression du passage incriminé, sous astreinte de 200 francs par jour de retard.

Le tribunal avait ainsi motivé son jugement : « [Attendu] que les mots " tous Juifs " placés entre parenthèses ont été ajoutés par Céline à l'information puisée dans le journal " L'Humanité ", et par lui reproduite. Attendu que dans le livre de Céline les trois cents pages qui précèdent ledit passage éclairent la pensée de l'auteur d'une lumière assez crue pour autoriser le lecteur à voir dans l'épithète " Juifs ", accolée au nom du docteur Rouquès – qui n'est du reste pas d'origine Juive – et de plusieurs de ses Collègues Juifs, un terme de dérision et de mépris. Attendu qu'ainsi cette appellation, d'ailleurs employée avec une intention de nuire certaine, affecte incontestablement un caractère injurieux à l'égard de ceux auxquels l'auteur l'applique et en particulier de Rouquès. Attendu d'autre part que " L'École des cadavres " constitue un pamphlet violent frénétique qui d'un bout à l'autre, renferme à l'adresse des Juifs parmi une accumulation d'invectives des allégations et imputations de fait d'un caractère manifestement diffamatoire. Attendu que l'apostrophe susvisée, qui leur fait suite (page 302) évoque nécessairement et résume lesdites imputations, et par là revêt le caractère d'une diffamation indirecte, mais non moins nocive à l'encontre de Rouquès. Attendu que dans ces conditions il échet de retenir à la charge des prévenus comme constants et établis les délits de diffamation, injures publiques, et de complicité qui sont respectivement reprochés à Céline et à Denoël [1]. »

Céline fut humilié par cette condamnation et la ressentit comme une persécution. Cette impression fut encore confortée par le retrait du livre. Par prudence, Denoël décida, en accord avec lui, de cesser la diffusion de *Bagatelles* et de *L'École* et même de retirer les exemplaires qui se trouvaient en librairie. Pour expliquer cette attitude, Céline soutint qu'il y avait été contraint par le Parquet, en exécution du décret Marchandeau. En réalité, le décret-loi du 21 avril 1939, dit « Loi sur les habitants », n'était pas rétroactif et s'appliquait seulement à la presse. Quelques mois plus tard, après la déclaration de guerre, les deux pamphlets ont été de nouveau commercialisés avec, sur le second, un papillon collé : « *L'École des cadavres* n'est pas dirigée contre les personnes. Elle attaque une politique. Afin de couper court à toute polémique particulière, l'auteur et l'éditeur ont résolu, d'accord, de supprimer les pages 17-18, 121-122, 301-302 de cette édition et de toutes celles qui suivront [2]. »

Après le retrait de ses livres, Louis avait écrit à Me Saudemont : « Maintenant la " Lica [3] " ne se sent plus de confiance guerrière! C'est l'hallali! Enfin – *Bagatelles* et *L'École* sont retirées de la

1. 12e chambre du tribunal correctionnel de Paris. Jugement inédit du 21 juin 1939.
2. Voir *Bibliographie des écrits de L.-F. Céline, op. cit.*, notice 39A1.
3. Ligue internationale contre l'antisémitisme, alors présidée par Bernard Lecache.

vente depuis 4 jours! Comme tout cela est effroyablement monté! Et ce n'est qu'un début [1]! » Il se plaignait aussi auprès de Lucien Combelle d'être victime d'une répression : « C'est beau la jeunesse confiante! Il a fallu hélas plier bagage – Denoël comme moi et Hachette! le Commissaire et le Parquet à nos trousses – le vent de très louche répression passe – antisémitisme = antifrance – égal = espion = fusil – D'ailleurs la 12e chambre nous a déjà salé – 200 francs amende 2000 dommage – livre condamné *(L'École)* suppression par arrêt – pour diffamation à *Rouquès* médecin communiste des brigades internationales. Ce n'est plus du roman hélas – nous voici dans l'arbitraire sec et déjà cynique – juif + ∴ + communisme + magistrat – demain exécutants au petit jour – Je ne parle pas de l'AF [2] ou de *Je Suis partout* parfaitement conformistes, anarchistes maison, mais pour ce qui me concerne point de merci – c'est au plus rapide – une question de vif surin – Heureusement buveur d'eau [3]... »

A l'audience de la 12e chambre, plaidant contre Céline, Paul Vienney avait affirmé pathétiquement : « Ça commence par un livre, ça finit par un massacre [4]. » L'avertissement n'avait pas été entendu par Céline, qui écrivit pour la réédition de *L'École des cadavres,* en 1942, une préface malheureuse qui montre au moins qu'il n'était pas informé de ce qui se passait alors en Allemagne : « L'eau a passé sous les ponts depuis la sortie de ce livre! Le monde a changé de visage. Encore quelques mois, quelques ans et l'on racontera des histoires qui n'auront ni queues ni têtes, personne ne se souviendra plus. » Il rappelait que le livre avait été publié sous Daladier. Céline rappelait aussi qu'il avait été condamné sur plainte du docteur Rouquès : « chirurgien du Syndicat des métaux et des Brigades Internationales ». Il avait enfin souligné que le livre avait été rejeté par toute la presse française, y compris par la presse antisémite : « au titre d'ordure totale, obscénité qu'il

1. Lettre de Céline à Me Saudemont [mai 1939], *Tout Céline* 2, B.L.F.C., 1983, p. 78.

2. Action française.

3. Lettre inédite de Céline à Lucien Combelle [juillet 1939].

4. Témoignage de Suzanne Kieffé.

convient de traiter avec pincettes et par le silence. Je fus lu tout de même par le Parquet et les gens de *L'Humanité.* A moi la correctionnelle [1] ! »

Cette nouvelle préface, écrite et publiée sous l'occupation allemande, devait être visée dans les poursuites engagées contre Céline à la Libération et faire de Pierre Rouquès un témoin à charge particulièrement virulent [2].

La publication des pamphlets, surtout de *L'École des cadavres,* engendra beaucoup de polémiques et obligea Céline à se défendre et à contre-attaquer, parfois même contre des hommes qui l'avaient soutenu et qui le poussaient à continuer le combat. Robert Brasillach publia ainsi, le 26 mai 1939 dans *Je suis partout* et sous la signature de Midas, un entrefilet critiquant Céline pour le retrait de *Bagatelles* et de *L'École* : « Ferdinand, tu te dégonfles. » Dans une première réponse, dont il avait en vain demandé la publication dans *Je suis partout,* Céline reprochait à Brasillach, « une petite lâche saloperie [3] ». Au mois de juin, dans une seconde lettre, il lui lança : « Vous ergotez Brasillach, je ne vous traite pas de lope, ni de salope moi, si j'avais envie de le faire, je ne choisirais pas un prétexte. J'irai vous le dire en homme et en face. [...] Êtes-vous Brasillach plus costaud qu'un commissaire de Police ? nouveau Liabeuf [4] ? Pas moi. Je vous ai dit que nous avions déjà 2 procès. Faut-il que nous en prenions 36 pour vous faire jouir, fillette [5] ? »

La publication des pamphlets eut pour autre conséquence d'aggraver la rupture entre Denoël et Steele. Bernard Steele, qui était juif, n'avait pas apprécié l'enthousiasme avec lequel Denoël avait publié les pamphlets, ni le lancement publicitaire qui avait accompagné ces publications. Il est vrai qu'il y avait eu entre eux bien d'autres sujets de dissensions et beaucoup de différends d'ordre financier. Steele, lassé de boucher les « trous » de l'entreprise et d'honorer les traites et autres engagements que Denoël prenait en

1. Préface de la réédition de *L'École des cadavres,* Denoël, 1942.
2. Voir tome III, pp. 196-197.
3. *Textes et Documents* 3, *op. cit.,* p. 101, note 1.
4. Meurtrier d'un policier, guillotiné en 1910.
5. *Textes et documents* 3, *op. cit.,* p. 100.

imitant sa signature [1], lui avait vendu ses parts le 30 décembre 1936. La guerre devait ensuite les séparer. Steele servit comme officier dans la marine américaine. Nommé, dès la libération de Paris, attaché naval adjoint à l'ambassade des États-Unis, il renoua avec Robert Denoël, comme si rien ne s'était passé. La veille de sa mort, Denoël était venu le voir à l'ambassade, très détendu. Il ne lui avait parlé de rien, d'aucune menace dont il aurait fait l'objet, mais seulement du fait qu'il allait devoir comparaître devant une commission d'épuration. Après son assassinat [2], Bernard Steele est allé, avec Cécile Robert-Denoël, reconnaître son corps à l'hôpital Necker.

Céline était obsédé par ses idées qu'il rabâchait et dont toute sa correspondance était émaillée : « Quant au Danemark, le mieux qui puisse lui arriver c'est de devenir allemand. S'il ne le devient pas, il terminera juif et communiste. Point d'autre alternative dans le monde d'aujourd'hui [3]. » Dans cette même lettre, il indiquait aussi : « Je suis renvoyé de tous mes emplois. Ma vie devient très sportive. Elle consiste à bien choisir le moment juste pour filer à l'étranger. Car les choses sont à peu près ici dans l'état où elles étaient en Espagne avant la révolution [...]. »

C'est peut-être pour chercher un éventuel refuge et en tout cas pour changer d'air que Céline, en route pour les États-Unis, décida de passer par Saint-Pierre-et-Miquelon. Cette visite aux Bretons d'Amérique eut lieu en avril 1938, entre la publication de *Bagatelles* et celle de *L'École.* Grâce aux recherches de Florent Morési, nous connaissons bien maintenant les conditions de ce départ. On savait par Henri Mahé que Céline cherchait une île suffisamment déshéritée pour ne faire envie à personne et n'être l'enjeu d'aucune bataille dans la guerre à venir, et qu'à Sigmaringen, il avait demandé à Laval de le nommer gouverneur de Saint-Pierre-et Miquelon [4]. Mais on ne savait pas quand il y était allé. Il embarqua en fait le 15 avril 1938 sur *Le Celte,* petit cargo mixte de

1. Témoignages de Bernard Steele et de Cécile Robert-Denoël.
2. Le 2 décembre 1945. Voir tome III, pp. 87-89 et 136-137.
3. Lettre de Céline à Karen Marie Jensen, *Cahiers Céline,* n° 5, *op. cit.,* p. 252.
4. Voir tome III, p. 63; et *D'un château l'autre,* dans *Romans* 2, *op. cit.,* p. 246.

907 tonneaux, commandé par le capitaine Jean-Marie Eneault, et qui n'avait à son bord que trois autres passagers : René Haran, aussitôt appelé « le hareng » par Céline, Mme Elisa Allain, native de Saint-Pierre, et sa fille Jeanne, aujourd'hui Mme Allain-Poirier, alors âgée de dix ans et que Céline appela « la sardine ». La présence d'un médecin à bord fut accueillie par Mme Allain comme une bénédiction car sa fille relevait d'une opération de l'appendicite. La traversée se déroula sans encombre. Céline s'occupa de la petite Jeanne avec laquelle il eut des conversations sérieuses comme il savait en avoir avec les enfants. *Le Celte* toucha Saint-Pierre le 26 avril 1938, après onze jours de mer. D'après Florent Morési, c'est sans doute là que Céline trouva l'idée de *Scandale aux Abysses.* En quittant Saint-Pierre, Céline se rendit au Canada où il aurait assisté à une réunion politique avec Victor Barbeau [1], avant de se rendre à New York pour le lancement de *Mort à crédit.* Il effectua le voyage de retour du 18 au 23 mai sur le *Normandie,* puis passa quelques jours au Havre avec Lucette Almansor, venue l'y rejoindre.

Céline était complètement désabusé : « Rentré après ce voyage bien précipité et dans l'ensemble bien raté à tous égards. Assez mal foutu d'ailleurs au surplus. J'ai retrouvé Pipe [2] avec sa cargaison de désastres coutumiers, enfin la série, l'avalanche merdeuse que tu connais de ma mère, de ma fille, mêmes couplets avec variantes. Je reste ici q[uel]q[ues] jours. Je pense à mes boulots, seule petite consolation bientôt dans cette chirie invraisemblable, ce cauchemar toujours renouvelé, cette pétaudière écœurante. [...] Sauf de vous retrouver tous – j'entrevois mon retour à Paris avec une sorte d'horreur, comme si vraiment le voyage touchait à son terme [3]. » Louis revenait d'Amérique, certain d'avoir vu un pays que l'on préparait à la guerre : « Les journaux ne parlent que [de] la guerre européenne pour re[n]flouer leurs affaires. *Ils ne pensent qu'à cela.* Tous les cinémas ne passent que des films provocateurs de guerre (pour la démocratie) même leur théâtre est à présent politique –

1. Victor Barbeau, *Aspects de la France,* 17 janvier 1963.
2. Lucette Almansor; c'est Gen Paul qui lui avait donné ce surnom.
3. Lettre inédite de Céline à Gen Paul (collection particulière).

leurs opérettes! Les Juifs sont en rage absolue, poussent à la riffle 1 000/100. Atmosphère de provocation effarante, irrespirable [1]. »

La vie de Céline était ponctuée de chocs, de rencontres, d'engagements et de batailles. Il trouva aussi tout naturellement sur son chemin des exaltés et beaucoup d'hurluberlus, parmi lesquels Robert Van Den Broek, ancien militant d'extrême gauche, qui avait été ensuite séduit par le nazisme. Invité au congrès de Nuremberg en 1936, il y avait fait la connaissance d'Otto Abetz qui l'employa dans ses services. Il se trouvait à Berlin en août 1939, au moment de la déclaration de guerre, pour faire un reportage sur la mobilisation allemande. Il travailla ensuite avec Paul Ferdonnet [2] à la préparation de textes pour Radio Stuttgart et à la rédaction de tracts que les avions allemands devaient parachuter sur la France. Sous l'Occupation, il tenta de lancer un journal favorable à la Collaboration : *La France au travail,* pour lequel il avait sollicité en vain le concours de Jean Galtier-Boissière. Puis il édita à Vichy un journal clandestin proche de la Résistance, ce qui ne lui évita pas d'être condamné en octobre 1946 à vingt ans de travaux forcés par la Cour de justice de la Seine. Le nom de Robert Van Den Broek mérite d'être retenu pour *L'Homme et le mensonge, Jean Trotz,* publié en 1934, et surtout, en 1956, aux Éditions Renouveau : *Passagers du demi-siècle,* sous-titré « Les aventures de Van Hurlu de la Berlue et autres », fortement teinté d'accents céliniens, sorte d'imitation de *Voyage au bout de la nuit.*

A la fin des années trente, dans les mois qui précédèrent la déclaration de guerre, Céline rencontra nombre d'hommes politiques, ou proches de la politique, avec lesquels il eut des rapports plus ou moins suivis au cours de l'occupation allemande, tels Marcel Déat, le docteur Bécart, Lucien Combelle, Alphonse de Chateaubriant, très favorable à un rapprochement franco-allemand, le colonel de La Rocque, Jean Galtier-Boissière, Georges Montandon, Lucien Rebatet, Drieu La Rochelle, Robert Brasillach, Karl Epting, etc.

1. Lettre inédite de Céline à Gen Paul [1938] (collection particulière).
2. Né le 28 avril 1901, fusillé le 4 août 1945.

C'est effectivement peu avant la guerre que Céline avait reçu à Montmartre la visite d'un admirateur allemand, Karl Epting, avec lequel il entretiendra, après l'armistice, des relations amicales. Epting avait beaucoup milité avec Otto Abetz, inspirateur du comité France-Allemagne dont la revue, *Les Cahiers franco-allemands,* publiait des textes d'écrivains français prestigieux tels : Pierre Benoit, Jules Romains, Georges Duhamel, Henry de Montherlant dont le nom figure encore au sommaire du numéro de mai-juin 1940...

Céline n'a jamais appartenu au comité France-Allemagne et il n'a jamais collaboré aux *Cahiers franco-allemands* qui s'inscrivaient dans le cadre d'une très importante campagne de propagande auprès d'intellectuels français, dont beaucoup participèrent à des voyages en Allemagne où ils ont été reçus somptueusement.

Contraint de démissionner, en décembre 1937, des fonctions qu'il exerçait, depuis le début de l'année 1929, au Dispensaire de Clichy, Céline fut aussi dans l'obligation, à cause de *Bagatelles pour un massacre,* de cesser toute collaboration à la Biothérapie, laboratoire présidé par Charles Weisbrem, où travaillaient les docteurs Alpérine et Titoff, ce dernier, ancien membre du gouvernement de Kerenski.

Il cessa de fréquenter l'académie Duchesne où son ami le docteur Auguste Bécart l'avait fait entrer : « Pour le moment je dois me défendre assez âprement et me concentrer sur de menus objets. Que je suis un détestable collègue ! Il me serait bien agréable de vous délivrer d'un si piètre associé ! De toi à moi on ne me reverra jamais aux repas et séances. Tout ceci, je t'avais bien prévenu est incompatible, irréductible à mon anarchisme fondamental [1]. »

Céline s'était enfin détourné de la recherche [2]. Il en tenait la

1. Lettre de Céline au Dr Bécart, 24 [mars 1938], *Textes et documents* 3, *op. cit.,* p. 93.

2. Il demeura cependant jusqu'à son départ en Allemagne, conseiller médical au laboratoire Nican à Palaiseau.

S.D.N. responsable : « Je ne fais plus de recherches à Clichy je me contente de pratiquer, dégoûté que je suis par l'inertie écœurante des abrutis de Genève (Rajchman et Olsen compris) littéralement ahuris par leurs subtilités factices et imbéciles, leurs prétentions diplomatico-sanitaires – On ne sait plus par quel bout les prendre pour les intéresser *(they are beyond reason)* faites ce que vous pouvez mais pour ma part j'en ai assez de faire depuis des années des propositions que je crois parfaitement viables cependant que je constate leur immuable et désastreuse futilité dans tous les domaines – nous parlerons de tout cela – *money first* [1] ! » Céline était donc dans le vrai quand il écrivait à Évelyne Pollet : « [...] les ennuis n'ont pas manqué ces temps-ci. 2 procès en Correctionnelle avec 100 mille francs de dommages à la clef... Denoël en mauvaise foi et faillite, qui ne me paye plus. Les livres supprimés par décrets-lois... Une cascade. La médecine impossible. Les emplois tous perdus [2]. » Même accents que l'on retrouve dans une lettre à John Marks : « Pour ma part j'ai perdu tous mes emplois médicaux et autres à la suite de *Bagatelles...* je suis à la recherche d'un petit emploi de remplacement – *Casse-pipe* n'est pas fini hélas! loin de là [3]! »

Bien qu'il ait renoncé à tous ses emplois médicaux, Céline ne paraît pas avoir effectué de remplacements de confrères depuis juillet 1937. Il avait alors tenu le cabinet du docteur Sylvain Malouvier à Montivilliers près du Havre. Lucette se souvient du passage des consignes : tondre le gazon, payer la bonne, nourrir les poissons rouges, etc. Céline et Lucette ont laissé à Montivilliers le souvenir d'un médecin qui visitait la clientèle à bicyclette, sur un vélo chromé, comme on n'en voyait que dans les cirques, et d'une femme qui dansait toute la journée dans sa maison, toutes fenêtres ouvertes... Il paraît aussi qu'à son retour, le docteur Malouvier aurait constaté que son gazon n'avait pas été tondu, que la bonne était partie en claquant la porte et que les poissons rouges

1. Lettre inédite de Céline au Dr Walter Strauss, 21 février, sans date.

2. Lettre de Céline à Évelyne Pollet [29 mai 1939], *Cahiers Céline*, n° 5, *op. cit.*, p. 204.

3. Lettre inédite de Céline à John Marks, sans date.

étaient morts... Les rapports entre les deux hommes ont été dès lors moins amicaux et, lorsque le docteur Malouvier fut mobilisé et qu'il eut besoin d'un médecin pour le remplacer, il semble qu'il y eut entre eux quelques prises de bec, ainsi qu'en témoignent des brouillons de lettres figurant au dos de certaines pages du manuscrit de *Guignol's Band :* « Mon Cher Confrère, votre bonne n'a pas eu à reprendre les clefs. » « Je laisse à d'autres le soin de remonter votre clientèle, complètement perdue... », et : « Le temps est mal choisi pour les impertinents messages – il me semble que l'apprentissage du métier des armes doit accaparer toutes vos énergies quant à la méthode " pour réussir dans la vie ", je ne la tiens pas de petits morveux de votre genre – ceci posé – il m'a paru que votre clientèle n'existait qu'à l'état de projet – ou d'illusions [1]... »

D'après Lucette Destouches, leur brouille serait née après que Céline eut critiqué sans ménagements un manuscrit que le docteur Malouvier lui avait soumis et qu'il édita lui-même en 1940 sous le titre *Les Cerises* [2].

En 1939, après l'été, Louis quitta l'appartement de la rue Lepic, où il vivait depuis 1929, pour s'installer à Saint-Germain-en-Laye dans une petite maison en location, 15, rue Bellevue. Aux uns il avait dit que c'était par économie, à d'autres parce qu'il voulait exercer de nouveau la médecine libérale. Il se fit imprimer des cartes de visite professionnelles, avec les titres suivants :

« Dr. Louis F. Destouches
Lauréat de la Faculté de Médecine de Paris
Réformé, Médaille Militaire
Médecine Générale
Consultation tous les jours de 1 à 3 h. »

Comme il était à prévoir, la clientèle ne vint pas. Pourtant Mme Marzouk, qui tenait une librairie qu'il avait découverte lors de ses séjours au pavillon Henry IV, lui donnait de bons conseils : ne pas porter de casquette, s'habiller plus convenablement, se faire payer normalement. Céline n'en suivit aucun, surtout pas le

1. Brouillons de lettres inédits.
2. Le Havre, S. Malouvier, 84, route nationale, 1940, 80 pages.

dernier : « [...] je me suis fait plus de tort jamais prendre un rond aux malades que Petiot de les faire cuire au four [1]!... »

Céline ne tenait pas compte de ses avis, mais il aimait bien Mme Marzouk et, en 1951, quand elle lui écrivit à Meudon pour lui proposer de venir le voir (ce qu'elle fit peu après), elle reçut de lui une lettre charmante : « Mais bien sûr chère Madame j'ai pensé bien souvent à vous et à votre si gentille librairie! les souvenirs aimables sont infiniment rares et précieux, vous le savez, hélas [2]! »

C'est par hasard, devant la statue de Thiers à Saint-Germain, que Jeanne Carayon [3] rencontra Céline pour la dernière fois. Il lui rappela gentiment sa « trahison », quand elle avait quitté Paris pour se marier aux États-Unis, avec une allusion à Marie Canavaggia : « Il vint à moi vivement, m'accompagna à la gare. " Vous m'avez trahi, mais je vous ai pardonné : vous m'en avez donné une autre très bien. " Il ajouta *(c'est à taire) :* " Mais peut-être que, pour la Grammaire... " (Toujours, sa révérence pour la Grammaire.) Comme je lui tendais la main avant de descendre sur le quai, il m'ouvrit les bras comme au temps du *Voyage...* et me tint un instant près de son cœur, sans un mot. Je ne l'ai jamais revu [4]. »

*

Après les années de désordres sentimentaux qui avaient suivi sa rupture avec Elizabeth Craig [5], Céline connut, avec Lucette Almansor et jusqu'à la fin de sa vie, une aventure qui lui apporta les seuls moments heureux d'une existence qui allait être de plus en plus tumultueuse, puis de plus en plus solitaire.

Les femmes qu'il avait rencontrées après le retour d'Elizabeth aux États-Unis, et avec lesquelles il avait maintenant des relations

1. *D'un château l'autre,* dans *Romans* 2, *op. cit.,* p. 9.
2. Lettre inédite de Céline à Mme Marzouk, 16 août 1951.
3. Voir tome I, pp. 308, 311 et 314; et *supra,* pp. 25 et 115-116.
4. Note inédite de Jeanne Carayon, « Complément à ce que j'ai écrit pour *L'Herne* », 28 juin 1977.
5. Voir tome I, pp. 300-301; et *supra,* pp. 84 et suivantes.

suivies, s'effacèrent, hormis Karen Marie Jensen, pour des raisons de circonstances [1], et Évelyne Pollet qui lui était demeurée très attachée. Céline lui reprochait sa nature trop romantique : « Vous avez une façon fine et doucement triste de vivre qui est bien poétique. [...] il vous faut quand même plus de brutalité que vous n'en avez, plus d'initiative sexuelle, si j'ose dire. Parce que le sexe est à la base de toutes ces choses [2]. »

Évelyne Pollet fut tout naturellement jalouse de Lucette. Céline commit la maladresse de la lui amener à Anvers en 1938, au retour d'un court séjour à Amsterdam et à La Haye où il lui avait fait visiter le Rijksmuseum et le Mauritshuis. Évelyne avait promis de montrer Anvers à Lucette mais, le jour de leur arrivée, elle leur avait fait dire qu'elle était malade et ne pouvait les recevoir. Lucette était restée au salon avec le mari d'Évelyne, tandis que Louis était allé la voir dans sa chambre où, d'après elle, il lui aurait une fois de plus témoigné son ardeur. C'est plus tard, fin juin 1939, qu'Évelyne rencontra Lucette, dans des conditions dramatiques dues au fait que Céline avait sous-estimé les sentiments et la véritable passion qu'elle éprouvait pour lui.

Évelyne Pollet avait subi en décembre 1938 une grave intervention chirurgicale, puis elle était allée se reposer pendant plusieurs mois dans le Midi de la France. Quand elle avait été sur le point de rentrer chez elle en Belgique, Céline lui avait proposé de passer quelques jours avec lui à Dinard. Elle était accourue. Sa déception fut énorme quand elle découvrit que Lucette était là et qu'elle partageait la chambre de Louis. Le soir même, elle tenta de se suicider en absorbant une dose importante de digitaline. Louis, qui détestait ce genre de situation, la soigna, la fit dormir et la raccompagna le lendemain à Saint-Malo, où elle prit le train pour Paris.

Très profondément affectée par ces événements, dont elle tira un roman, *Escaliers* [3], Évelyne Pollet explique ainsi le comporte-

1. Voir tome III, principalement pp. 78-82 et 116-121.
2. Lettre de Céline à Évelyne Pollet, *Cahiers Céline,* n° 5, *op. cit.,* p. 173.
3. *Escaliers,* La Renaissance du livre, Bruxelles, 1956.

ment de Céline avec les femmes : « Céline attirait les femmes d'une main et les repoussait de l'autre, dans sa farouche horreur d'être possédé [1]. »

Le journal qu'elle tenait à l'époque témoigne de son désarroi : « Journées affreuses. Retour de Paris et de Saint-Malo [2]. » Quelques jours plus tard : « Les enfants au camp scout. Sans réponse de Céline. Journées les plus douloureuses de ma vie [3]. » En octobre 1939, elle cherchait encore à comprendre ce qui s'était passé : « C'est cela qui m'a rendue folle à Saint-Malo, l'intrusion d'une étrangère dans ce monde qui m'avait paru extraordinairement sûr et clos, et différent des autres mondes. Je la regardais, je regardais ailleurs, je ne comprenais pas, je ne pouvais pas comprendre [4]... »

Longtemps après, en 1943, apprenant le mariage de Céline et de Lucette Almansor, elle laissa libre cours à sa jalousie, s'en prenant d'abord à Lucette, puis à Céline lui-même, taxé d'imbécillité : « Peut-être est-elle enceinte... qu'est-ce qui pourrait sortir de ce ventre d'esclave ? [...] Imbécile qui s'est *dégradé* par le mariage, *abaissé* à être comme tout le monde... à son âge [5]. »

Pour sa part, Céline avait détesté le côté théâtral du « suicide » qu'il n'avait pas su prévoir. Il connaissait pourtant bien les femmes : « [...] les crises émotives durent pas beaucoup chez les hommes, les dames, les demoiselles se trouvent chez elles dans la tragédie, en redemandent, encore et encore !... »

Évelyne Pollet et Céline devaient se revoir une dernière fois à Anvers en 1941 [6], ils ont ensuite correspondu après la guerre, en 1947 et 1948. Céline a été sévère et injuste avec elle dans une lettre à Albert Paraz. Évelyne et Paraz s'étaient rencontrés pendant l'été 1949 à Vence pour une aventure qui n'avait duré que quelques jours. Voici ce qu'écrivait Céline à Paraz : « Cette saloperie d'Évelyne ne m'a jamais envoyé un gramme de chocolat ni de *rien* !

1. Évelyne Pollet, texte inédit, 12 octobre 1976.
2. Journal inédit d'Évelyne Pollet, 10 juillet 1939.
3. Journal inédit d'Évelyne Pollet, 16 juillet 1939.
4. Journal inédit d'Évelyne Pollet, 5 octobre 1939.
5. Journal inédit d'Évelyne Pollet, 23 mai 1943.
6. Voir *infra*, p. 238.

damnée hystérique menteuse provocatrice. folle de jalousie salope. cavaleuse avec ça! la femme de lettre 1 000 p. 100! l'horreur même! Je l'ai traitée de conne autrefois lorsqu'elle me racontait qu'en *1916* – petite fille, elle crachait sur les bottes des officiers allemands dans les tramways d'Anvers. *C'est tout.* Le reste archi dégueulasse broderie! Elle me hante depuis 15 ans cette garce! avide de publicité – Je lui ai pas écrit un *mot* depuis 40! d'où fureur! Bicêtre! Bicêtre [1]! »

C'était une version très « célinienne » de ce qu'avaient été leurs rapports! Louis oubliait qu'il lui avait écrit six lettres en 1941, toutes très affectueuses, une lettre en 1942, une autre en 1943, deux lettres en 1947 et deux encore en 1948! Sa lettre du 21 février 1948, permet de se faire une idée sur sa façon d'écrire l'histoire : « Chère Évelyne. J'ai très bien reçu les chocolats et comptais bien vous en remercier, embrasser, cajoler. [...] N'envoyez plus rien, je vous prie, j'ai l'horreur des dons, cadeaux, gracieusetés [2]. »

1. Lettre de Céline à Albert Paraz, 4 [mars 1951], *Cahiers Céline,* n° 6, *op. cit.,* p. 307.

2. Lettre de Céline à Évelyne Pollet, 21 [février 1948], *Cahiers Céline,* n° 5, *op. cit.,* p. 217.

CHAPITRE IX

Gibraltar

> « En vrai un continent sans guerre s'ennuie... sitôt les clairons, c'est la fête !... »

Le 26 janvier 1939, Barcelone était tombée aux mains des franquistes, précédant de peu la chute de Madrid, survenue le 28 mars. Le 15 mars, la Wehrmacht était entrée en Bohême et le lendemain les Slovaques s'étaient placés sous le « protectorat » du Reich. Le 7 avril, l'armée italienne avait envahi l'Albanie puis, le 22 mai, Hitler et Mussolini avaient signé le pacte d'Acier. Le 30 avril, l'U.R.S.S. avait proposé une alliance militaire à la France et à l'Angleterre. Staline voulait surtout que les frontières de l'U.R.S.S. et des pays riverains de la mer Noire soient garanties par Londres et par Paris dans les mêmes conditions que les frontières polonaises et roumaines. Malgré l'insistance de Molotov, nouveau ministre des Affaires étrangères, les délégations française et britannique chargées des négociations n'arrivèrent que le 11 août à Leningrad, par bateau... Le 19 août, l'Allemagne signait une convention commerciale et financière avec l'U.R.S.S. puis, le 23 août, le pacte de non agression et d'amitié dit « Pacte germano-soviétique ». Le 1er septembre 1939 à 4 h 45, les troupes du Reich envahissaient la Pologne, le 17 septembre, l'Armée rouge faisait de même et le 29 Varsovie tombait aux mains de l'armée allemande.

Céline avait vécu cela au jour le jour. Il y voyait la confirmation de ce qu'il avait annoncé mais le moment n'était pas encore venu, pour le dire et pour triompher d'avoir vu si juste.

Louis Destouches était assez patriote pour ne pas rentrer dans le rang. Il était aussi trop français et trop « sans-culotte » pour rester planqué chez lui alors que l'ennemi était aux frontières. Les sentiments qu'il avait éprouvés à Rambouillet en août 1914, au moment de la déclaration de guerre [1], remontaient en lui confusément. Il n'avait pas envie de « mourir pour Dantzig », mais il était prêt à s'engager pour défendre le sol français, surtout depuis que l'U.R.S.S., sa bête noire, était officiellement devenue l'ennemi de la France.

Le 9 novembre 1939, la commission de réforme maintenait son taux d'invalidité à 70 %, mais il ne sera définitivement réformé que le 22 juillet 1942.

En 1939, âgé de quarante-huit ans, invalide à 70 %, Céline voulait encore servir, attitude qui mérite d'être comparée à celle de Maurice Thorez, futur ministre et vice-président du Conseil des ministres, qui désertait le 4 octobre 1939 du 3e régiment du génie où il avait été mobilisé le 3 septembre.

Céline avait d'abord quitté Saint-Germain-en-Laye pour s'installer avec Lucette, chez sa mère, dans le petit appartement, dont elle était locataire, 11, rue Marsollier.

Louis contracta alors un engagement comme médecin maritime auprès de la compagnie Paquet. Affecté provisoirement sur le *Chella,* il embarqua sur ce navire le 1er décembre 1939. Il s'agissait d'un bâtiment purement civil, desservant la ligne Marseille-Casa-

1. Voir tome I, pp. 135-138.

blanca, qui fut ensuite armé de canons, ce qui permit à Céline de dire qu'il était « engagé volontaire des deux guerres ». En fait ce n'était exact ni pour l'une ni pour l'autre.

Par la suite, Céline a souvent fait état de cet épisode de sa vie, qui devait s'achever dans des conditions dramatiques, et aurait pu tourner en catastrophe : « Vous croyez pas si bien dire!... j'ai été maintes fois admirable! la dernière fois devant Gibraltar! [...] Oui, Gibraltar! Colonel!... devant Gibraltar!... nous coulâmes un petit anglais, l'aviso *Kingston Cornelian*... nous lui passâmes par le milieu! nous le fîmes couler corps et biens [1]... » Il faut dire que cet abordage était, dans le genre tragi-comique, parfaitement célinien! Alors que la « drôle de guerre » battait son plein, un navire civil français coulait un navire militaire anglais... au pied du rocher de Gilbratar...

Céline n'avait été embarqué sur le *Chella* qu'à titre temporaire pour remplacer le médecin habituel du navire : « Me voici à l'essai chez Paquet ligne du Maroc – Enfin c'est 8 jours aller et retour seulement sur le « Chella » – mais c'est un interim! ce mec doit revenir, alors c'est encore la bascule et le cordon de sonnette! Enfin c'est 8 jours! après! après quoi? [...] Tu sais que j'avais horreur du soleil – J'y prends goût imagine – dans l'agonie actuelle – c'est encore le seul baume – le seul adoucissement – un sentiment de vieux chien contre un mur – on a été trop pourchassé – Je pense à ton ulcère – Fais attention – Soigne-toi bien – *ne mange pas trop* – juste assez [2] – »

Une fois le *Chella* armé, Céline fit l'objet d'une promotion : « Je rentre à Casa j'y retourne – J'essaye de passer bien inaperçu pour ne pas me faire balloter – on a l'air de me piffer assez bien. Je pourrai peut-être tenir. Ce n'est pas le Pérou c'est du 50 points par jour – par les temps qui courent – le miracle! – Je me suis enlevé 25 ans pour me retrouver au 12e. On n'a jamais vu un médecin de service depuis la marine en bois – D'ailleurs ils viennent de me faire passer à la *navale* avec *1 galon*! et la solde

1. *Entretiens avec le professeur Y*, Gallimard, 1955, p. 62.
2. Lettre inédite de Céline à Jean Bonvilliers, sans date.

hélas du grade! mobilisman sur le bateau à cause des canons dont on s'est nouvellement chargé – Enfin tu parles d'un bastringue – Dans tout ça je fais oui oui oui oui – je ne sais plus dire que oui et poulopper au commandant – J'aurais voulu faire descendre la pipe [1] – mais je ne peux pas avec 1 700 par mois pour tout potage! Je lui envoie le plus je peux mais c'est pas lerche [2] – Si tu entends parler d'un cacheton ici ou là – dans la comédie ou autre pense à elle – à n'importe quel prix – elle est du tapin – elle a la carte syndicale depuis des chiées – mais elle se met pas en valeur – tu sais son adresse 11 rue Marsollier [3] – » Dans une autre lettre, juste avant l'éperonnage de Gibraltar, il s'était de nouveau préoccupé du sort de Lucette : « [...] la pipe est toujours en détresse – j'envoie ce que je peux – mais je peux peu il faudrait qu'elle crèche ailleurs que chez ma Doche qui est une emmerdeuse éreintante – Il faudrait aussi qu'elle se magne et n'attende pas tous les miracles de mes os – [...] Pour moi je suis dans le vague – on me laisse un peu espérer que cela peut durer – c'est tout – c'est au jour le jour – et pas bezef en paye – de sous-lieutenant tu te rends compte mais c'est miraculeux à côté des autres précédents mois – Je me couperais une patte pour que ça doure! merde! on aura vécu! Tu me vois un peu tiède sur les malheurs des potes – (sauf Popol [4]) ils ont été avec moi tous joliment lâches et fumiers – Un peu de merde ne leur va pas mal – Pas trop bien sûr, pas trop – juste pour la dignité des choses – La guerre monte par ici aussi. Elle commence à peser lourd – même en ces bords d'insouciance – Allez vieux la bise à vous deux et bonne fin d'année 40 – le plus vite possible [5] ».

C'est dans la nuit du 5 au 6 janvier 1940, vers 22 heures, que le *Chella* éperonna l'aviso britannique *Kingston Cornelian.* Voici les faits, vus par Céline dans une lettre à Bonvilliers : « On a sauté sur ce torpilleur mon ami! il a éclaté de toutes ses bombes – un

1. Lucette Almansor.
2. Beaucoup.
3. Lettre inédite de Céline à Jean Bonvilliers, sans date.
4. Gen Paul.
5. Lettre inédite de Céline à Jean Bonvilliers, 1er [janvier 1940].

volcan! 27 morts d'un coup il a coulé en *17 secondes*! corps et biens! et nous! une déchirure de 35 mètres – la chiée de blessés – une jolie nuit! une nuit devant Gibraltar avec 300 transis et blessés à bord – de 10 heures soir à midi le lendemain [1]! – » Dans une lettre écrite dès le lendemain, Céline avait été plus précis : « J'ai toujours de la veine imagine! Ils venaient de me bombarder médecin de 3e classe (marine militaire) sur un paquebot armé – La nuiche – Devant Gibraltar nous éventrons en pleine vitesse un torpilleur anglais qui explose mon ami! alors! à 10 h 20 du soir! coule corps et biens en moins d'une minute – (24 morts) et nous défonce l'avant nous coulons gentiment doucement – assez lentement pour arriver quand même plein d'eau à Gibraltar le lendemain à midi! Quelle nuit! J'ai suturé pendant 14 heures et piqué dans tous les sens – toute la nuit, coupaillé ici et là – la Guerre! sur ce rafiot fonçant, fonçant. Il faut avoir vu ces scènes – et 200 tirailleurs marocains à bord – Je ne regrette rien – mais je n'ai pas de veine dans mes carrières – on nous calfate sommairement et on rentre remorqués à Marseille se faire débarquer – marins malheureux! Sur le sable encore! Tu parles d'une malchance! J'étais si bien sur ce bidet! Enfin c'est la vie et la guerre à mort! par emmerdements [2]! » Le lendemain, il avait écrit au médecin-colonel Camus en des termes plus littéraires : « Inutile de te dire encore que ton ami tout au cours de cette nuit fort tragique, entre morts, noyades, et blessés sut faire honneur à ceux qui lui apprirent le métier des armes et de manœuvre et la vaillance, et discipline. A ce point que je me demande si mes talents ne seront honorés, en haut lieu. Enfin nous amarrâmes de justesse à ce port, à la détresse. Nous rallierons Marseille plus tard, après raccommodage sommaire... et puis l'on désarmera. Où irai-je? Ah! le destin se montre féroce en ces jours courants. J'espère que vu ma vaillance et ma discipline on me découvrira une autre nouvelle planque où je finirai bien par gagner la timbale des bonnes vies bien mouvementées. De toi à moi, jamais je ne me suis tant amusé. La belle

1. Lettre inédite de Céline à Jean Bonvilliers, le 24 [janvier 1940].
2. Lettre inédite de Céline à Jean Bonvilliers, le 7 [janvier 1940].

époque tu vois, c'était le XVIIIe, on y faisait facilement une vie par semaine. De nos jours dits rapides on guerroye en limace. Heureusement il me reste la mer qui n'a pas tant changé [1]. »

Le beau comportement de Louis au cours de cette nuit se trouve confirmé par plusieurs lettres d'un officier qui servait sur le *Chella*, probablement le commandant en second, et qui lui faisait part de l'avancement des travaux de remise en état du navire. Il était alors question qu'il soit envoyé en Norvège ou en Orient, toujours pour servir de transport de troupes : « Je crains que vous ne soyez des nôtres. Je sais que Fabre vous a écrit. Vous avez toutes ses sympathies, comme les miennes. Votre conduite dans la nuit " héroïque " a été très remarquée et nous voudrions bien vous avoir. Malheureusement, la Compagnie ne peut prendre, pour l'instant, un docteur à titre définitif. Je crois être sûr qu'on vous offrira le premier poste vacant [2]. »

Après quelques jours à Gibraltar, où il avait été réparé sommairement, le *Chella* était revenu à Marseille, par ses propres moyens, en longeant les côtes : « A Gibraltar bon séjour et puis retour dans la tempête avec ce rafiot rafistolé – la côte d'Espagne en rampant contre les rocs! – Et puis à l'arrivée l'éternelle question : *suis-je viré?* non! il semble... la raison – " que j'ai fait mon devoir et plus que mon devoir " dit le rapport de mer – mais si on répare trop longtemps... on oublie l'héroïsme – les cordons de sonnettes demeurent... jamais fatigués, eux [3] »

Tandis que commençaient les travaux de réfection du *Chella*, Céline rentra à Paris, très secoué par ce qu'il venait de vivre et malade. De Marseille on lui donnait des nouvelles du navire. Les choses n'allaient pas vite, au point que, fin mars, le *Chella* n'était toujours pas en cale sèche : « Toujours il y a des " pansements " à faire à des navires plus pressés que nous [4]. » En mai, le bateau était presque réparé : « Depuis samedi, *Chella* absolument sain de

1. Lettre de Céline au Dr Camus, 9 janvier 1940, *Cahiers de l'Herne, op. cit.*, p. 104.

2. Lettre inédite d'un officier du *Chella* à Céline, 13 mai 1940.

3. Lettre inédite de Céline à Jean Bonvilliers, le 24 [probablement février 1940].

4. Lettre inédite d'un officier du *Chella* à Céline, 29 mars 1940.

nez, a repris possession de son élément. C'est-à-dire qu'il a quitté la cale sèche. Il est maintenant à quai. Il paraissait tout heureux de se retrouver dans l'eau! Vous n'ignorez pas que les navires ont une âme [1]. »

Céline savait bien que les bateaux ont une âme. Et s'il existe pour eux un ciel, le *Chella* doit s'y trouver car, à peine réparé, il fut de nouveau l'objet d'un coup du sort. Tout ce qui touche à Céline doit-il toujours sombrer dans le grand guignol? Le 2 juin 1940 au matin : « des bombardiers allemands descendant en piqué ont incendié notre navire, qui a coulé. Il venait d'être remis à neuf. Nous avons eu dix tués : Solevant chef mécanicien, Monier troisième mécanicien, Pellegrin quatrième mécanicien, un matelot du nom de Delazzari, les premiers chauffeurs Escoffier et Bernardi, le chauffeur Georgelas (le grec), le quartier-maître chef de l'équipe d'A.M.B.C. Baumgartner, le matelot Pelegrini. Vous connaissiez tous ceux-là. Nous avons eu aussi un autre matelot que vous ne connaissiez pas [2]. »

1. Lettre inédite d'un officier du *Chella* à Céline, 13 mai 1940.
2. Lettre inédite d'un officier du *Chella* à Céline, 7 juin 1940.

CHAPITRE X

Saint-Jean d'Angély

> « [...] prenons juin 40 le peuple et les armées françaises ne firent qu'un voyage de Berg-Op-Zoom aux Pyrénées... les derrières bien en cacas [...] [1] »

Libéré malgré lui des obligations de son contrat et bien que la compagnie de navigation Paquet lui ait écrit le 21 février 1940 que, s'il voulait encore naviguer, elle était prête à recevoir sa candidature, Céline se tourna de nouveau vers la médecine sociale.

Il avait effectué, en octobre 1939, quelques vacations de médecine scolaire au dispensaire de Sartrouville [2]. Puis, à partir du mois de mars 1940, il exerça les fonctions de médecin-chef du dispensaire, en remplacement du docteur Dubroca qui avait été mobilisé. Il

1. *Nord,* dans *Romans* 2, *op. cit.,* p. 311.
2. Dr François Balta, *La Vie médicale de Louis Destouches,* faculté de médecine de Necker – Enfants malades, thèse, 1977, p. 56.

habitait toujours chez sa mère, avec Lucette, et vécut ainsi au jour le jour les dernières semaines de la « drôle de guerre » dans un état d'ahurissement qui était alors propre à la très grande majorité de la population française. C'était la politique du gros dos, en attendant celle de la fuite devant soi, n'importe où, au sud de la Loire.

Le 10 mai 1940, au petit matin, favorisée par une maîtrise absolue du ciel, la Wehrmacht envahissait la Hollande et la Belgique. Dès le 15, l'armée hollandaise capitulait et, le lendemain, les troupes françaises qui combattaient en Belgique recevaient l'ordre de se replier sur la frontière, entraînant avec elles l'exode des populations civiles qui commencèrent à se ruer sur les routes. Le même jour, Paul Raynaud demandait au maréchal Pétain d'entrer dans son gouvernement comme vice-président du Conseil. Le 20 mai, les blindés de Guderian avaient atteint la mer et, du 27 mai au 3 juin, une partie de l'armée anglaise rembarquait à Dunkerque avec des éléments épars de l'armée française. Le 5 juin débutait la bataille de France, au cours de laquelle l'armée allemande allait progresser en territoire français d'environ quarante kilomètres par jour. Le 7, les blindés de la Wehrmacht étaient à portée de canon de Rouen. Le 9, les envahisseurs étaient aux Andelys et à Vernon. Le 10, volant au secours de la victoire, l'Italie déclarait la guerre à la France.

Le 10 juin, le maire de Sartrouville décida d'évacuer une partie de la population. Voici comment Louis Destouches répondit aux questions qui lui furent posées à ce sujet, au retour de l'exode, lorsque l'on enquêta sur les conditions dans lesquelles certains médecins avaient quitté leur poste. François Balta a retrouvé cette lettre aux archives départementales de Versailles : « [...] j'ai accepté *pour rendre service* de faire partie du convoi d'évacuation de la mairie de Sartrouville – le 10 juin. A cet effet, j'ai quitté mon domicile à Paris pour me joindre avec la pompe à incendie, les archives, les vivres etc... *sous la direction du Maire de Sartrouville,* à la colonne se dirigeant primitivement sur *Pressigny-les-Pins.* En cours de route j'ai donné mes soins à d'innombrables blessés et malades. J'ai pu mettre en lieu sûr à travers les bombardements

2 enfants d'un mois – à Issoudun Cher. Enfin au cours d'un long et très pénible périple (Sartrouville – La Rochelle), j'ai réussi à sauver de la destruction l'ambulance de Sartrouville qui m'avait été confiée et que j'ai pu ramener à la mairie le 14 juillet. Observant que tout ceci ne m'a pas rapporté un sou de traitement (je suis payé par Sartrouville à la consultation), que tous les frais du voyage furent entièrement *à ma charge et de ma poche* du départ à l'arrivée c'est-à-dire pendant cinq semaines (essence, réparations etc...) j'ai perdu, confiés à d'autres camions environ 5000 francs de bagages personnel, que j'ai entretenu pendant plusieurs semaines à mes frais personnels, ambulance, chauffeur, malades en ambulance etc... sans avoir reçu au départ un sou de la mairie (à laquelle d'ailleurs je ne réclame rien). Enfin je n'ai pas eu à " apprécier les raisons justifiant mon départ ". Je suis parti avec la colonne administrative d'évacuation commandée par le maire en personne – *et pour rendre service* – presque rien ne m'y obligeant, n'ayant aucune situation médicale ou administrative stable à Sartrouville. En bref, aucun avenir. Je ne regrette rien. Curieux de nature et si j'ose dire de vocation, j'ai été fort heureux de participer à une aventure qui ne doit se renouveler j'imagine que tous les 3 ou quatre siècles [1]. »

Dans *Les Beaux draps,* Céline a donné de l'exode une version plus burlesque : « Moi j'ai fait la retraite comme bien d'autres, j'ai pourchassé l'Armée Française de Bezons jusqu'à la Rochelle, j'ai jamais pu la rattraper. Ce fut une course à l'échalotte comme on en a pas vu souvent. [...] Je suis parti avec des petites filles, je raconterai tout ça bien plus tard, à tête reposée, des " moins de dix jours " et leur grand'mère, dans une toute petite ambulance. J'ai bien protégé leur jeunesse au pire des plus affreux périls. (On dira tout ça sur ma tombe.) Croyez-moi si vous voulez, on pouvait pas aller plus vite, on a bien fait tout ce qu'on a pu, pour rattraper l'Armée Française, des routes et des routes, des zigs zags, des traites en bolide, toujours elle nous a fait du poivre, jamais elle s'est fait rattraper, l'Armée Française [2]. »

1. Archives départementales des Yvelines (Série 7M).
2. *Les Beaux draps, op. cit.,* p. 11.

Dans l'ambulance municipale avaient pris place un chauffeur, Lucette et Louis, qui avaient revêtu pour la circonstance des blouses blanches et des brassards avec croix rouge, une vieille femme de Sartrouville, portée sur le vin rouge, et deux nouveaux-nés.

Le lieu de destination de la colonne était la commune de Pressigny-les-Pins, à une dizaine de kilomètres au sud de Montargis, sur la route de Gien. Arrivés après des heures de route, au milieu d'encombrements inimaginables, il leur fallut repartir presque aussitôt en raison de l'avance de l'armée allemande. Dieppe et Reims tombaient le 11 juin; le 13, les Allemands étaient à Aubervilliers et à Pantin et faisaient leur entrée dans Paris le 14. Le lendemain, l'état-major allemand annonçait l'occupation de Paris, le débordement de la *ligne Maginot,* et précisait que « des unités motorisées, rivalisant de vitesse en marches forcées, fonçaient en direction de la Loire ».

Tous les réfugiés qui se trouvaient encore au nord de la Loire se précipitèrent de nouveau sur les routes pour franchir le fleuve sur lequel on pensait que l'armée française allait se battre pour stopper l'avance ennemie. Dans la journée du 15 juin, le bruit s'était répandu que les ponts d'Orléans étaient coupés et que le pont de Sully-sur-Loire, ébranlé par les bombardements, était interdit aux civils. Les réfugiés se sont alors dirigés vers les seuls points de passage praticables, à Gien, Briare et Cosne-sur-Loire. En fait, le grand quartier général français se trouvant à Briare, tous les civils qui se présentaient à l'entrée de la ville étaient refoulés vers Gien, où Céline et Lucette sont arrivés le soir du 15 juin. Aux abords du pont la panique était insensée. Lucette et Louis décidèrent d'attendre le matin et ils furent autorisés à s'installer dans le cinéma *L'Artistic,* où se trouvaient des malades, évacués d'un hôpital psychiatrique de la région parisienne. Vers 23 heures, l'aviation allemande lâcha sur la ville des bombes incendiaires et tout le centre de Gien fut rapidement en flammes. Céline abandonna l'idée de passer le pont, encombré de voitures calcinées et à l'entrée duquel se pressaient encore des milliers d'autos, de charrettes et de réfugiés à pied. Il décida de quitter Gien au milieu de la nuit et de longer la Loire jusqu'à Cosne-sur-Loire où, vers 10 heures du matin, des avions italiens étaient venus reconnaître le pont que l'ambulance parvint à franchir en fin de matinée. A 15 heures, des chasseurs bombardiers pilonnèrent l'ouvrage dont les arches s'effondrèrent. Après l'attaque, on ne compta pas moins de cinquante-huit morts et de nombreux blessés.

Lucette et Louis assistèrent de loin au bombardement. La colonne partie de Sartrouville s'était disloquée, certains véhicules s'étaient arrêtés faute de carburant, d'autres s'étaient égarés en route et il ne restait plus que l'ambulance, souvent rattrapée par un cycliste, parti lui aussi de Sartrouville. Céline soignait les blessés qu'il rencontrait, Lucette lui servait d'infirmière et s'occupait des nouveau-nés. Elle fut admirable en ces circonstances dramatiques pour lesquelles elle n'avait pas été préparée et, lorsque le chauffeur eut quelques défaillances, elle dut prendre le volant. Céline lui a souvent rendu hommage : « Ma femme est une créature très agréable, la meilleure âme du monde, c'est Ophélie, dans la vie – c'est Jeanne d'Arc dans l'épreuve [1] – »

Dans *Guignol's Band,* il évoqua aussi cet épisode de sa vie et le courage de Lucette. Céline avait observé le spectacle dans ses moindres détails, en témoin, en voyeur et en « chroniqueur des grand-guignols [2] » : « La cohue chavire!... Le convoi s'affaisse... le parapet crève!... La ribambelle des camions chahute... bahute... culbute aux flôts!... Ah! je me trouve encore épargné!... Un coup terrible que je réchappe!... C'est ainsi depuis vingt-deux ans!... Ça pourra pas durer toujours!... Je m'arqueboute avec Lisette, une petite amie pas peureuse... entre les roues de l'ambulance... de là on voit la cavalcade [3]!... »

Après avoir franchi la Loire, l'ambulance s'arrêta au collège municipal de Cosne-sur-Loire où se trouvait installé un hôpital militaire de campagne dirigé par le médecin-colonel Rehm. L'un

1. Lettre de Céline à Milton Hindus, 17 mai 1948, *L.-F. Céline tel que je l'ai vu, op. cit.,* p. 188.

2. Expression utilisée par Céline dans *Rigodon.*

3. *Guignol's Band,* Denoël, 1944; repris d'après l'édition Gallimard, 1952, p. 19.

de ses adjoints, le docteur L. Bruel, fervent admirateur de Céline, réconforta les voyageurs : « Dans la voiture qui stoppa à mon appel, j'eus la surprise de trouver mon confrère, le docteur Destouches, en blouse blanche, avec deux nouveau-nés dans les bras. [...] Je fis ranger la voiture d'ambulance sur le terre-plein qui précédait la grille d'entrée du collège et je me mis tout de suite à l'œuvre pour aider Céline, à terminer son sauvetage, car, épuisés par ce voyage raboteux, les nouveau-nés avaient mauvaise mine. [...] Je présentai Céline et les deux nouveau-nés à Mme la principale, Mme Porte, qui assurait, comme dame de la Croix-Rouge, les soins aux enfants de la consultation maternelle; les enfants furent changés, couchés, alimentés [1]. »

Pendant que les bébés se reposaient, Céline et Lucette sont allées au bord de la Loire, dans un champ, pour dormir. Le temps était splendide, il n'y avait plus un avion dans le ciel et ils ont eu l'impression de vivre un rêve.

Content d'avoir mis la Loire entre eux et l'armée allemande, Louis fit conduire l'ambulance un peu plus loin, à Le Guettin, petit village situé sur l'Allier, au sud de Nevers. Lucette Destouches a souvent raconté une mémorable nuit dans une grange, en compagnie d'un cheval noir qui était entré alors qu'ils venaient de s'allonger, et dont elle conserve une vision un peu surréaliste. Le hasard a voulu que cet épisode soit confirmé par le témoignage de Mme Colette Rameau : « J'ai passé la nuit du 17 au 18 juin 1940 avec plusieurs personnes de ma famille (nous devions être dix) dans la grange d'une ferme, dont les propriétaires étaient partis. Nous sommes arrivés à la tombée de la nuit du 17 juin. Nous nous sommes installés dans la grange pour la nuit. Une cousine est sortie en laissant la porte ouverte et un cheval est entré. Je ne me rappelle pas s'il était noir, mais il était de couleur foncée. Quand nous sommes entrés dans la grange, il y avait déjà d'autres personnes installées [2]. »

1. L. Bruel, « Lettre d'un médecin de province, *Les Beaux draps* », *L'Informateur médical,* 30 avril 1941, pp. 2 et 4.

2. Lettre inédite de Mme Rameau à l'auteur, 15 janvier 1978.

Le 18 juin 1940, l'ambulance reprit sa route vers Issoudun, où Céline espérait pouvoir se fixer et où il confia les enfants à une crèche, couchant lui-même dans le véhicule avec Lucette. En chemin, ils s'étaient restaurés d'une boule de pain et de boîtes de conserve qui leur avaient été données par des soldats, probablement aux ordres du sous-lieutenant Jacques Leblond, du 47e escadron de chars, qui se souvient d'avoir parlé avec Céline au bord de la route et de l'avoir ravitaillé. Lucette avait fait chauffer des biberons de fortune pour ses protégés avec du lait en poudre acheté à un pharmacien dont Céline avait fait ouvrir l'officine.

Ils se trouvaient encore à Issoudun le lendemain à huit heures lorsqu'une escadrille d'une quinzaine d'avions bombarda la ville, occasionnant des dégâts très importants et tuant nombre d'habitants et de réfugiés. Le hasard avait encore fait de Céline le témoin de scènes d'horreurs.

L'ambulance se dirigea vers La Rochelle après que Céline eut obtenu la prise en charge des deux enfants. Il parvint le soir à destination où il déposa la vieille femme qu'ils avaient avec eux depuis Sartrouville.

Dès le lendemain, 20 juin 1940, Céline se mit à la disposition de la préfecture et le docteur Detrieux, médecin inspecteur d'hygiène adjoint du département de Charente-Inférieure, le recommanda à l'inspecteur du port de La Pallice : « Ce médecin qui est *médecin sanitaire maritime* cherchant à être utilisé serait heureux d'accepter n'importe quel poste, s'il y en avait un, soit pour embarquement, soit pour tout autre chose [1]. »

A partir de là, il est assez difficile de dire exactement ce qui s'est passé. Céline a soutenu qu'il avait cherché à s'embarquer sur un bateau pour fuir à l'étranger et qu'il lui avait fallu se battre pour conserver son ambulance : « [...] figurez vous qu'à La Rochelle j'ai dû résister à l'armée française qui voulait absolument m'acheter l'ambulance! c'était pas la mienne!... moi l'honnêteté en personne, on ne peut m'acheter rien du tout! l'ambulance de mon dispensaire,

1. Lettre inédite du Dr Detrieux à l'inspecteur du port de La Pallice, 20 juin 1940.

Sartrouville... vous pensez!... je l'ai ramenée d'où elle venait, la damnée bouzine! et les deux grand-mères passagères, et leurs kils de rouge, et trois nouveau-nés... en parfait état tout ce bazar [1]! »

Céline a dit avoir achevé l'exode à Saint-Jean-d'Angély, dans un camp d'ouvriers réfugiés de la S.N.C.A.S.O. [2]. Lucette se souvient de baraquements préfabriqués et de bagarres entre ouvriers de syndicats différents. Céline a été mis alors à la disposition de l'armée de l'air en même temps qu'un autre médecin, le docteur Leconte, et placé sous les ordres du médecin-colonel Vaudremer. Sa mission était achevée le 30 juin, ainsi que l'attestait le colonel Vaudremer dans une lettre au docteur Duvic, médecin inspecteur départemental d'hygiène de La Rochelle : « [...] les docteurs Destouches et Leconte requis par moi en exécution d'un ordre de mission du ministre de l'air en date du 14 juin 1940, délivré par l'ingénieur en chef, chef de la 2e division de contrôle, ont accompli leur mission avec tout le zèle, la compétence et le dévouement qu'on pouvait attendre d'eux. Leur mission est terminée. Au cours de celle-ci, ils n'ont touché ni indemnité de transport, ni frais d'essence qui sont restés à la charge du docteur Destouches, ni les rétributions qui leurs sont dues en vertu de la loi du 19 juillet 1938 (article 15) [3]. »

Céline était rentré le 14 juillet à Sartrouville. Le 22, il était à Paris d'où Lucette donnait de ses nouvelles à sa mère : « Je reçois vos lettres seulement car j'ai eu mon exode! Comme infirmière je suis partie sur les routes, que d'horreurs vécues! J'en suis épouvantée. Je ne pensais m'en réchapper ni revenir! Enfin, après un long mois de bohême, je suis de nouveau à Paris [4]. »

De retour chez sa mère, rue Marsollier, Céline écrivait à Gen Paul et à Théophile Briant. A Gen Paul : « On a repris la vie de vache un peu pire qu'avant les choses et c'est tout – Descend un jour dîner à ton choix un jour à viande – comme tu as compris autour de toi – rien ne change. Les mêmes saloperies sont au

1. *Nord,* dans *Romans* 2, *op. cit.,* p. 312.
2. Société nationale de constructions aéronautiques du Sud-Ouest.
3. Lettre inédite du médecin-colonel Vaudremer au Dr Duvic, 30 juin 1940.
4. Lettre inédite de Lucette Almansor à Mme Pirazzoli, 22 juillet [1940].

nougat – on a en plus les fritz comme parasites et puis c'est marre – Pour nous toujours la caille et le résidu et la peau de zébi – Varenne est toujours au pouvoir et Lévitan – Les grandes Croisades? du jour! le champagne! le Hanôvre! et plein la gueule! et la chemiserie fine! Kif du youp! A nous même plus d'autobus! Nos vieux os au footing jusqu'à la mort! et l'on finit comme on a commencé poteau! Dans les brancards! voiture à bras! A tous et on t'embrasse et à bientôt. Ferdine [1]. »

Avec Théophile Briant, il employait un langage plus fleuri qui sied quand on écrit à un poète breton : « As-tu vu ce déluge? Ton cœur chrétien doit battre d'ivresse à ce surcroît de pénitence! Comme j'ai rampé, résonné de mille bombes, tressauté de torpilles, dégueulé de malheur (en pensant à toi) tout au long de cette caravane hantée! de Sartrouville à La Rochelle! – Toi bien sûr récitatif et frugal (mais ponctuel) en ta salle à manger poétique au revers des flots – tu nous narguais – Sabatrion vous êtes un égoïste vous accaparez la mer votre tour est un cloître de sirènes. Vous les y tenez closes – vous appartenez, nul déni, à la Khabale. La chose m'est apparue, au pont de Loire, dans les foudres du massacre – Expliquez-vous – Confessez-vous! Enfin! Il est temps! En toute amitié [2]. »

Très vite, Céline avait décidé d'évoquer ce qu'il venait de vivre, non pour en faire une œuvre romanesque, qui eût supposé quelques années de maturation, mais un pamphlet. Il voulait dire tout de suite, à chaud, ce qu'il avait sur le cœur. C'est ainsi qu'il écrivit *Les Beaux draps,* que Denoël ne publia pas sous sa marque, mais aux Nouvelles éditions françaises, société qu'il venait de constituer et dont la première collection dite « d'intérêt national » (« Le Juif et la France ») comporta quatre titres : Dr Montandon : *Comment reconnaître le Juif?,* Dr Querrioux : *La Médecine et les Juifs,* Lucien Pemjean : *La Presse,* et Lucien Rebatet, sous le pseudonyme de

1. Lettre inédite de Céline à Gen Paul, sans date (ancienne collection Marteau).
2. Lettre inédite de Céline à Théophile Briant [cachet postal du 6 août 1940], catalogue de la Librairie Morssen, juin 1981.

François Vinneuil : *Les Tribus du Cinéma et du Théâtre.* La constitution de cette maison d'édition, devait permettre aux éditions Denoël d'obtenir de la Cour de justice de Paris, le 30 avril 1948, un arrêt d'acquittement, la Cour ayant répondu non à la question de savoir si la Société d'édition Denoël avait imprimé ou publié, entre le 16 juin 1940 et la Libération, des brochures ou des livres en faveur de l'ennemi, de la collaboration avec l'ennemi, du racisme ou des doctrines totalitaires [1].

Pour Serge Perrault, *Les Beaux draps* sont une épouvantable scène de ménage faite par un amant trompé à une femme qu'il aimait énormément. La femme, c'était évidemment la France, et le cocu Céline. Cette réflexion est pertinente et il est exact que nombre de Français ont éprouvé le sentiment d'avoir été bafoués, idée souvent développée par le maréchal Pétain : « Je hais le mensonge qui nous a fait tant de mal. »

A Vichy, on n'apprécia pas le ton sarcastique des *Beaux draps,* ni la manière dont il avait tourné en dérision la déroute de l'armée française. En décembre 1941, sur ordre de la police, le livre fut retiré de plusieurs librairies, notamment à Toulouse puis interdit de vente dans toute la zone libre. Céline intervint auprès de Pierre Pucheu pour tenter d'obtenir la levée de cette interdiction, mais en vain : « Certainement les *Beaux draps* ont parfaitement été saisis en zone libre. J'ai vu le ministre Pucheu à ce sujet, il m'a donné quelques explications vasouilleuses, mais l'interdiction demeure bel et bien [2]. » Dans le dossier instruit contre Céline, figurait aussi une note dans laquelle il était rappelé que *Les Beaux draps* auraient été retirés de certaines librairies, en zone occupée, sur ordre des Allemands. Un libraire de la rue Dauphine affirmait qu'une note aurait été établie par le « Militärbefehlshaber in Frankreich » prescrivant le retrait du livre de tous les points de vente [3]. Si cette note a existé, elle n'a pratiquement pas été exécutée.

Céline protesta à plusieurs reprises. Dans une lettre à Jean

1. Voir tome III, pp. 221-222.
2. Lettre inédite de Céline à Karl Epting, 8 janvier 1942.
3. Archives du tribunal militaire à Meaux.

Lestandi, publiée dans *Au pilori* du 8 janvier 1942, le régime de Vichy était agoni de sottises : « C'est moi qui suis la victime dans cette aventure de sales cons! Et pas qu'un petit peu! Éclatante! Vont-ils aller saisir Maurois? Romains? Bernanos? Je vous le demande? Qui dégueulent à tout Ether sur le vénéré Maréchal à des trois mille Milles de distance? Vous ne voudriez pas! Déserteurs, planqués, vendus, ce sont les classiques de demain! Ils auront sûrement le prix Nobel! C'est ainsi que l'on pense à Béziers, Narbonne, Toulouse et la suite... et à Vichy bien entendu, ce chef-clapier des bourbiers juifs. » Ce texte a été publié peu avant le procès de Riom, intenté principalement à Léon Blum, à Édouard Daladier et au général Gamelin, tenus pour responsables de la guerre et de la défaite : « Au châtiment tous les coupables! En toute justice! Qu'ils y passent tous à la potence! Ça leur fera bien les os! Je les regarderai balancer. Je leur dirai bien à Riom, s'ils me convoquaient. C'est moi qui devrais être le terrible Procureur général. La loi, je la connais, c'est les trois livres que j'ai écrits. Je n'ai qu'à me référer aux chapitres. Je suis le patriote n° 1! Je voulais la sauver, moi, la France! Pendez, monsieur! Pendez, mais oui! Je pourrais même, pour la circonstance, leur lire encore une petite " Suite " qui leur ferait certainement plaisir [1]. »

Un peu plus tard, en avril, alors que le procès de Riom tournait à la confusion de Vichy, au point qu'il fut interrompu sur ordre du gouvernement, Céline écrivit une lettre à Lucien Combelle, avec autorisation de publication. Il y soutenait que certains généraux français, venus témoigner au procès, avaient porté sur l'armée française des jugements pires que ce qu'il avait écrit dans *Les Beaux draps :* « Mon cher Combelle, Un tout petit mot seulement (que vous pouvez imprimer) pour observer et noter que les généraux de l'armée française vaincue s'expriment avec une franchise, une férocité sur le compte des soldats 41 qui me relèguent avec mes *Beaux draps* au rang des commentateurs badins, des petits hurluberlus. Ces officiers généraux, auxquels nul ne saurait refuser

1. Lettre de Céline à Jean Lestandi, « " Déserteurs " nous? Non, vous! Céline s'explique... à propos de la saisie des *Beaux draps* », *Au pilori*, 8 janvier 1942.

clairvoyance patriotique et compétence éprouvée, nous dépeignent, pour la plupart, tenue et moral de leurs troupes sous les couleurs les plus merdeuses. Ces déclarations ne sont point chuchotées, elles sont clamées pour l'univers, au prétoire de Riom, au déballage du procès le plus douloureux de notre histoire. Elles sonnent en vérité le glas de la mère patrie. Jamais publicité de catastrophe nationale ne fut si rigoureusement, implacablement, organisée, mieux réussie, vraiment un triomphe [1]. »

Il y avait du vrai dans ces affirmations. *Les Beaux draps* étaient, à l'exception des attaques contre les Juifs, le reflet des sentiments éprouvés par beaucoup, écœurés par la défaite, en plein désarroi et qui ne savaient plus ni où ils en étaient ni dans quels bras se jeter.

Le Pacte germano-soviétique, la désertion de Maurice Thorez, le vote des pleins pouvoirs au maréchal Pétain, le départ à Londres du général de Gaulle et le « coup » de Mers el-Kebir ont fait que beaucoup ne comprenaient plus grand chose à rien. La Royal Navy détruisant des unités de la marine française, alors à l'abri en Afrique du Nord hors de toute influence allemande, a mis un comble à la confusion des esprits. Céline, qui détestait les Anglais et qui avait lui-même failli être coulé par un aviso britannique au large de Gibraltar, a ressenti très durement Mers el-Kebir.

Beaucoup de ceux qui se sont piqués d'écrire l'histoire ont considéré qu'il n'y avait qu'un seul devoir, un seul chemin à suivre, oubliant que les guides spirituels les plus clairvoyants et les mieux intentionnés avaient pu se tromper. François Mauriac n'a-t-il pas écrit, peu après l'appel lancé par le général de Gaulle le 18 juin 1940 : « Les paroles du maréchal Pétain, le soir du 25 juin, rendaient un son presque intemporel; ce n'était pas un homme qui nous parlait, mais du plus profond de notre histoire nous entendions monter l'appel de la grande nation humiliée [2]. » Quant à Paul Claudel, on connaît son poème : *Paroles au Maréchal,* achevé à Brangues le 27 décembre 1940, publié dans *Le Figaro* du

1. Lettre de Céline à Lucien Combelle, *Révolution nationale,* 5 avril 1942.
2. *Le Figaro,* 3 juillet 1940.

10 juillet 1941 et ensuite chez Lardanchet fin 1941, dans lequel on pouvait lire : « Monsieur le Maréchal, voici cette France entre vos bras, lentement, qui n'a que vous et qui résuscite à voix basse. [...] France écoute ce vieil homme sur toi qui se penche et qui te parle comme un père. Fille de Saint-Louis, écoute-le! et dis, en as-tu assez maintenant, de la politique? Écoute cette voix raisonnable sur toi qui propose et qui explique, cette proposition comme de l'huile et cette vérité comme de l'or! »

Dans *Mémoires d'un Parisien,* Jean Galtier-Boissière s'étonnait et se posait lui aussi des questions : « Quelle pagaïe! En Syrie, les Français de l'ex-général de Gaulle attaquent en compagnie des Anglais les Français du maréchal Pétain; le public, partagé, applaudit les uns ou les autres. Les Russes, alliés d'Hitler depuis le 23 août 1939, se défendent contre les Allemands dans cette Pologne qu'ils s'étaient partagée à l'automne 1939; quant aux Anglais, qui nous ont lancé désinvoltement dans la guerre pour défendre l'indépendance polonaise, les voilà qui soutiennent aujourd'hui les Russes qui ont poignardé la Pologne dans le dos [1]. »

Drieu La Rochelle était tout aussi désorienté. Son journal, à ce jour inédit, témoigne du fait qu'il considérait Céline comme l'un des écrivains français aux côtés duquel il était possible de se ranger : « Former une équipe avec qui? Céline, Giono (?), écarter Maulnier, Petitjean, Jouvenel, Fernandez. Demander à Jouhandeau, Marion (juif?) [...] Céline et Giono vont s'accorder avec les Allemands. Non sans raison, ce sont les meilleurs écrivains du temps, avec Bernanos. Montherlant qui faisait des agaceries aux communistes et écrivait dans *Commune* et *Le Soir* continuera de se terrer comme il l'a fait depuis son explosion de septembre 39. [...] Quant à la NRF, elle va ramper à mes pieds [...] Se rapprocher de Céline, de Giono (?), de Malraux (?) chercher des nouveaux surtout, les former. Brasillach? Non. [...] Fonder une revue, presque seul [2]. »

Jean Drieu La Rochelle conserve aussi le brouillon d'un article

1. Jean Galtier-Boissière, *Mémoires d'un Parisien, op. cit.,* pp. 55-56.
2. Journal inédit de Pierre Drieu La Rochelle, vendredi 21 [juin 1940].

que son frère destinait à la revue *Le Fait* d'octobre 1940 : « On se demande ce qu'est devenu Céline, le grand écrivain, un des plus vrais écrivains d'aujourd'hui avec Giono et Bernanos. En voilà un qui avait vu juste et qui l'avait écrit? Ce qu'il écrivait paraissait démesuré, mais c'est que l'horreur de ce qu'il voyait était démesurée. Dans ce temps là, il fallait un certain courage pour taper sur les juifs. Aujourd'hui il en faut encore, car les trois quarts des Français tremblent toujours devant eux [1]. »

Lorsque Drieu devint directeur de *La NRF* en décembre 1940, il envisagea de constituer un comité directeur avec Giono, Gide, Malraux et Céline et, dans le numéro de mai 1941, il consacra à Céline une étude dans laquelle il montrait que son style était à la mesure de son époque : « Comment montrer la vérité de notre temps [...] si l'on ne rompt pas avec tout académisme [...] Dans une décadence, ceux qui l'acceptent franchement, qui la déclarent, sont les seuls qui peuvent encore s'exprimer. » Céline l'en avait remercié en ces termes : « Voici une admirable et combien flatteuse analyse de mes grossières manifestations. Ces circonstances si ambiguës actuelles me valent ce petit retour! Dieu comme tout ceci EST AMUSANT! Je m'attends d'être enseveli tout vif sous tombereaux, sous ordures encore jamais égalées au premier retour de girouette. Notre futilité ne peut se gonfler que de vent. Il souffle par trombes et de tous les côtés! Je nous vois tous gros poissons japonais tout en haut des pylônes tantôt flappis, vieilles liquettes, tantôt fantastiques, bouffis, formidables! Et puis à la boîte! Fini joujou [2]! »

Céline et Drieu n'étaient pas les seuls à être déboussolés. Parmi ceux qui ne savaient plus où ils en étaient ni ce qu'il fallait faire, figuraient au premier chef les antibolcheviks, dont nombre d'anciens communistes pour qui Staline était le tyran le plus dangereux d'Europe et la dictature du prolétariat le principal ennemi des démocraties libérales. Le Pacte germano-soviétique leur avait donné raison et quand, le 22 juin 1941, Hitler lança la Wehrmacht contre

1. « Projet d'écho pour *Le Fait* », brouillon inédit, octobre 1940.
2. Lettre du 5 [mai] 1941, *Textes et documents* 1, *op. cit.*, p. 79.

l'Armée rouge, beaucoup ont souhaité la victoire de l'Allemagne, à commencer par Pierre Laval qui déclara le 22 juin 1941 au cours d'une allocution radiodiffusée, cette phrase restée célèbre, mais souvent tronquée : « Je souhaite la victoire de l'Allemagne parce que, sans elle, le Bolchevisme s'installerait partout. »

Il n'est pas douteux que Céline, comme Laval, a souhaité que l'Allemagne soit victorieuse contre les Russes. Il n'attendait de secours ni de l'Angleterre ni des États-Unis et voyait déjà l'Europe de Charlemagne réduite à l'esclavage par celle de Gengis Khan : « Les défaites sont telles qu'autrefois nous eussions été tout bonnement *esclaves.* Nous le serions encore plus cruellement si les Soviets gagnaient. Nous serions tout nettement assassinés... Alors mon Dieu c'est tout! Qu'espérer de l'Angleterre et U.S.A. encore plus pourries que nous juste défendues par la géographie – Braillardes de vent et de distances [1]! »

1. Lettre partiellement inédite de Céline à un destinataire inconnu, sans date, catalogue de l'hôtel Rameau (Versailles), vente du 28 mars 1982.

CHAPITRE XI

Bezons

> « Banlieue de hargne toujours vaguement mijotante d'une espèce de révolution que personne ne pousse ni n'achève, malade à mourir toujours et ne mourant pas [1]. »

Après avoir rendu son ambulance à la ville de Sartrouville, Céline se trouva de nouveau sans emploi médical. Les fonctions qu'il avait exercées au dispensaire municipal avaient naturellement pris fin lorsque le médecin qu'il avait remplacé fut démobilisé. Il apprit alors que le poste de médecin-chef du dispensaire de Bezons se trouvait libre. Le docteur Hogarth, de nationalité haïtienne, fondateur du dispensaire, ne pouvait plus exercer la médecine étant citoyen d'un État qui s'était rangé aux côtés des Alliés. Céline présenta sa candidature à Frédéric Empeytaz, alors président de la

1. Préface de *Bezons à travers les âges,* Denoël, 1944; repris d'après *Cahiers Céline,* n° 1, *op. cit.,* p. 134.

Délégation spéciale de Bezons, qui remplaçait M. Ferdonnet, maire communiste destitué : « En suite à notre conversation de l'autre jour et à ma candidature au poste de médecin au dispensaire de Bezons, je me suis rendu ce matin à Versailles où j'ai été reçu par M. Blanqui, Directeur des Services de Santé. Il m'a semblé que la place serait vacante, il m'a paru ensuite que M. Blanqui était en principe favorable à ma candidature. Je me tiens donc à votre disposition pour vous donner tous les détails et papiers nécessaires pour rendre cette candidature officielle [1]. »

Frédéric Empeytaz se souvient qu'il avait fait l'objet d'une énergique intervention de M. Blanqui en faveur de Céline. On lui avait même dit que, s'il ne le nommait pas, le ministre le ferait lui-même. Le 3 novembre, Céline avait de nouveau écrit à M. Empeytaz, pour appuyer sa candidature et pour insister sur certaines de ses « qualités » : « Je trouve qu'il y a un peu beaucoup de médecins juifs et maçons à Bezons – en exclusivité par les temps actuels – Je trouve qu'il serait harmonieux qu'un indigène de Courbevoie – médaillé militaire et mutilé de guerre – y trouve sa place naturelle – Enfin! après tout j'ai rencontré des fortunes diverses – Il ne me déplairait pas non plus qu'elle me soit refusée – Vous savez que les écrivains trouvent aussi leur bien dans l'adversité – et le monstrueux paradoxe – celui-ci par les temps qui courent prend une jolie proportion [2]. »

Céline fut finalement nommé par arrêté du président de la Délégation spéciale du 21 novembre 1940 et il conserva ses fonctions jusqu'à son départ en Allemagne en juin 1944. L'arrêté de nomination stipulait qu'il percevrait un traitement de 36 000 francs par an [3], qu'il aurait le statut de fonctionnaire municipal, qu'il ne pourrait soigner de clientèle privée, qu'à l'issue d'un stage d'un an il pourrait être titularisé et qu'il pourrait prendre douze jours de congé par an.

Par arrêté du 21 décembre 1940, le directeur de la Santé publique

1. Lettre inédite de Céline à Frédéric Empeytaz, 27 octobre 1940.

2. Lettre inédite de Céline à Frédéric Empeytaz, 3 novembre 1940.

3. Réduits à 30 000 francs par arrêté du 26 février 1943, avec quatre vacations par semaine, les lundi, mercredi, jeudi et samedi à 14 heures.

de Seine-et-Oise le nomma médecin assermenté près l'administration. Sa situation était donc tout à fait en ordre sur le plan administratif. Les archives départementales de Seine-et-Oise conservent aussi une lettre, découverte par François Balta et par laquelle, pour se conformer à la législation interdisant aux membres de la franc-maçonnerie d'exercer des fonctions dans l'administration, Louis Destouches affirmait sous la foi du serment n'avoir jamais appartenu, à quelque titre que ce soit, à l'une des sociétés interdites, visées par la loi du 13 août 1940, c'est-à-dire en fait à une loge maçonnique.

En 1942, pour répondre aux lois de plus en plus restrictives qui interdisaient ou limitaient l'accès des Juifs à certaines professions, Céline établit, à l'intention de l'Ordre des médecins de Seine-et-Oise, auquel il appartenait, une attestation, dont un double a été retrouvé :

« Je soussigné Destouches Louis-Ferdinand, docteur en médecine [certifie] :

» 1° que je ne suis pas Juif.

» 2° qu'installé à Bezons (Seine-et-Oise) déclare avoir pris connaissance du code de déontologie et m'engage sur l'honneur et par serment à observer les prescriptions du code.

» 3° m'engage à faire crever tous les Juifs et enjuivés de la médecine et d'ailleurs qui se foutent actuellement de nous plus que jamais. »

On doit à la vérité de dire que le comportement de Louis Destouches n'était heureusement pas conforme à ses excès verbaux et épistolaires. M. Joannin Vanni, commissaire de police de Bezons pendant toute la durée de l'occupation allemande, a eu avec Céline des rapports constants. S'ils se retrouvaient sur le terrain de l'anticommunisme, ils n'étaient pas toujours d'accord sur le reste, puisque M. Vanni, franchement gaulliste, utilisa souvent les locaux du commissariat de police pour cacher des Juifs et des résistants recherchés par la Gestapo. Parfois il lui arrivait d'aller demander à Céline de délivrer des certificats médicaux de complaisance pour des Juifs et pour des réfractaires du travail obligatoire. Céline n'a jamais refusé de les lui faire.

De toutes les villes de la banlieue parisienne, Bezons était sans doute l'une des plus déshéritées et des plus tristes. C'était une municipalité communiste, banlieue rouge où la population connaissait des conditions de vie très difficiles, encore aggravées du fait de la guerre. Céline a dû intervenir sans arrêt auprès de M. Empeytaz, puis de son successeur pour avoir du beurre, du sucre, du lait, pour ses vieillards et ses nourrissons. Il sollicitait aussi dans le même sens Fernand de Brinon, alors ambassadeur de Vichy auprès d'Otto Abetz, puis Délégué général du gouvernement de Vichy dans les territoires occupés. Sa secrétaire, Simone Mitre, se souvenait avoir vu Céline à de multiples reprises à son bureau de la place Beauvau, toujours étrangement habillé, venu lui demander d'intercéder en faveur de personnes arrêtées par les Allemands ou pour obtenir des subventions ou des bons de lait pour ses protégés de Bezons. L'octroi de bons ne résolvait pas tous les problèmes : « J'ai l'honneur de porter à votre connaissance une observation qu'il m'a été donné de faire dans le cours de ma pratique au Dispensaire de Bezons et particulièrement pour ce qui concerne l'allocation de bons d'aliments, " aux malades " – " Obtenir " le bon est précieux mais *l'achat* de l'aliment auquel ce bon donne droit est encore plus indispensable. Or tous les malades ne disposent pas des sommes nécessaires à l'achat de ces denrées autorisées, *supplémentaires.* Il s'en faut! Nombre sont encore en possession de leurs tickets normaux, et pour cause! Cependant pour diverses raisons trop longues à énumérer, à étudier actuellement et, qui ne sont plus [de] notre compétence, de discussion délicate, je n'envisagerai qu'un seul cas : celui des enfants dont les pères sont actuellement prisonniers en Allemagne, à la charge, aux soins de la mère, et *subsistant strictement de l'allocation militaire.* Ces enfants sont notoirement sous-alimentés – Il me semble que pour ceux-ci il conviendrait, *après enquête individuelle sévère,* de toute urgence, dans la mesure du possible, d'envisager l'organisation d'au moins *quatre repas* par semaine, OBLIGATOIRES composés *richement,* de *légume, viandes, graisses, fromage, sucre, confiture.* Dans l'état actuel des choses la croissance, la santé de ces enfants est nettement menacée. Cette catégorie des "*enfants de prisonniers* " parmi tous les sujets de misère qui sollicitent en ce moment l'attention des pouvoirs publics (qui ne peuvent remédier à tout), me semble l'un des plus dignes de sollicitude et d'action, sinon le plus digne et peut être au surplus le *moins difficilement remédiable.* Il existe certes de grandes détresse d'*enfants* et d'adultes dans la catégorie " chômage " – mais lorsque le père est présent (à moins d'alcoolisme habituel, incurable), le cas est tout de même moins désespéré – Les familles de chômeurs ont encore cent façons de pallier dans une certaine mesure aux insuffisances de l'allocation – Tandis que les femmes seules, sauf exception, sont absolument désarmées – J'envisage *quatre repas par semaine* car ce n'est pas hélas, le sirop, les vitamines ou même l'huile de foie de morue qui peuvent remplacer un fond alimentaire insuffisant. Il me semble qu'avec 4 repas solides OBLIGATOIRES assurés, *en plus du lait,* le cap de ces misères pourrait être doublé sans désastres – La doléance d'une mère, femme de prisonnier (un enfant de 5 ans) que je rapporte pour l'avoir entendue, hier même, résume je crois assez nettement la situation. " Le jour où j'achète du charbon nous ne mangeons pas [1] ". »

Une autre lettre, écrite quelques jours auparavant, témoignait des difficultés rencontrées par Céline dans l'exercice quotidien de ses responsabilités : « Il me semble urgent de vous faire connaître que les fonctions que j'assume de médecin assermenté chargé de la " proposition d'allocation " de charbon, lait, etc. devient de jour en jour plus difficile à assurer, en raison du nombre croissant des demandeurs, du caractère acrimonieux des demandes, de la nervosité de plus en plus agressive de ceux que je suis obligé de débouter. Il est évidemment presque impossible malgré la meilleure volonté d'assurer la consultation médicale du dispensaire en même temps que les fonctions de médecin assermenté, " préposé aux bons " par les temps actuels! Je ne dispose pas de " l'autorité judiciaire " qu'il faudrait avoir aujourd'hui pour imposer sans murmures (et quels murmures!) les restrictions draconniennes indispensables, et les refus que nous sommes obligés d'opposer aux

1. Lettre inédite de Céline à Frédéric Empeytaz, 21 janvier 1941.

demandes parfois assez justifiées. Je vous demande M. le Président de bien vouloir examiner si ces fonctions ne pourraient être confiées à un médecin spécial délégué par la Préfecture et dont l'autorité ne serait mise en question [1]. »

Céline s'entendit très bien avec tout le monde à Bezons, même avec le docteur Hogarth et avec sa femme, elle-même médecin. Comme elle était de nationalité française, elle avait pu conserver son poste au dispensaire où elle assurait la consultation des femmes et des enfants. Quand Céline s'absentait, c'est elle qui le remplaçait, du moins pendant la première année, car elle quitta le dispensaire en 1942. Dans une lettre à Mikkelsen, Céline évoqua le couple Hogarth. Le tuberculeux dont il s'agissait était Albert Serouille, bibliothécaire municipal : « La trahison n'a pas l'air de l'enrichir non plus – comme il mange trop peu il est devenu tuberculeux, et le médecin qui me remplace au dispensaire, le Dr Hogarth, un nègre, le soigne bien mal – J'étais d'ailleurs très bien avec ce nègre et même avec sa femme une fort jolie personne. Je soignais le nègre et *sa femme*! docteresse elle-même [2]! »

Chaque fois que Céline était absent du dispensaire, il prévenait Frédéric Empeytaz : « Je suis convié à déjeuner demain chez Laval – craignant d'être retardé, avec votre permission – Mme Hogarth me remplace [3]. » En juillet 1941 : « Je pars en Hollande voir un peu ce qu'ils ont fait de mes sous [4] – Je serai de consultation le *lundi 28* – Les événements se déroulent à une cadence! heureuse d'ailleurs dans l'ensemble [5] et à mon retour j'espère vous retrouver plus près de l'effort final [6]... mais enfin il doit y avoir une grosse concurrence! Laval me dit-on [7]... » Parfois Louis partait en province acheter de la nourriture au marché noir : « Pour faire mes courses je vous demande 3 jours de vacances remplacé par

1. Lettre inédite de Céline à Frédéric Empeytaz, 14 janvier 1941.
2. Lettre inédite de Céline à Thorwald Mikkelsen, 10 mai 1949.
3. Lettre inédite de Céline à Frédéric Empeytaz, sans date.
4. Voir *infra*, pp. 237-238.
5. Allusion aux hostilités sur le front russe commencées le 22 juin 1941.
6. Céline aidait F. Empeytaz à changer de poste; voir *infra*, p. 227.
7. Lettre inédite de Céline à Frédéric Empeytaz, 17 juillet 1941.

Mme Hogarth – le 10-11 novembre [1]... » Quand il revenait, il n'avait pas toujours bonne conscience : « Comme je comprends votre alarme! comme je la partage! nous-même croyez-le, après ce tour aux champs, après ce périple du marché noir, je ne me sens pas fier [2]. »

Frédéric Empeytaz voulait quitter Bezons. Il ambitionnait un poste de préfet et Céline lui avait promis son aide. Il le mit pour cela en rapport avec un avocat, Claude Popelin [3], chargé de mission au cabinet de François Lehideux, alors secrétaire d'État à la Production industrielle. Il en parla probablement aussi à Pierre Pucheu, ministre de la Production, puis ministre de l'Intérieur dans le gouvernement Laval : « Que j'ai connu Popelin, Pucheu, l'un est tourné fantôme, mais l'autre ? fantôme moins 5 ? embrassez-le [4]! » En septembre 1941, rien n'était encore fait. Au retour d'une expédition en Bretagne, pour se ravitailler, Céline s'inquiétait de l'état d'avancement du dossier de Frédéric Empeytaz : « Jusqu'ici les filets que j'ai jetés pour le ravitaillement n'ont rapporté que de très minces provendes... et peu d'encourageants contacts pour cet hiver... Je vais encore prospecter surtout le Finistère... [...] J'espère que Popelin a donné de ses nouvelles, *positives* – et que vous allez être l'objet d'une splendide promotion [5]. » M. Empeytaz fut finalement nommé sous-préfet de Saint-Dizier et il quitta Bezons, regretté de tous, le 14 février 1942.

Céline continua de lui écrire pour lui raconter sa vie à Bezons : « Depuis votre départ la mairie toujours bien aimable n'offre cependant plus le même attrait le même recours... je n'ai plus d'infirmière! qui vivrait là bas à ces prix ?!! On a tenu sportivement le plus loin possible... mais la nuit s'épaissit... la misère va gagner... D'autre part Paris aussi se ferme peu à peu... à moins d'être milliardaire comment manger ? même chichement ? Bientôt il

1. Lettre inédite de Céline à Frédéric Empeytaz, 6 novembre 1941.
2. Lettre inédite de Céline à Frédéric Empeytaz, le 30, sans date.
3. Voir tome III, p. 114.
4. Lettre inédite de Céline au Dr Odette Poulain, le 8 [1949].
5. Lettre inédite de Céline à Frédéric Empeytaz, 12 [septembre 1941].

faudra prendre la besace... la route des champs... [1] » Dans une autre lettre, il lui parlait de ses travaux littéraires. Il travaillait alors à *Guignol's Band :* « Mille pardon! je suis accablé d'obligations et je lutte contre le temps qui passe hélas! L'éclair! Je voudrais terminer un ouvrage de 4 années! avant que le rideau ne se baisse sur nous tous [2] – » Il lui disait ce qu'il pensait des événements : « Bien vives félicitations cher Ami pour ce début de promotion qui me réjouit intimement – une petite lueur plaisante dans cette nuit...! qui s'épaissit d'heure en heure – même moi pourtant bien porté à imaginer le pire – je suis saisi de crainte devant ce que je pressens... quel abîme! nous allons tomber en sous-Dostoïevski... Les français si proches toujours d'Henry Bordeaux – quel plongeon! Bezons stagne croupit crêve – J'ai lancé Serouille [3] sur une histoire de Bezons (vous le savez) il est aux anges! nous parlons souvent de vous – L'on vous regrette d'ailleurs là bas (entre nous) – je songe à partir en Allemagne – Je vous dirai – mais pas avant fin mars [4]! »

Il s'agit d'un projet qui n'a pas eu de suite. D'après certains il se serait présenté aux autorités allemandes qui auraient refusé sa candidature à cause de son physique trop négligé. Céline aurait dit ensuite à qui voulait l'entendre : « s'ils veulent que je me lave, ils n'ont qu'à me donner du savon! » En fait Céline qui ne tenait plus debout fut contraint de s'absenter assez longtemps de Bezons : « Je suis tombé si malade de fatigue que j'ai dû abandonner Bezons temporairement et demander 3 mois de congé – je n'en pouvais plus – on ne rajeunit pas hélas! et des choses plus coriaces s'éternisent... les communications deviennent douloureuses – je repars à St-Malo dans quelques semaines pour l'été et peut-être avant – je vous écrirai de là bas cher Ami – je n'en peux plus de migraines [5]. »

1. Lettre inédite de Céline à Frédéric Empeytaz, sans date.
2. Lettre inédite de Céline à Frédéric Empeytaz [1943].
3. Albert Serouille, ancien instituteur, avait été nommé bibliothécaire municipal par Frédéric Empeytaz.
4. Lettre inédite de Céline à Frédéric Empeytaz, 2 février 1943.
5. Lettre inédite de Céline à Frédéric Empeytaz, 27 mars 1943.

Ce projet de départ en Allemagne et le mauvais état de santé de Céline se trouvent confirmés par deux lettres à Jacques Mourlet : « [...] je suis tiraillé du côté de la relève où on me réclame à grands cris – Et pourtant je ne suis pas bien physiquement – je traîne – abominablement surmené – je ne sors plus de l'aspirine [1] – » C'est bien en raison de son état que Céline n'est pas parti : « Je vais sans doute relever [2] – mais avec 75 p 100 invalide on me chinoise un peu – Ils veulent des morts entiers – Enfin on s'arrangera – mordieu! Jamais 2 sans 3! 14 – 39 – 43 – je suis le sergent Bobillot une fois pour toutes – le con conscient [3] – »

Quand il écrivait à Frédéric Empeytaz, Céline donnait son avis sur l'actualité. En 1941, il trouvait que les choses tournaient assez bien. Il croyait encore à la victoire de l'Allemagne : « Les événements se déroulent à une cadence! heureuse d'ailleurs dans l'ensemble [4]... » Au début de l'année 1942, revenant d'Allemagne [5], il lui disait que la guerre serait longue. Il s'était mépris sur la force des Soviétiques : « [...] les Bolchevistes étaient beaucoup plus forts qu'on l'imaginait. Nous finirons ces épreuves (ou nos fils) à ZÉRO [6]. » Et dans une autre lettre : « Tout est suspendu aux décisions militaires qui ne vont plus tarder à présent – le reste est amusement de foules – diversions – Rien de changé d'essentiel. La Banque Worms est toujours là – la vie à Bezons coule assez misérable – la fin de l'hiver a été odieuse [7]. » Et à peu près à la même époque : « L'Angleterre se bolchevise à vue d'œil. J'ai l'impression qu'elle sera attaquée cette année – Le moment devient propice et certains signes [8]... »

Les faits les plus marquants des journées passées par Céline à

1. Lettre inédite de Céline à Jacques Mourlet, sans date (Harry Ransom Humanities Research Center, The University of Texas at Austin).

2. Au sens de « assurer la relève en Allemagne ».

3. Lettre inédite de Céline à Jacques Mourlet, sans date (Harry Ransom Humanities Research Center, The University of Texas at Austin).

4. Lettre inédite du 17 juillet 1941; voir *supra*, p. 226.

5. Voir *infra*, pp. 242-248.

6. Lettre inédite de Céline à Frédéric Empeytaz [début 1942].

7. Lettre inédite de Céline à Frédéric Empeytaz, 20 avril 1942.

8. Lettre inédite de Céline à Frédéric Empeytaz [début 1942].

Bezons ont été les bombardements. Le pont et la zone industrielle, voisine d'Argenteuil, constituaient autant de cibles pour la Royal Air Force, surtout les usines d'aviation et plus particulièrement celles de La Lorraine. Le dispensaire recevait alors des blessés et parfois Céline allait sur place avec les équipes de secours. L'attaque aérienne la plus spectaculaire fut celle du 27 janvier 1944. Céline était, comme presque tous les jours après sa consultation, en visite chez le pharmacien, connu pour être collaborateur, Jacques Lemeland [1] dont l'officine était 36, quai Voltaire, à côté du café de la Marine : « Aujourd'hui bombardement du pont de Bezons – à 14 h j'étais en train de prendre un faux café chez le pharmacien! le pont n'a pas été touché mais les maisons côté Colombes – d'énormes cratères – quelques morts j'imagine. Vraiment maintenant le cauchemar nous cerne de mieux en mieux... [2] »

Le comportement de Céline à Bezons a déconcerté. D'abord il venait de Paris sur une drôle de motocyclette [3], dans ses tenues miteuses, avec une canadienne en peau de mouton jamais très nette et des gants suspendus autour du cou par une ficelle. Il a surpris aussi par son air désabusé et son peu d'intérêt pour la médecine. Parfois il donnait l'impression d'être plus soucieux de secourir les détresses que de soigner les malades. L'hiver par exemple, il laissait entrer tous les clochards dans la salle d'attente de la Villa Bel Retiro, où se trouvait installé le dispensaire, pour leur permettre de se réchauffer, ce qui n'était pas du goût de tout le monde. Il s'en ouvrait à Jacques Mourlet : « Les crevards de Bezons recommencent à affluer – on sera peu nourri et on ne sera sûrement pas chauffé – l'Europe nouvelle accouche dans le froid [4]! » Il semblait saisir toutes les occasions pour se faire remplacer et pour partir à Saint-Malo. Il donnait à penser qu'il avait la tête plus à la politique qu'à la médecine. Il disait à tout venant qu'il était menacé et que l'on viendrait sûrement le « descendre », ce

1. Louis Henri Jacques Lemeland, né le 31 mars 1891, décédé le 27 février 1960.

2. Lettre inédite de Céline à Frédéric Empeytaz, 27 janvier 1944.

3. Il utilisait également les transports en commun.

4. Lettre inédite de Céline à Jacques Mourlet, le 15, sans date (Harry Ransom Humanities Research Center, The University of Texas at Austin).

qui n'était pas de nature à rassurer les malades ni le personnel du dispensaire.

A Paris, la vie était devenue intenable rue Marsollier chez la mère de Louis, restée très possessive. Cette promiscuité pesait à Lucette, très indépendante. Toutes les occasions les plus simples de la vie étaient sources de conflit [1]. Chaque repas, chaque bain que Lucette prenait après ses exercices risquaient de provoquer des explosions. Marguerite Destouches n'était pas habituée à tant de fantaisie et elle veillait sur Lucette comme sur une enfant. Ainsi, quand Louis était parti sur le *Chella* en lui disant de surveiller Lucette, Marguerite Destouches s'était fait un devoir de l'accompagner tous les soirs au théâtre Gramont où elle dansait. Elle l'attendait en dormant dans sa loge et la ramenait rue Marsollier après le spectacle.

C'est Gen Paul qui paraît avoir trouvé un appartement libre, juste en face de chez lui, 4, rue Girardon, où Céline et Lucette se sont installés en mars 1941. Il s'agissait de trois pièces au quatrième étage, d'où l'on avait une vue remarquable sur tout le nord et l'ouest de Paris, à quelque cinquante mètres de l'immeuble de la rue Lepic où Céline avait habité de 1929 à 1939. La pièce où Louis travaillait était traversée de fils sur lesquels il accrochait ses manuscrits avec des pinces à linge. Sur les murs, il avait écrit des citations, surtout de Shakespeare. Dans les pièces, quelques objets ramenés d'Afrique, un grand lustre hollandais en cuivre, un ange en bois doré accroché au plafond, des livres entassés un peu partout, en fait une certaine pagaïe. Le soir, Céline remontait à l'appartement sa motocyclette qu'il suspendait à des crochets à côté du vélo de Lucette.

D'après Gen Paul, qui exagérait toujours (surtout pour critiquer Céline), l'appartement était comme la caverne d'Ali Baba. Il y aurait eu surtout une armoire dans laquelle il cachait son trésor

1. Dans une lettre non datée à Jacques Mourlet Céline disait de sa mère : « Elle est impossible à vivre – comme moi. » (Harry Ransom Humanities Research Center, The University of Texas at Austin).

et qui contenait des boîtes de conserve, des jambons entiers et des saucissons énormes. Marie Bell, pour sa part, se souvenait que la baignoire de la salle de bains était pleine de charbon et qu'il y avait aussi toute une réserve de pommes de terre. Céline craignait de manquer et il donnait des instructions à Lucette pour stocker, même les denrées périssables pour lesquelles elle préparait des saumures et qui se révélaient rapidement immangeables.

Céline rapportait de Bretagne des vivres achetés au marché noir et il se faisait envoyer des colis par le père d'Henri Mahé : « Puis-je vous recommander pour le prochain, beurre, rillettes, et rôti, comme celui-ci, vraiment admirable, mais point de pâté que j'estime moins que la rillette, excellent, certes, mais l'air de la campagne nous manque et le vif appétit pour apprécier de telles substancielles [*sic*] délices ! Beurre, rillettes et rôti sont parfaits pour notre misère actuelle, du lard, s'il s'en trouve [1]. » Le père de Mahé n'était pas son seul fournisseur. De Saint-Malo, Andrée Le Coz lui envoyait aussi des paquets de victuailles : « Chère adorable Dédé ! Je finis l'admirable marmelade d'orange en pensant bien à toi – la plus mignonne de toutes ! Si par hasard tu rencontres une marmelade deux ou trois ! pense à moi de grâce et je t'aimerai encore davantage si c'est Dieu possible [2] ! » Il lui écrivait encore à quelques jours du débarquement et de son départ en Allemagne : « Aucune nouvelle ! Que se passe-t-il ? Nous n'avons plus d'affection et plus rien à manger ? Quand venez-vous ! Envoyez n'importe quoi *œufs* surtout – on crève et des nouvelles – et de la viande – Et le dernier chèque est-il arrivé [3] ? »

Jacques Mourlet fut aussi très souvent sollicité et parfois il se livrait à des échanges avec Louis qui lui envoyait du tissu. L'université du Texas à Austin conserve de nombreuses lettres de Céline se rapportant à ce sujet, parfois empreintes d'humour : « Les chiens humains que nous sommes ne songent plus qu'à la

1. Lettre de Céline à Henri-Albert Mahé (1880-1941), 1er mars 1941, *Le Bulletin célinien*, juin 1984, p. 5.

2. Lettre inédite de Céline à Andrée Le Coz [cachet postal du 4 mai 1944].

3. Lettre inédite de Céline à Andrée Le Coz, 25 mai 1944.

pâtée [1]. » Et de même : « En plus des autres drames il se déroule celui de la pomme de terre [2]. » Au moment du débarquement allié, il s'était efforcé de le rassurer : « T'en fais pas pour la " Tête de pont ", avec du pinard et conserves tu t'en sortiras toujours – Ils fouilleront peut-être un peu ta cave, tu seras peut-être un peu violé, mais ça s'arrangera. L'épicerie mène le monde [3]. »

Céline s'est retrouvé, à Montmartre, dans un quartier et dans un milieu qu'il connaissait bien. Il n'avait pas cessé d'y venir pour participer aux réunions qui se tenaient chez Gen Paul, parfois à l'improviste, et toujours le dimanche matin. Les conversations roulaient désormais sur des sujets politiques et sur la situation militaire. Gen Paul, Ralph Soupault [4], Antonio Zuloaga, Le Vigan, Céline et quelques autres faisaient de ce « salon » un lieu où l'on n'aimait ni les Anglais ni les Juifs ni les Allemands du reste, mais où toutes les opinions pouvaient être exprimées librement et où venaient parfois des résistants qui ne s'en cachaient pas, ce qui fut le cas des docteurs Marcel Rivault et Morchain qui ont fini la guerre, l'un à Londres dans l'aviation et le second dans la 1re armée française du général de Lattre de Tassigny.

Lucette continuait à s'entraîner mais elle ne pouvait pratiquement plus se produire ni faire de tournées. Elle est allée tout de même une fois en Suisse et en Belgique avec la Comédie-Française et a donné des représentations dans plusieurs cabarets où elle a fini par ne plus aller danser à cause du public, presque uniquement composé de troupes d'occupation. Lucette souffrit de ne plus pouvoir voyager à l'étranger. Entre son retour des États-Unis en 1935 et la déclaration de la guerre, elle avait fait beaucoup de voyages, notamment en Tunisie, en Suisse, en Italie où elle avait

1. Lettre inédite de Céline à Jacques Mourlet, sans date (Harry Ransom Humanities Research Center, The University of Texas at Austin).

2. Lettre inédite de Céline à Jacques Mourlet, sans date (Harry Ransom Humanities Research Center, The University of Texas at Austin).

3. Lettre inédite de Céline à Jacques Mourlet [1944] (Harry Ransom Humanities Research Center, The University of Texas at Austin).

4. Raphaël Soupault, dessinateur et journaliste, ancien de l'Action Française, il était membre influent du Parti populaire français de Jacques Doriot.

dansé sur les bords du lac de Lugano. Elle avait monté un spectacle de danses indiennes avec Shandra Kali qui eut beaucoup de succès et qu'ils présentèrent en mars 1937 à Varsovie, à Kovno (aujourd'hui Kaunas), en Lithuanie, et à Riga en Lettonie.

Lucette et Louis ne recevaient pratiquement personne rue Girardon. Louis travaillait tous les soirs et il avait horreur d'être dérangé. Lucette ramenait tout de même assez souvent, en fin d'après-midi quand il n'était pas là, des camarades de travail, parmi lesquelles Irene Mc Bride, devenue Mme Goude en 1938 et que Céline avait rencontrée à New York en 1934 [1]. Irene Mc Bride et une autre danseuse américaine, Margaret Sandy, avaient travaillé avec Lucette chez Mme Egorava, puis elles suivirent les cours que donnait Lucette aux studios Wacker. Lucette avait beaucoup d'élèves intéressées par les danses espagnoles, indiennes et orientales dont elle s'était fait une spécialité et dans lesquelles elle excellait. Les élèves ne payaient que si elles voulaient. Lucette faisait crédit, c'est elle qui louait le studio et c'est elle encore qui offrait le thé et les gâteaux, soit place Clichy chez Wepler, soit dans l'appartement de la rue Girardon. Irene Mc Bride, qui avait épousé un Français d'origine alsacienne, avait conservé la nationalité américaine. Elle resta cependant à Paris pendant toute l'occupation allemande. Sans être sérieusement inquiétée, même après l'entrée en guerre des États-Unis.

Ce fut aussi le cas de Florence Gould qui vint quelquefois rue Girardon, toujours accompagnée de Marie Bell : « Madame *Frank J. Gould* la femme (la 5e! J'ai aussi très bien connu la 2e) du vieux milliardaire des chemins de fer américains, c'est une ancienne manucure, française de naissance (Lacaze) fantasque et pas bête, snob, et qui me voulait *tout le bien du monde,* elle forçait notre modeste logis, avec Marie Bell (de la Comédie-Française) elles apportaient leur dîner! moi qui ne reçois jamais personne j'étais bien forcé de la recevoir! Elle voulait à toute force m'acheter mes manuscrits. Je m'y refusais ne voulant rien devoir au milliardaire américain. Mais elle n'était ni désagréable ni sotte – Dans sa

1. Voir *supra,* p. 98.

précipitation, la nuit et ivre, elle s'est même cassé la jambe en bas de mon escalier rue Girardon [1] – J'ai refusé d'aller la voir dans son lit comme elle m'y conviait, à la soigner! *par télégramme.* Je vous raconte toutes ces bêtises pour vous placer dans la situation – Sans aucune prétention vous le savez bien. Mais ces petites folies peuvent être ravigotées aujourd'hui pour mon triste bénéfice. Cette hurluberlue (pas tant que ça!) a subventionné à Paris le g[ran]d Institut prophylactique du Dr *Verne* [2] (dont elle était la maîtresse). Verne lui même très riche. Elle chasse dans le génie. Que pourrait-elle pour moi en ce moment? Elle s'est énormément compromise avec la Luftwaffe – où elle comptait au moins 3 jeunes amants, elle était chez elle à la Komandantur – mais bien entendu elle travaillait aussi pour le « Secret Service » etc... [3] »

Il est curieux que Céline ait refusé de lui vendre un manuscrit. Il avait pourtant pris l'habitude de vendre les différents états de ses manuscrits à des amateurs, parmi lesquels il faut citer principalement Fernand Bignou, marchand de tableaux, qui lui acheta le manuscrit de *Voyage au bout de la nuit* [4] et dont le fils acheta celui de *Mort à crédit.* Dans une dédicace, Céline lui avait amicalement reproché de le dépouiller : « A Monsieur Bignou – qui prend tout, la couleur, l'esprit les formes! la nuit! les cœurs! les manuscrits! Tout pour lui! En son antre d'enchantement en Boëtie département! mon amitié sincèrement! Honneur et content [5]. »

Pendant toutes les années d'occupation, Céline avait pour principal ami Gen Paul. Ils se voyaient tous les jours, échangeaient leurs points de vue et constataient qu'ils pensaient à peu près la même chose des mêmes gens et des événements qui secouaient le monde. Après la guerre, Gen Paul soutint que Céline l'avait compromis. Il oubliait de dire qu'il avait suivi Céline volontairement et qu'il avait partagé toutes ses idées. Gen Paul était une « grande

1. Voir tome III, p. 278; incident relaté par Ernst Jünger.
2. Voir tome I, pp. 282-283.
3. Lettre inédite de Céline à Thorwald Mikkelsen [novembre 1946].
4. Voir tome I, pp. 309-310.
5. Dédicace inédite sur un exemplaire de *Mort à crédit* (collection particulière).

gueule », mais deux hommes lui en imposaient : Céline et Marcel Aymé. En face de l'un et de l'autre, il cessait de cabotiner et de mentir, non seulement parce qu'ils le connaissaient trop, mais aussi parce qu'il avait une profonde admiration pour eux.

Céline avait aussi pour Gen Paul une sorte de tendresse et beaucoup d'estime pour son talent. Il voulait depuis longtemps que *Voyage au bout de la nuit* et *Mort à crédit* soient illustrés par lui, ce qui ne se réalisa qu'en 1942, aux éditions Denoël, avec quinze dessins pour *Voyage* et seize pour *Mort à crédit* [1] pour lesquels Gen Paul reçut une rémunération de 20 000 francs. Le projet d'illustration remontait à 1937. Il ne concernait alors que *Voyage au bout de la nuit,* agrémenté de quarante lithographies en hors-texte, et pour lequel Céline avait écrit une préface, à ce jour inédite :

> « Se tenir la bouille et gémir à la trahison,
> c'est le bon ton.
> Ah! mais, voyons il me mutile!
> Il me crucifie la vache!
> Ce n'est pas ainsi qu'on crayonne la démarche
> de mon beau génie!
> Il en oublie! Il en rajoute!
> Voilà qui fait bien, voilà qui fait noble et
> qui fait artiste!
> Brûlez-moi, si c'est votre rage mais surtout
> ne m'illustrez pas!
> J'en prends mon parti. J'avoue que Gen Paul
> avec ses cartons me fait grand plaisir.
> J'attends chaque nouveau. Je frétille du bout...
> C'est la seule grâce qui me convienne. Je
> m'y retrouve tout immonde et sans dégoût [2]. »

1. Voir *Bibliographie des écrits de L. -F. Céline, op. cit.,* notices 42A1 et 42A3.
2. Collection Mme Gen Paul.

CHAPITRE XII

Berlin

> « Pour moi l'Allemagne, comme pour tous les Parisiens de ma génération, c'est Bismarck, les voleurs de pendules, la choucroute et la gare de l'Est pour finir [1]. »

En 1938, à l'occasion du très court séjour qu'il avait fait en Hollande avec Lucette Almansor, Céline avait loué un coffre dans une banque à La Haye et y avait placé 185 pièces d'or. A la même époque, il en avait loué un autre dans une banque au Danemark et y avait mis le reste de son or [2].

Au mois de juillet 1941, il apprit que les Allemands bloquaient les comptes des étrangers et réquisitionnaient le contenu de leurs coffres. Pour tenter de prévenir ce désastre, Céline demanda et

1. Lettre inédite de Céline à un destinataire inconnu, 7 juillet 1946.
2. Voir *supra*, p. 193.

obtint l'autorisation de se rendre en Hollande où il espérait pouvoir reprendre son bien, ce qui se révéla impossible.

Parti précipitamment, sans avoir eu le temps de prévenir Évelyne Pollet qu'il passerait le 18 juillet à Anvers, il trouva sa porte close et ne put que glisser un mot dans sa boîte à lettres : « Je passe, je serai de retour dans 48 H [1]. » Au retour, il s'arrêta effectivement chez elle, entre deux trains. Il paraît qu'il fut ardent comme à leur première rencontre. Ils ne devaient jamais plus se revoir.

En août 1941, Céline fut touché au vif par la confirmation de la réquisition de son coffre qu'il ressentit comme une brimade de la part des autorités allemandes. Il reçut, de la succursale de l'Amsterdamsche Bank à La Haye, une lettre, datée du 20 août 1941, par laquelle on l'avisait du fait que son coffre-fort allait être ouvert : « en vertu du paragraphe 19 (3) de l'ordonnance sur les propriétés ennemies, les coffres-forts appartenant à des ennemis dans le sens de la susdite ordonnance, devront être ouverts. A cet effet est désigné comme administratrice la " Deutsche Revisions und Treuhand A. G. " de notre ville qui se chargera de l'ouverture des coffres. Nous vous invitons à nous faire parvenir par retour de courrier les clefs de votre coffre-fort chez nous afin d'éviter l'ouverture de force de la serrure et les frais qui en résulteraient pour votre compte [2] ».

Céline intervint aussitôt auprès de personnes susceptibles de l'aider à se tirer de cette situation.

Dans un premier temps, il n'alerta que des personnalités françaises, évitant de contacter directement les autorités allemandes. Il fit ainsi appel à Fernand de Brinon et surtout à Alphonse de Chateaubriant, auquel il écrivit le 30 août : « Pour une vilaine petite affaire personnelle pardonnez-moi d'avoir encore recours à vous. Mais je désespère de recevoir jamais la moindre réponse de l'ambassade [3] où l'on m'ignore absolument mais où l'on connaît par leurs petits noms les monstres faisans du Front Populaire – Il

1. *Cahiers Céline,* n° 5, *op. cit.,* p. 210.

2. Lettre inédite de l'Amsterdamsche Bank à Céline, 20 août 1941.

3. Fernand de Brinon était ambassadeur du maréchal Pétain auprès des autorités allemandes.

s'agit d'une merveilleuse muflerie que l'on s'apprête à me jouer en Hollande où j'ai un coffre (lettre ci-jointe). Je considère l'effraction de mon coffre comme *une insulte personnelle* et un *lâche et révoltant brigandage* –. Je ne suis point assez niais pour [*un mot illisible*] dans les prétextes invoqués, il s'agit purement et simplement de voler des *véritables valeurs* et de *leur substituer des devises en monnaie de singe – un point c'est tout.* Qu'ils agissent ainsi avec les gaullistes ou les juifs – tant mieux – Mais avec leurs rares amis, ceux qui ont été condamnés, traqués, persécutés, diffamés, pour leur cause et *non aujourd'hui,* mais de 36 à 39 – sous Blum – Daladier – Mandel – c'est un *comble* – une monstrueuse saloperie – *Quelle leçon pour leurs hésitants collaborateurs!* Les Dieux-diplomates de la rue de Lille [1], sont protégés du commun par un tel écran de lèche-culs, à baïonnettes et sans baïonnettes que je ne crois jamais pouvoir leur faire entendre une protestation à moins que vous ayez la bonne amitié de vous en charger. – J'ai protesté à La Haye auprès de cette Banque avec véhémences et motifs – mais encore... Il s'agit sans doute de brutes militaires gangstérisées qui foncent au butin... Il faudra bien que je cède à la force mais alors on m'aura fait violence et peut-être un jour aura-t'on l'occasion de le regretter – Vous savez mon cher Chateaubriant que je n'ai jamais reçu un sou de l'Allemagne et ne lui demande rien. Je demande simplement que les autorités allemandes aient l'obligeance de me foutre la paix, *de me considérer comme un vague neutre,* guatemaltèque ou San marin – Est ce trop demander? Je me considère déjà comme assez lésé d'être privé de l'usage de mon avoir – qu'ils aient *la bonté de laisser mon coffre tranquille et d'attendre la fin de la guerre* – où tout se réglera. Cette apothéose de vacherie, cette monstruosité sans nom, me frappe au moment où je projetais de lancer une campagne en faveur de la croisade antibolchevique – Je crois être assez capable de rallier beaucoup plus de monde que les pâles jean foutres qui s'en sont occupés à ce jour – soit dit sans vexer les génies diplomatiques de la rue de Lille – Je voulais peut-être créer un

1. Ambassade d'Allemagne.

corps sanitaire français de médecins et de chirurgiens en faveur de la Légion [1] – prendre les choses sous leur aspect plus vaste la participation de la médecine et de la chirurgie française... Je vous aurais demandé vos colonnes... mais je suis refroidi – Zut!! – C'est trop de mufleries accumulées depuis quelque temps – Assez! on se décourage à force de se sacrifier toujours et toujours pour des mufles – On encourage aussi le vice, de tous ces ronds de cuir parfumés qui se croient chiés par Talleyrand, pondus par Bismarck [2] – »

Un peu plus tard, le 21 septembre 1941, il relança Chateaubriant en ces termes : « J'irai le 28 vous serrer la main à votre conférence – et m'assurer de votre bon rétablissement – Oserais-je vous demander si vous rencontrez Achenbach [3] d'ici là de lui rappeler mon affaire de Hollande – infime en elle-même, pour moi hélas! de grand prix! Je n'ai reçu aucune information précise, officielle, textuelle – à ce sujet – j'attends toujours [4]... »

Bien que Chateaubriant soit intervenu auprès d'Otto Abetz et d'Achenbach, le coffre de Céline fut ouvert et l'on y découvrit les 185 pièces d'or qui furent confisquées. Chateaubriant avait sans doute obtenu des assurances dont Céline tenait à le remercier, ce qu'il fit le 10 octobre par une lettre qui, comme la précédente, ne laisse pas de doute sur ses opinions : « Mille grands mercis pour la bonne nouvelle que vous m'apportez *mais* j'ai reçu précisément hier de ma banque l'avis (que je fais suivre à Brinon) que mon coffre venait d'être *fracturé* par ordre (coût 50 florins!) que le contenu exactement *185 gouldens or* avait été saisi par les autorités allemandes à La Haye, versé d'autorité à je ne sais quelle autre banque hollandaise, *convertis d'office* en 2 200 florins papiers – (à peu près 1/10e de la véritable valeur et au surplus – ce miteux

1. L.V.F. (Légion des volontaires français contre le bolchevisme). De juillet 1941 à mai 1943, elle reçut 10 788 volontaires, dont 6 429 ont été engagés.

2. Lettre inédite de Céline à Alphonse de Chateaubriant, écrite de Paris le 30 août 1941. Il partait pour Saint-Malo où il comptait rester jusqu'au 15 septembre, il pensait aller ensuite à Quimper du 15 au 30 septembre.

3. Conseiller à l'ambassade d'Allemagne (presse et propagande).

4. Lettre inédite de Céline à Alphonse de Chateaubriant, le 21, sans date.

reliquat-papier *bloqué* – Vous voyez mon cher Chateaubriant que nous sommes en pleine " collaboration "! Aussi votre bonne nouvelle me surprend un peu et me trouve un peu incrédule – J'attends que Brinon me convoque pour me donner la version officielle – Suis-je ou non dévalisé ? où se trouve finalement mon pognon ? Qu'on me le montre – *Qu'on me le rende surtout* – et pas au 1/10e! Tout est là. *Il s'agit de mes droits d'auteur* je ne possède *d'autre fortune* hélas! Et vive la nouvelle Europe bien entendu! Elle semble bien tout de même prendre forme. Avec ou sans effractions de coffre! Il est niais de ramener de tels prodiges à sa minuscule mesure – Je n'en parlerai plus. » Cette lettre se continuait ainsi : « Certes je vous dois une façon d'article – Mais je n'ai point de sujet qui me taquine pour l'instant – cela viendra soyez en sûr – Je pensais à partir en Russie à mon vieil âge et j'y pense encore mais j'aurais peur que pendant mon absence au train qu'elles affectent les autorités tutélaires me fassent vendre ma table et mon lit! Vous allez me trouver maniaque cher Chateaubriant, mais que de juiveries encore dans votre journal! Ce n'est pas tout de hurler " mort aux juifs " à la première – c'est de ne pas leur passer une constante pommade (mine de rien!) aux petits échos littéraires, artistiques etc... avec même de très hautes surprises – Oh celui-ci est juif? vous n'y pensez pas! Il est vrai c'est exact que Baur [1] est à Berlin! avec un princier contrat! (peut-être soldé avec le prix de mes économies) Comme tout ceci cher Chateaubriant est mélancolique [2]! »

Voyant que les interventions de Fernand de Brinon et d'Alphonse de Chateaubriant n'aboutissaient pas aussi vite qu'il l'aurait voulu, Céline avait alerté son ami Karl Epting, directeur de l'Institut allemand : « Imaginez vous que j'ai un coffre en Hollande ouvert d'autre part par les Autorités Allemandes – d'autres sommes au Danemark! Et je n'arrive à rien récupérer du tous [*sic*]! de nulle part! Je vais crever de faim si cela continue dépouillé par le Grand

1. Harry Baur, acteur français (1881-1942), a effectivement tourné en Allemagne en 1942 dans *Symphonie d'une vie*.
2. Lettre inédite de Céline à Alphonse de Chateaubriant, 10 [octobre 1941].

Reich. Tout le monde s'en est occupé absolument en vain... De Brinon – Abetz – Achenbach... o – Je compte lorsque je serai à Berlin si j'arrive enfin à rencontrer en Allemagne un personnage qui ait enfin en même temps *sagesse, justice* et *pouvoir,* à l'intéresser à mon misérable cas – bien ridicule au surplus – » Dans cette même lettre, il lui précisait en post-scriptum : « En Hollande mon avoir *185 florins or* a été saisi et vendu à un taux ridicule comme bien ENNEMI. Comment voulez vous que je m'engage à la Légion? Et ce malgré toutes mes protestations les plus vives en temps utile et la protestation d'Abetz! des fous [1]! »

Nul ne sait comment l'histoire s'acheva. Il ne semble pas que les pièces aient été restituées à Céline et qu'elles aient figuré parmi celles qu'il a emportées avec lui, cousues dans un gilet, lorsqu'il quitta Paris, le 17 juin 1944, à destination de Baden Baden [2].

Louis sollicita souvent le concours de Karl Epting pour rendre service à des amis ou à des personnes qui lui avaient été recommandées et se trouvaient en difficulté. Il lui demanda aussi d'intervenir en sa faveur non seulement lors de la saisie de son coffre à La Haye, mais aussi pour pouvoir se rendre à Berlin en 1942, pour obtenir du papier et pour quitter la France en juin 1944.

Les événements de Hollande donnèrent à Louis l'idée que le reste de son or n'était pas en sûreté dans une banque à Copenhague et il pensa qu'il fallait l'en retirer. Il demanda l'autorisation de se rendre au Danemark et, quand elle lui fut refusée, il pria Karen Marie Jensen de s'en occuper et imagina de la rencontrer à Berlin pour lui confier la clef et la combinaison du coffre. Céline s'en est expliqué dans sa *Réponse à l'exposé du Parquet de la Cour de Justice* [3] : « C'est vrai – je me suis rendu en Allemagne *entièrement à mes frais* pour une durée de 5 jours à Berlin – en 1942 – non pas tout seul, mais en compagnie – des docteurs Bécart, Rudler, Claoué. Il fallait que je trouve un prétexte pour rencontrer une amie danoise, Mlle Karen Marie Jensen, qui m'offrait éventuelle-

1. Lettre inédite de Céline à Karl Epting, sans date.
2. Voir tome III, p. 20.
3. Voir tome III, Annexe V, p. 373.

ment asile au Danemark – or elle n'obtenait de permission de voyage que jusqu'à Berlin. Et moi-même il fallait que je trouve un prétexte pour aller à Berlin à sa rencontre. Je n'étais point membre d'une société médicale, littéraire, mondaine, franco-allemande – *membre de rien du tout.* Je me suis donc découvert un intérêt subit pour les hôpitaux de Berlin – or à Berlin je n'ai rien étudié du tout, sauf, avec cette amie, les possibilités de passer tout de suite au Danemark. Il fallut renoncer à ce projet – j'étais trop surveillé – elle aussi – (mais *vraiment* surveillé, pas comme Rouquès). »

La réalité n'est pas très différente de celle exposée par Céline dans ce mémoire, dans lequel il ne pouvait ni parler de son or ni compromettre Gen Paul en disant qu'il l'avait accompagné. Dès l'été 1941, Céline avait tenté d'aller au Danemark : « J'essaye d'aller au Danemark. C'est difficile – Je ne saurais comment vous prévenir de mon arrivée. Si vous n'êtes pas là – j'irai voir Lindequist [1] – » Ne parvenant pas à obtenir les autorisations adéquates, Céline décida donc d'aller à Berlin et il entreprit aussitôt les démarches nécessaires. C'est à Karl Epting qu'il s'adressa pour obtenir les visas : « Je serais très heureux d'aller en Allemagne 8 jours vers le *1er mars* – pour visiter

» – le service médical d'une usine

– un dispensaire de banlieue populaire

– et rencontrer quelques médecins chargés de la médecine populaire – [...]

» Je voudrais bien aussi passer ensuite quelques jours à Copenhaguen Danemark pour rendre visite à une amie d'enfance dont la guerre m'a très péniblement séparé – Est-ce possible ? » Pour faire plaisir à Gen Paul, Louis avait ajouté : « Gen Paul – admirable artiste, et connu à Berlin – qui voudrait voir aussi là-bas des confrères de Berlin [2]. »

Pour obtenir un passeport français, Céline remit à la Préfecture de Police de Paris un document établi par l'Institut allemand :

1. Lettre inédite de Céline à Karen Marie Jensen, 20 juin [1941].
2. Lettre inédite de Céline à Karl Epting, 8 janvier 1942.

« Nous confirmons que M. le docteur en médecine Destouches domicilié 4 rue Girardon à Paris, a été invité par l'Institut Allemand à participer à un voyage scientifique médical à Berlin. Nous prions les autorités françaises de vouloir bien accorder le plus vite possible les papiers nécessaires [1]. » Le passeport de Céline fut établi le 3 mars 1942 et, le 6, il obtint un visa, valable jusqu'au 31, pour se rendre à Berlin.

Karen Marie Jensen avait été tenue au courant : « Je serai sûrement à Berlin le 8 ou le 9 février avec Gen Paul. Je vous demandais si vous y seriez dans ma dernière lettre. J'ai de grands ennuis avec la vie matérielle – Cela devient très dur en ce moment – Tout coûte trop cher en ce moment – Il faudrait faire du commerce! Hélas! bientôt il n'y aura plus assez de papier pour les livres [2]! » Et dans une seconde lettre écrite quelques jours plus tard : « Il est donc tout à fait entendu que nous serons à Berlin avec Gen Paul et deux autres médecins en visite officielle le *8 ou le 9 Mars* – Je serai joliment content de vous voir enfin – Vous allez me trouver bien changé. Il s'est passé bien des choses en trois ans! Nous resterons une huitaine de jours à Berlin je ne sais pas encore dans quel hôtel mais aussitôt arrivé j'enverrai un message " express " à Bregenzerstrasse pour vous avertir – Nous ne comptons pas vous importuner beaucoup mais tout de même vous voir un petit peu et vous raconter tous les potins de la Butte! Et il y en a! » Il en profitait aussi pour lui donner quelques nouvelles de Paris et du milieu de la danse qu'elle connaissait bien : « Les potins = une exposition romantique de la danse au pavillon de Marsan par Monsieur Lifar, naturellement, complètement ratée – Mais c'est une curieuse idée d'aller chercher un juif d'Ukraine pour une telle entreprise – Irais-je exposer les danses juives à Tel-Aviv ? De nouvelles étoiles protégées de Lifar montent au firmament des ballets elles ont nom : Charrat... Luchaire [3]... etc. de 13 à 17 ans – Solange Schwartz est reine incontestée à l'Opéra

1. Cité dans un document d'archives établi en 1944 (collection particulière).
2. Lettre inédite de Céline à Karen Marie Jensen, 2 février 1942.
3. Janine Charrat et Florence Luchaire, fille de Jean Luchaire.

la jeune Ivanoff une autre juive fait aussi merveille – Egorova vous fait toutes ses amitiés – Son cours reprend un peu – mais il n'y a plus d'étrangères – Madame Alessandri a suspendu ses cours faute de charbon – à vous bien affectueusement et enfin à bientôt [1]! »

Il avait aussi fallu que Céline obtienne l'autorisation de quitter Bezons pendant quelques jours : « Monsieur le Maire, j'ai l'honneur de vous demander un congé sans traitement pour voyage indispensable du 7 au 17 Mars inclus. Le docteur Fresnel d'Argenteuil me remplacera dans ma consultation [2]. » Tout avait été facilement arrangé avec le successeur de Frédéric Empeytaz puisque, par arrêté du 4 mars, avant même que Louis Destouches ne formalise sa demande, il avait été autorisé à se faire remplacer par André Fresnel qui n'était encore qu'étudiant en médecine.

Le voyage à Berlin se déroula sans encombre. Céline était accompagné de Gen Paul, du Dr Rudler [3] et du Dr Bécart. Le Dr Claoué [4] n'était pas du voyage, mais il les rencontra à Berlin où il étudiait dans le service du professeur Joseph, grand spécialiste de la chirurgie esthétique. Le professeur Rudler, décédé le 30 mars 1982, gardait de ce voyage un souvenir mémorable : « L'arrivée à Berlin le lendemain fut remarquable. Nous étions attendus par quelques officiels allemands, en civil, mais avec brassards à croix gammée. Bécart, Gen Paul et moi étions arrivés près d'eux – pas de Céline – A ce moment Gen Paul se retourne vers le train et siffle longuement entre ses doigts - premier étonnement des officiels (ce ne devait pas être le seul). Après quelques sifflements apparaît à une portière la tête de Céline, hirsute et pas rasé. [...] Ensuite nous nous sommes séparés quelques jours, Gen Paul voyant des artistes, Céline visitant plusieurs fois le Ministère des Affaires étrangères [5] et aussi des danseuses, Bécart faisant je ne sais quoi

1. Lettre inédite de Céline à Karen Marie Jensen, 13 février 1942.
2. Lettre inédite de Céline au maire de Bezons, 5 mars 1942.
3. Jean-Claude Rudler (1907-1982) fut, après la guerre, professeur à la faculté de médecine de Genève et membre de l'Académie nationale de médecine de Paris.
4. Charles Claoué (1897-1957), spécialiste en chirurgie esthétique.
5. Céline chercha à obtenir un visa pour le Danemark, ce qui lui fut refusé.

et moi reçu très amicalement dans la famille du Dr Knapp [1], qui représentait en France la Deutsche ArzteKammer (c'était en principe un voyage médical malgré la présence de Gen Paul), et avait organisé le voyage. Nous nous retrouvions souvent au restaurant ou à l'hôtel, Céline pessimiste : " Leurs ministères sont pleins de Juifs et ils ne savent même pas les reconnaître ! " A noter qu'au restaurant, il transformait le : *Herr Ober* [2] classique en : M'sieu Robert [3] ! »

Le professeur Rudler se souvenait de certaines réceptions officielles : « Un soir nous avons été invités après le dîner à un verre chez le Dr Conti, ministre de la Santé Publique. Il y avait plusieurs officiers de retour du front de l'Est, dont le « Stimmung » n'était pas au plus haut : ils étaient stupéfaits (et admiratifs) devant le moral des prisonniers russes, dont la foi communiste leur paraissait très au-dessus de leur idéologie nazie – la plupart étaient mutilés – L'alcool aidant, et la soirée se prolongeant, l'un d'eux a dit : " Évidemment les Russes ont une idole, Lénine – Mais il est mort, dit un autre – Oui, répondit le premier, mais nous ne pouvons tout de même pas tuer Hitler pour en faire un Dieu ! " Au retour par le U-Bahn, Céline m'avait pris par le bras et me dit : " *Ces gens-là sont foutus – ce sont les autres qui gagneront.* "

» Un épisode important du voyage fut un bref séjour (2 ou 3 jours) à Hohenlychen, énorme centre de chirurgie réparatrice et de rééducation, que j'avais personnellement demandé à visiter (1 000 lits) à 100 km au nord de Berlin, dans un paysage de bouleaux et de lacs. Le chirurgien-chef était le Prof. Gebhardt, chirurgien en chef des SS et chirurgien personnel de Hitler, il avait un avion à sa disposition pour répondre à un appel éventuel. [...] La femme de Gebhardt était une belle Suédoise, avec deux petits garçons typiquement aryens. La veille de notre départ, un dîner nous mêla aux médecins du Service, ambiance chaleureuse, discours amicaux. Le lendemain, je revois encore Gebhardt sur le

1. Il représentait à Paris le Dr Hauboldt que Céline rencontra. Voir tome III, pp. 32-33.

2. Maître d'hôtel.

3. Note inédite du professeur Rudler (1977).

perron enneigé de sa villa nous faisant le salut hitlérien pour notre départ. Eh bien ce chirurgien modèle, ce mari et père heureux, fut pendu à Nüremberg. Après ses journées de travail harassant, il passait ses soirées à organiser, sur ordre supérieur, les protocoles des expériences que l'on devait faire sur les détenus des camps de concentration! Exemple typique de Dr Jekyll et M. Hyde. Et je peux certifier qu'aucun des membres du " cirque français [1] ", Céline compris, n'avait le moindre soupçon de ces activités clandestines.

» Le reste du séjour à Berlin fut sans histoire, sauf le banquet final où Céline devait prendre la parole en notre nom [2]. Devant un public nombreux, comportant beaucoup de hauts dignitaires, je l'ai entendu de mes oreilles dire que la France se trouvait dans une situation difficile, puisqu'elle ne pouvait choisir qu'entre la peste et le choléra! Quant à lui, il avait choisi la peste parce qu'on pouvait se vacciner (je suppose que le vaccin anticholérique n'existait pas encore). A côté de moi, un Allemand abasourdi me dit : " *das ist ein genie* " (qu'il prononçait : chénie) [3]. »

Céline profita de ce séjour pour voir souvent Karen Marie Jensen qui dirigeait une revue. C'était le but essentiel de ce voyage. Il lui remit la clef de son coffre et lui en fit connaître la combinaison, tandis que Karen lui confiait une lettre l'autorisant à occuper son appartement du 20 Ved Stranden à Copenhague, où Céline vécut effectivement avec Lucette du mois d'avril 1945 à son arrestation le 17 décembre suivant [4].

A la demande de ses hôtes, Céline visita le Foyer des ouvriers français de Berlin et il prit la parole devant eux pour une brève allocution. Céline s'en est expliqué dans l'un des mémoires qu'il a fait parvenir au juge chargé de l'instruction de son procès : « J'étais même si mécontent des Allemands, à ce point excédé par leurs politesses de bourreaux, leur sollicitude policière que prié par eux de prononcer quelques mots au *Foyer des ouvriers français*

1. Céline avait ainsi baptisé leur petit groupe. Il était l'Auguste, Gen Paul le Clown, Bécart le rouleur de tapis et Rudler M. Loyal.

2. Ce banquet eut lieu à l'hôtel Adlon.

3. Note inédite du professeur Rudler.

4. Voir tome III, pp. 74 à 90.

de Berlin, prié avec une certaine insistance de justifier de ma venue à Berlin, je tins à ces ouvriers à peu près ce discours, *dont on se souvient encore parfaitement :* " Ouvriers français. Je vais vous dire une bonne chose, je vous connais bien, je suis des vôtres, ouvrier comme vous, ceux-là (les Allemands) ils sont *moches.* Ils disent qu'ils vont gagner la guerre, j'en sais rien. Les autres, les russes, de l'autre côté, ne valent pas mieux. Ils sont peut-être pires! C'est une affaire de choix entre le Choléra et la Peste! C'est pas drôle. Salut! " La consternation au " Foyer " fut grande. Il fut sérieusement question encore une fois de m'incarcérer. (Laval ne pensait lui aussi qu'à m'incarcérer [1].) »

C'est sûrement de ce contact avec des Français travaillant à Berlin que lui vint l'idée qu'il pourrait y être employé comme médecin. Dans deux lettres à Karen Marie Jensen de novembre et décembre 1942, il lui faisait part de ce projet qui n'eut finalement pas de suite. La première a été expédiée cinq jours après le débarquement américain en Afrique du Nord [2] : « Je me demande même si je ne vais pas partir pour six mois en Allemagne comme médecin avec des ouvriers français. Ainsi je pourrais vous voir plus souvent. Ces cochons d'Américains qui viennent de prolonger encore la guerre [3]?! » A peine un mois plus tard il était revenu sur ce sujet : « Je pensais à aller comme médecin en Allemagne avec les ouvriers français – C'est possible. Je vous préviendrai si cela aboutit – mais je voudrais emmener Lucette c'est beaucoup plus difficile! Elle n'a pas de métier bien utile [4]! »

De retour à Paris, Céline écrivit à Frédéric Empeytaz pour lui faire part de ses impressions de voyage, retirées certainement de la conversation qu'il avait eue avec des officiers rentrant du front russe : « Je reviens d'Allemagne – tout cru je pense à une guerre de quinze ans pour le moins même d'évolution favorable! nous ne

1. « Réponse à l'exposé du Parquet de la Cour de Justice »; voir tome III, pp. 374-375.
2. Débarquement du 8 novembre 1942.
3. Lettre inédite de Céline à Karen Marie Jensen, 13 novembre 1942.
4. Lettre inédite de Céline à Karen Marie Jensen, 2 décembre 1942.

sommes pas au bout de nos espoirs! de nos attentes de nos hivers! Il faut tenir [1]!

Il remercia Karl Epting en ces termes : « Je veux à notre retour vous faire part du très cordial accueil qui nous a été réservé partout où nous sommes passés. Il m'a été personnellement donné de rencontrer certaines personnes que je désirais rencontrer depuis longtemps en particulier M. Abetz. Tout s'est passé en somme admirablement, je crois avoir personnellement appris beaucoup en ces quelques journées [2]. »

Il écrivit aussi à Karen pour lui parler des enfants (c'est-à-dire de son or [3]) et lui donner des nouvelles avec, comme toujours, quelques réflexions politiques : « [...] si la guerre dure encore je m'arrangerai pour venir à Berlin en Octobre – et vous y serez sans doute – ou Novembre si vous préférez. Ici le ministère Laval va peut-être rendre les Français un peu plus raisonnables mais ils sont si peu au courant des choses de l'Europe! Enfin il faut espérer! Je vais demander pourquoi on ne vous laisse pas venir à Paris, sans doute à cause de la nourriture – déjà difficile à trouver – Je vais passer tout le mois de juin en Bretagne – précisément pour me ravitailler avant l'hiver – qui ne sera pas facile, je le crains – Lucette commence à avoir des élèves – je voudrais qu'elle monte un petit studio – comme Mme Alessandri! Je veux finir ma vie dans les cours de danse – Avec le vôtre à Copenhague – j'aurai aussi de bonnes raisons de voyager – Vous allez avoir un été bien chargé! avec votre troupe! mais quelle charmante occupation! Vous êtes la plus heureuse des femmes et la plus gentille et la plus dévouée des amies – et la plus belle – Il faut vous revoir bientôt, nous nous ennuyons tous sans vous et moi tout particulièrement. Vous savez comme je suis fidèle sans en avoir l'air! enfin dans mon genre... Vous auriez fait une bien jolie Duchesse de Bretagne si j'avais été Duc – [...] Montmartre est en train de verdir et de fleurir – nous avons cent moineaux sur notre balcon qui

1. Lettre inédite de Céline à Frédéric Empeytaz, sans date.
2. Lettre inédite de Céline à Karl Epting, 18 mars 1942.
3. Voir tome III, p. 79.

réclament hélas énormément de pain! Ainsi va la vie, pas très gaie mais heureuse tout de même, de vous avoir vue [1]! »

Il n'est pas douteux que le voyage à Berlin rapprocha Céline de Karl Epting, vis-à-vis duquel il avait une dette de reconnaissance. Il accepta de venir à l'Institut allemand, installé à l'hôtel de Talleyrand, rue Saint-Dominique [2]. Céline n'était pas le seul écrivain français à venir à l'Institut allemand. Quand Epting fut arrêté par les autorités françaises [3], il donna une liste, non limitative, des écrivains avec lesquels il avait été en rapport pendant l'Occupation, parmi lesquels : Giraudoux, Montherlant, Drieu La Rochelle, Céline, Cocteau, Giono, Chateaubriant, Brasillach, Daniel-Rops, Chardonne, Abel Hermant, Pierre Benoit, Abel Bonnard, Paul Valéry, Georges Blond, Rebatet, Ramon Fernandez, Jouhandeau, Audiberti, Lucien Daudet, Paul Morand, Fabre-Luce, La Varende, Jacques de Lacretelle et quelques autres [4]. A cette liste s'ajoutait celle des éditeurs, des journalistes, etc.

C'est donc après ce voyage à Berlin, c'est-à-dire à partir du début de l'année 1942, que Céline se rendit à l'Institut allemand, pour voir Karl Epting en tête-à-tête ou pour participer à des réceptions purement mondaines et parfois à des déjeuners avec des artistes et des écrivains. Au cours de ces réunions, Louis faisait toujours un peu sensation par ses accoutrements et par la franchise de ses propos, heurtant notamment Drieu La Rochelle et plus encore Robert Brasillach avec lesquels il déjeuna rue Saint-Dominique.

Karl Epting lui fit aussi rencontrer Ernst Jünger, qu'il vit pour la première fois le 7 décembre 1941. On sait que Jünger a été choqué par ses outrances, par son cynisme et par ses ongles sales [5]. Jünger le revit ensuite plusieurs fois, notamment lors d'un petit déjeuner chez Paul Morand, avec la comtesse Palfy et Jacques

1. Lettre inédite de Céline à Karen Marie Jensen, 20 avril 1942.

2. Actuelle ambassade de Pologne.

3. Voir tome III, p. 325.

4. Procès-verbal d'audition de Karl Epting (archives de la justice militaire à Meaux).

5. Voir tome III, pp. 277-288.

Benoist-Méchin et aussi le soir du 16 novembre 1943 à l'Institut allemand avec Arno Breker, Mme Abetz [1], Abel Bonnard et Drieu La Rochelle. L'inimitié entre Céline et Jünger se manifesta chaque fois qu'ils se sont rencontrés. Elle tenait à la nature profondément différente des deux hommes et peut-être aussi au fait que Céline pouvait être odieux et plus outrancier encore que d'habitude avec les gens qu'il n'aimait pas. Céline connut aussi Friedrich Sieburg, auteur du célèbre *Dieu est-il français,* mais ses relations avec lui n'ont pas été meilleures qu'avec Jünger.

Céline et Arno Breker étaient plus proches. Ils s'étaient un peu connus à Paris pendant les années trente, se sont retrouvés à Paris pendant l'Occupation et se sont revus ensuite après le retour de Céline à Meudon [2]. Louis entretint aussi des rapports très épisodiques, mais assez cordiaux, avec certains fonctionnaires de l'ambassade d'Allemagne et de l'Institut allemand, tels Achenbach, chef de la section politique de l'ambassade jusqu'en 1943, avec le Dr Knapp, avec Mlle von Steeg, secrétaire d'Epting, et avec Carl William von Bohse, avocat dans la vie civile, qui servait comme conseiller juridique à l'ambassade [3]. Von Bohse était antinazi. Marié à la fille d'un général français, il avait été présenté à Céline par Ernest Fourneau, directeur de l'Institut Pasteur. C'est chez les von Bohse, place du Palais-Bourbon, qu'un jour après le déjeuner, en 1942 ou 1943, Louis fit la connaissance d'Arletty, venue prendre le café avec Josée Laval [4] qui habitait le même immeuble. Arletty raconte : « Une amie m'invite à prendre le café et me réserve une surprise. Dans un coin du salon, debout, un très bel homme aux yeux gris. Présentations : – Céline. – Arletty. Ensemble : " Courbevoie ". Longue embrassade. Début d'une amitié que rien n'a pu troubler [5]. » Céline éprouva en effet, tout de suite, beaucoup de sympathie pour Arletty : « *Je l'aime* – Embrassez-la pour moi –

1. Elle était française.
2. Voir tome III, pp. 324-325.
3. Voir tome III, p. 64.
4. Marquise de Chambrun, fille de Pierre Laval. Elle avait connu Céline à un déjeuner chez Paul Morand.
5. Arletty, *La Défense,* La Table ronde, 1971, pp. 140 et 141.

Elle aura toujours une place dans mon lit et à ma table – et dans mon cœur [1] – »

A Berlin, certains pensaient que Karl Epting n'aurait pas dû entretenir des rapports aussi étroits avec Céline, jugé peu fréquentable. C'était une opinion assez répandue dans l'entourage de Rosenberg [2], à la suite d'un rapport sur l'Institut allemand fait par l'un de ses collaborateurs, Bernard Payr [3], le 28 janvier 1942. Écrivain allemand, Payr était l'un des principaux responsables de l'Amt Schrifttum, département de la littérature à l'office Rosenberg, dont il devint ensuite le chef. Voici comment il s'exprimait dans son rapport du 28 janvier 1942 : « Il convient de nommer tout d'abord Louis-Ferdinand Céline, avec lequel Monsieur Karl Epting est particulièrement lié. Céline bénéficie de la part de l'Institut allemand de la plus forte promotion et du plus solide soutien. Sa personnalité est pourtant extraordinairement contestée. En son temps, dans son livre *Voyage au bout de la nuit,* qui a fait du bruit, il a célébré l'objection de conscience. Il a mis en question et traîné dans la boue presque tout ce que l'existence humaine peut attester de valeurs positives. Depuis quelques années il écrit des livres contre les Juifs et les francs-maçons, qui sont fustigés de façon hystérique dans un français populaire ordurier. Est-ce bien la personnalité désignée pour prononcer dans le grand combat contre les puissances supraétatiques la parole décisive, qui mérite attention et promotion du côté allemand ? Le dernier livre de Céline, *Les Beaux draps,* a été récemment interdit par le gouvernement de Vichy. Le fait que le parti antisémite en France voudrait en tirer quelque profit dans le domaine de la propagande saute aux yeux. Malheureusement la presse allemande a fait paraître un entrefilet dans lequel il est dit que l'interdiction de ce livre écrit dans un français spontané et robuste était regrettable. (La différence entre robuste et ordurier ne semble pas très claire pour ces messieurs de l'Institut allemand qui semblent à l'origine de cet entrefilet.)

1. Lettre inédite de Céline à Thorwald Mikkelsen, 26 septembre 1949.
2. Alfred Rosenberg, théoricien du nazisme, condamné à mort à Nuremberg.
3. Bernard Payr, né le 3 octobre 1903 à Graz, disparu à la fin de la guerre.

Moi-même je n'ai pas hésité, dans un grand article dans *Das Reich*, à dire sur Céline ce que je considérais comme indispensable. Quelques jours après je recevais par l'intermédiaire de Monsieur Karl Epting une lettre d'injures de Monsieur Céline, lettre qui compte au nombre des plus beaux morceaux de cette sorte de ma collection [1]. »

Bernard Payr avait effectivement écrit un article contre Céline dans *Das Reich* du 18 janvier 1942, dans lequel il estimait que *Les Beaux draps* étaient une « regrettable maladresse » en raison de son « absence totale de moralité ». Dans un livre publié à la fin de l'année 1942 sous le titre *Phönix oder Aschen* (« Phénix ou cendres »), il écrivit au sujet des *Beaux draps :* « Malheureusement toutes ces choses sont présentées dans une langue négligée, sans exemple dans la littérature française moderne. Toutes les deux pages on rencontre les obscénités les plus incroyables. Le livre n'est composé en grande partie que d'exclamations et de brefs lambeaux de phrases qui font l'effet de cris d'hystérique. Tout cela réduit à néant les intentions de l'auteur, qui sont certainement bonnes [2]. »

En haut lieu, on critiquait donc l'amitié que Karl Epting témoignait très ouvertement à Céline. Ce n'est cependant pas la seule raison pour laquelle les rapports entre Céline et Otto Abetz étaient médiocres. Les deux hommes se sont connus à Berlin en 1942. Tout de suite ils ont éprouvé peu de sympathie l'un pour l'autre. Céline n'aimait pas Abetz, qu'il jugeait assez faux, mondain et peu intelligent. Abetz de son côté n'appréciait certainement pas les outrances de Céline, ni son franc-parler ni l'attitude qu'il eut chaque fois qu'ils se sont vus.

Quand Abetz fut arrêté par les autorités françaises, qui le placèrent en détention jusqu'à ce qu'il soit acquitté par le tribunal militaire, le 24 juillet 1949, il fut évidemment questionné au sujet de ses rapports avec des artistes et des écrivains français. Entendu

1. Archives du tribunal militaire international de Nuremberg, Rosenberg File, F 7 Document 420 (Centre de documentation juive contemporaine, CXLIV-420); cité par Gérard Loiseaux dans *La Littérature de la défaite et de la collaboration*, Publications de la Sorbonne, 1984, pp. 283-284.

2. Dortmund, Volkschaft Verlag, 1942; cité par G. Loiseaux, *op. cit.*

sur ce point le 21 novembre 1945 par deux commissaires de police, Marc Bergé et Léon Dauzas, il leur donna une liste des écrivains français qui étaient partisans d'une collaboration intellectuelle avec l'Allemagne. Il leur fournit aussi une seconde liste qui comprenait les écrivains qui, d'après lui, avaient hésité à s'engager dans cette voie, parmi lesquels : Bertrand de Jouvenel, Pierre Benoit, Alfred Fabre-Luce, Benoist-Méchin et Henry de Montherlant. Le nom de Céline ne figurait sur aucune de ces deux listes [1].

Contrairement à ce que Céline a souvent affirmé au cours de l'instruction de son procès, il est allé au moins une fois à l'ambassade d'Allemagne. Il a été aussi reçu par Abetz et par sa femme dans la propriété dont ils disposaient près de Chantilly. Céline a aussi dîné avec Otto Abetz à l'hôtel Ritz, invité par le Dr Bécart, et une autre fois place Beauvau, avec Gen Paul, chez Fernand de Brinon.

C'est la soirée rue de Lille qui sonna sans doute le glas des relations entre Céline et Otto Abetz. Benoist-Méchin, Drieu La Rochelle et Gen Paul y participaient et il n'est pas douteux que Céline y fit scandale. Gen Paul et Benoist-Méchin racontaient, chacun dans son style et à sa manière, à peu près la même chose. Céline n'aurait pas dit un mot pendant tout le repas laissant Drieu développer de grandes théories politiques et des pronostics d'avenir. Benoist-Méchin disait à ce sujet que l'on ne pouvait avoir aucun échange avec Céline. Soit il restait silencieux dans son coin, soit, sortant de son mutisme, il se déchaînait et nul ne pouvait l'interrompre. C'est en cela qu'il ne pouvait y avoir de réelle conversation avec lui. A la fin du dîner, il prit la parole, balayant toutes les théories de Drieu et disant en clair que les Allemands allaient perdre la guerre, en des termes rarement utilisés dans les ambassades... Dès le début de la harangue, Abetz avait demandé aux domestiques de sortir de la salle à manger. Il était complètement affolé par ces propos et ne savait comment y mettre un terme. Lorsque Céline voulut bien se taire, Otto Abetz intervint timidement pour tenter d'atténuer l'effet désastreux de ce qu'il venait

1. Archives du Centre de documentation juive contemporaine, document LKKI-113.

d'entendre : « Oui mais vous, Monsieur Céline, c'est bien connu, vous n'aimez pas les Allemands. » Louis se serait récrié que c'était faux : « Comment pouvez-vous dire que je n'aime pas les Allemands ? N'est-ce pas Gen Paul que nous les aimons ? D'ailleurs c'est au point que tu les imites. Montre à Monsieur l'Ambassadeur comme tu fais bien Hitler. » Gen Paul aurait alors consenti à faire, dans les salons de l'ambassade, l'un de ses numéros favoris, une excellente imitation d'Hitler, avec mèche sur l'œil et petite moustache [1]. Très gênés, les autres convives se pressèrent autour de l'ambassadeur lui disant que Céline n'était pas bien, qu'il fallait le raccompagner chez lui, ce qui lui valut d'être reconduit à Montmartre, avec Gen Paul, dans une voiture de l'ambassade.

C'est ainsi que Jacques Benoist-Méchin et Gen Paul racontaient cette soirée mémorable. Une version sensiblement différente a été présentée aux lecteurs de *Paroles françaises,* selon laquelle le dîner aurait été donné, en l'absence d'Otto Abetz, par le ministre Schleier. Antonio Zuloaga et Achenbach y auraient assisté. L'auteur de l'article prêtait à Céline des propos reconstitués après coup tels : « Trêve de pommade, j'ai fait de l'antisémitisme lorsque c'était mal vu. Maintenant que la chasse aux juifs est devenue religion d'État, vous ne voudriez pas que je m'inscrive parmi les classiques. Je retire mes billes [2]. » Il aurait aussi critiqué la qualité de la « croûte » qui leur était servie et aurait dit du Führer : « [...] je ne parle pas du ballot qui est en place, un tragique bon à rien, vaut tout juste un contrôleur de métro, pas même une cinquième roue. »

Le chroniqueur de *Paroles françaises* a certainement fondu en une seule anecdote des faits qui se sont déroulés à des dates différentes. Antonio Zuloaga racontait en effet qu'en 1941, pour obliger Fernand de Brinon qui ne parvenait pas à convaincre Céline de rencontrer des fonctionnaires de l'ambassade d'Allemagne, il avait accepté d'organiser un dîner place Beauvau. Sur

1. Voir *supra,* cahier photographique.

2. « Quand Céline mettait l'Ambassadeur d'Allemagne dans de beaux draps », *Paroles françaises,* 17 février 1950, p. 1.

l'insistance de Zuloaga, Céline avait bien voulu s'y rendre, à condition que Gen Paul puisse venir avec lui. C'est Achenbach qui avait représenté l'ambassadeur. Après le repas, Céline avait demandé à Gen Paul de se grimer et de mimer Hitler. C'est plus tard, en 1942 ou 1943, que Céline a été invité à l'ambassade et Zuloaga n'y était pas, ayant quitté Paris pour Alger au début de l'année 1942.

Céline s'était fait à Paris la réputation d'un convive difficile à inviter avec les Allemands. Kuni Matsuo, alors correspondant d'un grand quotidien de Tokyo, le *Yomiuri Shimbun,* en fit l'expérience au cours de la réception qu'il donna en 1941 au Café de la Paix, quand il fut rappelé au Japon pour devenir chef de cabinet du Premier ministre. Céline y avait fait un vrai scandale. Un témoin, Paul-Yves Rio, se souvient de l'incident : « Parmi les invités, il y avait des personnes de toutes tendances et quelques officiers allemands. Tout à coup nous entendîmes des vociférations [...] C'était notre Céline qui débarquait, fagoté à l'as de pique et fraîchement rasé de la semaine précédente! Si bien que, devant un tel accoutrement, un maître d'hôtel l'avait pris pour un clochard venant resquiller quelques sandwichs, si rares à cette époque. Après avoir été présenté par Kuni Matsuo, Céline prit place aux côtés d'un colonel allemand. [...] Comme toujours, Céline ne ménagea pas les quolibets pour son voisin. Il lui demanda notamment dans combien de mois il prévoyait la défaite militaire de l'Allemagne. Puis Chateaubriant (toujours tiré à quatre épingles) lui ayant fait remarquer que sa tenue vestimentaire n'était guère de circonstance, Céline l'incendia des épithètes les plus incendiaires : “ de collabo de pissotière ” [...] En sortant, le Prince Yacoub [1] me dit : “ Je vais rendre compte de cette réception à Otto Abetz, comme c'est mon obligation, en soulignant la présence de Céline et en mettant l'accent sur le fait que, devant être pris de troubles mentaux résultant de ses séquelles de blessures de guerre, il avait tenu des propos incohérents, dont il ne fallait tenir aucun compte [2]. ” » Il

1. Lucette dansait avec ses filles, Menène et Desta.
2. Lettre inédite de Paul-Yves Rio à l'auteur, 15 avril 1979.

paraît aussi, qu'après le départ de Céline, Kuni Matsuo avait rassuré ses invités, leur conseillant, si la police allemande les interrogeait, de lui dire de s'adresser à l'ambassade du Japon qui avait organisé cette réception.

On a soutenu que Céline avait conseillé Otto Abetz pour des problèmes relatifs aux Juifs français. Il n'est pas impossible qu'Abetz ait transcrit dans un rapport officiel certains propos de Céline, mais ce dernier n'a jamais fourni des indications ou des conseils à l'ambassade d'Allemagne. Ces bruits résultent surtout du fait que, lors de l'arrestation d'Helmut Knochen, ancien chef du S.D. (Service de sécurité), antenne parisienne de l'Office central de sécurité du Reich que dirigeait Himmler, on a trouvé dans ses papiers une note ainsi rédigée : « En ce qui concerne la commission consultative de l'Office Central Juif, seuls doivent être pris en considération des Français complètement indépendants économiquement et d'une autorité indiscutable. Les noms suivants (dans l'ordre de leur qualification) ont été indiqués par un informateur français de toute sûreté : Léon de Poncins, Georges Batault, Bernard Faÿ, Vacher de La Pouge, professeur à Montpellier, Darquier de Pellepoix, Montandon et, avec réserves, Serpeille de Gobineau, Céline [1]. »

Ce document signé par le docteur Kurt Ihlefeld, daté du 1er mars 1941, était intitulé « Note pour M. l'Ambassadeur » et il était précisé qu'il avait été transmis à l'Office central juif en France, par Otto Abetz, le 8 mars 1941. Il s'agissait d'une liste établie sur les renseignements d'un indicateur anonyme. Céline y figurait en dernier, avec des réserves, à une époque où il ne connaissait pas encore Otto Abetz. C'est donc un document sans aucune valeur de preuve.

Dans *L'Humanité* du 27 avril 1951, c'est-à-dire peu après le jugement d'amnistie rendu en faveur de Céline par le tribunal militaire de Paris, on pouvait lire : « Sa fidélité aux Nazis était telle qu'Otto Abetz, ambassadeur d'Hitler, voulait faire de lui son

1. Note inédite (archives du Centre de documentation juive contemporaine, document V 66).

Abschrift!

Dr. Kurt Ihlefeld

weitergereicht an Zentrales Judenamt in Frankreich 8.März 1941 gez. Abetz.

•

NOTIZ

für Herrn Botschafter.

Von dem Gesichtspunkt ausgehend, dass für den beratenden Ausschuss des Judenamtes nur solche Franzosen in Frage kommen sollten, die wirtschaftlich völlig unabhängig sind und darüberhinaus unbestrittene Autorität besitzen, werden von vertrauenswürdiger französischer Seite folgende Namen (in der Reihenfolge der diesbezüglichen Qualifikation) genannt:

Léon de Poncins

Georges Batault,

Bernard Fay,

Vacher de la Pouge, Professor in Montpellier,

Darquier de Pellepoix,

Montandon und mit Einschränkung:

Serpeille de Gobineau,

Céline.

Paris, den 1.März 1941.

gez. Ihlefeld.

Rapport inédit du docteur Kurt Ihlefeld à Otto Abetz (archives du Centre de documentation juive contemporaine, document V – 66). Voir *supra*, pp. 257 et 259.

Commissaire aux Questions Juives ainsi que l'a prouvé un document (R.F. 1208) produit par les représentants français au procès de Nuremberg. » La réalité était nettement différente. Dans ce document, Otto Abetz soulignait seulement, dans sa « Note pour Monsieur Zeitschel [1] », que l'on pouvait compter Céline parmi les personnalités françaises à pressentir : « On peut ajouter, comme collaborateurs français à l'Office Central Juif, aux noms de Marcel Bucard, Darquier de Pellepoix, Jean Boissel et Pierre Clémenti, dont on a déjà parlé aujourd'hui, encore les hommes de lettres Serpeille de Gobineau, Jean de La Hire, Ferdinand Céline et le comte de Puységur. Comme personnalités désignées à effectuer un travail vraiment efficace, je recommande le professeur Montandon et l'écrivain Jacques de Lesdain. Le chef adjoint de la Propagandastaffel, Sonderführer Von Grothe, provoquera dans différents secteurs une enquête destinée à rechercher les Français aptes à collaborer avec l'Office Central Juif [2]. »

C'est en mars 1941 que le Gouvernement de Vichy institua un Commissariat général aux questions juives. Céline aurait été approché mais il aurait refusé de s'en occuper. Le 29 mars, ce fut Xavier Vallat qui fut nommé commissaire général, poste qu'il quitta en mai 1942. Louis Darquier de Pellepoix, qui lui succéda, resta en place jusqu'en 1944. Le Commissariat général aux questions juives était placé sous l'autorité de Werner Best [3], haut fonctionnaire de la Gestapo, mobilisé comme chef de l'administration du Militärbefehlshaber en France.

C'est peu après la création de ce Commissariat général que les Allemands ont constitué le 11 mai 1941 l'Institut d'étude des questions juives, organisme doublé par une association des amis de cet institut, qui n'eut pas moins de 4 000 membres. Installé 21, rue de la Boétie, dans un immeuble appartenant à un Juif, l'Institut a d'abord été dirigé par François Gérard puis, dès le 22 juin 1941, par le capitaine Sézille.

1. Conseiller de légation, chargé à l'ambassade d'Allemagne des fonctions d'expert aux questions juives.
2. Archives du procès de Nuremberg.
3. Voir tome III, pp. 64 et 75.

Céline assista à la séance inaugurale et Lucien Rebatet se souvenait que, du fond de la salle, il avait lancé quelques invectives : « Je suis très content que mon papier t'ait plu. J'avais quelques inquiétudes à ce sujet. Je n'aurais pas dû. Parce qu'il me suffisait de me rappeler que toi, tu n'es pas un lourd ; qu'en toute circonstance (et on en a eu, ensemble, des circonstances !), tu laisses la connerie à la porte. En revanche, ledit papier va me brouiller quelque temps – je suppose – avec Cousteau. Mais c'est sa faute. Il jaspine et fait le torero *sans t'avoir lu* [1]. Faudra-t-il donc à ces fiers censeurs que je leur raconte de nouveau certaine inauguration de l'Institut des Questions Juives, rue la Boétie, chez Rosenberg, au printemps 41 si je ne me trompe ? une jolie cérémonie, où un de nos führers, un ancien capitaine de la coloniale mariné dans le mandarin, cassa la gueule à Baudinière, parce qu'il avait le nez suspect. Tu étais tout au fond, et tu leur envoyais des vanes, qui disaient bien suffisamment qu'avec de pareils chefs de colonne, on était de la revue pour tordre les Hébreux. Tu n'as certainement pas oublié cet épisode [2]. »

Céline n'eut pratiquement pas de relations avec Xavier Vallat, ni avec Darquier de Pellepoix [3], mais il connaissait le capitaine Sézille, auquel il écrivit le 10 décembre 1941. L'« ennemi » était évidemment le Juif : « Votre lettre admirable de fond situe très exactement le problème et ne laisse rien dans l'ombre. Vous avez raison, votre action menée avec g[ran]d courage et beaucoup d'adresse a pensé admirablement les positions de l'ennemi et les nôtres. L'ennemi occupe tous les forts, toutes les crêtes, tous les défilés – toutes les intelligences... toutes les banques... nous sommes à découvert, suspects à tous, peu nombreux, divisés, demain peut-être désarmés... Notre position ne vaut pas cher – Avec vous bien entendu j'espère le miracle, vieux celte, je crois aux esprits – aux messages – je lance des sorts ! D'où ce ton toujours furieux – Je

1. Voir tome III, pp. 332 et 333.
2. Lettre inédite de Lucien Rebatet à Céline, 11 juillet 1957.
3. Du moins pendant l'Occupation, car ils s'étaient rencontrés avant-guerre.

me dépense comme je peux. Vous aussi et je vous comprends de tout cœur [1]. »

Céline connut plus intimement Hermann Bickler [2] qui lui avait aussi été présenté par Epting. Bickler occupait un poste de première importance puisqu'il était chef des services de renseignements politiques pour toute l'Europe occidentale. Il était à ce titre directement sous les ordres d'Heydrich. Comme son bureau était avenue Foch, un peu sur le chemin de Bezons, Céline s'arrêtait de temps en temps pour discuter avec lui. Les sentinelles qui ne le connaissaient pas lui interdisaient régulièrement l'accès du bâtiment et faisaient téléphoner à Bickler qu'un homme, ayant toutes les apparences d'un terroriste, demandait à le voir. Les deux hommes eurent ainsi plusieurs fois des entretiens, parfois dans le bureau de Bickler et d'autres fois en marchant dans le Bois de Boulogne. « Dès la première conversation, Céline cacha aussi peu son opinion que dans ses écrits. Il expliqua, qu'après les premiers espoirs en 1940, les Allemands le décevaient de plus en plus. A son avis, la politique allemande envers la France était complètement erronée – L'Ambassade de la rue de Varenne [*sic*] était considérée par lui comme un nid dangereux d'ignorants et de gens plus ou moins adversaires du Reich. A ce moment-là, Abetz avait été rappelé depuis un certain temps à Berlin, et Céline souligna le rôle douteux joué en particulier par son épouse (française du Nord). A ce sujet Céline toucha les relations entretenues par l'Ambassadeur et sa femme avec des individus qui, selon lui, étaient à raison de leur comportement politique et moral déconsidérés par tous les honnêtes gens en France. Dans le monde politique français, Céline était particulièrement monté contre Laval, pour lui le “ youpin ” typique. Il ne doutait pas qu'un tel homme trahissait les Allemands. [...] Pour lui tout dépendait de ce conflit fondamental dirigé par les Juifs et dans lequel ils avaient organisé comme l'avant-garde la plus dangereuse, le Bolchevisme russe.

1. Lettre inédite de Céline au capitaine Sézille, 10 décembre [1941] (archives du tribunal militaire à Meaux).
2. Voir tome III, pp. 326-329.

[...] D'une manière passionnée, il s'opposait au communisme et au capitalisme américain, pour lui deux expressions de la même clique Juive, qui ne poursuivait ainsi qu'un seul but : la défaite et, à la fin, l'anéantissement de son ennemi mortel (Aryen). Bien que certaines théories de Céline me semblassent extravagantes et exagérées dans la forme, je l'ai toujours rencontré avec plaisir et intérêt [1]. » Bickler fut invité à dîner plusieurs fois rue Girardon et Céline l'emmena même assister à des cours de danse. On sait enfin le rôle déterminant joué par lui à Sigmaringen dans les derniers mois de la guerre puisque c'est grâce à lui que Céline a pu obtenir des autorités allemandes l'autorisation de se rendre au Danemark.

Céline était tout aussi franc et direct avec Karl Epting auquel il écrivait parfois pour des riens, par exemple lorsqu'il s'était posé la question de savoir si Racine était juif : « Depuis bien longtemps je m'intéresse, et pour cause, aux antécédents de RACINE [2], en telle faveur suspecte à mon sens chez les juifs – dont le théâtre n'est qu'une fougueuse apologie de la Juiverie. On joue rarement du Corneille au " Français " et presque tous les jours du Racine – Comme cela est suspect. Or je retrouve quelques phrases précieuses dans un livre d'*Élie Faure* (juif et maçon) au sujet de Racine – " issus d'une ascendance champenoise et d'une ascendance allemande " " 3 gouttes de sang " page 225 et dans *François Mauriac* – " La Vie de Racine " de la part de Mauriac cet espèce d'aveu – " La mère de Racine, Jeanne Sconin, les Sconins, violents, brutaux, de race franque et peut-être Scandinave. " Ce *Sconin* " Scandinave " me laisse tout à fait rêveur... Connaissez-vous en Allemagne ou ici un spécialiste de la question qui puisse me dire ce que signifie *Sconin* – est-ce juif? germain! Vraiment Scandinave?... hum... la question est posée [3]. »

Parfois il lui écrivait pour des choses plus sérieuses, ainsi cette

1. Rapport inédit d'Hermann Bickler (21 février 1979) établi à partir de notes prises en 1948.

2. Dans *Bagatelles pour un massacre* (*op. cit.*, p. 219), Céline avait écrit : « Racine? Quel emberlificoté tremblotant exhibitionniste! Quel obscène, farfouilleux pâmoisant chiot! Au demi-quart juif d'ailleurs!... »

3. Lettre inédite de Céline à Karl Epting, 2 mars 1942.

lettre du 15 avril 1942 : « Vous avez eu l'amabilité, un certain jour, de me faire savoir qu'au cas où *mon éditeur* arriverait à manquer de papier pour imprimer mes livres – vous pourriez peut-être venir à mon secours. Je n'ai pas oublié ces alléchantes paroles – nous avons lutté jusqu'ici contre la pénurie croissante mais à présent nous *sommes à bout* – Pour réimprimer mes principaux ouvrages il nous faudrait *15 Tonnes de papier.* Voici la vérité toute crue – Pensez-vous pouvoir m'aider ? *That is the question – Be or not* [1]... » Une autre lettre, de 1943, montre que, si Robert Denoël (toujours à court d'argent) poussait Céline à rééditer ses pamphlets, Louis avait été pleinement d'accord pour cette réédition [2] : « J'ai l'honneur de porter à votre connaissance un fait, tout cru. Ni *Bagatelles,* ni *L'École* ni *les Beaux draps* ne sont plus en vente *ni imprimés* depuis près *d'un an* faute de papier – Sauf miracle je n'aurai plus de papier. Denoël n'a pas en tout 5 tonnes par an! Et il s'imprime tant de choses... Il s'agit donc de *3 ou 4 tonnes* de *Bons matière papier.* Je me demande mon cher Directeur ce que vous en pensez [3] ? »

C'est donc grâce à l'amitié de Karl Epting et sans opposition de la part des autorités allemandes que *Bagatelles pour un massacre* a été réédité en octobre 1943 avec vingt photographies qui ne figuraient pas dans l'édition originale. Toutefois, lorsque Céline avait écrit à Epting que les trois pamphlets n'étaient plus en vente depuis un an, il forçait un peu la vérité puisque *Les Beaux draps* avaient été réimprimés en août 1942 et *L'École des cadavres* en septembre 1942, augmentée d'une préface et de quatorze photographies [4]. Dans le dossier du tribunal militaire, une note précise

1. Lettre de Céline à Karl Epting, 15 avril 1942; reproduite en fac-similé dans *Bibliographie des écrits de L.-F. Céline, op. cit.,* iconographie de l'année 1942.

2. Voir sur ce point, la lettre inédite de Robert Denoël, du 30 avril 1942, lui envoyant 30 000 francs : « Cette somme est à valoir particulièrement sur le compte de *Bagatelle pour un massacre* » (au verso du manuscrit de *Guignol's Band*).

3. Lettre de Céline à Karl Epting, 4 mai [1943]; reproduite en fac-similé dans *Bibliographie des écrits de L.-F. Céline, op. cit.,* iconographie de l'année 1943.

4. Pour ces différentes rééditions, *ibid.,* respectivement notices 43A1, 42A2 et 42A4.

le motif de ces ajouts. Les prix ayant été bloqués le 2 septembre 1939, les éditeurs devaient justifier d'une partie au moins inédite pour pouvoir augmenter leurs prix de vente [1].

En raison de la pénurie de papier, Céline écrivit de nombreuses pages de *Guignol's Band* au dos de lettres qu'il avait reçues ou de divers brouillons, notamment de lettres, dont on ne peut pas toujours savoir si elles ont ou non été envoyées. Ainsi Epting ne paraît pas avoir reçu celle dont on ne connaît que les premiers mots : « Mon Cher Epting, il est de notoriété publique que l'Ambassade n'a guère de sourires que pour les renégats et que ses soirées sont le [2] » Ni celle-ci : « L'école communale a donné une fois pour toutes aux 40 millions de français l'allemand comme ennemi héréditaire – Ils n'en changeront pas – les français ne changent jamais d'idée – Ils ne veulent pas changer d'idée! » Au dos de la même page, juste après ce texte, figurait aussi le brouillon de sa lettre à Pierre Costantini [3] : « Au fond il n'y a plus que le Chancelier Hitler pour parler des juifs – d'ailleurs ses propos sur ce chapitre ne sont rapportés qu'avec gêne par notre presse (la plus rapprochiste) minimisés toujours au possible, éludés, trifouillés – L'embarras est immense on espère que cela passera au Chancelier Hitler cette manie – c'est le côté que l'on aime le moins, *que l'on aime au fond pas du tout* chez le Chancelier Hitler – c'est cela que j'aime le plus [4]. »

Epting reçut en revanche cette curieuse lettre : « La Censure est un merveilleux instrument d'État. Mais qui ne laisse rien après lui qu'une opinion hargneuse et abrutie à mort et vouée à toutes les catastrophes. Nous en sommes là en France et peut-être en Europe. Tous les cons, dindons d'État, fous suffisants, zazous honteux, bureaucrates délirants, putains et pénis d'Ambassades nous donnent le ton et la loi et la corde si nous insistons... Tant pis! nous verrons la suite! Depuis votre départ les choses vont de

1. Archives du tribunal militaire à Meaux.
2. Brouillon inédit, 13 juillet, sans date.
3. Voir *supra*, p. 296.
4. Catalogue de l'hôtel Drouot, vente des 27-28 février 1979; reproduite en fac-similé dans *Bibliographie des écrits de L.-F. Céline, op. cit.*, iconographie de l'année 1941.

mal en pire – *L'exemple,* et toute société vit *d'exemples,* est IMMONDE. La Cour au Louvre se tenait mieux que nos Élites de ce jour! Tant pis pour elles – Mais Beaumarchais aujourd'hui ne serait ni toléré ni *compris* – car le public aussi est pourri de nos jours. Il n'est plus permis et reçu que ce vague ronron d'optimisme, cet accompagnement de tisanes, ce chœur de niaiseries digestives – Qui n'a pas son Trianon? et ses bergers? Suis-je mouton? Pendant ce temps le loup prospère, proustise, demain blumera, bouffera sans cris habiles et bergères – et tout sera dit! Qu'y puis-je? Rien, exactement! Me rendre encore désagréable, plus désagréable... Est-ce possible [1]? »

Dans une autre lettre, Céline se livrait à quelques plaisanteries sur un sujet d'actualité : « J'espère que la *Collaboration* s'affirme de plus en plus ardente! Ici on ne trouve déjà plus de blanchisseuses, elles ne veulent plus travailler que pour les allemands! Je voulais vous signaler ce trait joliment encourageant et qui témoigne tout de même que trois années de propagande et de diplomatie intenses n'ont pas été entièrement perdues – Je n'ai plus une chemise à me mettre [2]! »

Karl Epting a rappelé dans un article publié sous le titre « Il ne nous aimait pas » que Céline n'hésitait pas, pour lui comme pour d'autres, à lui demander des services : « C'est en médecin que Céline se dresse devant mes yeux lorsque je repense aux nombreuses rencontres des années 1940-44 à Paris, Berlin ou Sigmaringen [3]; peut-être un médecin un peu étrange, lorsqu'on pense à son apparence volontairement miteuse, mais un médecin qui était toujours en chemin, avec ou sans Bébert [4], et aussi avait toujours une requête à présenter pour d'autres [5]. » Epting avait aussi rappelé, dans le même article, que Céline était intervenu très souvent

1. Lettre inédite de Céline à Karl Epting, 11 mars, sans date; partiellement reproduite dans les *Cahiers de l'Herne, op. cit.,* p. 242.

2. Lettre inédite de Céline à Karl Epting, sans date.

3. Voir tome III, pp. 33, 36-37, 56 et 63.

4. Bébert est souvent venu à l'Institut allemand où il était apprécié (témoignage de Karl Epting). Voir tome III.

5. *Cahiers de l'Herne, op. cit.,* p. 241.

auprès du Dr Knapp, chargé des relations entre médecins français et allemands, ce qui est confirmé par le brouillon d'une lettre : « Cher Dr Knapp – Je suis désolé que les choses ne puissent s'arranger pour Marcel Aymé – Il semble qu'on lui ait parlé d'une autre clinique pour les myasthènies [1] aux environs de Berlin [2]... » Dans les *Cahiers de l'Herne,* Karl Epting avait aussi rappelé que Céline était intervenu auprès de lui en faveur de René Fauchois dont une pièce avait été interdite et il avait reproduit une partie de l'une des deux lettres qu'il avait reçues de lui à cette occasion : « Ce mot pour vous présenter notre excellent ami *René Fauchois* notre illustre auteur dont la pièce *Rêves d'Amour* fait en ce moment fureur au Boulevard. Or celui-ci vient d'être l'objet d'une mesure artistique *sévère* de la part des censeurs allemands – Il en subit un préjudice moral et matériel marqué – Je vous sais le grand ami et protecteur combien éclairé et zélé de nos artistes! Nul doute qu'au récit de M. Fauchois vous ne lui prêtiez tout votre amical concours [3]. » Un peu après, dans une lettre également non datée, Céline commentait l'échec de cette intervention : « Tant pis pour *Fauchois* mais c'est dommage, grand dommage! La diplomatie anglaise ou russe aurait arrangé tout ceci d'un trait de plume et bien facilement, vous auriez gagné un ami sûr, extrêmement actif et important dans sa sphère et au surplus un très brave homme un peu obtus et boudeur – Ah! vous périrez du cloisonnement et du détail! Point de larges vues! qui donnent au Pouvoir majesté et prestige – Toujours ces petits chichis, non royaux, petits bourgeois [4] – »

Céline intercédait aussi auprès de Gerhard Heller [5], qui portait le grade et parfois l'uniforme de lieutenant, et que Céline appelait familièrement « le zazou ». Le lieutenant Heller avait fait ses études à Toulouse et, comme Epting, il était pétri de culture française.

1. La myasthénie est une maladie des muscles.

2. Brouillon inédit au verso du manuscrit de *Guignol's Band.* Catalogue de l'hôtel Drouot, vente des 27-28 février 1979.

3. Lettre inédite de Céline à Karl Epting, sans date.

4. Lettre de Céline à Karl Epting, Saint-Malo [1943], partiellement publiée dans les *Cahiers de l'Herne, op. cit.,* p. 242.

5. Potsdam, 8 novembre 1909 – Baden-Baden, 30 août 1982.

Il profita bien de la vie à Paris où il sortait tous les soirs. Il n'avait vraiment rien de militaire et raconta après la guerre qu'il éprouvait une telle répulsion pour les armes à feu qu'il portait une réplique en bois de son pistolet réglementaire. Travaillant au service de la censure, c'est lui qui a laissé jouer *Antigone* de Jean Anouilh, *La Reine morte* de Montherlant, des pièces de Cocteau, de Giraudoux, *Le Soulier de satin* de Claudel, *Le Malentendu* de Camus, *Les Mouches* et *Huis-clos,* de Jean-Paul Sartre, en faveur duquel Céline serait intervenu. On sait aussi que François Mauriac avait approché le lieutenant Heller pour obtenir le droit de publier *La Pharisienne* et qu'il apposa ensuite sur son exemplaire la dédicace : « Au lieutenant Heller qui s'est beaucoup intéressé au sort de *La Pharisienne,* avec ma gratitude. François Mauriac [1]. »

Gerhard Heller a été l'ami de toute une génération d'écrivains français qu'il protégea de son mieux pour permettre la publication de leurs œuvres. Drieu La Rochelle, Jean Paulhan, Paul Léautaud, Jean Giraudoux, Marcel Arland, Marcel Jouhandeau, Jean Cocteau ont été ses amis. C'est lui qui a fait libérer Fabre-Luce lorsqu'il a été arrêté par les Allemands et il affirmait avoir fait lever les scellés de la N.R.F. Le lieutenant Heller a tenu un journal pendant toute l'Occupation. Le 13 août 1944, avant de quitter Paris, il a enfoui dans le sol de l'esplanade des Invalides une boîte en fer contenant ce journal et beaucoup d'autres papiers dont des lettres de Céline. Après la guerre, il ne parvint pas à la retrouver.

Dans *Bribes d'un Journal perdu,* livre à ce jour inédit, Heller a raconté cette anecdote : « Juin 1944. Avec un bout de craie Céline inscrit sur la porte de mon bureau à l'Institut Allemand les lettres : N.R.F. Il dit : " Voyons, tout le monde sait que tu es un agent de Gallimard et le secrétaire particulier de Jean Paulhan. " Il retire d'une poche deux paires de lunettes de protection, comme en utilisent les motocyclistes, donne l'une à M.-L. [2], l'autre à moi. " Elles vous rendront bien service quand les villes allemandes s'en

1. Reproduite en fac-similé dans Henry Coston, *Dictionnaire de la Politique française, op. cit.,* p. 679.

2. Marie-Louise Knüppel, qui travaillait avec lui à Paris, est devenue sa femme après la guerre.

iront en flammes et fumées. " Berlin, le 3 février 1945. Après un bombardement aérien, la ville est emplie de poussière et de fumée. Portant sur moi les lunettes de Céline, je les chausse, elles me protègent les yeux [1]. »

Heller soutenait que, dès 1941, Céline lui avait demandé de l'aider à passer au Danemark [2]. Il confirmait aussi que Céline avait refusé d'aller à Weimar pour deux congrès auxquels il avait été invité et qui se sont tenus, à l'automne, en 1941 et 1942, en présence de Jouhandeau, de Drieu La Rochelle et de quelques autres [1]...

Dans *Un Allemand à Paris,* Gerhard Heller a également relaté quels avaient été ses rapports avec Céline : « J'étais choqué par son délire antisémite, par les grossièretés hystériques qui remplissaient le livre : " Youtre... contre-youtre... merde sémitique... pourrisseurs nés de l'Europe... absurdes sales cons... " ou par des phrases comme celles-ci : " Vinaigre! Luxez le juif au poteau! Y a plus une seconde à perdre! " Mais comment interdire un livre pour antisémitisme à cette époque? Pourtant, si Céline bénéficiait du soutien total de l'Institut Allemand, d'autres autorités d'Occupation estimaient qu'on n'aurait pas dû laisser paraître des livres aussi abjects. Bernhard Payr, notamment, [...] dénonçait [...] l'encouragement scandaleux donné par Epting à un auteur qui traînait dans la boue, par son antimilitarisme, ses obscénités et sa pornographie, tout ce que l'existence humaine a de valeurs positives [3]. »

Heller a aussi raconté qu'il était venu chez Céline et qu'ils étaient ensuite allés dîner dans un bistrot avec Le Vigan : « Céline avait déjà un visage ravagé et un regard halluciné, celui d'un homme qui voit des choses que les autres ne voient pas, une sorte d'envers démoniaque du monde. Nous avons parlé de littérature, mais je ne pus l'empêcher de se répandre en folles déclarations sur les juifs que nous devrions exterminer un par un, quartier par

1. « Bribes d'un Journal perdu », texte inédit pour *La Nouvelle Revue Française,* et demeuré sur épreuves, p. 120.

2. Témoignage de Gehrard Heller, 5 février 1978.

3. Gerhard Heller, *Un Allemand à Paris,* Seuil, 1981, pp. 152-153.

quartier, dans ce Paris qu'il jugeait envahi et gangrené par la juiverie internationale [1]. »

Céline n'a pas seulement refusé de se rendre à Weimar, mais aussi à Katyn. Pierre Duverger se souvient qu'il était chez Céline quand deux Allemands en civil étaient venus lui demander de participer à une délégation, conduite par Fernand de Brinon, qui devait visiter une unité de la L.V.F. engagée sur le front russe et se rendre ensuite au charnier de Katyn [2]. Céline avait refusé sans aucune hésitation. Robert Brasillach ne fut pas aussi prudent et l'on peut dire que ce voyage, effectué en juin 1943, lui coûta la vie. C'est en effet au vu d'une photographie prise à Katyn, et sur laquelle il crut le reconnaître portant l'uniforme allemand, que le général de Gaulle refusa la grâce qu'il avait pourtant promise à François Mauriac. L'homme qui figurait sur cette photographie en uniforme allemand était Jacques Doriot. Il portait des lunettes rondes qui le faisaient ressembler beaucoup à Brasillach.

Malgré les relations qu'il entretenait avec certaines personnalités allemandes et ses opinions personnelles, Céline délivra des certificats de complaisance à de jeunes Français pour leur éviter de partir en Allemagne au titre du S.T.O. (Service du travail obligatoire), comme il le fit ensuite à Sigmaringen pour éviter à de jeunes miliciens d'aller sur le front de l'Est [3]. A Pierre Duverger, qui voulait échapper au S.T.O., il procura même de faux papiers. Il le conduisit ensuite dans un service allemand, probablement chez Bickler, où il lui obtint un document qui lui permit de ne pas partir en Allemagne. Quant à Serge Perrault, alors danseur à l'Opéra de Paris, désigné lui aussi, avec Jean Babilé, pour le S.T.O., il se cacha en 1944 chez Gen Paul en plein accord avec Céline. Louis permit aussi à Marcel Plazannet d'éviter le départ en Allemagne : « J'atteste avoir donné mes soins à M. Plazannet Marcel, depuis quelque temps et observé, au cours de l'hiver, chez celui-ci, des symptômes de congestions apicales, avec radioscopie des

1. Gerhard Heller, *Un Allemand à Paris, op. cit.*, p. 153.
2. Voir tome III, p. 196.
3. Voir tome III, p. 45.

sommets douteux. [...] Il nous semble que M. Plazannet devrait passer avant son envoi en Allemagne devant une commission médicale [1]. »

Il n'est plus possible aujourd'hui de rapporter la preuve de toutes les actions entreprises par Céline, principalement auprès de Fernand de Brinon, de Karl Epting et d'Hermann Bickler, mais les témoignages concordants de Simone Mitre, de l'ancien directeur de l'Institut allemand et de Bickler lui-même permettent d'affirmer qu'il a sollicité leur concours à maintes reprises. Malgré le temps passé, il est avéré que Céline est intervenu en faveur de trois Français : Camille Savoire, Jacques Mourlet et Noël L'Helgouarch.

Le docteur Camille Savoire n'était pas juif, mais il était un assez haut dignitaire dans la franc-maçonnerie. Il avait d'abord appartenu au Grand Orient puis, après l'affaire Stavisky, il avait fondé le Grand Prieuré des Gaules, suivant lettres patentes octroyées par le Grand Prieuré d'Helvétie. Dénoncé comme juif en raison de son homonymie avec Alfred Savoire, Juif polonais qui s'appelait en fait Poznansky, Camille Savoire parvint à éviter l'arrestation à la suite de l'intervention de son confrère Louis Destouches qui alerta Georges Oltramare [2] et ses amis allemands [3].

Breton de Quimper, Jacques Mourlet fut arrêté par les Allemands en 1941 et interné à Fresnes. A la demande de ses parents, Louis s'était d'abord précipité à Fresnes, avec Lucette, en bicyclette, pour tenter de le voir, mais sans succès. Céline avait ensuite obtenu assez rapidement sa libération, ce qui lui permit d'écrire, lorsqu'il fut lui-même en prison : « Mourlet le terrible résistant 3 jours à Fresnes – fou – s'il avait dû faire un an [4]. »

Noël L'Helgouarch était né dans le Finistère, à Loctudy, le 10 octobre 1916. Il était faible d'esprit au point que, marin sur le contre-torpilleur *Mogador,* il était revenu de Mers el-Kebir persuadé qu'il avait été torpillé par les Allemands... Voici ce que disait de lui le Dr Carn, médecin de 1re classe de la marine française : « Il

1. Cité par Henri Mahé, *La Brinquebale avec Céline, op. cit.,* p. 224.
2. Journaliste suisse, né en 1896.
3. Témoignage de Paul-Yves Rio.
4. Lettre inédite de Céline à sa femme, sans date.

s'agit d'un minus habens, déficient mental manifeste, arriéré intellectuel, non améliorable, illettré. [...] Inattentif et inintelligent, on ne put jamais lui confier d'autres occupations que celle d'éplucheur de pommes de terre à la cuisine d'équipage [1]. »

Le 3 avril 1941, dans un café proche du phare de Langoz, ce malheureux fit un pari stupide avec Alexis Andro, qui n'avait que seize ans, et avec quatre autres consommateurs, Jean Plohic, Louis Joncour, Jean-Louis Perrot et Louis Gouzien. Il s'agissait de savoir lequel oserait saboter le câble de téléphone desservant un poste allemand situé tout près du phare. L'Helgouarch et Andro étaient sortis et avaient coupé le fil, mais on n'a jamais bien su lequel des deux avait commis le « sabotage ». Les autorités allemandes arrêtèrent les deux saboteurs et les quatre consommateurs, qui furent tous détenus à la prison de Quimper. Quelques jours plus tard, le tribunal allemand de l'armée de l'air, qui siégeait à Laval, vint à Quimper pour les juger et, par jugement rendu le 15 avril 1941, acquitta les quatre consommateurs, mais condamna L'Helgouarch à mort et Andro à dix ans de prison [2].

C'est alors que les docteurs Desse et Tuset alertèrent Céline qui se trouvait chez François Morvan à Beg Meil. Céline écrivit à M. Georges, préfet du Finistère et à Fernand de Brinon. Le Dr Tuset porta ce fait à la connaissance du président Drappier, qui présidait la Cour de justice chargée de juger Céline : « C'est encore avec émotion que je garde le souvenir de l'intervention du Dr Destouches auprès de M. de Brinon en faveur d'une pauvre et innocente victime, un jeune marin breton condamné à mort par les Allemands. “ Mais il faut le tirer de cette mélasse ce condamné ” bondit Céline dans un style très personnel [3]. » Il paraît que la lettre au préfet Georges n'était pas très adroite et que le Dr Desse, chargé de la lui remettre en main propre, se serait abstenu, craignant qu'elle ne fasse plus de mal que de bien. En revanche, Fernand

1. Lettre inédite du Dr Lucien-Victor Carn, 24 avril 1941.

2. Déporté en Allemagne, Alexis Andro en est revenu tuberculeux. Il est décédé en 1948 à l'âge de vingt-trois ans.

3. Lettre inédite du Dr Tuset au président Drappier, 8 février 1950 (archives du tribunal militaire à Meaux).

de Brinon intervint auprès des autorités allemandes pour que le condamné soit soumis à un examen psychiatrique. Par lettre du 20 mai, le commandant des forces militaires allemandes en France lui répondit que sa demande était examinée par le service compétent, ce qui ne servit à rien puisque Noël L'Helgouarch fut exécuté le 27 juin 1941.

Beaucoup plus tard, détenu à la prison de Copenhague, Céline pensa souvent à cet homme qu'il n'avait pu sauver : « J'ai la fièvre – Mikkelsen est parti. Je revois Quimper le condamné à mort par les Allemands – Tuset – La première fois que j'ai écrit à Brinon et qu'il m'a répondu – C'était un pur idiot – moi aussi [1] – » Un peu après, dans le même cahier, on peut lire : « Je suis comme au fond d'un trou – Ils vont venir me chercher pour me fusiller – Comme celui de Quimper [2]. » Et encore quelques pages plus loin, alors qu'il pensait devenir fou : « Ils sont forts. Ils peuvent tout se permettre eux ils peuvent être fous eux tous ils ont le droit – je les vois dans ma tête – Il vaut mieux que je m'en aille que je retourne en cellule – Les policiers me prennent sous les bras – m'emmènent dans la voiture on me remporte en cellule. C'est la hantise du fusillé de Quimper qui me rend fou [3]. »

Le souvenir de Noël L'Helgouarch a donc poursuivi Céline jusque dans sa cellule de la Vestre Faengsel. On pourrait épiloguer longtemps sur le sort tragique et singulier de ce marin pêcheur, bien à l'image de ce temps de délires et de persécutions. Ballotté au gré d'événements absurdes qui dépassaient son entendement, ce Français ne fut-il pas, au cours de la même guerre, à moins d'un an d'intervalle, d'abord torpillé par les Anglais, puis fusillé par les Allemands...

1. Carnets de prison inédits [début 1946] (collection particulière).
2. *Ibid.*
3. *Ibid.*

CHAPITRE XIII

Rue Girardon

« ...une épaisseur d'un mètre de viande est promise, Place de la Concorde! L'équarrissage public des traîtres [1]! »

Dans le grand chambardement qui a suivi la débâcle de juin 1940, Céline se référa aux idées forces qui avaient été les siennes au cours des années trente, avec comme axes principaux son anticommunisme et un antisémitisme assez primaire sur le mode : « la France aux Français ». La conjugaison de ces deux thèmes l'amena à penser que la collaboration avec l'Allemagne contre le bolchevisme était désormais le meilleur parti à prendre pour la France.

On a le droit aujourd'hui de critiquer Céline pour avoir choisi le mauvais camp (celui des vaincus), mais on n'a pas le droit de mettre en doute son patriotisme ni la force de ses convictions ni

1. *Féerie pour une autre fois,* I, *op. cit.,* p. 18.

le fait qu'il ait toujours été amoureux de son pays. Il est trop simple aujourd'hui de faire le partage entre les bons et les mauvais Français selon qu'ils ont choisi d'être avec les vainqueurs ou avec les vaincus. En 1940, personne ne savait qui allait gagner la guerre.

Il faut dire aussi, à la décharge de Céline, qu'il avait été parmi les premiers, dans *Voyage au bout de la nuit,* à dénoncer la guerre qu'il sentait venir. Et, s'il s'était ensuite jeté très maladroitement dans la bagarre, c'était pour tenter d'éviter un nouveau conflit entre la France et l'Allemagne. En 1940, il était donc particulièrement bien placé pour se répandre sur le thème : « Je vous l'avais bien dit. Si vous m'aviez écouté, nous n'en serions pas là. »

A cette époque, Céline ignorait encore la crainte et l'hypocrisie. C'était une sorte de « chevalier sans peur » qui ne savait ni se taire ni modérer ses propos. Fort de son expérience littéraire, et en vertu d'une méthode qu'il avait utilisée dans ses romans et dans ses pamphlets, pour être certain d'être bien entendu, il poussa quelques coups de gueule, aussi conformes à sa nature qu'à l'attente du public, gorgé de propos lénifiants.

Très sollicité tout au cours de l'occupation allemande par les journaux qui se publiaient à Paris, Céline commit l'imprudence de leur adresser des lettres exprimant des opinions qu'il aurait dû garder pour lui. Après la guerre, il en était conscient, écrivant à sa femme, de la prison de Copenhague : « [...] ne peuvent à la rigueur m'être imputables que des lettres aux journaux mais presque toutes sont tripatouillées et d'ailleurs privées, par hasard publiées et qui n'ont pas grand chose à faire avec l'article 75. Ce sont des querelles de clocher et qui ne veulent rien dire de trahison. Quand on veut tuer son chien bien sûr tous les motifs sont valables [1]. »

Céline n'a évidemment jamais été d'accord pour que ses textes soient « tripatouillés », mais tout donne à penser qu'il n'était pas opposé à la publication des lettres qu'il envoyait à des directeurs de journaux. N'écrivit-il pas à Alphonse de Chateaubriant : « Donnez moi quelque temps et je vous écrirai une autre lettre, privée cette fois, et familière, pour une bonne page, lorsque vous serez

1. Lettre inédite de Céline à sa femme [1947].

redevenu maître de l'édifice – modeste tribu de mes très amicales appréciations – Donnez moi de vos nouvelles dès que vous serez orienté – je vous ferai savoir le reste, la suite [1]... »

Lucien Combelle conserve aussi deux lettres par lesquelles Céline lui promettait des textes pour *Révolution nationale :* « C'est entendu, un de ces jours je vous enverrai une lettre à insérer j'en ai une en ce moment chez Doriot vous aurez la prochaine [2] – » La seconde est tout aussi explicite : « Hola ! pas si vite mon vieux ! je vous le donnerai c'est promis lorsque le vent me poussera – mais pas de date fixe ! Je voyage à voiles, je n'ai pas d'horaire [3]. » Cette lettre comportait aussi, en post-scriptum, une prophétie, genre dont Céline s'était fait une spécialité : « 500 000 tanks jaunes dans l'Oural dans 10 ans et ce sera la fin de cette populace blanche infecte. »

Céline entretint d'excellentes relations avec Chateaubriant et avec Combelle, qui dirigeaient l'un et l'autre deux hebdomadaires importants (*La Gerbe* pour le premier et *Révolution nationale* pour le second), mais il était plus proche de Combelle, issu comme lui du peuple, demeuré très « homme de gauche » et un peu anarchisant. C'était tout le contraire d'Alphonse de Chateaubriant qui, fier de ses origines, se prenait très au sérieux, au point qu'on l'avait surnommé « le Burgrave ». Les titres mêmes de leurs journaux étaient à l'image de leurs différences. *La Gerbe,* issue de *La Gerbe des forces,* évoquait la France profonde, catholique et terrienne, chère à l'auteur de *Monsieur des Lourdines* [4] et de *La Brière* [5], tandis que *Révolution nationale* sonnait plus républicain et plus faubourien.

Dès la fondation de *La Gerbe,* dont le premier numéro portait la date du 11 juillet 1940, soit moins d'un mois après l'armistice du 24 juin, Alphonse de Chateaubriant porta le titre de directeur

1. Lettre inédite de Céline à Alphonse de Chateaubriant [entre le 6 février et le 12 juin 1941].
2. Lettre inédite de Céline à Lucien Combelle, sans date.
3. Lettre inédite de Céline à Lucien Combelle, le 17, sans date.
4. Prix Goncourt 1911.
5. Grand prix de l'Académie française 1923.

du journal, mais ce fut un jeune diplomate en service au ministère des Affaires étrangères allemand, Eitel Moellhausen, qui en fut rédacteur en chef. De nombreux conflits opposèrent les deux hommes au sujet de la ligne politique du journal. Le 6 février 1941, Chateaubriant prit la décision de le quitter et n'y remit plus les pieds jusqu'au 12 juin suivant, d'où les allusions de Céline qui lui promettait une lettre quand il serait redevenu « maître de l'édifice ».

Un premier texte de Céline, intitulé « Acte de foi », a été publié dans *La Gerbe* du 13 février 1941, alors que Chateaubriant venait de se brouiller avec Moellhausen. C'est ce texte qui aurait été « tripatouillé ». « Acte de foi [1] » était violemment antisémite : « Sous Blum toute la France était beloumiste! et poing tendu et tant que ça peut! antihitlérienne à crever! et la Médouze et la Gardière pire que tous les autres! Si les écrivains français sont de la race " songeurs-après ", ils sont aussi, pour l'occasion, moutonniers panurgiens splendides.

[...]

» Ceux-là non plus ne parlent jamais de la grave question. A aucun prix : les mêmes consignes qu'avant juin! *Ne jamais parler des Juifs!* Je me dis tout en les lisant : Tiens! ce sont des " arrière-pensistes "! Qu'attendent-ils tous pour nous trahir? Le bon moment.

» Cent mille fois hurlés " Vive Pétain " ne valent pas un petit " vire les youtres! " dans la pratique. Un peu de courage n... de Dieu! " Courage après " et moins de mots!...

[...]

» Voyez que nous sommes vraiment loin de compte... " Très grands biaiseurs ", " arrière-pensistes ", " petits biaiseurs ", " songeurs-après "," éludistes "... C'est trop pour moi! Quelle clique! Quel brelan d'acrobates! Fripons! Tous travaillant à pleins filets! Je préférerais encore Lecache [2], la bourrique, l'employé de provocation, tout franchement hideux, bas gras chancre, Sampaix [3], cet étron incroyable...

1. Voir annexe II, pp. 352-354.
2. Président de la LICA. Voir tome I, p. 285; et tome III, p. 230.
3. Lucien Sampaix, rédacteur en chef de *L'Humanité,* fusillé par les Allemands.

[...]

» Je voudrais qu'ils nous disent un peu tout ce qu'ils pensent de la question juive! Nous serions heureux, jubilants! Foi que n'agit n'est point sincère! Ah! il faut prendre position! Aujourd'hui même, non demain! Tout ce qui tient plume en France, scène, film, babil, devrait sur l'heure, tout comme en Loge!..., remplir son devoir. Que cela constitue dossier! Compromettons-nous! En toute liberté bien sûr, spontanément, au pied du mur. Sans aucune pression. Et l'on saurait à qui l'on cause, enfin! Acte de baptême n'est point tout! Acte de foi, net, par écrit.

» Les Juifs sont-ils responsables de la guerre ou non? Répondez-nous donc noir sur blanc, chers écrivains acrobates.

» Qui vive? Qui vive?

» On a le droit vraiment d'être désolé sur cette terre où rien ne pousse décidément [1]. »

Céline a dit que ce texte avait été envoyé par lui à Chateaubriant en 1939. S'il a été remis à Chateaubriant longtemps avant sa publication, l'allusion au maréchal Pétain permettrait plutôt de le situer après l'armistice de juin 1940. Céline a dit aussi que cet article avait été remanié sans son autorisation : « On m'accuse aussi d'une lettre envoyée à *La Gerbe* en 39 [2]! Il s'agit d'une lettre privée envoyée à Chateaubriant volée par un Allemand nommé Mulhausen [*sic*] qui avait évincé Chateaubriant de la Gerbe à ce moment (je n'en savais rien) ma lettre ignoblement truquée par ce Mulhausen [*sic*] fut publiée en 1re page. Il s'agit donc d'un *faux* et d'une *imposture* – J'ai protesté par écrit à l'époque à Abetz – (Il peut en témoigner) En vain bien entendu – *mais je n'ai plus écrit un mot à Chateaubriant* [3] – »

Dans une autre lettre à Lucette, écrite à la même époque, alors qu'il venait d'apprendre les accusations retenues contre lui et qu'il cherchait à la rassurer, il revenait sur ce point : « Quant à *la Gerbe* c'est une vraie rigolade écrite à Chateaubriant entièrement falsifiée

1. *La Gerbe,* 13 février 1941; voir Annexe II, pp. 352-354.
2. *La Gerbe* n'existait pas en 1939.
3. Lettre inédite de Céline à un destinataire inconnu, 7 juillet [1946].

par Mulhausen [*sic*]. J'ai écrit une protestation indignée à Abetz à ce sujet on m'a fait des excuses verbales et c'est tout. Cela se passait en 39. Je n'ai jamais depuis écrit un mot à Chateaubriant ce mot était privé – Chateaubriant, un écrivain que tout le monde estimait à l'époque – des pets que tout cela – des sottises [1]. »

Les doléances de Céline au sujet du « tripatouillage » de son texte n'ont pas été inventées en 1946 pour les besoins de sa défense. Il s'en est plaint dès 1941, ainsi que l'atteste Paul Léautaud dans son *Journal* : « Combelle m'a parlé longuement de Céline, de son vrai nom le docteur Destouches. Comme point de départ ceci : *La Gerbe* a relancé, à plusieurs reprises, Céline pour avoir un article de lui. Céline a mis tous les envoyés dehors, en répondant qu'il a écrit, alors qu'il y avait du danger à le faire, à peu près tout ce qui est arrivé, qu'il n'a plus rien à dire et qu'il laisse les autres profiter de tout ce qu'il a écrit. Qu'au surplus il ne sait pas écrire d'articles et qu'on le laisse tranquille. Un dernier envoyé de *La Gerbe* lui a demandé : “ Alors, une simple lettre. ” Céline s'est laissé faire. *La Gerbe* a publié la lettre amputée d'un quart, et complètement falsifiée dans les autres quarts. Combelle m'a lu à ce sujet une lettre que Céline lui a écrite pour lui dire que la lettre telle qu'elle a paru dans *La Gerbe,* n'est en rien de lui [2]. » Il est de fait que Lucien Combelle avait reçu de Céline une lettre ainsi rédigée : « Cher Ami – Je tiens à vous faire connaître que ma lettre publiée dans la *Gerbe* a été absolument tripatouillée, édulcorée, tronquée, falsifiée – que je ne *la reconnais en rien – qu'elle ne me regarde pas* – Ces procédés n'abîment que leurs auteurs – Grand bien leur fasse! – Aussi bêtes que gaffeurs [3]! »

Dans *Les Jeux sont faits,* Moellhausen a soutenu avoir sollicité lui-même de Céline l'envoi de cette lettre et l'avoir ensuite publiée : « A peine ce numéro était-il sorti que Céline m'envoya une vibrante protestation, dans laquelle, après m'avoir accusé d'abus de confiance,

1. Lettre inédite de Céline à sa femme, 2 juillet 1946.

2. Paul Léautaud, *Journal littéraire,* 17 février 1941, *op. cit.,* tome XIII, pp. 291-292.

3. Lettre de Céline à Lucien Combelle, sans date; reproduite en fac-similé dans *Bibliographie des écrits de L.-F. Céline, op. cit.,* iconographie de l'année 1941.

il me menaçait d'un procès. Dans le post-scriptum j'ai pu lire " Pour tout ce que je vous ai dit vous pouvez me faire arrêter et fusiller mais alors la guerre sera perdue [1]. " »

Théophile Briant a reproduit dans son journal une curieuse lettre de Céline, relative à ses rapports avec *La Gerbe* : « Nul plus que moi n'abhorre l'effort vain. Pas une ligne ni gratuite, ni en l'air. Tout doit être payé, imprimé. Voilà la loi du respect. Lis les articles de fond de " La Gerbe " et sache toi-même si tu t'intéresses au genre. Si cela te pique évidemment tu le peux. Ils rêvent " Béraud ". Ils veulent du " dynamisme ". Tu peux tout cela si tu veux. Mais le veux-tu? Si tu le fais, ce sera bien rétribué. Voilà la crudité des choses. Je ne veux pas t'engager à essayer. Nous sommes trop vieux pour les essais. Je vais aller te voir sûrement en mai. Je rêve bord de mer et pommes de terre. Connais-tu quelque chose à acheter dans les environs? où on puisse faire pousser la patate, la vache et la basse-cour? Je suis acheteur. Ici on crève tout simplement. Il n'y a plus rien. Foin des littératures! Mahé rêve. Pour longtemps encore il ne faut plus penser qu'au journalisme brouet. Le ticket fond. Tout fondra. Vive la vache [2]. »

Ce texte mérite d'être rapproché d'une lettre à Henri Mahé. Les vaches y tenaient encore la vedette : « Averti par 40 ans d'étronnage, je veux que les michés payent hautement tout ce que je daigne, à présent, leur vendre, et surtout la merde. L'heure des vaches vient de sonner [3]. » Non seulement il n'est pas établi que Céline ait été rémunéré pour ses lettres aux journaux, mais tout porte à penser le contraire. Moellhausen a témoigné que Céline lui avait retourné son chèque après la publication de « Acte de foi » : « *La Gerbe* envoie un chèque à Céline. Céline le refuse [4]. » Pensait-il que ces lettres lui seraient un jour reprochées? Et

1. Extrait de « Jean Cocteau (été 1940) : Moi aussi je voudrais faire quelque chose pour les Allemands! [...] », *Rivarol,* 17-24 janvier 1953, p. 8.

2. Lettre inédite de Céline à Théophile Briant insérée dans le journal inédit de Théophile Briant, 30 avril 1941 (collection Pierre De Baecker).

3. Lettre de Céline à Henri Mahé, le 7 juin, sans date, *La Brinquebale avec Céline, op. cit.,* p. 76.

4. Propos rapportés dans *Rivarol,* 17-24 janvier 1953.

préparait-il déjà sa défense ? Une lettre à Combelle permet de se poser la question : « Une fois pour toutes je n'écris JAMAIS d'articles. Je ne vous ai pas écrit un article mais une *lettre* et *gratuite.* J'y tiens [1]. »

Lucien Combelle n'a publié que celles qu'il avait été autorisé à rendre publiques. Il en a été de même pour Alphonse de Chateaubriant, bien que Céline, dans sa correspondance personnelle, ait toujours traité de questions politiques, avec des commentaires à sa façon, qui auraient intéressé les lecteurs de *La Gerbe.* Ainsi lorsqu'il constatait que, dans la guerre moderne, la propagande constituait une arme redoutable, notant que les bulletins d'information de Radio Londres réduisaient à néant tout ce qui pouvait se publier en France dans la presse écrite : « 50 ambassades ne valent pas 1/4 d'heure de Radio Londres hélas ! » Parlant ensuite des Allemands, oubliant qu'Hitler avait mis sur pied un formidable engin de propagande, orchestré par le Dr Goebbels : « Ces gens qui ont pressenti génialement le tank, l'avion, les gaz, se sont grossièrement fourvoyés, quant à l'esprit des foules et surtout des foules françaises. Quel fiasco ! (ou quelle trahison !) [2] »

Céline était même intervenu auprès de Fernand de Brinon pour lui conseiller de faire interdire Radio Londres : « Mon Cher Ambassadeur, Pour particulièrement infime que soit mon avis je tiens tout de même, à titre de concierge bénévole des événements à vous le donner. Dans l'état actuel des esprits, conserver aux Français leur radio de Londres est une trahison, une provocation cynique, une intelligence flagrante avec l'ennemi [3]. »

Ce même écho se retrouvait à la même époque dans les lettres que Céline envoyait à Lucien Combelle : « Pourquoi tous ces préchi préchas ? toutes ces mercuriales vaseuses, ces plaidoiries de désert pour un auditoire qui vous hait, vous méprise une bonne fois pour toutes ! *Fermez Radio Londres* – Ne faites pas de concours

1. Lettre inédite de Céline à Lucien Combelle, sans date.
2. Lettre inédite de Céline à Alphonse de Chateaubriant, 12 août 1941.
3. Brouillon de lettre inédite de Céline à Fernand de Brinon au verso du manuscrit de *Guignol's Band,* le 20, sans date.

de chaîne, de marathon d'éloquence avec les juifs BBC – Ils vous enculent à la course comme ils veulent tant qu'ils veulent *vous n'existez pas.* Il faut un gouvernement de *cons* bâtés ou de bougres damnés hypocrites, vicieux saboteurs dans l'âme pour tolérer TSF dont seul Londres est écouté, adulé – vous auriez eu trois fois plus de travailleurs en Allemagne sans la BBC [1]. » Et de même, toujours à Combelle : « Ce pays est ingouvernable avec l'actuelle BBC au chevet de chaque saboteur (et tous les Français sont saboteurs peu ou prou, et énormément la plupart) assez de cette casuistique, ce galimatias écœurant de collaboration foireux – Attaquez dans l'essentiel! Faites rentrer les TSF! Elles sont foutrement plus dangereuses que les fusils de chasse, elles sont plus dangereuses que les tanks – la guerre a changé de visage depuis TSF – Avec une populace butée, vacharde, basse comme la nôtre, c'est lui remettre son poison 9 fois par jour dans les veines – Soyez étonné qu'elle soit folle [2]! »

Ayant donné un article à *La Gerbe,* et pour tenir la balance égale, Céline adressa à Lucien Combelle, qui le sollicitait, une lettre, publiée telle quelle : « Mon cher Combelle, je hais trop chez autrui ces étalages, ces putanats pour m'y livrer personnellement. Tout est hystérie, narcissisme dans notre métier, je veux bien, mais encore une certaine décence est-elle tout notre rachat, une certaine transposition, notre peine, qui nous excuse un tout petit peu. Hors cela quelle abjection! Peu d'écrivains à Paris? Vous m'étonnez! Le beau serait d'interviewer précisément tous les autres. Vous n'avez pas fini de rire! Je vous parie qu'ils auront tous des titres admirables, des attitudes magnifiques... Et que sont devenus tous les absents? Voilà qui serait curieux. On n'en parle jamais? Complicité de silence. Allez-y! Que font-ils? Où sont-ils? A combien trahissent-ils? A combien l'heure? Ces spendides élites. Amérique? Angleterre? Marseille? C'est le moment de savoir, de tout savoir... A vous.

L.F. Céline.

1. Lettre inédite de Céline à Lucien Combelle, sans date.
2. Lettre inédite de Céline à Lucien Combelle, sans date.

» P.S. Que fait votre ami Benda ? Et Duhamel ? Et Giraudoux ? Voilà qui nous intéresse [1]. »

Au cours de l'année 1941, et dans le cadre du lancement des *Beaux draps,* Céline a aussi donné à Henri Poulain [2], pour *Je suis partout,* une interview qui ne présentait pas beaucoup d'intérêt mais dont quelques passages traitaient des Juifs. C'est Henri Poulain qui parle : « Dans *Les Beaux draps,* le Juif n'a pas la vedette, et comme je le remarque avec un peu de regret, Ferdinand ajoute : " Pour le Juif, j'avais fait de mon mieux dans les deux derniers bouquins... Pour l'instant, ils sont quand même moins arrogants, moins crâneurs... Faut quand même pas s'illusionner. Le secrétaire des Médecins de Seine-et-Oise s'appelle Manckiewictz. [...] Il y a des Français qui regrettent les Juifs! Faut pas confondre pourtant! Sous le règne du Juif, l'indigène s'arrondissait le buffet, le Juif ne reculait pas devant la dépense, tout comme le charcutier qui engraisse des cochons, il avait sa petite idée. Seulement voilà! le cochon est devenu raisonneur! par un instinct inavouable, il a échappé au charcutier [3]. " » Céline avait ensuite parlé de l'enfance et il avait exposé ses vues sur l'éducation des enfants, qui ne sont pas sans rappeler celles de Jean-Jacques Rousseau : « L'adulte est pourri, faut le laisser crever et tout faire pour l'enfance. Les gosses, c'est la vraie promesse magnifique [...] L'école fabrique du maniéré, du faux, des têtes farcies et bourrées de paperasses, au lieu de placer l'enfant au centre du secret de la beauté, au centre de la magie, parmi les choses créées, le monde animal, la coccinelle. [...] Faut recommencer tout de l'enfance, par l'enfance, pour tous les enfants... l'envie que toute la famille soit belle, saine, vivace, aryenne, pure, rédemptrice, allégrante de beauté, de force, pas seulement votre petite famille, vos deux, trois, quatre mômes à vous, mais toute la famille française, le Juif

1. Lucien Combelle, « Un Écrivain L.-F. Céline », *Le Fait,* 22 février 1941.

2. Journaliste à *Je suis partout,* au *Petit Parisien* et au *Cri du peuple.*

3. « Voyage au bout de la banlieue fief de L.-F. Céline », *Je suis partout,* 7 mars 1941.

en l'air bien entendu, viré dans ses Palestines, au Diable, dans la Lune [1]. »

Céline eut en plus à répondre aux attaques dont il avait fait l'objet à la suite de la publication des *Beaux draps.* Il écrivit ainsi à la rédaction d'*Aujourd'hui* à la suite d'une critique parue sous la signature de Robert Desnos : « M. Desnos me trouve ivrogne, “ vautré sur moleskine et sous comptoirs ”, ennuyeux à brâmer, moins que ceci... pire que cela... Soit! Moi je veux bien, mais pourquoi M. Desnos ne hurle-t-il pas plutôt le cri de son cœur, celui dont il crève inhibé... “ Mort à Céline et Vivent les Juifs! ” M. Desnos mène, il me semble, campagne philoyoutre (et votre journal) inlassablement depuis juin. Le moment doit être venu de brandir enfin l'oriflamme. Tout est propice? Que s'engage-t-il, s'empêtre-t-il dans ce laborieux charabia!... Mieux encore, que ne publie-t-il, M. Desnos, sa photo grandeur nature, face et profil, à la fin de tous ses articles [2]? »

Il répondit aussi à Maryse Desneiges, qui l'avait attaqué dans *Le Pays libre,* pour avoir tourné l'armée française en ridicule. Dans sa réponse, il reprit les thèmes déjà développés dans *Les Beaux draps.* Cette lettre se terminait ainsi : « Je reproche aux Français d'avoir lancé à travers le monde des cartels grotesques, gâteux, qui leur sont retombés sur la gueule et de bouillir d'en lancer d'autres, et vous avec eux, Madame, pleureusement, acharnés devant la tradition vinassière, furieusement imbécile, tradition dont nous méritons de crever enfin tous, et je l'espère, une fois pour toutes [3]. »

En octobre 1941, plusieurs lettres de Céline ont été publiées dans les journaux, dont deux adressées à Jean Lestandi [4], parues dans *Au pilori* des 2 et 30 octobre : « Les Français, fidèles à la tradition, sont

1. Henri Poulain a également publié un article à la suite de cette interview « “ Il faut tout recommencer à la base ” nous dit L.-F. Céline, le terrible pamphlétaire », *Le Petit Parisien,* 17 mars 1941.

2. « Un Inédit de Monsieur Louis Destouches dit... L.-F. Céline. Sommation », *Aujourd'hui,* 7 mars 1941.

3. « L.-F. Céline répond au *Pays libre* », *Le Pays libre,* 5 avril 1941.

4. Jean Lestandi de Villani.

demeurés tout au fond, dans l'ensemble, royalistes. Depuis Samuel Bernard, ils sont fidèles à leur roi juif. Celui qui fait en ce moment à Vichy l'interim des Rothschild se trouve beaucoup plus puissant qu'aucun de ses prédécesseurs. (Louis XIV n'était qu'un petit garçon.) Il le confiait lui-même tout récemment à l'un de ses médecins. Que peut oser, dans ces conditions, le Commissariat aux Juifs? Des grimaces. Il ferait beau qu'il agisse? Il ne tiendrait pas vingt-quatre heures!... Toute l'opinion publique française est philosémite, et de plus en plus philosémite! (On mangeait si bien sous Mandel!) Qui pourrait tenter de remonter un pareil courant? Personne. L'école communale (si maçonne) a donné, une bonne fois pour toutes, au Français son ennemi héréditaire : l'Allemand. La cause est entendue. Les Français ne changent jamais d'idées. [...] Quels sont (pensent-ils...) les ennemis les plus sûrs des Fritz? Ce sont les Juifs? Alors, nom de Dieu! cinq cent mille fois : " Vivent les Juifs [1]! " » Cette lettre s'achevait ainsi : « Pour recréer la France, il aurait fallu la reconstruire entièrement sur des bases racistes-communautaires. Nous nous éloignons tous les jours de cet idéal, de ce fantastique dessein. L'alouette est demeurée vaillante et joyeuse, elle pique toujours au ciel, mais les Gaulois ne l'entendent plus... Liés, amarrés au cul des Juifs, pétris dans leur fiente jusqu'au cœur, ils s'y trouvent adorablement [2]. »

Dans sa seconde lettre à Jean Lestandi, Céline avait repris les mêmes idées, en termes moins forts [3]. Il s'en expliqua auprès de Lucien Combelle : « Mon vieux – Qu'ai-je à faire avec la morale de Lestandi? Je considère son journal comme une colonne Morice où je colle une lettre? Que déconnez-vous? Je n'ai d'intérêt financier, politique, sexuel, mondain, avec personne – pas plus lui que n'importe quel autre – je défie foutrement à n'importe qui fut-ce au Diable de me compromettre ou de me mettre – ! Comment bougre s'y prendrait-il – ? Libre comme l'air! Ce monde de la presse est un cloaque – Y fouillerai-je? Je m'en fous

1. « Céline nous écrit : Vivent les Juifs! », *Au pilori,* 2 octobre 1941; voir tome III, pp. 362-363.

2. *Ibid.*

3. Voir tome III, p. 363.

énormément – Je le prends comme il est – avec je pense une pincette suffisamment visible. [...] Vous vivez tous le parfait boxon – J'ai bien fini de m'offusquer – Qu'y changerais-je ? Père la vertu! Je possède encore votre lettre où vous me chantez Benda et ses vertus socratiques? Vais-je vous pendre! Hélas Combelle je fais toujours bien attention à n'avoir point trop de mémoire. Tenez m'en gré! – Mais gardez pour l'unique parti vos mercuriales – Là sont vos clients – Je ne délivre ni ne reçois de sermons [1]. »

Il semble que Céline ait éprouvé quelques difficultés pour obtenir que ses lettres à Jean Lestandi fussent publiées par *Au pilori.* Il s'en était ouvert à Jean Fontenoy, ami de Pierre Laval, directeur de *Révolution nationale,* et auteur, entre autres, de *Le Songe du voyageur* et de *Shanghaï secret* : « Votre article tombe à pic au moment où la CENSURE refuse *totalement* une réponse que nous faisons au *Pilori* et que vous trouverez ci-jointe... Il existe à présent je pense une orthodoxie d'Ambassade qui couvre M. Worms, que dis-je, le vénéré, les livres si appréciés de M. de Monzie (de la LICA) en font foi – vous réclamez la foudre? mais la foudre 36/39 ne tue plus personne! *c'est un poncif* – de tout repos – M. Bergery, g[ran]d Ambassadeur, g[ran]d ami de la rue de Lille et g[ran]d féal créateur du Front populaire, lui [2]... »

En octobre 1941, deux autres lettres de Céline ont été publiées, l'une dans *La Gerbe* du 23 [3] et la seconde dans *L'Appel* du 30 [4]. Il s'agissait, pour cette dernière, d'une réponse à une enquête sur le thème : « Faut-il exterminer les Juifs ? » Céline s'était bien gardé de répondre, renvoyant à ses livres et rappelant qu'ils avaient été publiés sous Blum et Mandel. Il invitait surtout *L'Appel* à questionner ses confrères, tous frappés de mutisme, comme il l'avait fait dans « Acte de foi ».

En septembre 1941, s'ouvrit au palais Berlitz l'exposition « Le

1. Lettre inédite de Céline à Lucien Combelle, sans date.

2. Brouillon de lettre inédite de Céline au verso du manuscrit de *Guignol's Band,* 29 septembre [1941].

3. « La Communauté ou la mort », *La Gerbe,* 23 octobre 1941.

4. Fayolle-Lefort, « Une Grande enquête de *L'Appel.* Faut-il exterminer les Juifs ? », *L'Appel,* 30 octobre 1941.

Juif et la France » qui reçut un grand nombre de visiteurs, mais sans doute un peu moins que celle qui se tenait en même temps au Petit Palais sur la Franc-Maçonnerie. Céline visita l'exposition du palais Berlitz et eut la surprise de constater que ses livres n'y étaient pas exposés [1]. Il écrivit alors, pour s'en plaindre, au capitaine Sézille : « Je ne suis pas un auteur que sa " vente " tracasse beaucoup, et je ne [me] mêle jamais de ce que font ou ne font pas les libraires à mon égard – Je dois dire qu'en général ils me desservent autant qu'ils peuvent pour des raisons juives faciles à comprendre – Mais en visitant votre exposition j'ai été tout de même frappé et un peu peiné de voir qu'à la librairie ni *Bagatelles* ni *L'École* ne figurent alors que l'on y pavoise une nuée de petits salsifis, avortons forcés de la 14e heure, cheveux sur la soupe. Je ne me plains pas – je ne me plains jamais pour raisons matérielles – mais je constate là encore hélas – la carence effroyable (en ce lieu si sensible) d'intelligence et de solidarité aryenne – démonstration jusqu'à l'absurde pour ainsi dire [2]. »

Dès le 24 octobre, le capitaine Sézille lui avait répondu en se retranchant derrière le fait que ses livres étaient introuvables en librairie, ce qui n'était qu'un prétexte : « En réponse à votre lettre du 21 courant, je suis moi-même navré profondément, de n'avoir pu, malgré toutes nos recherches chez les éditeurs, nous procurer les ouvrages dont vous me parlez et qui, je le sais sont les plus qualifiés pour mener la lutte anti-juive. Je tiens cependant à vous faire savoir que nous avons déjà eu en vente à notre librairie, un grand nombre de *Beaux Draps* et de *Mea Culpa,* et que ces deux ouvrages continuent à nous être demandés journellement. Croyez bien que nous avons toujours fait et continuerons de faire l'im-

1. Il avait été initialement prévu que Céline viendrait à l'exposition pour signer ses livres; Lucien Rebatet et Henry Coston devaient être présents également (archives du Centre de documentation juive contemporaine).

2. Lettre de Céline au capitaine Sézille, partiellement inédite, 21 [octobre 1941] (Centre de documentation juive contemporaine, document X1g-119); reproduite en partie dans Maurice Vanino, *L'Affaire Céline. L'École d'un cadavre, Les Cahiers de la Résistance,* 1950, pp. 28-31 et dans *Combat* du 26 janvier 1950.

possible pour répandre vos œuvres et leur donner la place qu'elles méritent [1]. »

Un peu plus tard, en novembre, Céline donna une interview à Ivan-M. Sicard pour *L'Émancipation nationale.* Tous les regards étaient alors tournés vers l'Est où l'armée allemande se trouvait engagée contre les Russes depuis le 22 juin. Dès le 4 septembre 1941, un premier contingent de la L.V.F., commandé par Doriot [2] lui-même, était parti de la gare de l'Est pour le front russe. Interrogé à propos de ce départ, que beaucoup considéraient comme une croisade, Céline avait répondu qu'il était de cœur avec Doriot, qu'il fallait « travailler, militer » avec lui. Quant à la Légion, il avait dit à son sujet : « Enfin, la Légion, ça existe, c'est quelque chose, il y a des gens que ça embête. Et qu'est-ce qu'ils font, eux ? Moi, je vous le dis, la Légion, c'est très bien, c'est tout ce qu'il y a de bien. Voilà ce que je pense de tout ça [3]. »

Dès le 29 juin 1941, quelques jours seulement après le début de l'invasion de l'U.R.S.S. par la Wehrmacht (22 juin), Céline avait écrit à Karen Marie Jensen, avant la constitution de la L.V.F. [4] : « J'espère que ces russes et leurs juifs vont bientôt être écrasés. J'aurais été m'engager moi-même si on avait levé une Légion Française. Il ne semble pas – je le regrette – La Russie liquidée je pense que nous pourrons enfin voguer vers des jours meilleurs [5]. »

Céline considérait la victoire de l'Allemagne à l'Est comme un moindre mal. Puisqu'il fallait choisir entre deux maux, entre deux totalitarismes, Céline avait fait son choix, il préférait l'Allemagne d'Hitler à la Russie de Staline. Pour lui, comme pour beaucoup d'autres, l'Allemagne constituait le rempart de l'Occident. Elle seule pouvait barrer la route aux hordes soviétiques, avec déjà sans

1. Lettre inédite du capitaine Sézille à Céline, 24 octobre 1941 (Centre de documentation juive contemporaine, document X1g-76a).

2. Voir tome III.

3. Ivan-M. Sicard, « Entretien avec Céline. Ce que l'auteur du *Voyage au bout de la nuit* " pense de tout ça... ", *L'Émancipation nationale,* 21 novembre 1941 ; voir tome III, Annexe IV, pp. 364 à 368.

4. La L.V.F. a été constituée en juillet 1941.

5. Lettre inédite de Céline à Karen Marie Jensen, 29 juin [1941].

doute en tête l'invasion ultérieure des Chinois qui hantera les dernières années de sa vie.

Céline a eu plusieurs fois envie de partir avec Doriot sur le front de l'Est. Il s'en ouvrit à Ivan-Maurice Sicard : « J'aurais aimé partir avec Doriot là-bas, mais je suis plutôt un homme de mer, un Breton. » Dans une lettre écrite un peu plus tard à Karen Marie Jensen, il lui dit aussi qu'il était prêt à s'engager avec la Légion : « J'irai peut-être tout de même en Russie pour finir. Si les choses deviennent trop graves, il faudra bien que tout le monde participe – ce sera question de vie ou de mort – si cela est vivre ce que nous vivons [1]! »

De toute façon, Céline ne serait pas parti pour participer aux combats. Il l'a dit très clairement dans une lettre à Chateaubriant : « Tâté par certains pour cette croisade – je vous avoue que je suis chaud sans l'être – Aller tuer du bolchevik pour le compte de Worms et de Mgr Gerlier [2] ne me dit rien – ni pour Pétain – ni pour la bourgeoisie française en général – La France croit que anticommuniste veut dire croisade pour le Crédit Lyonnais – Que tout cela est mal choisi! pauvre d'imagination et de fait! on voudrait rendre cette croisade foncièrement antipathique que l'on ne ferait pas mieux – Laval et Déat n'ont pas 10.000 français derrière eux – encore la Légion est-elle très noyautée – la preuve hélas! Déjà 20 millions d'hommes s'étripent jour et nuit! faut-il porter d'autres viandes à la boucherie... Il serait plus flatteur pour les français d'avoir un petit geste un peu plus original... J'écrivais à ce propos à Brinon – *une ambulance* – un grand service médico-sanitaire français – et chirurgical me semblait plus opportun – mieux de nature à rallier un peu d'enthousiasme (pour ce qu'il en demeure encore en ce pays –) Assez de bras qui frappent! quelques mains qui réparent... un peu de charité, de bonté, de secours actif dans cet énorme charnier et que l'initiative *soit française* – point tant politique anticommuniste, pronazie et patati et patata... toujours à

1. Lettre inédite de Céline à Karen Marie Jensen, 8 décembre [1941].

2. Cardinal-archevêque de Lyon, primat des Gaules, ancien Secrétaire de la Conférence des avocats.

la remorque de l'Allemagne, mais un peu de notre cru – avec publicité appropriée bien entendu – un corps de médecins... *de transfuseurs*... un corps de chirurgiens – d'infirmières... d'infirmiers... Comme je connais la Russie – avec l'hiver on aura là-bas certainement autant besoin de secours médicaux et épidémiologiques que de renforts en canons! Si cette idée accrochait je m'y rallierais volontiers en personne – mais tuer franchement, j'ai beaucoup tué, ne me dit plus rien [1]. »

On ne connaît pas la lettre qui a été adressée par Céline à Fernand de Brinon, mais on dispose d'une ébauche qui figure au dos d'une page du manuscrit de *Guignol's Band,* manifestement destinée à Brinon : « Mon cher Ambassadeur – Je récidive, entre condamnés à mort [2], il existe tout de même une petite communauté de vue qui autorise un peu de familiarité – 1° je trouve l'étiquette anti-bolcheviste de la croisade *maladroite.* Toute la France est communiste [3]. »

Céline et Doriot n'ont jamais éprouvé de réelle sympathie l'un pour l'autre. Céline était plus proche de Déat, surtout pour son pacifisme. Ce qui lui plaisait chez Doriot, c'était l'homme d'action. Il a approuvé son engagement sur le front de l'Est parce qu'il croyait alors que la guerre allait être gagnée par l'Allemagne. En revanche, il condamna son agitation en 1944 et 1945, à une époque où tout le monde savait que l'Allemagne allait perdre la guerre. Doriot et quelques autres continuaient cependant à faire des plans et à recruter des hommes pour le front, ce dont Céline fut témoin à Sigmaringen [4].

Parti de Paris le 4 septembre 1941, Jacques Doriot ne resta pas longtemps sur le front russe, mais il prit part, avec la L.V.F., à de très rudes combats devant Moscou. De retour à Paris à la fin

1. Lettre inédite de Céline à Alphonse de Chateaubriant, 14 septembre [1941].

2. Fernand de Brinon sera condamné à mort le 6 mars 1947. Il fut exécuté au Fort de Montrouge le 15 avril suivant.

3. Brouillon de lettre inédite de Céline à Fernand de Brinon au verso du manuscrit de *Guignol's Band,* 2 septembre [1941].

4. Voir tome III, p. 45.

du mois de décembre, il participa à la manifestation organisée en faveur de la Légion qui se tint le 1er février 1942 au Vélodrome d'hiver et réunit plus de 15 000 personnes, parmi lesquelles Céline, venu en simple spectateur.

En mars 1942, les *Cahiers de l'Émancipation nationale* publièrent le texte d'une lettre que Céline avait adressée à Doriot, reparti sur le front russe : « Pendant que vous êtes aux Armées, il se passe de bien vilaines choses. Entre nous, en toute franchise, nous assistons en ce moment à un bien répugnant travail; le sabotage systématique du racisme en France par les antisémites eux-mêmes. [...] Tout tombe dans la main du Juif, par discorde et dénigrement. Il n'a qu'à saisir. On le prie. On le supplie. Pourtant la tâche serait facile, enfantine, avec un peu de volonté... Volatiliser sa juiverie serait l'affaire d'une semaine pour une nation bien décidée. [...] Puisse votre victoire à l'Est bouleverser le cours des choses [1]! »

Après cette publication, Céline se plaignit à nouveau d'avoir été « tripatouillé ». Une lettre à Lucien Combelle nous permet de savoir en quoi avait consisté la mutilation de son texte. Il s'agissait seulement de la coupure d'une attaque dirigée contre l'Église : « Mon cher Combelle, vous tombez bien! Je viens précisément d'être tripatouillé par les *Cahiers de l'Émancipation nationale*. Ce genre d'entreprise me fait toujours à tous les coups hurler à décrocher les lustres – Je ne veux absolument pas qu'on expurge mes textes – Je suis gratuit mais absolu – Que l'on imprime à mon sujet tout ce qu'on veut et je m'en fous énormément. Mais que l'on m'ôte une virgule et me voici tout prêt au meurtre – Rétablissons je vous prie, pour mon honneur, la phrase qui me manque – Elle n'engage que moi – J'ai l'habitude d'être seul – " *L'Église, notre grande métisseuse, la maquerelle criminelle en chef, l'antiraciste par excellence.* " Cette banale vérité, cent fois redite un peu partout avait glacé Lestandi pour son *Pilori*. Mais il s'était désisté fort correctement. Je fus moins content de Doriot, formel et devant témoin, jurant de tout imprimer – Ce n'est pas grave évidemment. Vétille! Cependant je retrouve là le juif! Encore? Le

1. Voir Annexe III, pp. 355-358.

Diable est partout! Dans le bénitier surtout! Par les temps qui courent! Je vois Mgr Gerlier demain officiant de Fourvière [1], baptiser de haut toute la France à la régalade! à la Clovis! en Bloch si j'ose dire! Aux quatre points cardinaux! A la va vite [2]! »

C'est chez le Dr Bécart que Céline avait rencontré pour la première fois Jacques Doriot, au cours d'un déjeuner auquel participait aussi Marcel Déat. Céline et Doriot se sont revus ensuite, mais toujours chez les Bécart. C'est du moins ce que Céline affirmait : « J'aurais été le grand ami de *Doriot!* Première nouvelle. J'ai dîné peut-être 4 fois en tout avec lui chez Bécart – *nous ne nous sommes jamais rencontrés ailleurs.* L'homme était intéressant mais je haïssais la clique des petits maquereaux politiques qui l'entouraient et le P.P.F. me le rendait bien. Fossati – Sicard – la fille Moreau, Raymondi etc. Doriot grand ami? Nous avons vécu en Allemagne pendant huit mois à 60 kilomètres l'un de l'autre – Il n'est jamais venu me voir [3] – »

Beaucoup plus tard, du Danemark, écrivant au Dr Bécart, Céline évoqua le souvenir de Doriot : « Embrasse ta femme pour moi – je l'aime toujours bien. Toi aussi d'ailleurs, faux Petiot! T'aurais seulement tué Doriot, regarde comme ça serait chouette! [...] Le " Mata Hari " du Bv Berthier...! Tu y aurais coupé du roquefort avec un couteau au cyanure! Tu serais ministre à l'heure actuelle – Tu ferais des manières à Herriot – Où qu'on allait [4]! » Et dans une autre lettre : « Je vois que tu te portes bien – que le fantôme de Doriot ne t'empêche pas de dormir – A quand le Bd Doriot? Et que devient fraulein Claouett [5]? Bouffe-t-il toujours du nichon. Et Martiny [6] le g[ran]d ami du Conseiller Schlemann à Baden

1. Basilique Notre-Dame de Fourvière, édifiée sur une colline dominant Lyon.

2. Lettre inédite de Céline à Lucien Combelle, 17 mars [1942] dont un brouillon est reproduit en fac-similé dans *Bibliographie des écrits de L.-F. Céline, op. cit.*, iconographie de l'année 1942.

3. Lettre inédite de Céline, à un destinataire inconnu, 7 juillet [1946].

4. Lettre inédite de Céline au Dr Bécart, le 3, sans date.

5. Dr Claoué.

6. Dr Martiny, qui avait rejoint Céline à Baden-Baden; il revint en France où il passa au travers des mailles de l'épuration; voir tome III, p. 27.

Baden ? ah quelle place amusante je réserve à tous ces amis dans mes mémoires [1] ! »

Le 11 décembre 1941, *Au pilori* publia un article non signé, « Prologue au Parti unique ? », dans lequel étaient rapportés des propos de Céline et notamment : « Antijuif de la première heure, j'ai quelquefois l'impression que je suis, sinon dépassé par certains nouveaux, tout au moins qu'ils ont des conceptions entièrement différentes des miennes sur le problème juif. C'est pourquoi il faut que je les rencontre, il faut que je m'explique avec eux. » Selon *Au pilori,* Céline aurait ajouté : « Chaque fois que Hitler prend la parole, il engage formellement la responsabilité des Juifs quant au déclenchement de la guerre européenne. Alors, pourquoi vous, qui voulez vous incorporer dans le National-Socialisme, n'engagez-vous pas également officiellement cette responsabilité ? Autre question. Êtes-vous raciste comme tous les nationaux-socialistes dont Hitler fut, dès la première heure, le porte-parole, ou êtes-vous antiraciste ? Si vous êtes raciste, pourquoi n'en parlez-vous jamais ? Si vous êtes antiraciste, vous ne pouvez pas vous incorporer dans la politique nationale-socialiste. Alors à quelle politique voulez-vous vous rallier [2] ? »

Le 15 décembre, le journal adressa à Xavier Vallat une lettre pour lui demander de participer à la réunion à laquelle vingt-six personnalités avaient été conviées [3]. Ni Xavier Vallat ni Darquier de Pellepoix ni Jean Luchaire ni Drieu La Rochelle ni Chateaubriant ni Rebatet ni Anatole de Monzie ni Ramon Fernandez ni Combelle n'assistèrent à cette réunion. Il n'y eut que douze présents ou représentés. Dans son numéro du 25 décembre, *Au pilori* rendit compte à ses lecteurs : « Céline prit la parole et résuma en des formules brèves et saisissantes le drame de la nation française. » D'après la même source, tous les assistants seraient tombés d'accord sur trois points :

« 1. Racisme : Régénération de la France par le racisme. Aucune

1. Lettre inédite de Céline au Dr Bécart, le 4, sans date.
2. *Au pilori,* 11 décembre 1941, p. 1.
3. Voir fac-similé *infra,* p. 293.

JL/GR

PARIS, le 15 Décembre 1941

Monsieur V A L L A T
Haut Commissaire aux Affaires Juives
1, Place des Petits Pères

Monsieur le Haut Commissaire,

A la demande de M. CELINE, nous avons adressé une convocation à M.M.

Alain LAUBREAU	SPINASSE	FERNANDEZ
BONNEFOY	Maître de MONZIE	COMBELLE
Bernard FAY	Eugène DELONCLE	FEGY
Marcel BUCART	DARQUIER de PELLEPOIX	REBATTET
Alphonse de CHATEAUBRIANT	Georges SUAREZ	POULAIN
Jean LUCHAIRE	Capitaine SEZILLE	COUSTEAU
COSTANTINI	FOSSATI	LEBRE
Professeur MONTANDON	de LESDAIN	BONNARDI
Marcel DEAT	DRIEU LA ROCHELLE	

L'article inclus paru dans notre numéro du Jeudi 11 Décembre vous exposera les raisons de cette réunion.

M. Céline nous fait savoir qu'il serait heureux de connaître votre point de vue sur la question, et nous prie de bien vouloir vous faire part de son désir de vous voir assister à cette discussion, susceptible d'éclaircir bien des malentendus.

Veuillez agréer, Monsieur le Haut Commissaire, l'assurance de notre considération distinguée.

L'Administrateur -Directeur :

Jean LESTANDI

Fac-similé d'une lettre inédite du journal *Au pilori* (archives du Centre de documentation juive contemporaine, document CX-174).

haine contre le Juif, simplement la volonté de l'éliminer de la vie française. Il ne doit plus y avoir d'antisémites, mais seulement des racistes.

» 2. L'Église doit prendre position dans le problème raciste.

» 3. Socialisme : Aucune discussion sociale possible tant qu'un salaire minimum de 2 500 francs ne sera pas alloué à la classe ouvrière. Le temps des mots est fini, les actes seuls comptent.

» Il est nécessaire de redonner au peuple français le goût du beau et de l'effort et de remplacer le matérialisme sordide dans lequel il vivait par un peu d'idéal. C'est à cette seule condition que la France pourra sortir de l'abrutissement où l'ont plongée trois quarts de siècle de domination juive [1]. »

Lucien Rebatet [2] avait commencé *Les Décombres* en juillet 1940, sous le coup de la débâcle, exactement comme Céline avait mis en œuvre *Les Beaux draps.* Le livre de Rebatet parut en juillet 1942. Dès le 4 août, Céline lui écrivit pour le remercier : « Merci Rebatet. Très bien ton livre je le ferai lire et relire mais tu vois pour commencer – difficile comme St Thomas – je demanderais à tous les contemporains et surtout aux antisémites de me présenter avant toutes choses – bulletin de naissance de 4 générations de leur patriotique personne et de leurs ascendants et de leurs épouses et révision, dissection sévère d'yceux voilà le diapason de cette musique – le " la " de ce périlleux boulot. Nulle clique plus noyautée de juifs et juivisants anxieux que le [*un mot illisible*] antisémite! fatalement! J'aurais voulu trouver cette clause capitale dans tous les ouvrages. Le bulletin de baptême aux chiottes bien entendu! je dis *de naissance* [3]. »

Céline écrivit certainement d'autres lettres à Lucien Rebatet,

1. « Vers le Parti unique? », *Au pilori,* 25 décembre 1941, p. 2.

2. 15 novembre 1903 – 24 août 1972. Céline lui avait dédicacé *D'un château l'autre :* « A Lucien Rebatet mon compagnon à travers. »

3. Lettre inédite de Céline à Lucien Rebatet, 4 août 1942. Le brouillon de cette lettre, retrouvé au verso d'une page du manuscrit de *Guignol's Band,* commence par : « Parfait ton livre! je vais le faire lire – tu te présentes comme dictateur? Pourquoi pas? vous êtes une douzaine sur la liste. »

qui ont été sans doute perdues dans la tourmente des années 1944 et 1945. Nous n'en connaissons que deux autres, qui sont difficiles à rattacher à un événement précis. Le 23 octobre 1942 ou 1943, il lui écrivit à la suite d'un article : « Mille fois raison mon cher Rebatet! il faut avoir l'esprit ouvert! la comprenette! vous n'êtes pas à Londres... New York? chez de Gaulle ou Litvinoff! tout au moins en *intention?* alors voyons pour Vichy vous n'existez pas! les vrais seuls écrivains français pour Vichy sont les *dissidents, actifs ou d'honneur*! *Dissident d'honneur*! le beau titre! On vous passerait d'être là si vous étiez franc-maçon ou mieux encore tout à fait Juif – mais " présent aryen " quelle ordure! J'ai su aggraver mon cas – mutilé de guerre 75 p. 100 – pensez donc! engagé des " deux " médaille militaire depuis 1914! quelle horreur! Enfin pire de pire! je paie des contributions! mais l'anarchiste écœurant! le négateur! le nihiliste! et plus qu'aucun bourgeois je pense! 69.000 francs... et d'avance cette année! sur mes droits d'auteur! français en tout! cocus tous cons! écrivain alors celui-là? vous voudriez pas! à vous bien amicalement [1]! » En marge de cette lettre Céline avait écrit : « Trenet hors de cause bien entendu et Lifar et Blum. »

Il est de fait que Céline connut quelques difficultés avec le fisc, mais sans qu'il soit possible de dire si ce fut en 1942 ou en 1943. Ces difficultés apparaissent sur le brouillon d'une lettre qu'il écrivit à Fernand de Brinon à qui il avait demandé d'intervenir : « Mon cher Ambassadeur, je vous remercie bien sincèrement pour votre excellente lettre. Je compte sur votre amitié. Je vais soutenir les assauts du fisc avec un courage décuplé. Je tiendrai – le bruit courait dans les échopes aux bas quartiers que Papen remplacerait Abetz – chrétien comme je le suis [2] – »

Une troisième lettre de Céline à Rebatet était datée du 20 février 1943 : « Tout ceci est bien rigolo – ce tortillage de cul des juifs

1. Lettre inédite de Céline à Lucien Rebatet, 23 octobre [1942 ou 1943].

2. Brouillon de lettre inédite de Céline à Fernand de Brinon au verso du manuscrit de *Guignol's Band,* sans date.

pour placer malgré tout leur salade! là au derge! en catiminois! on gagne à tous les coups! c'est trop facile à force – le carquois vous tombe. Ces flèches vous dégoûtent... dans cette merde [1]!... »

En décembre 1941, et au cours de l'année 1942, Céline écrivit à des journalistes des lettres qu'ils ont publiées sans protestation de sa part. C'est ainsi que Pierre Costantini rendit public dans *L'Appel* du 4 décembre 1941 le texte suivant : « Je vous signale que Péguy n'a jamais rien compris à rien, et qu'il fut à la fois dreyfusard, monarchiste et cabotin. Voici bien des titres, certes à l'enthousiasme de la jeunesse française, si niaise, si enjuivée. Le jeune Français catéchumène, rageur, ratatiné, bougon, découvreur de lune, ce Péguy, représente admirablement le jeune Français selon les vœux de la juiverie. Une parfaite " assurance tout risque ". L'abruti à mort. » Et sur Hitler : « Au fond, il n'y a que le chancelier Hitler pour parler des Juifs. [...] C'est le côté que l'on aime le moins, le seul au fond que l'on redoute, chez le chancelier Hitler, de toute évidence. C'est celui que j'aime le plus. Je l'écrivais déjà en 1937, sous Blum [2]. » Céline envoya aussi à Jean Lestandi une lettre parue dans *Au pilori* du 8 janvier 1942 [3].

Céline écrivit encore à Jean Drault [4] le 26 mars 1942 (*Le Réveil du peuple* du 1er mai) et à Pierre Costantini au sujet du remplacement de Xavier Vallat par Darquier de Pellepoix, selon lui sans importance. Il revenait sur le problème juif : « On ne devrait déjà plus parler de la question juive! C'est la question aryenne qui se pose! Antisémite veut dire méchant et dégoûté. C'est Aryen d'honneur que je voudrais être. Pour moi, simple et buté, une seule question se pose : qui détient en définitive le Pouvoir en France? Dache ou le maréchal Pétain [5]? » Et de nouveau à Costantini une lettre reproduite dans *L'Appel* du 23 avril 1942 et

1. Lettre inédite de Céline à Lucien Rebatet, 20 février 1943.

2. « L.-F. Céline nous écrit », *L'Appel,* 4 décembre 1941; voir le brouillon cité *supra,* p. 264.

3. Voir *supra,* pp. 214-215.

4. Jean Drault venait de publier une *Histoire de l'antisémitisme* (Éditions C.L., 1942).

5. « Qui détient le pouvoir? par L.-F. Céline », *L'Appel,* 9 avril 1942.

à Lestandi (*Au pilori* du 10 septembre 1942). Il y rappelait avoir été constamment attaqué par *L'Humanité :* « J'en ai connu d'extraordinaires, le Juif Sampaix [1] parmi tant d'autres, diabolique d'astuce. Il me réclamait au poteau chaque matin (dessin par Cabrol) sur quatre colonnes dans *L'Humanité* (un million de lecteurs). Il m'avait vu, de ses yeux vu, porter chez Bailby(!) bras-dessus, bras-dessous avec Darquier, mon plan détaillé de révolution nazie pour la banlieue parisienne. Une paille! [...] ce Sampaix devait mal finir, – même la Juiverie a ses limites, – ce Sampaix finit fusillé [2]. »

Le dimanche 20 décembre 1942, dans la salle des Horticulteurs, 84, rue de Grenelle, Céline fit une causerie devant les membres du Groupement sanitaire français. La salle était comble, le public était presque entièrement composé de médecins. Le Dr Guerin, président du Groupement, prit d'abord la parole, déplorant le sort des médecins prisonniers, préconisant leur relève par des médecins d'active démobilisés et fustigeant : « la conduite scandaleuse pendant la guerre de certain métèque juif, qui abandonna ses blessés ». Ensuite, ce fut au tour de Céline de parler : « Il est bien difficile de narrer ses propos : conversation à bâtons rompus, laissant entrevoir un grand cœur ému de la misère de ses contemporains; il fulmina contre tous les philosémites, médecins et autres..., contre les bourgeois qui se gavent dans des restaurants à 1.000 francs par tête pendant que le pauvre bougre doit se contenter de ses 1.200 calories d'entretien..., contre les facéties d'une Révolution Nationale qui maintient une Juive dans un dispensaire de banlieue à la place d'un médecin aryen installé depuis quinze ans, l'obligeant ainsi à parcourir chaque jour 14 kilomètres " pedibus et omnibus "... Il fulmine, mais ne s'étonne pas... La France s'est enjuivée jusqu'à la moelle [3]... »

Telle fut la version présentée par le *Cri du peuple* qui ne fit aucune allusion à ce que Céline avait dit contre les Allemands. On comprend les raisons de ce silence, comme on comprend

1. Voir *supra*, p. 276, note 3.

2. « Une Lettre de L.-F. Céline », *Au pilori*, 10 septembre 1942.

3. « Céline parle. " La France s'est enjuivée jusqu'à la moelle " constate le prophétique pamphlétaire », *Le Cri du peuple de Paris*, 23 décembre 1942.

pourquoi, après la guerre, témoignant pour Céline, plusieurs médecins ont insisté au contraire sur cet aspect de sa conférence, taisant évidemment ses propos antisémites. Voici la version du Dr Claoué : « J'ai assisté à une conférence médicale faite par le Dr Destouches sous l'occupation. J'affirme qu'il a fallu au Dr Destouches un certain courage pour parler au nez et à la barbe des Allemands comme il l'a fait ce jour-là [1]. »

Dans sa lettre au président Drappier, le Dr Raymond Tournay précisait que Céline s'était insurgé contre le fait que les Allemands demandaient aux Français de collaborer sans être seulement capables de les nourrir convenablement : « Je ne comprends pas la collaboration le ventre vide [2]. » Quant au Dr Henri Lambert, il rapportait quelques outrances de Céline et les réactions d'une partie du public : « Je n'oublierai jamais cet acte de révolte. Céline arriva à bicyclette, vieux vêtements très usagés, brodequins cloutés, casquette sur la tête, très pauvre devant un parterre de " gens très bien ", la plupart supposais-je médecins cossus. Pendant deux heures Bardamu parla avec une violence redoutable, amenant de nombreuses et violentes protestations dans un auditoire outré. On connaît les points de vue de Céline : il ne les avait aucunement abandonnés : il attaqua à peu près tout, à l'exception des Bretons, j'ai certaines paroles de Céline, les voici dans toute leur saveur Bardamuesque :

» Un héros con, c'est pire qu'une fripouille intelligente.

» Pas de collaboration possible, pas de Révolution Nationale, pas de tout ça, tant qu'il n'y aura pas la carte de 1.200 calories.

» Déplorable hémorragie de l'Allemagne, après restera la fripouille bourgeoise.

» Nous les médecins trous du cul... [3] »

1. Lettre inédite du Dr Claoué au président Drappier, 11 février 1950 (archives du tribunal militaire à Meaux).

2. Lettre inédite du Dr Tournay au président Drappier, 11 février 1950 (archives du tribunal militaire à Meaux).

3. Lettre inédite du Dr Lambert au président Drappier, 14 février 1950 (archives du tribunal militaire à Meaux).

On note, dans les lettres de Céline, écrites à partir de 1943, un net changement de ton. Les revers de l'armée allemande et surtout la capitulation du maréchal Paulus, à Stalingrad, le 2 février 1943 l'ont certainement conduit à prendre un certain recul par rapport aux événements et à modérer sensiblement ses invectives. Céline avait alors acquis la conviction que l'Allemagne ne pouvait plus gagner la guerre. Ainsi, écrivant à Maurice de Seré (*Au pilori* du 7 janvier), il formulait essentiellement des revendications sociales : doublement des cartes d'alimentation, assurance-maladie et assurance-chômage obligatoires, suppression de la Radio [1]... De même, la lettre que Lucien Combelle publia dans *Révolution nationale* du 20 février était plus littéraire et moins politique que les précédentes. Elle contenait cependant une référence au Talmud, mais Céline pouvait-il parler de Proust sans rappeler qu'il était Juif ? : « Le Talmud est à peu près bâti, conçu, comme les romans de Proust, tortueux, arabescoïde, mosaïque désordonnée. Le genre sans queue ni tête. Par quel bout les prendre ? Mais au fond infiniment tendancieux, passionnément, obstinément. Du travail de chenille. Cela passe, revient, retourne, repart, n'oublie rien, incohérent en apparence, pour nous qui ne sommes pas Juifs, mais de " style " pour les initiés ! La chenille laisse ainsi derrière elle, tel Proust, une sorte de tulle, de vernis, irisé, impeccable, capte, étouffe, réduit tout ce qu'elle touche et bave – rose ou étron. Poésie proustienne. Quant au fond de l'œuvre proustienne : conforme au style, aux origines, au sémitisme : désignation, enrobage des élites pourries nobiliaires mondaines, inverties, etc., en vue de leur massacre. *Épurations.* La chenille passe dessus, bave, les irise. Le tank et les mitraillettes font le reste. Proust a accompli sa tâche, talmudique [2]. » Après avoir écrit cette lettre, Céline s'était ravisé et avait demandé à Combelle, par une seconde lettre datée du même jour, 12 février 1943, de modifier la fin, ce qui montre bien que ce texte était destiné à la publication. Il souhaitait que soit

1. « Une Lettre de L.-F. Céline », *Au pilori,* 7 janvier 1943.

2. Lettre de Céline à Lucien Combelle, 12 février 1943, publiée sous le titre « Du côté de chez Proust par L.-F. Céline », *Révolution nationale,* 20 février 1943.

ajouté : « S'il vivait encore, de quel côté serait Proust? Je vous le laisse à penser. La chute de Stalingrad ne lui ferait certainement aucune peine [1]. »

Il existe aussi, sur Proust, une autre lettre de Céline à Alphonse de Chateaubriant, malheureusement non datée : « Pour l'amusement de la chose – imaginez les événements à l'envers que les Judéo Tartares soient ici – qu'au lieu de me débattre pour les aryens (c'est-à-dire pour des prunes) je me sois au 1/10e évertué pour les juifs! Ah! quelle chanson! quel hosannah! quel triomphe et sans nuage! sans la moindre moue, sans le plus subtil chichi! Ah! ceux-là m'auraient rendu hommage en bloc – en totalité – Je me trouverais en " néon " jusque dans l'écho des Halles, sur la tour Eiffel! Ah! ils ne se demanderaient pas ceux-là, tortillants insidieux casuistes si le fond vaut mieux que la forme! Voyez ce que les Juifs ont fait de Proust – l'Homère des invertis et le Gide des petits garçons – du moment qu'ils chantaient bien juif – Pitié cher Ami! pitié et dégoût – de tous ces chrétiens délavés qui foirent d'angoisse et de scrupules à la pensée de recommander l'un des leurs! Ah! vive Lecache! cher Ami, vive les Juifs! Je vous le disais encore! A bas les larves chrétiennes tatillonnes, molles baveuses d'envie – Vive le Talmud qui dit bien de nous, race de chiens couchants, tout ce qu'il faut penser [2]. »

Le désengagement volontaire de Céline à partir de 1943 apparaît dans une interview réalisée par R. Cardine-Petit, pour *Panorama,* qui le montre très en retrait de la politique, comme dans une tour d'ivoire : « C'est un livre sur la vie à Londres en 1916 qui m'occupe dans ce moment-ci, nous dit-il en souriant. Ce livre, Céline semble le traiter en dilettante. Nous avons l'impression qu'en l'écrivant, la pensée de l'écrivain est plus près de notre époque qu'il ne l'avoue. Car les grands problèmes sociaux qui galvanisent actuellement l'Europe et le monde n'ont pas cessé, quoi qu'il en dise, de le passionner. Mais Céline, très maître de lui, feint le désintéressement [3]. »

1. Lettre inédite de Céline à Lucien Combelle, le 12/2[1943].
2. Lettre inédite de Céline à Alphonse de Chateaubriant, le 11, sans date.
3. « Une Heure chez L.-F. Céline », *Panorama,* 25 mars 1943.

Le 9 juillet 1943, *Je suis partout* publia un texte de Céline dans lequel il était encore un peu question des Juifs, mais c'était contre les bourgeois français que l'attaque principale était dirigée, avec le rappel de quelques principes de l'Ancien Régime : « Une classe privilégiée n'a plus d'utilité, ni de sens, ni de vie lorsqu'elle n'est plus capable de fournir les cadres à l'armée. C'est le critère, le seul. Elle justifie ses privilèges en fournissant à la guerre les officiers. Du moment où elle n'est plus capable de remplir ce rôle, si elle ne fait plus ni enfants, ni officiers, elle n'est plus que parasitaire et donc désastreuse. Le désastre 40 est dû à la juiverie, à la dénatalité et à la fuite des officiers. Notre bourgeoisie ne veut plus rien donner et veut tout prendre. Elle ne veut plus que des bénéfices. Elle est devenue juive. Elle ne pense plus qu'en or, elle louche " dollar " une fois pour toutes. Karl Marx, qu'il faut relire, Juif beaucoup plus précis et instructif que Montaigne, écrit précisément : " Les Juifs s'émancipent dans la mesure où les chrétiens deviennent juifs. " [...] Nous avons connu en 14-18 les derniers bourgeois braves qui défendaient les coffres-forts avec leur peau personnelle. Les officiers bourgeois n'emportaient pas encore leur armoire à glace en retraite [1]. »

En octobre 1943, il écrivit encore à *Je suis partout,* une lettre étonnante dans laquelle il attaquait ceux qui avaient profité de la collaboration : « Vous n'êtes pas frappés par le fait que la radio anglo-juive – qui nous voue tous à je ne sais combien de morts parce que " collaborateurs ", antisémites, et patati et patata ne parle jamais de fusiller tous ceux qui ont *profité des Allemands* directement ou par ristournes ? Ils sont légion, pourtant, nom de Dieu ! Et opulents, et formidables ! Je n'ai jamais, personnellement, touché un fifrelin de l'occupation, mais le pays français, dans sa majorité, n'a jamais imaginé, n'a jamais connu d'affaire aussi brillante que la guerre 39-40 !... [...] A quand la liste intégrale et nominative de tous ceux qui ont gagné quelque chose avec les Allemands ? La voilà, la vraie liste des *collabora-*

1. « Céline nous écrit », *Je suis partout,* 9 juillet 1943.

teurs efficients. Pas les idéalistes et spéculateurs en pensées gratuites [1]. »

Après la mort de Jean Giraudoux, survenue le 31 janvier 1944, *Je suis partout* publia le 11 février un extrait d'une lettre de Céline qui lui était consacré : « En douce, les Juifs doivent bien se marrer de lire les nécrologies de Giraudoux! Façon de leur lécher le cul par la bande! On se comprend... au nom des belles-lettres... de la pensée française et patati! La brosse! Jean-foutres! Supposez que je crève ou qu'on me crève, je voudrais voir les *Isvestia* me filer des nécrologies! Ah! minute! On regrette tous les jours d'être aryen [2]... »

Un peu plus tard, au cours d'un entretien qu'il eut avec Claude Jamet, et dont ce dernier a fait un article publié dans *Germinal* du 28 avril 1944, Céline aborda des questions politiques, mais uniquement sur le plan social. A Claude Jamet, qui lançait ce nouveau journal appelé d'un nom printanier qu'il jugeait symbolique (à quelques semaines seulement du débarquement de Normandie), Céline avait communiqué ses vues sur le socialisme. Claude Jamet lui avait expliqué que *Germinal* serait socialiste : « Il ne dit pas non, Céline. Je vois bien tout de suite qu'il n'est pas contre. Il aurait plutôt l'air d'approuver. Seulement, c'est le mot qui ne lui va pas. [...] " Tout le monde est socialiste de nos jours. A qui mieux mieux! Ils se l'arrachent! M. Wendel est socialiste, et M. le Comte de Paris itou! Les enfants de chœur sont socialistes! Les dames de la Croix-Rouge! Le pape! la Banque Morgan! M. Weygand! Tout ça finit par faire du tort. Vous me dites que vous, vous êtes des vrais? Mais l'étiquette reste la même. A quoi voulez-vous qu'on reconnaisse? Parmi tant de contrefaçons, drogues, tisanes, eau de rose, eau bénite? Que votre appellation est vraiment contrôlée? On vous entendra seulement pas. Crédit est mort! Que voulez-vous? Le peuple, il a un préjugé, maintenant, en bloc contre tout ça. Il ne croit plus à grand'chose dans le genre. Chat échaudé! Il se méfie

1. « Céline nous écrit », *Je suis partout,* 29 octobre 1943.
2. « Céline et Giraudoux », *Je suis partout,* 11 février 1944.

atroce, il a pas tort[1]... " » Claude Jamet rapportait quelques réflexions savoureuses sur les mauvaises habitudes des Français en matière politique : « Le citoyen, quand il pouvait voir sur la place de son village, sous les platanes, l'instituteur et le curé en train de bien s'engueuler, il avait le sentiment de vivre un grand moment de la politique; d'être en plein cœur, dans l'intime de la chose! Son député, il ne lui demandait jamais de tenir les promesses qu'il avait faites : une pissotière, une crèche modèle, un nouvel asile d'aliénés. Pourvu qu'il ait bien emmerdé les autres, ceux de l'autre bord, ça lui suffisait; il le réélisait, d'enthousiasme; il le reportait à la Chambre en triomphe[2]! »

L'article de Claude Jamet dénotait aussi un certain recul de l'antisémitisme de Céline, passé manifestement au second plan de ses soucis : « Bouffer du Juif, ou du Maçon, ça n'est pas tout; c'est négatif. Dérisoire, si on s'en tenait là. Ça ne soulève aucun enthousiasme. Ça n'est que de l'anti, de l'abstrait, bagatelles! Ça ne tient pas au corps de la masse. Vous aurez beau retourner votre disque, le ralentir, l'accélérer, ou bien le faire marcher à l'envers. C'est changer le disque qu'il faut. Froidement! Race? Famille? Patrie? Sacrifesse? C'est de l'idéal, tout ça, plus tard. Ça surplombe, ça flotte, ça plane – trop. Il faut prendre ce peuple où il est, au ras de ses besoins bien épais. On ne renversera le communisme qu'en le dépassant, en en faisant plus. En se posant au-delà, non en deçà. C'est peut-être fâcheux, mais c'est tel quel. Contre le Communisme, je ne vois rien que la Révolution, mais alors, là, pardon! la vraie! Surcommuniste! »

Ce texte fut communiqué à Céline avant sa parution puisque, dans le même numéro de *Germinal,* Claude Jamet inséra une lettre dans laquelle on pouvait lire notamment : « Je trouve votre papier fort bon, et rien à redire. Peut-être un petit mot de plus sur la gigantesque tartuferie actuelle de la *Résistance!* alors que jamais la France n'a été si riche, si cupide, si gavée de bénéfices de guerre,

1. Claude Jamet, « Un Entretien chez Denoël avec L.-F. Céline. L'égalitarisme ou la mort », *Germinal,* 28 avril 1944; voir tome III, annexe II, pp. 356-360.

2. *Ibid.;* voir tome III, annexe II, p. 358.

proprement *commerce avec l'ennemi!* On fusillait pour beaucoup moins de 1914 à 1918. [...] Ils n'aspirent à la *délivrance* que pour convertir leurs bénéfices de guerre en dollars. Souffrance peau de lapin, abominable jérémiade. Évidence de la pourriture de l'âme de cette nation devenue si sournoise et si vile, qui ne peut être récurée que par le grand moyen chirurgical : *l'ablation du capital individuel* [1]. »

Le dernier texte de Céline, publié sous l'Occupation, est postérieur au débarquement allié en Normandie et même à son départ en Allemagne. Il était résolument pacifiste et sonnait le glas de toutes ses illusions : « Je donnerais volontiers aux flammes toutes les cathédrales du monde si cela pouvait apaiser la Bête et faire signer la paix demain. Deux mille années de prières inutiles, je trouve que c'est beaucoup. Un peu d'action! Demain l'on fera sans doute une architecture en trous! Pas de flèches! Les leçons de la guerre auront porté. Par terreur des bombes, nos descendants vivront sans doute dans le *Tous à l'égout.* Ainsi soit-il [2]! »

1. « Une Lettre de Céline », *Germinal,* 28 avril 1944.

2. Pierre Larcher, « Les Élites françaises devant le saccage de la France », *La Gerbe,* 22 juin 1944.

CHAPITRE XIV

Saint-Malo

> « Tu as raison, cette Bretagne est pays divin. Je veux finir là, auprès de mes dernières artères, après avoir soufflé dans tous les binious du monde [1]. »

Céline se retrouvait à Saint-Malo dans un cadre qu'il aimait, au milieu de gens de sa race parmi lesquels il se sentait bien. C'est sans doute là qu'il a passé les meilleurs moments de son existence.

Avant la guerre, il descendait toujours chez Maria Le Bannier, dans son appartement de l'ancien hôtel Franklin, situé en bordure de mer à deux pas des remparts et qui disposait d'une très grande terrasse avec une vue remarquable sur la ville, sur la plage de Paramé et sur le Grand Bé. Des fenêtres de l'appartement, on pouvait même apercevoir la tombe de Chateaubriand.

1. Lettre de Céline à Henri Mahé, le 10, sans date, *La Brinquebale avec Céline, op. cit.*, p. 59.

Ensuite, il habita pendant une saison un petit appartement sur les remparts que lui avait prêté son ami André Dezarrois, conservateur des musées nationaux et membre du Collège des bardes de Bretagne : « Ah j'étais content de mon local... on parle de demeures... en véritable lanterne! Je voyais toute l'arrivée aux Portes! la Dinan! Saint-Vincent [1]! » Puis il loua trois pièces à Maria Le Bannier au deuxième étage de l'immeuble Franklin, d'où il voyait de trois côtés, la mer, la ville et le port. Son premier voisin était le casino : « J'ai demeuré je peux dire tout contre, enfin surplombant sa coupole, vous voyez, l'ancien entrepôt? Merlin et ses fils?... trois pièces sous solives, une sous-location de ma vieille pote, Mlle Marie... J'en ai entendu un petit peu, vous pensez! flonflons et passions! et des cris de mouettes à la tempête... [...] Je suis aux souvenirs vous me pardonnerez... C'était des heures en somme heureuses [2]... »

Céline aimait Maria Le Bannier qui lui rappelait sa vie à Rennes au temps de son mariage avec Édith Follet [3]. C'est chez elle, à Saint-Malo, que le docteur Follet était mort en 1933, au grand scandale de sa famille et de la bourgeoisie rennaise. Céline avait aussi beaucoup d'affection pour sa fille Sergine, qu'Athanase Follet lui avait fait adopter après que sa mère fut morte en couches, sans aucune attache familiale.

Céline retrouvait toujours à Saint-Malo Théophile Briant [4] dans sa « Tour du Vent ». Poète breton, fondateur du journal *Le Goéland,* il en était le rédacteur en chef et le pilier au point que ce journal, qui réunit parfois des signatures prestigieuses, ne lui a pas survécu. Céline a évoqué son souvenir et celui de sa maison dans *Féerie pour une autre fois :* « Je veux un endroit à camélias, mimosas, œillets, toutes saisons!... ah l'idéal! ah c'est tout simple! Entre Tho Briand et la Douane!... l'est-ce choisi?... vous voyez n'est-ce pas le site? Rocchabe... les récifs... les Bée... la porte Saint-Vincent... Quiquengrogne!... le kiosque des tramways... l'anse des yachts... le climat!... les baigneuses!... les sables!... le croissant d'or jusqu'à

1. *Féerie pour une autre fois,* I, *op. cit.,* p. 111.
2. *Ibid.,* pp. 107 et 108.
3. Voir tome I, pp. 205-244.
4. 2 août 1891-5 août 1956.

Cancale... ou presque... or sur émeraude!... pas croyable de toute beauté [1]!... »

Quand Théophile Briant rencontrait Céline, il rapportait ses propos dans son journal. Certaines mentions sont antérieures à la guerre, ainsi le 12 décembre 1938 à Paris : « Vu Céline à la crêperie bretonne à Paris. Il a les yeux caves et tristes et des mains pâles. [...] Céline attaque violemment le catholicisme confesseux qu'il appelle une religion de juif! Céline, genre Ubu décrète la suppression de tous les arts en gardant seulement l'art de la santé [2]. »

Une autre fois, en 1939, ils s'étaient rencontrés à Saint-Malo, avaient déjeuné ensemble à Dinard, puis étaient allés à la « Tour du Vent » où Lucette avait fait des siennes : « Mlle Almanzor qui a voulu visiter le poulailler laisse échapper les poules. Céline en attrape une très crânement, comme s'il avait fait cela toute sa vie, et la garde un moment dans sa poigne suspendue en l'air avant de la rejeter de l'autre côté de la grille. Il regarde en riant mes terres incultes et me dit que je ne suis pas nerveux sur l'emblavure. Toujours dans l'œil cette lueur de godille et de désespoir. Homme étrange fleur du ruisseau. Il faudrait se tabasser tragiquement avec lui pour savoir ce qu'il a dans le ventre [3]. »

Grâce au journal de Théophile Briant, nous savons qu'ils se sont encore revus en mars et en juillet 1943 : « Visite de Louis-Ferdinand Céline. Un peu vieilli, les yeux plus creux, assez crasseux dans l'ensemble. Fait toujours de beaux gestes avec sa main et a conservé son vocabulaire torrentiel. Plaisante ou ricane sans arrêt. Système de défense. Il me trouve trop paresseux, je me contente trop facilement, mécanisme d'inhibition. Il faut refaire une page sept fois comme lui. [...] Céline ne croit à aucune sincérité. Sur mon affirmation qu'il existe de par le monde des êtres valables il secoue la tête en désespéré [4]. » Le 18 juillet, c'est

1. *Féerie pour une autre fois,* I, *op. cit.,* pp. 103 et 104.

2. Journal inédit de Théophile Briant, 12 décembre 1938 (collection Pierre De Baecker).

3. Journal inédit de Théophile Briant, 19 juillet 1939 (collection Pierre De Baecker).

4. *Ibid.,* 14 mars 1943.

Briant qui lui rendit visite à son appartement : « Vu Céline au Franklin. Assez débraillé, les pieds dans de vieilles sandales, avec un pantalon de soutier. Toujours la chevelure couverte de " crasset ", les yeux creux et ardents, les lèvres humectées de salive. De sa fenêtre nous apercevons le clocher de Saint-Malo et un coin de la plage du Fort National. La vague de marée haute nous envoie ses rumeurs et ses effluves. Appartement sommairement meublé dans la maison de Mme Le B. qui chauffa les draps du Docteur Foley [1], le multimillionnaire. Céline voit le triomphe du bolchevisme et sa pendaison possible, laquelle ajoute-t-il, fera bien rigoler, car dans le fond il est aristocrate, n'a de convictions qu'esthétiques et n'a fait tout cela (comme Byron, Hugo ou Lamartine) que par goût du risque, et nécessité de braver la mort. [...] Il voit l'Allemagne en péril et prochainement des " Katyns " un peu partout. Selon lui, Katyn est cohérent avec la doctrine de Moscou. Le bourgeois a fait la guerre de 14 devant son coffre, celle de 39 derrière son coffre. Classe pourrie destinée à être anéantie comme le catholicisme (c'est Céline qui parle). Deux choses qui doivent être rayées de la carte du monde : le Capital et l'Église. Il raconte la visite de l'un de ses amis au camerlingue : on a très peur dans les hauts lieux ecclésiastiques de l'hérésie de la croix gammée. Au bourgeois immonde, la sédition qui cogne à nos portes va arracher ses tripes avec son or. Les trublions comme nous nettoyés. On brûlera les intellectuels avec leurs bibliothèques, et les prêtres avec leurs églises, nous sommes intoxiqués par notre éducation première et nous mourrons avec nos dieux. [...] Connais-tu quelqu'un, me demande-t-il, capable de mourir pour le curé de Saint-Malo ? Mais des millions de combattants sont prêts à se faire tuer pour la mystique nouvelle du Paradis sur terre [2]. »

C'est avec Théophile Briant qu'il était le plus lié, mais Céline rencontrait beaucoup d'autres Malouins parmi lesquels les sœurs Le Coz, dites « les sept sœurs » (bien qu'elles aient été neuf) et

1. Maria Le Bannier, amie du Dr Follet.

2. Journal inédit de Théophile Briant, 18 juillet 1943 (collection Pierre De Baecker).

dont certaines tenaient un restaurant à l'enseigne *Breiz Izel* où Louis allait très souvent. Il était surtout proche de « petite Anne », parce qu'elle était drôle, et d'Andrée, parce qu'elle était jolie. Il évoqua leur souvenir dans *Féerie :* « Ah, c'est un endroit qu'on se souvient... tenez l'épicerie la " Ville d'Ys " et les sœurs Le Coz, fées des moules... ces délices semi-grillées poivre!... et le René [1]? son petit cercueil? son rocher en vue? et son berceau cent mètres plus bas... authentique!... le mal qu'il s'est donné René!... cent mètres!... [...] tout fut écrabouillé, foudroyé, flambé aux nuages!... Ça m'étonnerait tiens que le René, son cercueil, son berceau, ses souvenirs chéris ayent pas croustillé! passé poudre [2]! »

Céline eut des rapports avec des autonomistes bretons, tel Olier Mordrel [3] qu'il connut à Rennes par Suzanne Le Léannec [4], secrétaire bénévole du Parti national breton. Dès avant le déclenchement de la Deuxième Guerre mondiale, le Parti national breton avait été soupçonné de recevoir des subsides de l'Allemagne. A l'automne 1938, il avait fait imprimer une affiche : « Pas une goutte de sang breton pour les Tchèques! » Et, lors de la déclaration de guerre, Mordrel avait gagné l'étranger d'où il avait lancé un manifeste du même style, à la fois pacifiste et autonomiste : « Un vrai Breton n'a pas le droit de mourir pour la France [5]. » Le 7 mai 1940, le tribunal militaire de Rennes l'avait condamné à mort par contumace et, à l'armistice, il se trouvait en Allemagne, intervenant sans succès auprès de la Wilhelmstrasse avant de revenir en France pour fonder la section bretonne du Parti national socialiste.

Au début de l'Occupation, les autorités allemandes avaient envisagé de soutenir les mouvements autonomistes, ce qu'ils ont fait en Alsace et en Ukraine. Hitler avait même songé à la création d'un État breton [6]. Von Ribbentrop, ministre des Affaires étrangères

1. François René de Chateaubriand.

2. *Féerie pour une autre fois,* I, *op. cit.,* p. 111.

3. Olivier Mordrelle, dit Olier Mordrel.

4. Aujourd'hui Mme Boyer Le Moine.

5. *Lizer Brezel,* n° 1 – Lettre de guerre n° 1.

6. Voir Hervé Le Boterf, *La Bretagne dans la guerre,* Éditions France-Empire, 1969, 1971 et 1984.

du Reich, et Otto Abetz y étaient formellement opposés. Après l'entrevue de Montoire, au cours de laquelle le maréchal Pétain avait demandé au chancelier du Reich de maintenir l'unité française, ce projet avait été définitivement abandonné.

Jugé trop agité par les Allemands eux-mêmes, Mordrel avait été déporté en Allemagne, puis il avait été autorisé à revenir en Bretagne en mai 1941 à condition de ne plus faire de politique. C'est à partir de cette époque, à Rennes et à Paris, que Céline le rencontra. Il vit aussi une fois Yann Fouéré lors d'une réunion de l'Institut celtique.

Il ne fut pas long à s'apercevoir des dissensions qui régnaient parmi les autonomistes pour des questions de personne et de doctrine. « Merde les bretonneux. Je t'en raconterai des jolies sur la bande Mordrel! Ô ma doué! Mouches et contre-mouches [1]! » En 1943, dans une autre lettre à Henri Mahé, il était revenu sur le même thème : « Vu à Rennes ces " Bretons " tout cela farceur à souhait et employé de n'importe quelle police et des Juifs. Sauf petites exceptions [2]. » Non seulement il les trouvait « enjuivés », mais, depuis qu'Hitler les avait abandonnés, il pensait qu'ils ne pouvaient plus tomber dans d'autres bras que dans ceux de Staline : « Bretagne! Pays de Galles! Corwall! Irlande! Écosse réunis?... Bravo!... [...] Ce sera la république 56 de l'U.R.S.S. [3]!... »

Dans deux lettres à Jacques Mourlet, Céline parlait aussi de ses rapports avec Mordrel : « Il faut étudier l'histoire de Bretagne. J'ai vu hier soir Mordrel il raconte de bonnes histoires. Il sait beaucoup de choses... Il la vit. L'Homme a du caractère, mais il nage un petit peu – Il n'est pas sot – mais l'avenir [4]? » Et dans une autre lettre il lui faisait part de ses préférences et de ses craintes : « Je vais aller en janvier tâter – Rennes et St-Malo – voir les bretonnants dont Mordrel – Je vous écrirai – Je les préfère tout de même à

1. Lettre de Céline à Henri Mahé, sans date, *La Brinquebale avec Céline, op. cit.*, p. 238.

2. *Ibid.*, p. 241.

3. *Ibid.*, p. 227; repris par Hervé Le Boterf, *op. cit.*, p. 337.

4. Lettre inédite de Céline à Jacques Mourlet, sans date (Harry Ransom Humanities Research Center, The University of Texas at Austin).

de Gaulle – Ça n'en finit pas – maintenant c'est la déportation – de toute manière l'avenir français est à la servitude – soit avec les allemands contre les russes soit avec les américains contre les japonais – Ils n'y couperont pas, comme n'y ont pas coupé les gaulois – qui furent en leur temps les plus nombreux et les plus guerriers d'Europe – mais aucun SENS POLITIQUE! Ils attirent toujours des caïds d'ailleurs – Ils sont toujours servis [1]! »

Céline voyait aussi à Saint-Malo le compositeur Jef Le Penven, Suzanne Le Léannec, Émile Lessard, charpentier naval qui tenait ses quartiers place Chateaubriand, au bar de l'Univers, et sa femme, Germaine Delalande. Il était également lié avec Yves Hémard, architecte des monuments historiques, du Mont-Saint-Michel et de la ville de Saint-Malo, créateur du musée Duguay-Trouin et du bar-musée de l'Abordage dans la maison du célèbre malouin. Il rencontrait encore Jacqueline de La Châtre, avocat du barreau de Saint-Malo, assez proche de la collaboration, son ami Patrick Guerin, autonomiste breton, Jean Laporte, journaliste à *Je suis partout,* Guy Vissaut, dit de Coetlogon, arrêté à la Libération, détenu à Fresnes puis fusillé pour faits de collaboration, etc.

Pendant l'Occupation, Céline se rendit en Bretagne aussi souvent que possible, de préférence à Saint-Malo. Il éprouva beaucoup de difficultés pour aller sur la côte bretonne, alors zone stratégique, et dut intervenir plusieurs fois auprès de Fernand de Brinon pour obtenir des visas. Après avoir été refoulé à la gare de Rennes un jour où il s'était présenté sans autorisation, il effectua, sur la recommandation d'Olier Mordrel, une démarche à la Kommandantur de cette ville, facilitée par la complicité amicale du commissaire de police de Saint-Malo qui lui avait délivré un certificat de résidence.

Les contacts qu'il avait eus à Rennes avec les autorités allemandes allaient permettre à *L'Humanité* de publier le 2 janvier 1950, à quelques jours de l'ouverture de son procès, un article au titre provocateur : « Louis-Ferdinand Céline était agent de la Gestapo »,

1. Lettre inédite de Céline à Jacques Mourlet, sans date (Harry Ransom Humanities Research Center, The University of Texas at Austin).

dans lequel on pouvait lire : « En octobre dernier, était arrêté, non loin de Leipzig, un certain Hans Grimm, qui avait dirigé à Rennes un département de la Gestapo, plus précisément du S.D. l'Oberscharführer S.S. Hans Grimm, qui est alsacien de naissance, parle couramment le français; cela lui permettait de vivre à Rennes sous un uniforme français, et d'ajouter à ses fonctions officielles quelques autres activités. Déguisé en civil, il faisait personnellement l'espion et il travaillait directement à l'organisation du soi-disant " Mouvement nationale breton ". Au cours de la perquisition, la police découvrit une lettre signée de Louis-Ferdinand Céline et adressée à Hans Grimm. Dans le journal tenu par ce dernier, elle trouva à deux reprises la mention du nom de Louis-Ferdinand Céline. Il est, en conséquence, prouvé que Louis-Ferdinand Céline a entretenu des relations suivies avec un important agent de la Gestapo. Interrogé par le Dr Forman, procureur près le tribunal régional de Leipzig, Hans Grimm a raconté que Louis-Ferdinand Céline était venu lui demander audience à Rennes à l'automne 1942. Céline lui fit savoir qu'il était médecin et voulait s'établir à Saint-Malo. Comme Saint-Malo faisait partie de la zone côtière interdite, Grimm s'étonna de cette demande. A ce moment-là Céline présenta une recommandation du Standartenführer S.S. Knochen. Étant expert en la matière, Grimm comprit tout de suite que Céline était un agent important du S.D. et qu'il ne convenait pas de lui poser de questions indiscrètes. Il accorda son laissez-passer à Céline. En juin 1943, puis à l'automne de la même année, Céline rendit encore visite à Grimm. Sous prétexte de remplir les fonctions de médecin de l'organisation Todt [1], Céline effectuait des missions pour la Gestapo à Saint-Malo, qui était considéré comme un point important de la zone côtière [2]. »

Céline s'est souvent expliqué à ce sujet, ainsi dans une lettre à sa fille : « J'ai demandé à Rennes ne pouvant rien obtenir à Paris ni permis pour Saint-Malo – ils m'ont dit allez-y! risquez! mais à

1. Organisation paramilitaire chargée des travaux de fortification du Reich. A réalisé notamment la ligne Siegfried et le mur de l'Atlantique.

2. Pierre Hervé, *L'Humanité,* 2 janvier 1950.

Département : I. V.
Commune : St Malo
N° 1093

ÉTAT FRANÇAIS

26 JUIN 1943

FEUILLET C
Récépissé à remettre au déclarant

3

DÉCLARATION
DE CHANGEMENT DE DOMICILE

{ Arrivée dans la commune.
~~Départ de la commune.~~
~~Dans les limites de la commune.~~ } *Biffer les mentions inutiles.*

Date de la déclaration : 26 Juin 1943

1° Déclarant
NOM : DESTOUCHES
(Pour les femmes mariées : nom de jeune fille dans les cases, puis « épouse » ou « veuve » suivi du nom du mari)
PRÉNOMS (Dans l'ordre de l'état civil. Souligner le prénom usuel) : Louis
DATE DE NAISSANCE : 27 mai 1894
LIEU DE NAISSANCE (Département, Colonie ou Pays étranger, Commune) : Seine Courbevoie
N° D'IDENTIFICATION FIGURANT SUR LA CARTE D'IDENTITÉ : —

Ancien domicile. — Département : Seine Commune : Paris Rue : Girardon N° 4
Ancienne profession :
Nouveau domicile. — Département : I. V. Commune : St Malo Hôtel Franklin N°
Nouvelle profession : [illegible]

2° Personnes accompagnant le déclarant pour lesquelles il n'est pas établi de déclaration individuelle *(nombre en lettres)* :

NOM. (Pour les femmes mariées, nom de jeune fille.)	PRÉNOMS. (Souligner le prénom usuel.)	DATE de NAISSANCE.	LIEU DE NAISSANCE. DÉPARTEMENT.	COMMUNE.	DEGRÉ DE PARENTÉ ou emploi tenu.	N° D'IDENTIFICATION figurant SUR LA CARTE D'IDENTITÉ.
ALMANSOR	Lucie	20 juillet 1912	Paris		femme	[illegible]

Signature du déclarant,

Cachet du Commissaire de Police ou du Maire,

CIRCONSCRIPTION de St MALO — ÉTAT FRANÇAIS — POLICE NATIONALE — Commissariat Central

A [illegible] 194...
Le Commissaire de Police ou le Maire,
[illegible]

Imp. Maltyce. — Déc. 1941. — 4.000.000 ex.

Saint-Malo les allemands m'ont arrêté, sommé de déguerpir *de chez moi.* Je me suis raccroché au Commissaire de Police français gaulliste qui m'a inscrit *résidant* par complaisance [1], le jeu a duré deux ans mais finalement il a fallu foutre le camp [2]. »

Dans deux lettres à Albert Naud, Céline présenta à peu près la même version qu'à sa fille, avec cependant plus de détails. Après avoir expliqué qu'il était allé pendant vingt ans à Saint-Malo : « J'ai essayé c'est bien naturel de m'y rendre pendant la guerre. J'ai fait *20 demandes* aux autorités militaires de Paris comme 200 000 autres parisiens dans ce but – les miennes furent TOUJOURS REFUSÉES – *zone interdite* – je me suis alors rendu à Rennes où j'ai renouvelé ma demande auprès des autorités militaires allemandes – (sans aucune recommandation de Knochen ou autres!) foutaises! Il me fut répondu par ces autorités de Rennes de tenter ma chance! que je verrai bien! j'ai pris le train et j'ai échappé à la surveillance allemande à la gare de Saint-Malo – mais arrivé *chez moi* à Saint-Malo maison Franklin un policier allemand venait me demander de me rendre immédiatement au service de *Police Allemande* ma présence étant insolite et illégale en *zone militaire.* Je me suis tout de suite rendu D'ABORD au *commissariat de police français* et fait porter résident à St-Malo sur ma *carte d'identité* et ne me suis rendu qu'*ensuite* à la police allemande – Et là mon titre de résident à St-Malo me fut contesté, et avec beaucoup de brutalité et de menaces je fus sommé décamper *de chez moi* – le plus tôt possible – ce que je fis – je me suis livré deux années de suite je l'avoue, au même cache-cache pour tenir à passer un mois CHEZ MOI – à St-Malo –! Je n'ai jamais obtenu de permis des autorités allemandes précisément pour me rendre en *zone interdite balnéaire!* des milliers d'autres personnes ont obtenu cette autorisation! Tous SD [3]? »

Ce jour-là Céline avait envoyé une autre lettre à Albert Naud : « vous ne saviez pas que si St-Malo a été réduite en bouillie par

1. Déclaration de changement de domicile, 26 juin 1943.

2. Lettre inédite de Céline à Colette Destouches, sans date.

3. Lettre de Céline à Albert Naud, 30 [janvier 1950], *Lettres à son avocat,* La Flûte de Pan, 1984, pp. 123-124; un double en avait été envoyé à Albert Paraz.

la RAF c'est qu'elle me cherchait! visait! PRÉCISÉMENT MOI! à St-Malo! dans le logement où j'ai coutume de passer mes vacances depuis 20 ans [1]! » Ce même 30 janvier 1950, il écrivait encore à Thorwald Mikkelsen, presque dans les mêmes termes : « Oui mon cher Maître – *L'Humanité* me dénonce comme agent de la SD – parce que j'ai demandé à aller à St-Malo – *en vacances* – zone militaire interdite – et lieu où depuis *25 ans* je suis locataire d'un local de 2 pièces – dans la maison même de mon ex beau-père le Dr Follet – Je n'ai d'ailleurs jamais obtenu cette *autorisation* des allemands, toujours *refusée* alors qu'ils autorisaient de nombreux autres français à se rendre à St-Malo en vacances! Les cafés de St-Malo grouillaient de parisiens en vacances! Mais moi? moi? moi? c'est par ma faute que St-Malo a été réduit en bouillie! C'est *moi* et *moi seul* que les avions de l'RAF visaient et cherchaient à St-Malo [2]! »

Deux lettres de Céline à Suzanne Le Léannec confirment les rapports ayant existé entre Céline et Grimm. C'est par Olier Mordrel que Céline avait obtenu de Grimm l'autorisation d'aller à Saint-Malo. Son visa expirait en juin 1943 : « Nous arriverons à Rennes le vendredi 18 – dans l'après-midi – Je serais très heureux de faire prolonger nos permis le 19 samedi au matin – J'écris dans ce sens à Monsieur Grimm directement mais je vous serais bien amicalement reconnaissant si vous pouviez bien toucher un mot de ma visite samedi 19 – vers 11 H – Je vais bien entendu exercer la médecine à St-Malo – dans l'appartement dont j'ai le bail! En fait j'exercerai sans doute chez Todt [3] – » Le 2 juin il lui avait écrit : « Auriez-vous la bonté d'approcher Monsieur Grimm pour savoir s'il serait disposé à renouveler notre permis de séjour à St-Malo, qui expire le 15 juin? Nous comptons être à Rennes pour cette date. J'ai loué à Rennes [*lire* Saint-Malo] un petit local – maison Franklin et j'ai déjà fait des frais – j'ai le bail en poche et je m'y rends comme *médecin*. Ce sont peut-être de bonnes raisons?

1. Autre lettre de Céline à Albert Naud, 30 [janvier 1950], *op. cit.*, p. 122.
2. Lettre inédite de Céline à Thorwald Mikkelsen, 30 janvier 1950.
3. Lettre inédite de Céline à Suzanne Le Léannec, 10 mai [cachet postal du 10 juin 1943].

Voulez-vous être assez gentille pour envoyer vos impressions – [...] P.S. *Entre nous* j'ai envoyé à Grimm un livre de luxe et je n'ai reçu *aucune* réponse [1]??? »

Les difficultés rencontrées par Céline pour se rendre et pour séjourner à Saint-Malo sont confirmées par une lettre qu'il écrivit à Gen Paul, probablement en 1943 : « Mon fiston, n'envoie personne ici! Je n'ai aucun pouvoir pour le faire autoriser! Je suis moi-même tout à fait *exceptionnel* et comme *médecin* – si je me fais remarquer on me *vire* illico! Nous sommes alertés continuement, encore cette nuit. A Quimper ce sera plus facile de recevoir des potes. Ici c'est le Diable! Il a fallu 6 mois de travail pour avoir le petit visa et encore il n'est pas collé! Il fait moins beau aujourd'hui mais ça va encore – On attend les Anglais maudits! En attendant les malouins gagnent des fortunes avec les frisés – les blanchisseuses ne travaillent que pour eux – on gaullise à bloc mais on nous refuserait à bouffer si on pouvait – Tout pour les fritz – Je dois reconnaître le peuple est devenu aussi tartufe et dégueulasse que le bourgeois – Tu as mille fois raison [2] – »

En 1942, faute de pouvoir se rendre à Saint-Malo, Céline avait dû aller à Camaret, chez la belle-mère d'Henri Mahé [3], avant de s'installer à Quimper chez le docteur Mondain, directeur de l'hôpital psychiatrique. Personnage un peu loufoque et bon peintre, le Dr Mondain employait certains de ses pensionnaires pour son service personnel, ce qui donnait lieu à beaucoup de cocasseries.

Céline avait un bon ami à Quimper en la personne du Dr Tuset, directeur de la santé à la préfecture du Finistère, qui faisait de la sculpture et avait réalisé entre autres un buste de Jean Moulin. C'est par lui que Céline connut Mme Desse, médecin qui travaillait sous ses ordres à la préfecture, puis son mari, Georges Desse, lui-même médecin, qui s'était ouvert à Louis de son engagement dans la Résistance. Il témoigne aujourd'hui que Céline connaissait

1. Lettre inédite de Céline à Suzanne Le Léannec, le 2 [juin 1943].

2. Lettre inédite de Céline à Gen Paul, sans date (collection particulière).

3. Après avoir vendu la *Malemoa,* Henri Mahé s'était fait construire l'*Enez Glaz,* sur lequel il a vécu de 1933 à 1939, l'été à Camaret et l'hiver à Paris. Il a ensuite loué un appartement à Paris. Céline le voyait aussi l'été en Bretagne.

d'autres résistants bretons et qu'il en savait assez long sur eux pour décimer leur réseau s'il avait eu l'intention de les dénoncer.

Le fils du docteur Tuset, Jean, lui aussi docteur en médecine, ne veut pas donner connaissance des lettres écrites par Céline à son père. C'est le seul témoin qui ait refusé le moindre contact : « Je ne suis pas mandaté par ma famille pour vous parler de la question qui vous intéresse [1]. » Cette attitude est d'autant plus inexplicable que Céline était à l'égard de Tuset dans les meilleures dispositions : « Je voudrais bien avoir des nouvelles de Tuset – voilà un brave homme et subtil ! Dr Tuset – *Préfecture de Quimper et discret* – et de *bon conseil* – au surplus il est mon témoin capital dans l'affaire du fusillé où je suis intervenu auprès de Brinon. Il faudrait retrouver Tuset [2]. »

Le Dr Tuset est surtout important parce que c'est chez lui que Céline a rencontré Max Jacob [3]. Le mutisme du Dr Jean Tuset interdit de situer cette entrevue dans le temps. Il est probable qu'elle eut lieu avant la guerre, à la fin des années trente puisque Max Jacob a surtout vécu à Saint-Benoît-sur-Loire pendant l'Occupation. Selon S. J. Collier, ancien lecteur à l'université de Sheffield, qui le tenait d'André Salmon, Céline et Max Jacob se seraient vus à Paris juste après la guerre de 14, à l'époque où Max fréquentait le *Lapin Agile.* Une lettre au moins lui a été envoyée par Louis. Max Jacob en a reproduit un court extrait dans une lettre à Conrad Moricand du 26 mars 1942. Son correspondant avait dû lui parler d'un repas, avec des magistrats siégeant probablement aux Sections spéciales : « Ce banquet que tu me décris si bien et mieux encore que tu ne le crois est une page de l'Enfer. Ces hommes sont pareils à Frédéric Lefèvre et pis. Que tout cela d'ici me paraît infernal. Et ce Céline qui m'écrivait un jour : " Vous ne savez pas ce que c'est que de ne rien hasarder sans se demander si ça plaira au public. " Et toi là-dedans ! régent des fêtes épouvantables [...] J'en ai appris de belles sur les camps

1. Lettre inédite de Jean Tuset à F. Gibault, 18 janvier 1983.
2. Lettre inédite de Céline à sa femme [juillet-août 1946].
3. Voir tome III, p. 224.

de concentration! et les juges du tribunal révolutionnaire banquètent. Ô la terre [1]! »

De Quimper, Céline avait donné de ses nouvelles à Gen Paul, avec quelques commentaires sur la situation alimentaire : « Mon cher Popol, On est resté 10 jours, Camaret et puis ici – impossible de retourner à la mer – *Défendu* – Nous allons dans les terres 15 jours au *Helguoat* [2] – Ravitaillement *néant* absolu – Le Pays est perdu pour nous à ce propos – Tout est fermé – le gendarme partout – On travaille – et on lit l'Ouest Éclair – Les confrères sont moroses ils trouvent que la guerre dure trop – Plus d'essence – Plus de beurre – Plus de sucre – on ne parle plus que de Mr Plus [3] – »

Certaines lettres écrites de Bretagne montrent qu'il y allait beaucoup pour sa santé, toujours précaire : « J'abuse plus que toi de ma santé (ce qu'il en reste) je devrais être le dernier à donner des leçons non à la débauche hélas (je le regrette) mais à tartiner. Je vais mieux à présent mais il m'a fallu plus longtemps que d'habitude pour refaire le souffle. J'ai mal à la main aussi, vraiment fort – Il ne pleut plus – [...] Le beurre est à *400* – une paille – plus de poisson – Il faut aller dans le Finistère pour bouffer par ici. A part ça on s'amuse bien – des petits ragots du port et des allées et venues de navire – mon vice – La Pipe [4] ne quitte pas l'eau – Je vais être veuf si ça continue il suffirait d'une vague. Ce matin elle était mitraillée dans la flotte, elle était partie nager dans la zone de tir [5]. »

Dans une autre lettre, Céline donnait un peu les mêmes informations avec, comme toujours, quelques petites réflexions politiques : « Voici les nouvelles! Tout ici tourne au Burlesk! C'est nonoce dictateur! Demain Knapp remplacera Dudule! La Jean-foutrerie! Ils savent plus comment faire ni les uns ni les autres –

1. Lettre de Max Jacob à Conrad Moricand, 26 mars 1942; repris de Max Jacob, *Lettres,* publiées par S. J. Collier, Oxford, Basil Blackwell, 1966, p. 135.
2. Huelgoat, dans le Finistère.
3. Lettre inédite de Céline à Gen Paul, sans date (collection particulière).
4. Lucette Almansor.
5. Lettre inédite de Céline à Gen Paul, 26 août 1943 (collection particulière).

Pourvu que ça se termine pas en Katyn général! C'est bien possible! Ici la vie est chère – Tu connais mon avarice – le pognon file comme à Paris – C'est une honte – Évidemment c'est plus facile à bouffer mais pas de beurre – Je suis abruti par mon ours – je n'aurais pas cru qu'il me restait tant de boulot! Quelle lecture! A moins de catastrophe! La Pipe baigne – elle trempe sans arrêt – Il fait magnifique – Toi tu as le sourire des filles de toutes les filles! et des michtagans à peinture! On rentrera vers le 20 donc – et puis on repartira sur Quimper en septembre chercher la clape [1] d'hiver – à moins bien sûr de chichis – Y en a assez de tous ces quiproquos. Merde! qu'ils se tuent tous une bonne fois pour toutes – 50 ans d'emmerdements ça suffit. J'ai bien rigolé hier avec la nouvelle de Marcel [2] = La légende Poldève [3] vraiment une merveille! Quel esprit Quel talent! Quel génie ce Marcel! Je le dirai à tout le monde [4]! »

Céline adorait la Bretagne et surtout Saint-Malo : « Tu as tort de ne pas venir en Bretagne – Je t'assure que c'est féerique en ce moment – J'ai des nouvelles de toi il paraît que tu es en plein bonheur – Tâches de venir tout de même [...] On pense bien à toi – on te fait mille bises – J'avance drôlement mon ours – Il me fait toujours mal à la tête, mais moins qu'à Paris – Ici personne ne s'en fait. L'argent roule – Les paysans sont bourrés – les commerçants éclatent de pèze – même le poisson qui arrive – le reste est au marché noir et le beurre à 500 comme à Paris – Personne ne s'en plaint – La Pipe donne des ordres on a trouvé une femme de ménage sourde qui n'entend rien mais qui travaille comme dix – Ainsi tout va bien et on te regrette [5]. » Mais c'est dans une lettre de prison, écrite à sa femme en juillet ou en août 1946, qu'il dit le mieux son attachement pour Saint-Malo : « Je

1. Nourriture (de « claper », synonyme de becqueter).

2. Marcel Aymé.

3. Nouvelle parue dans *Je suis partout* du 2 octobre 1942 et reprise en volume dans *Le Passe-muraille,* Gallimard, 1943, pp. 149-163.

4. Lettre inédite de Céline à Gen Paul, le 26 [1943] (collection particulière).

5. Lettre inédite de Céline à Gen Paul [cachet postal du 26 août 1943] (collection particulière).

souffre cependant encore plus je crois de l'exil que de la prison. Comme je voudrais être à St-Malo! Hélas! c'est la ville d'Ys! S'il en reste un peu quelque chose ce doit être un peu de haine pour nous – voilà tout – Cette terre est atroce. Si nous en réchappons de cette effroyable aventure il faudra aller nous terrer et nous taire et qu'on m'oublie [1]. »

1. Lettre inédite de Céline à sa femme, [juillet ou août 1946].

CHAPITRE XV

Gare de l'Est

> « Quand je serai chassé de France pour des raisons politiques, je viendrai me réfugier chez vous. J'apprendrai ein, zwei et le soir je ferai drei [1]. »

C'est en écrivant à Karen Marie Jensen que Louis brossait de la vie à Montmartre le tableau le plus exact. La guerre et les grands soucis du moment n'avaient pas effacé les petits chagrins et les tracas de rien du tout. Gen Paul y tenait souvent une place importante : « Popaul nous donne bien du souci, en plus de sa tuberculose il est devenu amoureux – et presque fou – pas seulement fou d'amour mais fou tout simplement, de désespoir, de jalousie. Il veut se tuer, la tuer, etc... Il dépérit. Elle est vulgaire et affreuse. Il est aussi fou qu'un russe. Il pense bien à vous quand même –

1. Lettre de Céline à Cillie Pam, le 9 [octobre 1932], *Cahiers Céline,* n° 5, *op. cit.,* p. 77.

Je me sers beaucoup de votre souvenir pour le ramener à la modération. L'espoir seul de vous revoir le calme un peu – Tout ceci est sinistre en plus de tant de choses! Montmartre est beaucoup visité vous pouvez le penser! Le reste de Paris est bien calme. Bezons me fatigue beaucoup avec les transport actuels. [...] J'attends toujours que l'on danse un de mes ballets! mon rêve [1]! »

« J'ai cent mille choses à vous raconter! on parle tous les jours de vous avec Popol et les Amis – Popol est malade, tuberculose, il faudrait de la suralimentation – c'est difficile – nous pensons au beurre danois! [...] Il commence à faire chaud – Après un tel hiver! Notre nouvel appartement donne juste sur le moulin de la galette. La petite rue qui monte de la rue Lepic vers Popol – juste la maison du coin – au-dessus de lui – on le voit dans son atelier – on crie un petit peu – c'est le téléphone – Direct – mais Bezons c'est très compliqué – Il faut 1 heure 1/2 de métro et à pied pour faire les 7 kilomètres – c'est dur – Enfin tout aura une fin – il faut l'espérer. Lucette va maintenant chez Egorova – Alessandri lui cassant trop les pieds – Je voudrais bien qu'elle rentre à l'Opéra – mais rien n'est changé à l'Opéra – Ce sera pour une autre vie – Je reviens de passer 15 jours en Bretagne – dans le Finistère – agréables mais enfin le cœur n'est pas aux vacances – Le petit Mahé décore un film pour Charles Trénet – Il va divorcer et se remarier sans doute avec une bretonne que vous connaissez peut-être – Le Vigan joue dans le même film – Tout le monde vous envoie tout son bon et fervent souvenir – Que ne pouvez-vous venir à Paris? L'italien Noceti est revenu aujourd'hui, le violoniste, après 3 ans d'absence! Tous les vieux crabes remontent à la Butte, ils ont laissé des bouts de patte un peu partout! On est tous un peu jaloux aussi – vous êtes partout sauf à Paris finalement [2]. »

Dans une autre lettre, il lui faisait part de ses travaux et lui donnait des nouvelles de Lucette : « Je finis mon roman sur Londres mais il ne paraîtra pas avant le printemps s'il reste du papier! Encore un hiver! Il y a de plus malheureux que nous –

1. Lettre inédite de Céline à Karen Marie Jensen, 29 juin 1941.
2. Lettre inédite de Céline à Karen Marie Jensen, 20 juin [1942].

mais enfin on n'est pas très heureux quand même! Lucette donne ses petites leçons, maintenant chez Wacker – Elle va toujours chez Egorowa – mais celle-ci est bien lasse et fatiguée Lucette donne presque toute la leçon – Popaul est en Espagne – aucune nouvelle de sa tournée artistique – [...] ma mère travaille toujours – 76 ans! – Je me demande si je travaillerai aussi [à] 76 ans [1]! »

Il la tenait informée de la vie sur la Butte : « On parle souvent de vous, tous les jours pour ainsi dire. Popol dans son atelier reçoit tout Paris – Votre photo est sur son piano – A chaque visiteur il fait votre publicité et sur quel ton! Il parle aussi beaucoup de New York. Il en rêve même. Dans la journée il ferme les yeux il dit : Je suis à Time Square foutez-moi la paix! nous donnerions tous pas mal pour passer un petit mois à Time Square! Hélas! Question de nous changer les idées – Lucette continue à prendre des leçons – L'Opéra est toujours fermé pour elle [2]. »

A Montmartre, on vivait un peu à l'écart du monde, mais Céline était bien incapable de s'en écarter tout à fait. La guerre était présente dans tous les esprits et ses manifestations violentes s'imposaient à tous, tels les bombardements du Nord et de l'Ouest de Paris auxquels il assistait de sa fenêtre. C'est surtout celui des usines Renault à Billancourt le soir du 3 mars 1942, peu avant son départ pour Berlin, qui lui laissa la plus vive impression, sans doute parce que c'était le premier raid important sur la région parisienne. De son appartement, il avait pu voir l'embrasement du ciel et les lueurs de l'incendie. Les projecteurs antiaériens striaient le ciel, ponctué aussi par les éclatements des obus de la D.C.A. De Montmartre, on entendait très distinctement le bruit des bombardiers qui se succédaient par vagues et le fracas des bombes. Céline avait assisté au spectacle comme Pline l'Ancien avait vu l'éruption du Vésuve et les derniers instants de Pompei. Céline y songea sûrement puisqu'il lui dédia *Normance* (*Féerie* II) dans lequel il a raconté les bombardements de Paris. Quelques jours après l'attaque des usines Renault, le nom de Céline figurait sur

1. Lettre inédite de Céline à Karen Marie Jensen, 2 décembre 1942.
2. Lettre inédite de Céline à Karen Marie Jensen, 7 août, sans date.

une liste d'une cinquantaine de personnalités qui dénonçaient la barbarie des Alliés [1].

Céline descendait parfois dans Paris pour voir les uns et les autres ou pour assister à des réceptions. C'est au cours de l'une d'elles, donnée à *La Gerbe* par Alphonse de Chateaubriant, que Céline fit la connaissance de Jean Cocteau. Lucien Combelle, témoin de cette rencontre, se rappelle que, très intéressé, Cocteau tournait autour de Céline qui lui répondait à peine, tout juste poli. Cette entrevue aurait été sans lendemain si Céline n'était pas intervenu en faveur de Cocteau à la suite d'un événement très parisien qui défraya la chronique.

Au printemps 1941, *La Machine à écrire,* de Jean Cocteau, fut donné au théâtre Hébertot, interprétée par Jean Marais et Gabrielle Dorziat. *Je suis partout,* dont le critique théâtral était Alain Laubreaux, se déchaîna contre Cocteau qu'il détestait. Il le jugeait décadent et, en 1938, il avait déjà critiqué très férocement *Les Parents terribles.* Dans *Je suis partout* du 12 mai 1941, François Vinneuil [2], qui signait « par interim », parlait d'abjection et comparait Cocteau au vertueux Céline : « *La Machine à écrire* est le type même du théâtre d'inverti. [...] Il est trop facile d'y lire en filigrane les perversions physiques et intellectuelles au milieu desquelles son auteur n'a cessé de se contorsionner. Céline est notre homme. Avec lui, les lettres françaises retrouvent le secret d'une verdeur épique oubliée depuis près de trois siècles. Il est sain comme toutes les forces naturelles. Mais nous ne pouvons plus que mépriser Cocteau, le truqueur, l'énervé, le cuisinier de l'équivoque, des artifices les plus soufflés et les plus écœurants. [...] Son instabilité pathologique avait sans doute des excuses. Mais il est responsable de tout ce qu'il a cassé et flétri, du cortège de jobards mondains, de pédérastes, de douairières excitées qui gloussent au génie derrière ses pas. [...] Jean Cocteau revendique trop haut M. Jean Marais comme sa créature d'élection, le mime fidèle de ses pensées, pour qu'on ne dise pas combien ce jeune homme nous a exaspéré. »

1. *Le Petit Parisien* du 9 mars 1942.
2. Pseudonyme de Lucien Rebatet.

Le 19 mai 1941, toujours dans *Je suis partout,* Alain Laubreaux, inspirateur de ce premier article, avait officiellement pris le relais puis, à la suite d'une réplique de Cocteau dans *Paris-midi,* il l'avait de nouveau éreinté dans *Je suis partout* du 16 juin. Excédé par ces attaques, un soir en sortant du théâtre Hébertot, Jean Marais prit Laubreaux à partie dans un restaurant du boulevard des Batignolles. Il lui cracha au visage, l'insulta à l'intérieur du restaurant puis, sur le trottoir, le gifla très violemment. L'affaire fit grand bruit et Céline prit aussitôt le parti de Cocteau, auquel il offrit ses bons offices pour une médiation : « Mon cher Cocteau – Nous voici en plein galimatias – Je ne comprends plus rien à rien – J'envoie votre lettre à Laubreaux et je propose tout bafouillage cessant que nous nous rencontrions tous trois – si vous le voulez un dimanche – tantôt – c'est mon seul moment libre à peu près – et là qu'on s'explique sur toute cette sottise – s'il s'agit d'un abcès artificiellement entretenu on le verra bien – Je veux bien arbitrer si on me l'offre – J'écris à Laubreaux dans ce sens – A vous cordialement [1]. » En dessous de sa signature, Céline avait ajouté son adresse à la main : « 4 rue Girardon Paris », avec cette mention « Zone interdite ».

Dès novembre 1941, Céline se raccommoda avec Laubreaux dont il partageait certaines idées. Cocteau était sacrifié sur l'autel du racisme : « Mon cher Laubreaux, Je vous suivais mal dans l'affaire Cocteau sur le plan artistique et moral. Je vous voyais sous peu atterrir chez Bordeaux. Mais quelle virtuosité dans le rétablissement! J'en suis baba! Sur le plan raciste, alors je vous suis cent pour cent. Raison de race doit surpasser raison d'État. Aucune explication à fournir. C'est bien simple. Racisme fanatique total ou la mort! Et quelle mort! On nous attend! Que l'esprit mangouste nous anime, nous enfièvre! Cocteau décadent, tant pis! Cocteau, Licaïste, liquidé! A vous bien affectueusement [2]. »

La saison théâtrale de 1943 fut particulièrement brillante à Paris,

1. Lettre inédite de Céline à Jean Cocteau [1941].

2. Lettre de Céline à Alain Laubreaux, sans date, publiée dans *Je suis partout,* 22 novembre 1941.

avec de nombreuses et importantes créations parmi lesquelles *Fils de personne,* de Montherlant, pièce d'actualité par laquelle il avait tenté de réveiller l'honneur des Français souvent très confortablement installés dans la défaite [1]. Dans *Sodome et Gomorrhe* de Giraudoux, au théâtre Hébertot, avec des décors de Christian Bérard, les Parisiens eurent le loisir d'applaudir Edwige Feuillière et un jeune débutant qui s'appelait Gérard Philipe. Le *Voyage de Thésée* de Georges Neveux réunit autour de Maria Casarès une pléiade de jeunes acteurs promis à de brillantes carrières : Daniel Gélin, Michel Auclair, Jean Carmet, Daniel Ivernel, Jean-Marc Thibault. Jean-Paul Sartre, alors seulement connu pour avoir publié *La Nausée* en 1938 et *Le Mur* en 1939, donna *Les Mouches,* pièce montée par Charles Dullin, contre laquelle la critique « nationale » se déchaîna et qui, curieusement, trouva grâce auprès de *Signal,* hebdomadaire de propagande édité en langue française par les Allemands. Parmi les grandes créations de 1943, il faut encore citer *Le Soulier de satin,* de Paul Claudel, créé par Jean-Louis Barrault le 26 novembre à la Comédie-Française, et *Renaud et Armide,* de Jean Cocteau.

Tout Paris s'était bousculé à la Comédie-Française le 14 avril 1943 pour la première de *Renaud et Armide* qui fut l'un des principaux événements de la saison. Marie Bell jouait le rôle d'Armide, Christian Bérard avait réalisé les décors. Le soir de la première, Ernst Jünger avait noté dans son *Journal* ses impressions personnelles, très favorables à Cocteau. Dès le lendemain, la critique avait jugé l'œuvre futile, décadente, mal montée dans des décors affreux. Le public et la personne même de Cocteau étaient également visés notamment par Pierre Ducrocq qui publia ce quatrain dans *Révolution nationale* du 10 avril 1943 :

Tout Paris, pour Armide, a les phares Renaud
Au théâtre Français où l'on jouait Cocteau,
L'autre soir, on battait les records de recettes,
Les tapis poussiéreux ont besoin de tapettes.

1. Voir Hervé Le Boterf, *La Vie parisienne sous l'Occupation,* France-Empire, 1974, tome I, pp. 231 et suivantes.

Céline vit la pièce et écrivit le lendemain une lettre à Marie Bell, qui constitue une véritable critique et mérite d'être reproduite en entier :

« Chère Amie,

» Soirée magnifique grâce à vous – mille grâces et affectueuses pensées! Pièce superbe, acteurs admirables, vous la plus belle, parfaite –

» Moins chaud sur les costumes plus quatzarts que féeriques – Ratés – le vôtre du second (à plumes) affreux – Il vous gonfle le visage – la traîne miteuse. Tout ceci manque *de luxe.* Le décor mauvais – on veut voir les jardins d'Armide – on trouve une mine de charbon désaffectée – Et puis pourquoi voir si mesquin ne pas utiliser *toute* votre scène – toujours réduire vos actes à des levers de rideaux – Ratatiner tout – Êtes-vous fatigués?

» Pas assez de féerie dans ce décor, de projections, fleurs et grâce...

» Vous vous traînez dans le coaltar en imaginant des roses.

» Il faudrait plus de musique – Cette pièce comme toutes les grandes pièces est sur la pente opéra – plus de bruit d'atmosphère, le dernier acte est très réussi because, mais un peu trop sourdes les musiques. Tout devrait se rejoindre – voix et musique. Ne jamais oublier que l'Homme *chantait* avant de *parler.* Le chant est naturel, la parole est *apprise.* Les sources à poésie sont au chant – pas au bavardage. Cocteau aurait introduit un peu de drôlerie – il frôlerait Shakespeare. Déjà tel quel c'est bien agréable – et vous êtes à la mesure ce qui est magnifique. On n'y célèbre aucun juif, si ce n'est un peu Ben Jésus. J'y respire.

» A bientôt et mille baisers et cent mille gros et affectueusement.

Louis-F. Céline

» Le prologue vous fait grand tort – il assomme déjà l'auditoire de vers avant votre arrivée! Quelle maladresse! Et puis un concours de diction! Ces trois meilleurs jeunes gens lauréats de la Confrérie Vincent de Paul! grotesque [1]! »

1. Lettre inédite de Céline à Marie Bell [avril 1943].

Au cours des années d'occupation, deux événements importants ont marqué la vie affective de Céline, une brouille avec sa fille, et son mariage avec Lucette Almansor.

Céline aimait sa fille à sa façon, de manière exclusive et avec excès. Il avait avec elle des rapports œdipiens. Du temps d'Elizabeth Craig, tout entre eux s'était toujours passé à merveille. Colette aimait beaucoup Elizabeth et, quand il les avait pour lui toutes les deux, Louis se surpassait pour les amuser. Colette conserve de ces années un souvenir enchanté et elle raconte qu'il y avait toujours avec eux un quatrième personnage, « Gologolo », qui ne les quittait jamais et faisait toutes les bêtises imaginables, partout où ils se trouvaient, même dans les très sérieux bureaux de la S.D.N. à Genève, au restaurant, en chemin de fer ou dans les musées de Hollande que Louis leur avait fait visiter. « Gologolo » était de tous les voyages et il ne faisait que des pitreries. A ce double imaginaire, Céline prêtait toutes les folies et toutes les incongruités qui lui passaient par la tête. Et quand « Gologolo » se montrait trop insupportable, il le mettait en punition dans l'une de ses poches dont il le ressortait rapidement pour d'autres facéties : « " Gologolo " n'aimait pas les tableaux on le mettait dans la poche de Papa – Mais de temps en temps au moment pathétique il poussait des cris et voulait sortir – Elizabeth disait que ce n'était pas raisonnable [...] [1]. »

Avant de quitter Louis pour retourner en Amérique, Elizabeth était venue chercher Colette à la sortie du lycée Victor-Duruy pour lui annoncer sa résolution. Elle dit à Colette qu'elle partait et qu'elle ne reviendrait jamais. Elle lui dit aussi qu'il ne faudrait pas chercher à la revoir et qu'elle ne donnerait jamais de ses nouvelles. Colette avait reçu un choc énorme. Elle en parle encore aujourd'hui comme d'un malheur. Tout ce qui touchait à son père le marquait profondément et ce n'est pas sans émotion, malgré le temps passé, qu'elle évoque certains souvenirs de son enfance. Quand elle avait eu la fièvre typhoïde à Rennes, elle se souvient qu'il était accouru comme un fou et qu'il ne l'avait pas quittée

1. Souvenirs inédits de Colette Turpin.

jusqu'à ce qu'elle soit sauvée : « Tout à coup; voix dans le couloir : " Où est-elle? je veux la voir tout de suite, il y a sûrement, il y a quelque chose à faire immédiatement. Boit-elle du lait? Il faut insister ". Tout à coup son grand corps penché vers moi – Je suis noyée sous les larmes – " mon petit mimi, mon petit... " J'aperçois un azalé [*sic*] plus gros que moi devant la fenêtre – huit jours... huit nuits... il a couché sur le canapé au pied de mon lit [1]. » Parfois, il avait pour elle des attentions extraordinaires et, parfois, des absences que Colette ressentait douloureusement, comme lorsqu'il l'avait fait venir, encore toute petite, à Genève pour passer Noël avec lui sans penser à mettre un sapin dans la maison ni des jouets devant la cheminée.

Il l'appelait « Colichon », veillait à ses études, la couvait sans paraître comprendre qu'elle grandissait et devenait une femme, la considérant toujours comme sa petite fille et forcément un peu comme sa chose. Il lui avait pourtant toujours parlé comme à une grande personne, l'entretenant de ses travaux, de quantité de choses qu'elle ne pouvait comprendre et de médecine. Il aurait bien voulu qu'elle entreprît des études médicales. A un âge où elle prenait de plus en plus d'indépendance, c'eût été pour lui une façon de la garder sous sa coupe. Quand elle lui annonça qu'elle avait rencontré Yves Turpin, qu'elle en attendait un enfant et qu'elle voulait l'épouser, il eut l'impression d'avoir été trompé. Il lui dit sèchement qu'il n'y avait pas de place pour deux hommes dans sa vie, qu'il faudrait qu'elle choisisse. Et quand elle se maria contre son gré, le 10 juin 1942, il n'assista pas à la cérémonie. Mettant sa menace à exécution, Louis rompit toute relation avec elle, malgré la naissance de Jean-Marie le 3 août 1942, et il ne la prévint même pas quand il prit la décision de partir en Allemagne en juin 1944, quelques jours après le débarquement. Il lui écrivit ensuite du Danemark, lorsqu'il apprit qu'elle était gravement malade et la revit à son retour en France en 1951 [2]. Quelque chose entre eux avait été définitivement cassé quand elle lui avait préféré Yves

1. Souvenirs inédits de Colette Turpin.
2. Voir tome III, principalement pp. 186-187 et 303-304.

Turpin qu'il détesta, jusqu'à la fin de son existence, le plus jalousement du monde!

Dans une lettre écrite à sa femme alors qu'il était en prison à Copenhague, Céline disait qu'il aurait voulu que Colette se mariât en Bretagne où elle aurait eu la vie plus facile qu'à Paris : « Ma pauvre Colette ne paraît pas bien reluisante – Bien sûr que la vie est insupportable à Paris avec trois enfants et un petit revenu. Tout cela est idiot du départ. J'ai bien fait tout pour qu'elle se marie en Bretagne – mais je suis bon à donner des conseils! Moi-même quelle catastrophe j'ai fait de ma pauvre vie! du chagrin partout pour moi et pour tous ceux qui m'ont approché. Quelle horreur! Je peux me mêler de donner des conseils [1]! » Dans une autre lettre, écrite un peu avant, il disait à Lucette : « Je suis bien content de la lettre de Colette! Fais lui mille affections et à ses petits. Explique-lui que j'ai brisé brutalement avec elle surtout parce que je ne voulais la mêler en rien à mon destin [2] – »

C'est pour préserver l'avenir de Lucette que Louis décida de l'épouser. La décision fut prise à la hâte, à l'époque de la chute de Stalingrad, lorsqu'il eut la conviction que la guerre s'achèverait pas une défaite de l'Allemagne. Le mariage eut lieu à la Mairie du XVIIIe arrondissement de Paris le 15 février 1943. Il avait été précédé de la signature d'un contrat passé le 10 février en l'étude de Me Robert Thomas, notaire à Bougival et par lequel les futurs époux avaient opté pour le régime de la séparation des biens. Céline avait fait aussi un testament en faveur de Lucette.

Hormis Robert Denoël, qui avait très protocolairement envoyé une gerbe de fleurs, le maire et les deux témoins, personne n'avait été averti du mariage, pas même la mère de Louis ni celle de Lucette. Le soir même du mariage, Lucette avait écrit à sa mère : « Je me suis mariée aujourd'hui, ainsi tout à coup, simplement entre deux témoins, même un repas est impossible faute de ravitaillement! Votre présence à Paris m'aurait fait tant plaisir [3]. »

1. Lettre inédite de Céline à sa femme, 11 septembre 1946.
2. Lettre inédite de Céline à sa femme, 21 mars 1946.
3. Lettre inédite de Lucette Almansor à sa mère, 15 février 1943.

C'est Hyacinthe Servonnet, maire du XVIIIe arrondissement, qui officia lui-même en présence de deux témoins, Victor Carré, responsable du ravitaillement à la mairie, et Gen Paul. En sortant de la mairie, Gen Paul était furieux parce que rien n'avait été prévu pour le déjeuner! Pour le calmer, Louis voulut bien qu'il monte à son appartement où Lucette leur improvisa une collation dont la médiocrité ne fit qu'augmenter sa colère.

Lucette et Louis ne devaient plus se quitter jusqu'à la mort de Céline, sauf pendant ses mois de détention à Copenhague. C'est grâce à elle, à son courage et à sa constante affection qu'il surmonta les épreuves de la fuite en Allemagne, de la détention et de l'exil. Il considérait qu'elle était apparue dans sa vie comme un ange venu le délivrer du mal et de la mort. Seul en cellule, il consigna dans des cahiers, souvent en plein délire, des idées désordonnées. Lucette y apparaît toujours comme un envoyé de Dieu : « Bien sûr bien sûr je devrais être mort depuis longtemps depuis 14. J'ai triché avec la mort. Lucette toute mignonne est venue me chercher. Je l'ai compris la première fois qu'elle est montée me voir rue Lepic – [...] Lucette est venue pour m'emmener cela c'est sûr je l'ai vu tout de suite [...] D'abord c'est Popol qui me l'a fait sortir de l'ombre – je ne la voyais pas – c'est un magicien Popol [1] – »

Louis avait tout de suite aimé Lucette. Il appréciait ses qualités de cœur, sa discrétion, son côté très secret et sa générosité, aussi inépuisable que sa fantaisie. Ainsi, au tout début de leurs relations, quand il lui avait donné *Voyage au bout de la nuit,* il y avait apposé cet envoi : « A Lucette déjà si secrète au seuil de la vie. » Il était aussi en admiration devant ses qualités sportives : « Lucette elle c'est la bicyclette. Elle est jeune souple toute en muscles... Elle emballe littéralement, c'est un jeu pour elle la Butte, de la Trinité au Tertre... elle est là-haut en trois minutes... C'est beau la jeunesse que je dis. Moi je rame avec ma pétoire [2] [...] » Et quand, de Klarskovgaard, il écrivait à ses amis, il y avait souvent quelques mots à son sujet. Il en parlait comme d'un vrai rayon de soleil

1. Cahiers de prison inédits [1946 ou 1947] (collection particulière).
2. *Maudits soupirs pour une autre fois,* Gallimard, 1985, p. 184.

dans l'interminable nuit de l'hiver danois, au bord de la très morne mer Baltique : « [...] même que Lucette plus vicieuse que moi y prend encore 2 bains par jour – à travers la glace, trésor! le tempérament des femmes m'a toujours étonné – Quel brasier là-dedans! J'ai tout tu sais – le Cirque – La danseuse – la Chienne – 12 chats... la ménagerie! même un hérisson! et 30 ou 40 mésanges [1]. » Et, dans une lettre à son ami le docteur Clément Camus : « Il fait un temps abominable. Heureusement feu de bois et tourbe en permanence. Lucette prend trois bains par jour. On fait bien de se marier avec des filles de cirque, si l'on entend mener une vie de hasards! Qu'aurais-je fait d'une muse diaphane? Le vent l'aurait emportée depuis longtemps [2]. »

On ne peut évoquer l'univers affectif de Céline pendant l'Occupation sans parler de Bébert. Hormis un petit chien qu'il avait eu dans son enfance [3], ce chat fut son premier animal domestique. Né en 1935 [4] acheté par Le Vigan à *La Samaritaine,* ce matou fut adopté par Lucette et Louis à la fin de 1942 ou au début de 1943. C'était un chat extraordinaire, presque autant que celui de Marcel Aymé : « Bébert c'est le premier chat de la Butte pour la beauté, l'intelligence, le calme, la grâce, le vol aussi... il vole c'est un rêve, il vole tout... C'est le premier chat après Alphonse, le chat à Empième, un autre écrivain rue Cortot... Alphonse alors c'est du prodige, il est peut-être pas aussi beau question tigrage, ampleur de queue, mais il ouvre les portes tout seul... Ça c'est bluffant, de le voir agir... il saute après le bec de canne, il se pend... *vlof!* dehors... Bébert peut pas en faire autant. Mais pour le reste, surtout le regard, les joutes, les galopades après le bouchon qu'on dirait qu'il a trente-six pattes et qu'il vous le ramène dans la main, vraiment un lutin de gaîté [5]... »

1. Lettre inédite de Céline à Marie Bell, 7 novembre 1949.
2. Lettre de Céline à Clément Camus, 14 juillet [1948]; repris d'après *Textes et documents* 3, *op. cit.,* p. 145.
3. Voir tome I, pp. 64, 78 et 101.
4. Pour la biographie de Bébert, se reporter au tome III; et à Frédéric Vitoux, *Bébert le chat de Louis-Ferdinand Céline,* Grasset, 1976.
5. *Maudits soupirs pour une autre fois, op. cit.,* pp. 52-53.

*

Pendant l'Occupation, Céline écrivit plus difficilement que d'habitude, gêné par la tempête qui soufflait sur le monde et à sa porte. Il travailla essentiellement à *Guignol's Band,* qu'il avait d'abord envisagé d'appeler « English' bar » et qu'il avait conçu en trois volumes. Il écrivit aussi un ballet, *Scandale aux abysses,* et la préface de *Bezons à travers les âges,* que son ami Albert Serouille avait écrit à son instigation et que Denoël publia en janvier 1944.

Guignol's Band I ne fut achevé qu'à la fin de l'Occupation et publié en mars 1944, avec une préface dans laquelle Céline s'expliquait notamment sur son style, en des termes qui rappellent ce qu'il disait du cinéma qui avait tué le roman : « Le Jazz a renversé la valse, l'Impressionnisme a tué le " faux jour ", vous écrirez " télégraphique " ou vous écrirez plus du tout! » Il répondait aussi à ceux qui critiquaient ses « grossièretés » et ses « merdes », qu'il fallait, d'après lui, savoir les utiliser à bon escient, ce qui n'est pas si facile : « Faut les placer! Essayez donc! Chie pas juste qui veut [1]! »

Le dossier de presse de *Guignol's Band* est assez mince, le livre ayant suscité peu de critiques. *Révolution nationale* lui apporta son soutien avec une bonne analyse de Jean Fontenoy [2]. Céline remercia Combelle : « Tu me gâtes! tu vas me pourrir! l'article mieux, l'étude émotive de Fontenoy est un magnifique travail mieux un écho magistral un mouvement d'orchestre – Tout ceci dépasse et de beaucoup mes faibles exploits que votre amitié renchérit et sublime – Assez! assez! Voici d'aïlleurs la douche salvatrice lettre d'une lectrice, petit morceau que je trouve joliment typique de la hargne mesquine de la bassesse indurée française Tout y est – Elle serait à publier (sans le nom) pour démonstration du résultat, des succès obtenus! Non Combelle, c'est une bonne place dans les

1. Le manuscrit de cette préface a été vendu par Céline à Bignou en 1944. Il est passé en vente publique à l'hôtel Drouot le 22 mai 1985.

2. *Révolution nationale,* 13 mai 1944.

bureaux de l'abattoir que doit ambitionner l'homme sage. Ne jamais s'occuper de la meute qui s'y rue – compter, les peaux, les rognons, les os, c'est tout. Et concourir à l'avancement dans les bureaux de l'abattoir – en un mot *gouverner* [1]. »

Certains critiques, tel François-Charles Bauer dans *Je suis partout,* ont reproché à Céline de s'occuper de futilités en des temps si graves : « On attendait autre chose. Une volée d'injures à l'adresse des puissances publiques. Un rut formidable de mots sur un sujet brûlant comme une tôle rougie. Mais rien de tout cela. Un panorama habile et un peu froid des bas-fonds de Londres en 1917 [...] [2] » Georges Blond, dans *L'Écho de la France,* avait réagi de façon analogue : « [...] le caractère vertigineux de son récit nous gêne du fait qu'il s'agit, non pas de considérations apocalyptiques actuelles, mais, autant que nous puissions le comprendre, d'une " histoire ", d'une histoire qui se passe pendant la guerre de 14 [...] [3] » D'autres critiques ont compris, qu'avec *Guignol's Band,* Céline était allé plus loin qu'avec *Voyage au bout de la nuit* et *Mort à crédit* et qu'il avait complètement transformé son écriture, ainsi Roger de Lafforest dans *Révolution nationale :* « [...] un livre vient de paraître qui peut être considéré comme la première œuvre surréaliste authentique [4] [...] Il y a bien *Nadja,* d'André Breton, mais la " dictée " est mauvaise, pleine de coupures. Ce n'est encore qu'un exercice préparatoire. Tous les autres livres de la bibliothèque surréaliste sont des échecs ou de médiocres exercices pratiques, de simples exemples servant à illustrer les règles de cette grammaire du rêve. L'œuvre restait à faire. Or, vingt ans après, la voici qui vient de paraître, et c'est *Guignol's Band* [5]. »

A la même époque, Karl Epting publia dans *Chronique de Paris* une étude en français sur Céline. Ce n'était pas une critique de

1. Lettre inédite de Céline à Lucien Combelle, sans date [mai ou juin 1944].
2. « Notes sur *Guignol's Band* », *Je suis partout,* 14 avril 1944.
3. Georges Blond, « Les Bombes de Céline », *L'Écho de Paris,* 15-16 avril 1944.
4. Céline avait écrit dans *Bagatelles pour un massacre* (*op. cit.,* p. 170) : « Le surréalisme, prolongement du naturalisme, art pour robots haineux, instrument du despotisme, d'escroquerie, d'imposture juive... »
5. « Un Céline surréaliste », *Révolution nationale,* 29 avril 1944.

Guignol's Band mais un texte sur l'homme qu'il jugeait « un des esprits les plus vigoureux de l'époque présente, en France », et sur l'ensemble de l'œuvre. A partir du postulat : « La civilisation moderne est asservie aux Juifs », Epting affirmait que : « l'antisémitisme sans ménagements de Céline constituait un acte de courage. Il revêtait une haute valeur représentative ». L'article s'achevait par quelques considérations sur la position de l'Allemagne à son égard : « Céline est de ces Français qui par leurs racines profondes rejoignent les sources de l'esprit européen. Il nous est proche. Sa critique porte sur un état de choses devant lequel la collaboration franco-allemande a toujours et encore échoué. C'est pourquoi nous lui prêtons plus qu'une attention littéraire. L'image même de Céline devra prendre corps. Aujourd'hui nous admirons en lui cette force qui a su se faire jour à travers un monde que nous tenions pour muré à jamais. Nous voyons en lui le révolté l'anti-eudémoniste, l'avocat des massacrés. L'homme qui, avec sa " grande gueule ", crie à l'époque sa honte en plein visage, l'homme qui écrivait en tête de son *École des cadavres* cette parole : " Dieu est en réparation [1]. " »

*

Depuis la chute de Stalingrad, le 2 février 1943, la situation des armées allemandes n'avait cessé de se dégrader. Le 13 mai, la prise de Tunis avait achevé la reconquête de l'Afrique du Nord, précédant de peu le débarquement des Alliés en Sicile le 10 juillet, la destitution de Mussolini le 25, l'armistice avec l'Italie le 12 septembre et le débarquement en Corse le 28 novembre. L'empire du IIIe Reich se lézardait lentement.

A Montmartre, le climat changeait. Certains commençaient à trouver l'amitié de Céline un peu encombrante et prenaient leurs distances : « Voilà les emmerdements! le vieux Montmartre s'agite, prépare l'arrivée des américains. On chasse la crapule... le vent est

1. Karl Epting, « Louis-Ferdinand Céline », *Chronique de Paris,* avril 1944, pp. 6-17.

à la merde [...] [1] ». Céline venait de lire « Avenue Junot » de Marcel Aymé, dans lequel il tenait le rôle principal : « Il suffit qu'on me mette en scène pour que ça me glace. [...] Marcel est un petit sournois. Il oriente toujours les vacheries sur les potes et sur moi en particulier. Je suis toujours le furieux, le bouffe-juif, le maniaque, le fou dangereux... Il se dédouane ainsi Marcel, lui le raisonnable, l'impartial, le pas sectaire, l'humain et en fait le toujours bon ami des youtres. Il prépare ainsi son après-guerre et les bonnes grâces N.R.F. Il dérive la foudre, que tout me retombe bien sur ma gueule. C'est humain [1]... »

L'avenir il est vrai méritait d'être préparé et beaucoup se découvraient de moins en moins collaborateurs et de plus en plus résistants. C'est cependant sans arrière-pensée que Gen Paul cacha dans son petit appartement Serge Perrault, appelé à partir en Allemagne au titre de Service du travail obligatoire. De la même façon, Céline entretenait de bonnes relations avec Robert Champfleury [2], qui habitait l'appartement au-dessus du sien, au 4e étage du 4, rue Girardon, et avec son amie, Simone Mabille, qui jouait un rôle important dans la Résistance.

Simone appartenait au bloc des opérations aériennes, elle fut responsable à ce titre de nombreuses missions de parachutage et son appartement vit défiler de très nombreux résistants qui arrivaient de Londres. Céline n'était pas dupe et il lui avait dit un jour : « Il se passe de drôles de choses chez vous. Vous complotez pour m'assassiner [3]. » Roger Vailland, qui appartenait au même réseau, a rapporté dans *Drôle de jeu* qu'il leur fallait baisser la voix quand ils se réunissaient chez Simone, qui apparaît dans le livre sous les traits de Chloé : « Pas si fort dit Chloé. Céline habite au-dessus. Chaque fois qu'on fait du bruit chez moi, il croit qu'on va le tuer.

« – Sans blague ? Si on le tuait pour de bon ?

1. Lettre inédite de Céline à Gen Paul [août 1943], partiellement reproduite dans *Catalogue* de la Librairie Bernard Loliée, décembre 1961, p. 4.

2. Eugène Gohin, dit Robert Champfleury, éditeur de musique et parolier.

3. Témoignage de Simone Mabille, aujourd'hui Mme Marietti.

« – Vous tenez décidément à me faire boucler. Après ça où irez-vous prendre des bains et manger du chocolat ?

« – Pardon Chloé [1]... »

Le groupe auquel appartenait Simone Mabille n'a jamais sérieusement envisagé d'exécuter Céline mais Roger Vailland soutint le contraire dans un article publié le 13 janvier 1950 dans *La Tribune des nations*, regrettant même que ce projet n'eût pas eu de suite, ce qui lui valut une violente réplique de Céline [2]. Robert Champfleury prit alors le parti de Céline. Il affirma que Louis était au courant et que, loin de les avoir dénoncés, il avait accepté de les aider en apportant ses soins à un résistant qui avait été torturé par la Gestapo [3].

A la fin de l'année 1943, et surtout au début de l'année 1944, des « résistants » se mirent à envoyer à Céline des lettres de menace et des petits cercueils annonciateurs du sort qu'on lui réserverait à la Libération : « [...] j'ai reçu trois petits cercueils, dix lettres de faire-part, au moins vingt lettres de menaces, deux couteaux à cran d'arrêt, une petite grenade anglaise et cinquante grammes de cyanure... on pense à moi dans les ténèbres [4]... » Le Vigan en témoignera : « S'il a quitté Paris pour le Danemark en juin 44, c'est parce qu'il ne cessait de recevoir (comme moi) à son domicile des lettres anonymes de menaces de mort. De ces lettres anonymes qui resteront le moyen sacré de cette société nouvelle. Prévoyant les événements, il pressentait aussi que ces menaces – anonymement écrites – seraient autant anonymement exercées durant les jours d'insurrection parisienne, et que son assassinat (pour cause littéraire *d'avant-guerre*) passerait alors aisément pour un accident insurrectionnel, beaucoup plus involontaire que le procès venteux qu'on lui fait aujourd'hui. Voilà ce que la Vérité exige qu'on affirme devant le Tribunal, devant Dieu et ce qui reste d'hommes [5] – »

1. Roger Vailland, *Drôle de jeu*, Buchet/Chastel, 1945, p. 45.
2. Voir tome III, pp. 317-320.
3. *Cahiers de l'Herne, op. cit.*, pp. 246-251.
4. *Maudits soupirs pour une autre fois, op. cit.*, p. 32.
5. Lettre de Robert Le Vigan, 1er janvier 1950, *Le Lérot rêveur*, mars 1970, pp. 29-44.

Céline a ensuite raconté les choses à sa façon. Le temps passé et le travail de transposition ont donné ceci : « Dans chaque caboulot de la Butte j'ai mes tripes au mur déjà, en effigies, en ex-voto, en grafitis [1]... » Plus tard, dans *D'un château l'autre,* il en fut à nouveau question : « les pirates de la Butte Montmartre voulaient me saigner que mes tripes dégoulinent la rue Lepic [2]... »

Céline n'avait pas de vocation pour le martyre. Il voulait bien voir les choses, et ne craignait pas de s'aventurer en terrain dangereux, mais ses instincts d'ancien combattant de 14 s'alliaient à ses réflexes de médecin. S'il acceptait de risquer sa peau, il était prêt à tout pour la sauver. Il tenait à être présent, comme Pline l'Ancien, mais non à mourir comme lui dans le brasier, d'accord pour jouir du spectacle en son entier, mais sans être le mouton de la fête, car il n'avait aucun souci esthétique quant à la beauté ou à la laideur de sa mort. Il avait au reste trop de mépris pour son public pour se préoccuper de réussir ou de manquer sa sortie. Sur le plan purement théâtral, Céline a raté la sienne et beaucoup aujourd'hui, inconsciemment, ne le lui pardonnent pas. Ce sont les mêmes qui portent aux nues Brasillach et Drieu La Rochelle pour avoir si dignement réussi les leurs. Le public reproche à Céline de n'avoir pas assez payé. Le peuple était venu s'asseoir dans les arènes pour du sensationnel, pour voir au moins couler du sang, et voilà que la victime s'est échappée pour aller mourir en solitaire, quinze ans plus tard, en toute indécence, dans son lit !

C'est à cette époque que Céline demanda à Hermann Bickler de lui procurer une arme et un permis de port d'arme. Lorsque Bickler lui eut procuré un pistolet et l'autorisation de le porter, si rare à l'époque, Céline ne sortit plus sans cette arme dont il fit usage au moins une fois chez le Dr Bécart. Comme c'était sur le chemin de Bezons, Céline s'arrêtait souvent 37, boulevard Berthier, soit pour déjeuner, soit seulement pour dire bonjour et pour bavarder avec Mme Bécart, très jolie femme, descendante de Bernadotte, avec laquelle il était en confidence. Un jour, d'un bout

1. *Maudits soupirs pour une autre fois, op. cit.*, p. 34.
2. *D'un château l'autre,* dans *Romans* 2, *op. cit.*, p. 5.

du salon des Bécart, Céline avait tiré un coup de pistolet dans le buste en plâtre du maître de maison qu'il avait atteint à l'œil.

Décidé à quitter la France en cas de défaite de l'Allemagne, Céline avait le choix entre plusieurs lieux de refuge, la Suisse, l'Espagne et le Danemark. Tous les Français compromis dans la collaboration pensaient à la Suisse. Céline savait que les Suisses n'accueilleraient personne, mais il avait espéré y obtenir un poste avant la fin des hostilités : « [...] j'avais une petite chance de devenir médecin des prisonniers français à Leysin (Suisse). *Cela je préférais encore.* Avec ma santé actuelle qui est *bien loin* d'être brillante! Vous l'imaginez! mais tout ceci doit se décider assez vite, je me permettrai de vous écrire par M. Serrat, la décision que j'aurai prise – le plus tôt qu'il sera possible! hélas [1]! »

Lucette pressait Louis de partir en Espagne, non seulement parce que le régime de Franco leur était favorable mais aussi parce qu'ils y avaient beaucoup d'amis fortunés, l'ambassadeur Léquérica, Antonio Zuloaga et Karen Marie Jensen, qui s'était installée à Madrid où elle vivait avec Juan Serrat, diplomate espagnol. Karen aussi pressait Louis de venir se réfugier en Espagne : « Je voudrais que vous veniez ici. Je pense que c'est le seul pays pour le moment mais c'est très cher, c'est-à-dire je pense que la province, un port par exemple, est beaucoup meilleur marché. Je pense bien à vous, et je ferai tout ce qui est dans mon pouvoir d'arranger bien les choses [2]. »

Céline n'envisageait alors que d'aller à Madrid avec Gen Paul et Lucette, sans doute pour voir quelles pourraient être leurs conditions de vie s'ils décidaient d'y chercher refuge. Céline regrettait de n'avoir pas pu voir Karen qui venait de passer quelques heures à Paris : « Nous avons été joliment contents de recevoir votre lettre! J'avais bien de la peine de ne vous avoir pas vue à Paris! Irene avait été plus heureuse! Surtout que j'aurais pu facilement vous avoir un permis de séjour pour *un mois* à Paris!

1. Lettre inédite de Céline à Karen Marie Jensen, 20 janvier 1943.
2. Lettre inédite de Karen Marie Jensen à Céline [janvier 1943].

Cela était déjà entendu! [...] Je pense peut-être à me rendre en Espagne en février avec Lucette et Popaul – *pour un mois* – du 20 février au 20 mars par exemple... Je vais entreprendre les démarches – [...] Si nous allons en Espagne – avec *125 francs*! nous irons d'abord à Bilbao (ou aux environs) chez *Zuloaga* le peintre – que nous connaissons – nous lui emprunterons de l'argent pour vivre un mois – Et nous irons vous voir à Madrid – Car je voudrais surtout vous voir et vous parler [1] – »

Céline pensait depuis longtemps que le Danemark serait pour lui le meilleur refuge. Il y connaissait beaucoup de gens et y disposait d'une importante quantité de pièces d'or et d'un logement. Dans une lettre écrite en octobre 1944, et qui lui parvint en Allemagne, Karen lui avait confirmé qu'elle mettait à sa disposition son appartement de Copenhague et sa maison de campagne : *« In case you want and could go you have my appartment in town and my house in the country and besides you have Mrs Johansen and the children* [2]. » (« Si vous voulez, et si vous pouvez y aller, vous avez mon appartement en ville et ma maison à la campagne et en plus Mme Johansen et les enfants. »)

Karen l'avait aussi rassuré sur le sort des « enfants », selon le code convenu entre eux pour parler de l'or. Pour plus de sûreté, elle avait divisé le trésor, dont une moitié seulement avait été cachée dans le château de l'ancien premier ministre danois, Madsen-Mygdal. La seconde moitié avait été enterrée dans le jardin de sa maison de campagne : « La chose très importante que je voudrais vous faire savoir comment vont les choses pour les trois enfants, les deux grands garçons, Louis et Ferdinand et la petite Lucette. Je vous assure que j'ai passé beaucoup de nuits sans dormir, pour penser à leur futur, c'est une si grande responsabilité de choisir bien pour eux, et dans ces temps qui courent, et qu'est-ce qui peut encore arriver – mais voilà ce que j'ai fait, et vous me ferez bien savoir, si vous pensez que je dois changer quelque chose pour eux. Le plus grand, Louis, est à la campagne chez Madame Madsen

1. Lettre inédite de Céline à Karen Marie Jensen, 20 janvier 1943.
2. Lettre inédite de Karen Marie Jensen à Céline, 31 octobre 1944.

Mygdal, " Edelgave " Marlov. C'est un grand propriété comme Catherineberg, et dans les mêmes environs. Je connais Mme M.M. depuis 25 ans, c'est comme une mère pour moi – J'ai laissé les papiers et bijoux de Louis chez elle, dans un coffre en fer, qu'elle garde dans un *safe* [1] au cheminé, spécialement fait exprès pour les papiers et actes importants en cas de feu, vol etc... Naturellement elle sait que ce sont des papiers à Louis et ses bijoux hérités, mais elle ne les a pas vu, et ne sait pas combien. Pour Ferdinand et petite Lucette, alors ils sont à mon propriété à la campagne, qui est entre les deux villages Stràby Egede et Stràby, c'est 8 kilomètres de Koge, quand on suit tout le " Strandveg " le chemin par la mer tout le temps. Comme vous voyez, j'ai choisi l'agriculture pour eux, je pense que c'est ce qu'il y a de mieux pour eux chez nous, mais il faut bien me faire savoir si vous voulez que je change ça et leur fait apprendre un autre métier, le commerce ou la banque. Je vous en prie me répondre là-dessus. Écrivez-moi une lettre adressée à Juan Serrat, Ministère des Affaires Étrangères à Madrid. Mais livrez-le à l'ambassade d'Espagne ou le remplaçant à Paris [2]. »

Céline avait approuvé toutes ces dispositions, écrivant à Karen, le 20 janvier 1943 : « Vous avez très bien fait pour les enfants Karen. Vous ferez toujours bien, je vous l'ai dit, vous le savez – Je n'ai pas deux paroles – Et je vous serai toujours bien reconnaissant de ce que vous avez fait pour eux et pour moi [3]. »

Pour tous ceux qui avaient été mêlés de près ou de loin à la collaboration, le séjour à Paris devenait de plus en plus inconfortable malgré le bel optimisme que certains affichaient encore : « Dans les derniers mois à Paris Brinon m'a fait venir pour me demander de me charger de la propagande de la LVF! Tu penses! C'était la fin! J'étais d'ailleurs anti LVF [4] – très ouvertement. Aller tuer des bolcheviks pour faire plaisir à la famille Laval m'a toujours semblé monstrueux et je l'ai toujours dit [5]. »

1. Coffre-fort.
2. Lettre inédite de Karen Marie Jensen à Céline [janvier 1943].
3. Voir tome III, p. 80.
4. Voir *supra*, pp. 287-289.
5. Lettre inédite de Céline à sa femme, écrite de prison, sans date.

Céline était totalement désabusé et il ne se faisait plus aucune illusion : « Le jazz a tué la valse lente. On peut regretter. Naturellement! En somme, c'était joli la valse. Et si français! doucement grisant! si plein de nuances toutes captivantes [1]! » Et, dans une autre lettre, écrite à Arthur Mallet, le 16 février 1944 : « Je crois qu'il est maintenant un peu tard pour convaincre qui que ce soit! L'écrasement seul rend la bête attentive. Et cela est bien en train de se produire, nous n'y sommes pour rien, ni vous ni moi. Certaines sectes ont le monopole des révolutions. Nous n'appartenons pas de naissance à ces sectes. Il nous sera toujours répondu de nous occuper de ce qui nous regarde!... Les travaux manuels et l'obéissance [2]. »

L'état d'esprit dans lequel se trouvait Céline à la fin des années d'occupation apparaît à la lecture de plusieurs lettres adressées par lui à Jacques Mourlet : « Depuis 1914 que ça dure pour mon compte! Quel *rabachage* [3]! » Il était lassé de tout et ne voulait plus se battre : « La guerre m'embête, je n'en parle plus – Que chacun s'en tire comme il peut – Je suis trop vieux – sans doute [4]. » Et dans une autre lettre : « Vogue la galère! Les petites têtes françaises n'ont pas fini de découvrir de tristes vérités – que d'illusions encore à perdre! Enfin cela les regarde! mon temps est fait! Tout est dit! Fatigue [5]! »

Il connaissait le sort qui lui serait réservé s'il commettait l'imprudence de rester à Paris au moment de la libération, qui fut celui de Philippe Henriot, assassiné le 28 juin 1944, et de Georges

1. Lettre de Céline à Claude Jamet, « Un Entretien chez Denoël avec L.-F. Céline. L'égalitarisme ou la mort », *Germinal,* 29 avril 1944, p. 4.

2. Lettre de Céline à Arthur Mallet, *Le Bulletin célinien,* septembre 1983; repris d'après *Textes et documents* 3, *op. cit.,* p. 104 (relu d'après le fac-similé du manuscrit conservé à la B.L.F.C.).

3. Lettre inédite de Céline à Jacques Mourlet, le 1er, sans date (Harry Ransom Humanities Research Center, The University of Texas at Austin).

4. Lettre inédite de Céline à Jacques Mourlet [1943] (Harry Ransom Humanities Research Center, The University of Texas at Austin).

5. Lettre inédite de Céline à Jacques Mourlet, sans date (Harry Ransom Humanities Research Center, The University of Texas at Austin).

Montandon, abattu chez lui, à Clamart, par des résistants en juillet 1944.

Les lettres écrites par Céline au printemps 1944 montrent qu'il éprouvait la sensation d'être traqué, comme pris dans un piège : « Je me sens tellement fatigué par cent mille menaces que je voudrais bien aller à la campagne puisque St-Malo est impossible mais la terreur est partout [1]. » Et, une semaine plus tard, huit jours avant le débarquement de Normandie : « Ici on ne parle que de meurtre de bombes et de fin de tout – Ils sont ennuyeux – Je n'oserais pas aller à Rennes – Ils me tueraient [2] [...] »

Lucette se démenait comme elle pouvait pour leur trouver un gîte : « Ces fameux débarquements sont impatiemment attendus mais avant il faudra accepter bien des peines. [...] Chère Dédé encore un grand service que je viens vous demander à l'occasion sans vous déranger connaissez-vous un petit coin aux environs de Rennes où nous pourrions louer une chambre au cas où il faudrait quitter Paris [3]. » Elle confirmait l'étrange atmosphère de Paris dans les derniers temps de l'Occupation : « Le débarquement se prépare c'est à voir s'il se réalisera. Mais nous sommes en alerte journellement plusieurs fois de suite cela ralentit beaucoup les occupations mais grâce à mon vélo je passe partout [4]! » « Louis a été pris [sous les] bombes à Bezons! Ils ont manqué le pont! mais fait de nombreux morts! et blessés [5]. »

Dans sa première version de *Féerie,* Céline a raconté que, préparant son départ, il avait erré dans Paris à la recherche d'une personne de confiance qui accepterait de lui garder ses manuscrits : « Le trésor vous entendez bien, le papyrus, au moins trente chapitres presque prêts [6]. » En fait, il pensait surtout à son oncle Louis Guillou et à Marie Canavaggia, sans qu'il soit possible de déterminer aujourd'hui de façon certaine les textes qu'il a emportés avec lui,

1. Lettre inédite de Céline à Andrée Le Coz, 25 mai 1944.
2. Lettre inédite de Céline à Andrée Le Coz, 31 mai 1944.
3. Lettre inédite de Lucette Almansor à Andrée Le Coz, 26 avril 1944.
4. Lettre inédite de Lucette Almansor à Andrée Le Coz, 26 mai 1944.
5. Lettre inédite de Lucette Almansor à Andrée Le Coz, 31 mai 1944.
6. *Maudits soupirs pour une autre fois, op. cit.,* p. 225.

ceux qu'il a confiés à des tiers et ceux qui, laissés dans l'appartement de la rue Girardon, ont été détruits ou volés à la Libération.

Dans cette version primitive de *Féerie,* il évoqua aussi avec beaucoup de poésie ce coin de Montmartre, qu'il allait devoir quitter à jamais, véritable observatoire d'où il plongeait sur la ville immense et chargée de haine : « Je n'entendrai plus le merle cet hiver, le rossignol l'été prochain, je ne verrai plus ces arbres, le jardin de Barbe-Bleue, les décombres à Péladan là sous ma fenêtre, l'ancien atelier à Delâtre [1], dans la cour, à présent tout ombre, le château du Roi Rouge tout étouffé sous son tilleul, au rebord de la rue Lepic... Tout cela est fini pour moi, pour nous deux Lucette... Il n'y a plus pour nous que le gouffre là, l'autre côté du couloir après la fenêtre, l'énorme vallée, tout Paris millions millions de vengeances de je ne sais quoi, des toits à l'infini, pointus, aigus, coupants, atroces, remplis d'être qui nous haïssent [2]... »

Céline était-il superstitieux ? Une lettre écrite de prison, à sa femme, permet au moins de penser qu'il l'est devenu un peu. Céline lisait alors *La Tulipe* d'Alexandre Dumas : « On y parle aussi de signes avertisseurs de catastrophes – Cela m'est arrivé à Ved Stranden 2 jours avant mon arrestation – vers 6 heures du soir – j'étais seul avec Bébert – j'étais dans la salle à manger – tout à coup a retenti un bruit énorme et bien bizarre, tout à fait inaccoutumé dans la pièce à la radio – comme un énorme meuble qu'on laisserait tomber d'une grande hauteur – vraiment un bruit à faire peur – cela a recommencé 2 ou trois fois j'ai appelé... qu'est-ce que c'est – qu'est-ce que c'est ? Rien n'a répondu. Je me suis redressé vraiment ému – j'ai été voir avec Bébert c'était noir – il n'y avait rien – je ne t'en ai pas parlé – cela s'appelle en langage spécial un Raps – je n'y croyais pas à présent j'y crois – comme un bois énorme une poutre que l'on casserait – et tout près de vous – Hélas j'aurais dû filer à ce moment. Le Sort était jeté – on n'y prend jamais garde [3] ! »

1. Graveur à Montmartre; voir la note d'Henri Godard dans *Maudits soupirs pour une autre fois, op. cit.,* p. 33.

2. *Ibid.,* pp. 32-33.

3. Lettre inédite de Céline à sa femme, sans date.

En 1944, peu avant son départ de Paris, Céline reçut aussi un signe avant-coureur de l'approche d'une catastrophe : « Rien ne porte plus horriblement malheur qu'un miroir qui se met en miettes! c'est 7 ans! nous avons expérimenté. Un mois avant de quitter Paris! Lucette a brisé son grand miroir! Voyez où nous en sommes! *Voyez!* c'est le cas de le dire! oh le créateur a bien des moyens de nous avertir de ses colères! Patatrac [1]! »

En juin 1944, Céline était prêt pour un nouveau voyage. Après avoir écrit les pamphlets et s'être engagé dans la politique, il savait que, d'une manière ou d'une autre, il lui faudrait « payer ». Il souhaitait que ce soit le plus tard possible. Céline aimait la vie.

Comme il avait presque tout dit dans *Voyage au bout de la nuit* et dans *Mort à crédit,* ce départ, un peu contraint et forcé, allait renouveler sa provision de souvenirs, d'autant qu'il avait toujours l'œil vif et le nez au vent, pour de nouvelles aventures : « Puisque nous parlons de litté-ra-tu-re, j'avais fini, vous comprenez. Moi, avec... après *Mort à crédit,* j'étais fini. J'avais plus qu'à [*quelques mots inaudibles*], alors à me toucher n'est-ce pas pour finir, pour raconter des petites histoires. Mais, au fond, j'avais dit tout ce que j'avais à dire, et ce n'était pas grand-chose. Et puis alors, il m'est arrivé cette saloperie... il a fallu que je foute le camp. Alors là j'ai été pris dans une nouvelle pièce, et je raconte ce que j'ai vu, c'est tout. Ça vaut la peine parce que... pour moi je veux dire. Ça me donne un thème. J'ai pas... j'ai pas à me gratter pour... pour trouver des sujets. Ah, la belle-mère qui adore son gendre, qui se fait enculer par son petit-fils, etc. Moi c'est pas la peine. Je n'ai pas besoin de faire de sexologie ni de psychologie ni de métapsychique. Je n'ai qu'à raconter. Il y avait tout ce qu'il fallait. Il n'y avait qu'à prendre et à mettre ça sur la table, comme je peux [2]. »

En débarquant en Normandie le 6 juin 1944, les Alliés jetèrent de nouveau Céline dans la guerre. Le vieux cavalier y trouva prétexte à se remettre en route pour une formidable vadrouille

1. Lettre inédite de Céline au pasteur Löchen, sans date.
2. Interview de Céline par André Parinaud, *Cahiers Céline,* n° 2, *op. cit.,* p. 196.

FROM: NEW DIRECTIONS
333 6th Avenue, N.Y. 14

AUTHOR INFORMATION SHEET

Name Destouches - Celine

Address Paris

Where born Courbevoie Seine

Schools attended; degrees

Docteur de la Faculté de Medecine Paris

Publications you have appeared in Paris

Books published; by whom Voyage au bout de la nuit
Mort a Credit
Semmelweiss - L'Eglise
Feerie pour une autre fois

Jobs held in past

many and Physician

Position now (if other than writing takes up some of your time)

Physician

AUTHOR INFORMATION SHEET

Societies of which you are a member

Hobbies and Interests

What groups might be interested in knowing about your book?

none

Any noteworthy or anecdotal events in your past that might be of interest

war and jail

Brief biographical sketch (please don't be modest; readers are interested in all kinds of information about writers: height, weight, color of hair; adventures; domestic relations, if any; activities: past, present and future; how you write; what started you writing; your hopes, dreams, ambitions; and anything you can think of about yourself or your book that can be turned into good copy

Nothing!

vers des champs de ruines, de feu et de flammes, dans un terrifiant décor d'apocalypse.

Plus tard, beaucoup plus tard, quand son éditeur américain l'interrogea sur les événements marquants de son passé, il répondit : « La guerre et la prison. » Et quand il lui demanda quels étaient ses espoirs, ses rêves, ses ambitions, nul ne s'étonnera qu'il lui ait simplement répondu : « Rien [1]. »

Paris, 9 juin 1985.

1. Collection Mac Gregor; voir fac-similé, pp. 346-347.

ANNEXE I

DEUX LETTRES INÉDITES DE LOUIS DESTOUCHES SUR LA MÉDECINE

Lettre inédite de Louis Destouches à Jean Thomas, 1921 (collection docteur Pierre Thomas).

6, quai Richemont
Rennes juillet 1921

Mon Cher Jean

Je suis bien content de vous revoir bientôt. On m'apprend que vous vous fixez dans une direction d'avenir. Tenez ferme. C'est le salut. Je suis moi-même en proie à la suite de mon otite à une dépression nerveuse qui m'est bien pénible mais contre laquelle je lutte comme il faut lutter. Je vous montrerai cela, et ce vous sera d'un bon exemple. Je passe encore des examens fin juillet et cependant depuis 6 mois je dors en moyenne 4 heures par nuit. Vous voyez il faut mon cher Jean ne pas penser au temps ou la santé agrémentait la vie de ses dons incomparables, quand on l'a perdue. C'est *ce sentiment* qui entretient la neurasthénie, mais il faut vivre philosophiquement (c'est difficile) avec ce qui nous reste. Alors peu à peu le bon temps reviendra. L'idée fixe domine le névropathe – surtout l'intellectuel. La pensée est un poison – L'analyse personnelle, toujours stérile, est toujours nocive – Il faut cesser de se penser, et de se repenser sans cesse. Il faut vivre, vivre simplement. Le bonheur est inconscient, c'est pour avoir essayé d'introduire l'intelligence dans ce domaine qu'on devient neurasthénique. Croyez moi. Laissez au corps le soin de veiller sur lui-même, ne l'affaiblissez pas par des analyses de phénomènes incompréhensibles par essence. La vie est plus simple qu'on ne croit. Elle consiste à jouir simplement. Tout ce qu'on essaye de légaliser dans ce sens est faux et malsain. *Subir simplement l'entraînement des instincts primitifs est la meilleure thérapeutique nerveuse.* Mais nous en sommes arrivés à raisonner, le sommeil, la faim, l'amour, les sens, toutes autant d'activités que nous ne devons point comprendre. Alors l'instinct, traqué par la pensée *(ambitieuse mais ridicule)* se retire, s'affaiblit et nous avons *une grave faillite animale.* Il faut évidemment une cause plus [*un mot illisible*] d'apparence pour que ce processus se déclenche mais le moindre bobo fournira ce prétexte et le drame qui couvait depuis longtemps dans les ténèbres de l'inconscient surgit en pleine lumière. L'Apaisement ne connaît qu'une cure : simplicité. Soyez tout simple mon vieux Jean – ne cherchez pas à comprendre – si vos jambes manifestent une lassitude assommante dès le réveil, si vos pensées sont lentes, si vous ne dormez pas – Taisez vous. Ne pensez pas – vous avez une plaie dans le cerveau, ne la grattez pas avec vos raisons malhabiles – Vous n'y comprendrez jamais rien. Ce qu'il faut c'est guérir, la belle affaire d'édifier des théories. Elles sont toutes fausses à priori – *Le cerveau est incompréhensible et trop complexe pour notre petite raison.* Faisons taire notre petite intelligence, elle est devenue insolente et morbide – Ne détaillons pas à l'infini cette sensation de déficience nerveuse, elle est infinie dans son expression mais *une* dans son essence, elle est *« équilibre rompu » au bénéfice de l'analyse.* Ceci doit vous suffire. Il faut détruire l'*autoanalyse.* C'est elle qui enfante le mal. *Heureux sont ceux qui n'ont jamais fait de science ils peuvent croire aux choses par leur seul aspect,* le cerveau scientifique ne croit plus qu'à l'expérience. *C'est une terrible rançon de la vérité.* Nous sommes trop faibles pour vivre sans illusions – Et je ne crois pas, que la vérité scientifique soit applicable au cerveau. Il relève d'un autre ordre de phénomènes encore inconnus – *C'est donc une faute de lui appliquer ce qui ne lui convient pas.* Notre activité doit être inconsciente pour être heureuse – C'est par *la violence* que nous devenons « expérimentaux ». Cela se paye à l'occasion. Cela est juste. Il ne faut pas non plus vouloir faire violence. Non. Cela est aussi mauvais – *Il y a un état de calme optimisme* qui convient pleinement au système nerveux. Il est tout de sécurité. Ordonnez votre esprit dans ce sens. Apprenez à être heureux dans l'état *où vous êtes.* Ne pensez pas sans cesse à être mieux – *Cela ne sert à rien* – Cela ne vous regarde pas. Cela viendra tout seul – Vous n'y ferez rien, c'est le fruit d'une activité inconsciente comme le sommeil ou la faim. Je sais que c'est extrêmement difficile, mais je l'ai réussi 2 ou trois fois sur moi et le lendemain je dormais 9 heures et me trouvais instantanément comme autrefois – J'ai donc fait la preuve que c'est possible. Mais il y a un malentendu constant entre le névropathe et sa guérison *c'est l'idée fixe.*

En attendant nous serons le 26 à St-Paul avec le petit Vareddes. J'entends bien que nous ne vous embêterons nullement, vu que c'est faire le jeu de l'adversaire que de s'ennuyer. Organisez donc q[uel]q[ue] chose dans ce sens. Bien entendu nous voulons être discrets à tous points de vue et d'ailleurs nous parlerons de cela *bien franchement* tous les deux.

Vous connaissez mon opinion sur tous ces chapitres. Libre à vous d'inviter aussi des petits cousins ou cousines etc. vous comprenez.

Bien affectueusement.

Louis

Lettre inédite de Louis Destouches à Germaine Thomas, sans date (collection docteur Pierre Thomas).

6, quai Richemont
Rennes 1922

Chère Madame et Amie,

C'est le médecin qui vous écrit. J'apprends par votre père que vous avez été malade – Vous êtes à présent guérie. Profitez-en pour vous établir un rythme de vie physique économique, égoïste – Attention à votre cœur. Vous avez un attavisme puissant, n'en gaspillez pas les possibilités. La santé est une illusion, une espèce d'ivresse – Malheur à ceux que déserte ce merveilleux mensonge!

Vous vivez dans un cadre que j'envie. Usez le calme, c'est un grand guérisseur de tout – et puis la vie est pleine d'espérances et de perspective – Ayez de l'économie, le reste ira tout seul, je le sens et ne peux me tromper.

Bien amicalement à vous
Louis Destouches

Je suis en train d'écrire un livre que je vous enverrai.

ANNEXE II

« *ACTE DE FOI* » [1]

L'Article n'est point mon fort, la politique non plus, d'ailleurs. Il y faut un tour que je ne possède pas. Tels que je les trouve. Mais une question se pose : pourquoi tout ce babillage ? Cette hypocrisie ?

J'ai connu au bord de la mer, en Bretagne, une petite fille à laquelle sa maman lisait beaucoup d'histoire sainte. Cette petite fille fut frappée par le cas de Joseph qui se trouvait, lui, couramment visité par les songes. Elle se mit, cette petite fille, à avoir aussi des songes. Seulement elle les avait « après ».

– Maman j'ai eu un songe, cette nuit, que tu tombais de bicyclette !

Fait tout exact, mais de la veille.

Ainsi Sergine [2], jamais sans vert, ne se trompait jamais de songes; ce qui est drôle chez une petite fille de sept ans est encore plus drôle chez un auteur de quarante ans, seulement d'une autre façon.

Je me réfère à tous ces livres, à tous ces articles, plaidoyers, mouvements, témoignages, et leurs auteurs, qui paraissent, s'agitent en nos zones submaudites, depuis juin.

L'œuvre des « songeurs-après ».

Je parcourais hier encore un livre récemment paru; il est clair que son

1. *La Gerbe*, 13 février 1941, p. 1.
2. Sergine Le Bannier, fille adoptive de Maria Le Bannier.

auteur, si les choses avaient tourné de façon fort différente, se tenait prêt à nous donner, raide comme balle, un « 225 fortes pages », « Après la Victoire », pas du tout à piquer des vers, et ressemblant comme un frère à celui qu'il a publié : mêmes styles, documents, même mouture, le même en somme à l'envers, vu de dos. Nous n'y coupions pas. Les œuvres des « songeurs-après » sont toutes strictement réversibles. Elles ont ce caractère commun, et puis ne parlent jamais des Juifs. Elles réservent l'avenir. L'auteur nous affirme (comme il s'aventure!) que son célèbre écrivain d'ami Raoul Trudule de la Gardière avait en termes d'une profondeur admirable, tout seul, et bien avant juin, brossé quel tableau du désastre! Que son autre génial célèbre écrivain d'ami Prosper de la Médouze avait effroyablement pressenti toute la tragédie de l'époque. Première nouvelle! Les pressentiments de cet ordre menaient plus souvent qu'à son tour droit en 12e Chambre, où je ne rencontrai jamais, ni l'un, ni l'autre, conformes au possible en ces temps.

Trève de batifoles! Sous Blum toute la France était beloumiste! et poing tendu et tant que ça peut! antihitlérienne à crever! et la Médouze et la Gardière pire que tous les autres! Si les écrivains français sont de la race « songeurs-après », ils sont aussi, pour l'occasion, moutonniers panurgiens splendides.

Je les vois tous tambours-majors, tout tourbillonnant de leurs cannes, non placés à l'avant des troupes mais en arrière, d'autant plus fiers! comme Artaban! et rassurés contre tous risques! Front populaire et Rapprochement.

Il va de soi, bien entendu, qu'un livre comme celui-là est accueilli à hosannah par toute la grande presse rapprochiste. On se retrouve!

Ceux-là non plus ne parlent jamais de la grave question. A aucun prix : les mêmes consignes qu'avant juin! *Ne jamais parler des Juifs!* Je me dis tout en les lisant : Tiens! ce sont des « arrière-pensistes »! Qu'attendent-ils tous pour nous trahir? Le bon moment.

Cent mille fois hurlés « Vive Pétain » ne valent pas un petit « vire les youtres! » dans la pratique. Un peu de courage n... de Dieu! « Courage après » et moins de mots!... Et je vais te rechercher Péguy et le « Grand Méaulnes » [*sic*] et la suite!... demain la Remarie Chapdelaine! tout pour diversion! noyerie des poissons! bibelots de poussièrerie, dépassés à cent mille mesures par les cataclysmes du jour!

Rapetisser, édulcorer les cyclones à la mesure « menu-jean-foutre », mesure française, c'est le but sournois.

Voyez que nous sommes vraiment loin de compte... « Très grands biaiseurs », « arrière-pensistes », « petits biaiseurs », « songeurs-après », « éludistes »... C'est trop pour moi! Quelle clique! Quel brelan d'acrobates! Fripons! Tous travaillant à pleins filets! Je préférerais encore Lecache, la bourrique, l'employé de provocation, tout franchement hideux, bas gras chancre, Sampaix, cet étron incroyable... Il y a de tout dans vos journaux!

et re-de-tout pour ainsi dire! Crypto, para, microni youtres! On ne sait jamais, avec ça, qui va bien vous écrire dans le dos! Ils vous ont prouvé le contraire? La belle affaire! Ils ne me le prouveraient pas! Cocu qui veut bien! Prenez-vous Pavlowa, Huysmans pour Aryens? Que Dieu vous entende!

Et qu'est-ce que cette flopée de super-nationaux poustouflants? Pantoufles? « Plus de luttes entre les trusts? » Je lis dans les programmes... On les choye alors? On les préserve ou les berce? On a peur qu'ils se fassent du mal? Bobo? C'est ça votre Révolution? Aux fous! Vous accourrez me réveiller quand on abolira les trusts. Pas avant! De grâce!

Est-ce qu'on fait la guerre de Cent ans? Je ne suis au courant de rien. Je voudrais bien qu'on me renseigne. Du train où je vous vois partis, c'est un plan de trois, quatre siècles. C'est une affaire entre les morts.

Ah! quand je pense à tout ce qu'on pouvait faire avec des gars qui n'ont pas les foies! Ah! que ça ne traînerait pas, ça ne ferait pas un pli! pas un ouf! Ah! je demeure tout ébaubi, pensif, ravi, atterré. Entendez-vous le moindre cri? Le plus petit ronchonni? Que non! Que Diable! nenni! nenni!

Ainsi se fait le grand travail des personnes versées dans la chose. Qui vive? foutre sang! Qui vive? quinze jours il faut en tout pour dégeler la France, quinze jours et savoir ce qu'on veut.

Il est un décret de nature que les fourmis, toujours, toujours, mangeront les larves.

On délivre à certains de très hauts brevets de francisme. Ils nous semoncent de battre coulpe! Nous tancent de verte façon! Allons-y! Nous sommes en pleins bouffes! Veulent-ils la médaille militaire? Moi je veux bien! Cependant, je suis difficile! Il ne me suffit! Je voudrais qu'ils nous disent un peu tout ce qu'ils pensent de la question juive! Nous serions heureux, jubilants! Foi que n'agit n'est point sincère! Ah! il faut prendre position! Aujourd'hui même, non demain! Tout ce qui tient plume en France, scène, film, babil, devrait sur l'heure, tout comme en Loge!... remplir son devoir. Que cela constitue dossier! Compromettons-nous! En toute liberté bien sûr, spontanément, au pied du mur. Sans aucune pression. Et l'on saurait à qui l'on cause, enfin! Acte de baptême n'est point tout! Acte de foi, net, par écrit.

Les Juifs sont-ils responsables de la guerre ou non? Répondez-nous donc noir sur blanc, chers écrivains acrobates.

Qui vive? Qui vive?

On a le droit vraiment d'être désolé sur cette terre où rien ne pousse, décidément.

ANNEXE III

LETTRE À JACQUES DORIOT [1]

L'indépendance d'esprit et les dons prophétiques de Louis-Ferdinand Céline sont passés en légende.

On connaît le procédé de ce grand écrivain : sous une forme volontairement violente, outrancière, certaines vérités sont révélées par le célèbre auteur de : *Bagatelles pour un massacre.* Avec lui, *« il faut rompre l'os pour trouver la moelle ».*

Depuis son dernier livre *Les Beaux Draps.* Céline se tait. Beaucoup se demandent : *« Que pense Céline ? Quelle est son idée en ce moment même ? »*

Il vient d'envoyer à notre chef, qui est reparti sur le front de l'Est, une lettre que nous publions sans en changer une virgule. Cette lettre illustre, à sa manière, l'époque terrible que nous vivons.

Mon cher Jacques Doriot,

Pendant que vous êtes aux Armées, il se passe de bien vilaines choses. Entre nous, en toute franchise, nous assistons en ce moment à un bien répugnant travail; le sabotage systématique du racisme en France par les antisémites eux-mêmes. Ils n'arrivent pas à s'entendre. Spectacle bien français. Combien sommes-nous d'antisémites en tout et pour tout, sur notre sol ? Je ne parle pas des badauds. A peine une petite préfecture !...

1. *Cahiers de l'émancipation nationale,* mars 1942, pp. 231-236.

et, parmi ces émoustillés, combien de chefs? valables, armés, présentables? Une douzaine...

En ce moment décisif, inspiré, mystique, à quelle tâche les voyons-nous passionnément s'adonner? A se tirer dans les pattes!

Ne parlons pas de la troupe, un seul souci : éliminer, dénigrer, exclure, reléguer au second plan le rival possible! Moi! moi! moi! envers et contre tout... La maladie du crapaud. Jalousie! Chacun vedette! et seul en scène! au palmarès! au micro! à l'Élysée!

Et merde donc pour l'équipe! Et crève l'antisémitisme! Et crèvent tous les cons d'aryens! Tel est le mot d'ordre profond! Voici au fond le résumé, le résultat simple et sinistre de la rage aryenne en action, le dénigrement démentiel, la passion délirante du « Soi ». La cause est perdue.

Elle finit même, à tout prendre, par vous écœurer un petit peu, cette cause aryenne impossible.

Puisque nous sommes si pourris, tellement indécrottables, si bêtes, disparaissons donc, charogne!

L'histoire Vercingétorix sur un autre plan recommence, identique. Tout est écrit.

Qui jubile? lampionne? se régale? Le Juif, parbleu! Quelle aubaine! Mettez-vous un peu à sa place!

A lui les belles infiltrations, les travaux de sape tout cuits. Les fontes de bastions, citadelles! toutes offertes par leurs défenseurs! des traîtres comme s'il en pleuvait! La ville! l'État! le corps! l'âme! tout! l'Église!

Le monde, une affaire permanente, pour le Juif, en somme.

Quelle résistance un peu sérieuse? Aucune, pardi! Quelques grimaces...

Tout tombe dans la main du Juif, par discorde et dénigrement. Il n'a qu'à saisir. On le prie. On le supplie. Pourtant, la tâche serait facile, enfantine, avec un peu de volonté... Volatiliser sa juiverie serait l'affaire d'une semaine pour une nation bien décidée.

D'où détiennent-ils, ces fameux Juifs, tout leur pouvoir exorbitant? Leur emprise totale? Leur tyrannie indiscutée? De quelque merveilleuse magie?... de prodigieuse intelligence? d'effarant bouleversant génie?

Que non! Vous le savez bien! Rien de plus balourd que le Juif, plus emprunté, gaffeur, plus sot, myope, chassieux panard imbécile, à tous les arts, tous les degrés, tous les états, s'il n'est soutenu par sa clique, choyé, camouflé, conforté, à chaque seconde de sa vie! plus disgracieux, cafouilleux, rustre, risible, chaplinien, seul en piste! Cela crève les yeux! Oui, mais voilà! et c'est le hic! Le Juif n'est jamais seul en piste!

Un Juif, c'est toute la juiverie.

Un Juif seul n'existe pas.

Un termite : toute la termitière. Une punaise, toute la maison.

« Aimez-vous les uns les autres » est une bonne parole de Juif comprise seulement par les Juifs.

Lucien Descaves me disait un jour, me parlant un peu de ces choses : « L'aryen, voyez-vous, Céline, c'est " Sans famille " »...

Voilà tout l'horrible et notre condamnation.

Notre défaite est morale, elle n'est point d'intelligence.

Nous sommes « antisolidaires » par principe, religion, habitude maudite, et le Juif n'est que cela : le « Solidaire ».

Une seule famille, il est monsieur « Tout-Famille », monsieur « Partouze et Téléphone ».

Nous devons perdre.

La solidarité aryenne n'existe pas, sauf chez les « maçons », et seulement pour l'usage « maçon », et dans le sens juif.

Une équipe où chacun ne joue que pour soi est une équipe battue d'avance.

A quoi ressemble, je vous le demande, sur l'actuel plan politique ces cinq, six partis nationaux ? Nanan prodigieux pour les Juifs ! Sages de Sion ! Cafouillage, division, camouflage, travail de bisbille. J'en vois bien cinq à fusiller de ces partis, peut-être six. Pourquoi plus d'un seul parti ? *L'Aryen Socialiste Français,* avec Commissaires du Peuple, très délicats sur la doctrine, idoines et armés ? Tout le reste n'est que trahison, de toute évidence, créations de Juifs...

La guerre civile, bavarde, permanente, qui nous a si bien abrutis, est re-toute prête à fonctionner, entièrement juive.

La Démocratie éternelle, le libre jeu des Partis, la « lutte des Idées » !

Si nous étions solidaires, l'antisémitisme déferlerait tout seul à travers la France. On n'en parlerait même plus. Tout se passerait instinctivement dans le calme. Le Juif se trouverait évincé, éliminé, un beau matin, naturellement, comme un caca.

Je ne dis rien de cette « élite » compréhensive, « rapprochiste », qui parle et pérore en tous lieux, sur toute tribune, et qui ne parle jamais des Juifs ! 95 pour cent de l'élite, en vérité ! Couci-couça futés félons, sorte de néo-menchevicks, biais mijoteurs de catastrophes. Flore rapprochiste que je connais ! de bien trop bonne éducation pour s'encanailler près de nous. Prolixe, verbeuse à tous les coups ! Élan du cœur ! de la raison ! Toute la musique ! Glaciale dès qu'il s'agit des youtres ! Prudence ! *« Eh, là ! peutt ! peutt ! La question juive ? Vous n'y pensez pas ! cher ami ! Mais je n'y connais rien du tout ! Je ne dirais que des bêtises !.. »*

Jean-foutres !

Torves guignols à fusiller, pour ordre.

Il n'existe qu'une seule question : la Question Juive !

Sans les Juifs, le rapprochement franco-allemand serait chose faite, entendue, accomplie depuis belles lurettes. Vraiment, aucun autre problème.

Méchant babillage, tout le reste.

Et ces antisémites de mots? non racistes? qui sont pour moi pire que des Juifs! Aucune différence à ma toise entre le Maurras et Jean Zay! Péguy de même, si vous voulez! si calottin, si dreyfusard, consacré bientôt saint Péguy, prôné par Mgr Lévy!

Aux heures décisives, tout ce monde s'accorde parfaitement pour nous dépêcher à la pipe! et toujours pour le compte des Juifs! remarquez-le! pas un pli! Tous d'accord pour notre massacre! L'absoute par Mgr Gerlier, au nom des plus hautes entités : Patrie! Famille! Culture! Verdun! et le doux Jésus et turlutontaine!

L'essentiel du fin du fin, le tréfonds de toutes ces malices, c'est que disparaissent les aryens! point d'autre astuce! Cette rage monte du fond des glandes, irrésistible, des épididymes métissés.

Nous n'avons pas encore tout vu!

Un seul souci, toute cette ordure, toute cette chiennerie bâtarde, cette canaille en délire : que se ruent, déferlent bientôt, les noirs, les asiates, nos égorgeurs prédestinés.

Il n'est de jour, d'heure, de nuit, où ne s'adressent mille suppliques, mille vœux à nos assassins, prières excédées, âmes à bout...

Vous n'entendez rien?

Aryens, notre sort est jeté, je le crains bien fort; nous n'avons pas su nous unir, nous ne nous aimons pas du tout.

Tant pis! Vogue la galère!

L'heure est aux requins!

Que la Mort pavoise!

Nous n'y sommes pour rien!

Congratulons-nous, innocents et désolés!

Nous sommes venus un peu trop tôt pour être nègres, voilà tout!

Au moment où tout pâme swing!

Nous périrons en refusant! Voici, ami, mon dernier mot!

Puisse votre victoire à l'Est bouleverser le cours des choses!

Je voudrais en fin me tromper! Mourir dans l'erreur!

Toujours bien poli, cependant! Jamais un mot qui dépasse! Et votre bien affectueusement, borné, buté,

Serviteur!

L.-F. CÉLINE.

INDEX

ABELY, Paul, 75-76.
ABETZ, Otto, 167-168, 188-189, 224, 240, 242, 249, 253-259, 261, 277-278, 295, 310.
ABETZ (Mme), 251, 254, 261.
ACHENBACH, Ernst, 240, 242, 251, 255-256.
ADABACHE, Olga, 123-124.
AJALBERT, Jean, 20-22, 29, 41, 44-45.
ALESSANDRI VALDINE, Blanche D', 123-124, 245, 249, 322.
ALEXANDRE III, 140.
ALIECHA, Youri, 135.
ALLAIN, Élisa (Mme ALLAIN-POIRIER), 187.
ALLARI, Michel, 108.
ALMANSOR, Gabrielle, 122.
ALMANSOR, Joseph, 122.
ALMANSOR, Juliette, 122.
ALMANSOR, Lucette (Voir DESTOUCHES, Lucette).
ALPÉRINE (docteur), 189.
ALTMAN, Georges, 48, 65, 128, 139.
ANDRO, Alexis, 271.
ANGEL, Anny, 86.
ANISSIMOV, Ivan, 130.
ANOUILH, Jean, 267.
ANTHELME, Gilles, 48.
APOLLINAIRE, Guillaume, 46.
ARAGON, Louis, 127, 129-130, 132-134, 139.
ARLAND, Marcel, 119, 267.
ARLETTY (Léonie BATHIAT, dite), 70, 251.
ASTIER DE LA VIGERIE, Emmanuel D', 166.
AUCLAIR, Michel, 326.
AUDIBERTI, Jacques, 250.
AUDRAN, Edmond, 123.
AYMÉ, Marcel, 50, 72, 75, 106-107, 109, 236, 266, 319, 332, 336.

BABILÉ, Jean, 269.
BACH, Jean-Sébastien, 117.
BAILBY, Léon, 27, 297.
BALANCHINE, George, 102.
BALLENCOURT, M. DE, 108.
BALTA, François, 205-206, 223.
BALZAC, Honoré DE, 47.
BARBEAU, Victor, 187.
BARBUSSE, Henri, 128-129, 134, 139, 166.
BARRAULT, Jean-Louis, 75, 326.

BARRÈS, Maurice, 158.
BARSAC, André, 72.
BARTHOLIN, Binger, 125.
BARUSH, 100.
BATAULT, Georges, 257.
BATILLAT, 57.
BAUDINIÈRE, Gilbert, 260.
BAUER, François-Charles, 334.
BAUMGARTNER (quartier-maître), 203.
BAUR, Harry, 241.
BEAUMARCHAIS, 265.
BEAUVOIR, Simone DE, 119.
BÉBERT, 111, 114, 265, 332, 344.
BÉCART, Auguste, 188-189, 242, 245, 247, 254, 291-292, 338-339.
BÉCART DE BERNADOTTE (Mme), 338-339.
BECKERS, Juliette (Mme Jean DELANNOY), 49.
BEETHOVEN, Ludwig van, 322.
BELL, Marie (Jeanne BELON, dite), 70-74, 108, 232, 234, 326-327, 332.
BEN BELLA, Ahmed, 180.
BENDA, Julien, 282, 285.
BENDZ, Ernst, 159.
BENOIST-MÉCHIN, Jacques, 254-255.
BENOIT, Pierre, 93, 189, 250, 254.
BÉRARD, Christian, 326.
BÉRAUD, Henri, 120, 129, 157, 279.
BERGE, Marc, 254.
BERGERY, 285.
BERL, Emmanuel, 119.
BERNADOTTE, 338.
BERNANOS, Georges, 66-67, 120, 157, 215, 217-218.
BERNARD, Claude, 45.
BERNARD, Samuel, 284.
BERNARDI (chauffeur), 203.
BERNARDINI (M. et Mme), 182.
BEST, Werner, 259.
BICKLER, Hermann, 261-262, 269-270, 338.
BIGNOU, Étienne, 235, 333.
BIGNOU, Fernand, 235.
BILLY, André, 22.
BISMARCK, 237-240.
BLANCHE, Jacques, 71.
BLANQUI, 222.
BLI (docteur), 181.
BLOCH, Jean-Richard, 132.
BLOND, Georges, 250, 334.
BLUM, Léon, 118, 155, 159, 165-166, 168, 175, 215, 239, 285, 295-296, 353.
BLUM, René, 125.
BOBACHER, 130.
BOBILLOT, Jules, 229.
BOBS, 332.
BOISSEL, Jean, 259.
BOLLORÉ, Michel, 152.
BONABEL, Charles, 108, 124.
BONABEL, Éliane, 124-125.
BONNARD, Abel, 250-251.
BONNETAIN, Paul, 57.
BONNOT, Jules Joseph, 149.
BONVILLIERS, Jean (Jean DAUVILLIERS, dit LOIRET et), 72, 107, 137, 142, 182, 199-202.
BORDEAUX, Henri, 228.
BORIS, 166.
BOURDAT, 107.
BOURGET, Paul, 139.
BOWES-LYON, Elizabeth, 152.
BOWLES, Jane, 98-99.
BOWLES, Paul, 98-99.
BRAIBANT, Charles, 40.
BRASILLACH, Robert, 22, 118, 157, 170-171, 185, 188, 217, 250, 269, 338.
BRASSEUR, Pierre, 71.
BREDIN, Jean-Denis, 156.
BRÉHAINE, Paul, 40.
BREKER, Arno, 251.
BRÉMOND, Henri (abbé), 70.
BRETON, André, 334.
BRIAND, Aristide, 68.
BRIANT, Théophile, 106, 212-213, 279, 306-308.

BRINON, Fernand DE, 224, 238, 240-242, 254-255, 270-272, 280, 288-289, 295, 311, 317, 341.
BRISSAUD, André, 108.
BROMBERGER, Merry, 65.
BROWN, 138.
BRUEGEL, Pierre, 42, 113.
BRUEL, L. (docteur), 210.
BUCARD, Marcel, 259.
BYRON (Georges GORDON, lord), 308.

CABROL, 297.
CACHIN, Marcel, 180.
CALIGULA, 58.
CAMPINCHI, César, 28, 31.
CAMUS, Albert, 267.
CAMUS, Clément, 108, 201-202, 332.
CANAVAGGIA, Marie, 115-117, 182, 192, 343.
CANAVAGGIA, Renée, 182.
CARAYON, Jeanne, 25, 115-116, 192.
CARCO, Francis, 108.
CARDINNE-PETIT, Robert, 300.
CARMET, Jean, 326.
CARN, Lucien-Victor, 270.
CARRÉ, Victor, 331.
CASADESUS (les frères), 108.
CASARÈS, Maria, 326.
CASSOU, Jean, 134.
CASTRIES, comtesse DE, 42.
CATELAS, Jean, 180.
CENDRARS, Blaise, 54.
CERVANTES, Miguel DE, 61.
CHADOURNE, Marc, 129.
CHAMBERLAIN, Neville, 178.
CHAMBRIAND, Frédéric (Voir MONNIER, Pierre).
CHAMPFLEURY, Robert (Eugène GOHIN, dit), 336-337.
CHAMSON, André, 129.
CHARAYRE, Georges, 102, 108.
CHARBONNIÈRE, Guy GIRARD DE, 134.
CHARDONNE, Jacques, 250.
CHARENSOL, Georges, 25.
CHARRAT, Janine, 124, 244.
CHATEAUBRIAND, René DE, 43, 55, 305, 309.
CHATEAUBRIANT, Alphonse DE, 188, 238-241, 250, 256, 274-278, 280, 288-289, 292, 300, 324.
CHÂTELAIN-TAILHADE, Pierre, 119.
CHAUTEMPS, Camille, 175.
CHAUVEAU, Léopold, 25.
CHEMCHELEVITCH, 131.
CHENNEVIER (Mme), 116.
CHÉRAU, Gaston, 21, 24, 27.
CHERVIN (peintre), 108.
CHESNEAU, Albert, 132.
CHEVRIER, Jean, 71.
CHRISTIAN-JAQUE, 74.
CHURCHILL, Winston, 162.
CITRINE, Walter, 144.
CLAOUÉ, Charles, 242, 245, 291, 298.
CLAUDEL, Paul, 158, 216, 267, 326.
CLÉDA (peintre), 108.
CLÉMENTI, Pierre, 259.
COCHET, Henri, 141.
COCTEAU, Jean, 72, 250, 267, 279, 324-327.
COLETTE, Sidonie Gabrielle, 134.
COLLIER, Stephan J., 317-318.
COMBELLE, Lucien, 155-157, 161, 175, 184, 188, 215-216, 275, 278, 280-282, 284-285, 290-292, 299-300, 324, 333-334.
COMBET-DESCOMBES, Pierre, 69.
CONTI (docteur), 246.
CORNEILLE, 262.
CORNELL, Julien, 56.
CORTHIS (Mme André), 22.
COSTANTINI, Pierre, 264, 296.
COSTON, Henry, 166, 267, 286.
COTY, François, 179.
COURRIÈRE (graveur), 108.
COURTELINE (Georges MOINEAUX, dit), 21, 108.

COUSTEAU, P.-A., 260.
COWPER-POWYS, John, 115.
CRAIG, Elizabeth, 84-85, 91-92, 94-100, 192, 328.
CRÉMIEUX, Benjamin, 52.
CRÉPET, Jacques, 112.
CRESHAMS, Pedro, 107.

DABIT, Eugène, 50, 70, 114, 129, 137, 153.
DALADIER, Édouard, 175, 178, 184, 215, 239.
DAMIA, 108.
DANIEL-ROPS, 250.
DARAGNÈS, Jean-Gabriel, 107.
DARQUIER DE PELLEPOIX, Louis, 257, 259-260, 292, 296-297.
DARRIEUX, Danielle, 98.
DAUDET, Alphonse, 21, 45, 66.
DAUDET, Charles, 42.
DAUDET, Léon, 21-23, 27, 29, 41, 45-47, 56, 66, 118, 120-121, 157, 179.
DAUDET, Lucien, 66, 250.
DAUPHIN, Jean-Pierre, 47-48, 65, 112, 125, 171.
DAUZAS, Léon, 254.
DE BAECKER, Pierre, 106, 279, 307.
DÉAT, Marcel, 188, 288-289, 291.
DEBRAY (Mme), 108.
DEBRÉ, Robert, 161.
DEBRIE, Nicole, 147.
DEBUSSY, Claude, 46, 54, 80.
DEFFOUX, Léon, 49.
DELALANDE, Germaine, 311.
DELALANDE, Jean, 152.
DELATRE, Auguste, 344.
DELATTRE, Gabriel, 28.
DELAZZARI (matelot), 203.
DELFORGE, Lucienne, 85, 113-114.
DELTEIL, Joseph, 69.
DELYNE, Christiane, 71.
DEMARTRES, Pierre, 25.
DENOËL (éditions), 49, 184, 190, 214, 236, 263, 303, 323.
DENOËL, Cécile, 186.
DENOËL, Robert, 20-23, 25, 67-68, 72, 76-77, 87, 93-97, 116-118, 133-134, 148, 151, 179, 182-186, 213, 263, 330.
DENOËL et STEELE (éditions), 32, 40, 45, 48, 68, 116-118, 127.
DERAIN, André, 108.
DESCAVES, Lucien, 21-24, 26-30, 32, 41-44, 53, 56-57, 70, 118, 142, 357.
DESCAVES (Mme Lucien), 42-44, 142.
DESCAVES, Max, 21, 26, 30, 41, 65, 68.
DESCAVES, Pierre, 25, 41-42, 48, 118.
DESHAYES, Charles, 133, 165.
DESNEIGES, Marguerite, 283.
DESNOS, Robert, 283.
DESSE, Georges, 271, 316.
DESSE (Mme Georges), 316.
DESTOUCHES, Fernand, 115, 156.
DESTOUCHES, Lucette (née ALMANSOR), 53, 67, 72, 84, 88-89, 111, 113-114, 122-124, 133-134, 164, 182, 187, 190-194, 198, 200, 206, 208-212, 231-234, 237, 248-249, 270, 274, 277, 307, 317-320, 322-323, 328, 330-332, 339-341, 343-345.
DESTOUCHES, Marguerite, 24-25, 36-37, 41, 83, 115, 187, 198, 200, 206, 212, 230-231, 323, 330.
DETRIEUX (docteur), 211.
DEVAL, Jacques, 71-72, 95-96.
DEZARROIS, André, 306.
DIAGHILEV, Serge DE, 124.
DICKENS, Charles, 40.
DIGNIMONT, André, 107.
DILLINGER, John, 92-93.
DIMITROFF, Georges, 166.
DONAS, Gabrielle (Voir Gabrielle ALMANSOR).
DORGELÈS, Roland, 21-22, 24, 27-30, 32, 46, 49, 108, 129, 144.

DORIOT, Jacques, 179, 233, 269, 275, 287-291, 355.
DORYAT, Irène, 108.
DORZIAT, Gabrielle, 324.
DOSTOÏEVSKI, 228.
DOUBLET (avocat), 73.
DRAPPIER, Jean, 271, 298.
DRAULT, Jean, 296.
DREYFUS, Alfred (capitaine), 57, 61, 156-157.
DRIEU LA ROCHELLE, Jean, 217.
DRIEU LA ROCHELLE, Pierre, 89, 158, 188, 217-218, 250-251, 254, 267-268, 292, 338.
DRUMONT, Édouard, 45, 157.
DUBROCA (docteur), 205.
DUCLOS, Jacques, 180.
DUCOURNEAU, Jean A., 68, 117, 142.
DUCROCQ, Pierre, 326.
DUFY, Jean, 108.
DUFY, Raoul, 108.
DUGUÉ (Mme), 116.
DUHAMEL, Georges, 120, 129, 189, 282.
DULLIN (magistrat), 30.
DULLIN, Charles, 71-72, 326.
DUMAS, Alexandre, 96, 344.
DUNOYER DE SEGONZAC, André, 108.
DURIO, Paco, 107.
DURTAIN, Luc, 129.
DUVERGER, Pierre, 269.
DUVIC (docteur), 212.
DUVIVIER, Julien, 71, 74.

EGOROVA (Mme), 234, 245, 322-323.
EMPEYTAZ, Frédéric, 221-222, 224-229, 245, 248-249.
EMPIÈME (nom donné à Marcel AYMÉ par Céline), 332.
EMPY (peintre), 108.
ENEAULT, Jean-Marie, 187.
EPTING, Karl, 168, 188-189, 214, 241-243, 249-253, 261-266, 268, 270, 334-335.
ESCANDE, Maurice, 70.
ESCOFFIER (chauffeur), 203.
ESPARBÈS, Jean D', 107.
ESPIAU, Marcel, 25.
ETCHEVERRY, Jean, 120-121.

FABRE, 202.
FABRE-LUCE, Alfred, 129, 250, 254, 267.
FARGES, Paul, 77.
FARRÈRE, Claude, 43.
FAUCHOIS, René, 72, 107, 266.
FAULKNER, William, 56, 93.
FAURE, Élie, 50-51, 53, 96, 118, 133, 138, 262.
FAŸ, Bernard, 257.
FAYOLLE-LEFORT, 285.
FEDOROVNA, Alexandra, 140.
FERDONNET (docteur), 222.
FERDONNET, Paul, 188.
FERNANDEZ, Dominique, 67.
FERNANDEZ, Jeanne, 67.
FERNANDEZ, Ramon, 22-23, 48, 66-67, 119, 217, 250, 292.
FEUILLIÈRE, Edwige, 326.
FÉVRIER, René, 142.
FIGUIÈRE, Eugène, 77.
FISCHER, 97, 122.
FLAMMARION (éditions), 22.
FLOYD, 92.
FOKINE, Michel, 125.
FOLLET, Athanase, 306, 308, 315.
FOLLET, Édith, 84, 306.
FONSCOLOMBE, André DE, 53, 138, 140-142.
FONTENOY, Jean, 285, 333.
FORGET, Pierre, 69.
FORMAN (docteur), 312.
FOSSATI, 291.
FOUCHÉ, Pascal, 48.
FOUÉRÉ, Yann, 310.
FOUQUET, Nicolas, 149.
FOURNEAU, Ernest, 251.
FRANCE, Anatole, 142.

FRANCE, Henri DE (comte de Paris), 302.
FRANCIS, Louis, 107.
FRESNEL, André, 245.
FREUD, Sigmund, 86.

G., E., 135.
GABIN, Jean, 98.
GALLIMARD, Annie, 127.
GALLIMARD, Antoine, 127.
GALLIMARD, Gaston, 52, 139.
GALLIMARD (éditions), 35, 48, 125, 151, 267.
GALPERINA, E., 131.
GALTIER-BOISSIÈRE, Jean, 27-32, 188, 217.
GAMELIN, Maurice Gustave, 215.
GANCE, Abel, 96.
GANDON, Yves, 57, 61.
GARCIN, Joseph, 78-80, 88.
GARDEN, Mary, 54.
GAULLE, Charles DE, 67, 111, 179, 216-217, 269, 295, 311.
GEBHARDT (professeur), 246-247.
GEBHARDT (Mme), 246.
GÉLIN, Daniel, 326.
GEMOND-VITAL, 71.
GENGIS KHAN, 149, 219.
GÉNIN, Lucien, 108.
GEOFFROY, Georges, 82.
GEOFFROY (Mme Georges), 82.
GEORGELAS (chauffeur), 203.
GEORGES (préfet), 271.
GEORGES VI, 152.
GÉRARD, François, 259.
GERLIER (Mgr), 288, 291, 358.
GERMONT, Nane, 71.
GERVAIS, Charles, 68.
GHEUZI, P.-B., 122.
GIBAULT, François, 20, 50, 54-55, 317.
GIDE, André, 93, 119-120, 129, 137, 139, 144, 158, 171, 218, 300.
GIDE, Charles, 129.
GIMON (photographe), 108.
GIONO, Jean, 44, 217-218, 250.
GIRAUDOUX, Jean, 46, 250, 267, 282, 302, 326.
GOBINEAU, Joseph DE, 157.
GODARD, Henri, 117, 344.
GOEBBELS, Joseph, 168, 170, 280.
GOETHE, Johann Wolfgang von, 40.
GONCOURT, Edmond DE, 19-20, 22-23, 56.
GONCOURT, Jules DE, 22-23.
GORKI, Maxime, 131-132, 137.
GOSIDAT (éditions), 130.
GOSUDARSTVENNOE IZDATEL'VO (éditions), 130.
GOUGOSOB'ED'ENIENIE (éditions), 130.
GOULD, Florence, 108, 234.
GOUZE, Roger, 31.
GRAFFIGNY, Henry DE (Raoul MARQUIS, dit), 96, 115.
GRANVAL, 75.
GRIMM, Hans, 312, 315-316.
GRIS, Juan, 109.
GROTHE, von, 259.
GROUZIEN, Louis, 271.
GSELL, Paul, 142.
GUÉRIN (docteur), 297.
GUÉRIN, Patrick, 311.
GUICHES, Gustave, 57.
GUILLOU, Céline, 115.
GUILLOU, Louis, 343.
GUILLOUX, Louis, 129.
GUYOT (peintre), 108.

HACHETTE (éditions), 35, 184.
HAILÉ SÉLASSIÉ, 122.
HALÉVY, Daniel, 66.
HALS, Frans, 113.
HARAN, René, 187.
HAULBOLDT (docteur), 246.
HAYES, 100.
HÉBERTOT, Jacques, 72.
HEINE, Henri, 40.

HELLER, Gerhard, 266-269.
HÉMARD, Yves, 311.
HENNIQUE, Léon, 21, 23-24.
HENRIOT, Philippe, 342.
HERERA, Nana DE, 107.
HÉRIAT, Philippe, 25.
HERMANT, Abel, 250.
HÉRON DE VILLEFOSSE, René, 108.
HERRIOT, Édouard, 121, 129, 291.
HERVÉ, Pierre, 312.
HEYDRICH, Reinhard, 261.
HILD, Joseph, 61.
HIMMLER, Heinrich, 257.
HINDUS, Milton, 69, 89, 93, 96, 111-112, 162-163, 209.
HITLER, Adolf, 38, 89, 110, 139, 145-146, 164, 166-168, 176, 197, 217-218, 246, 255-256, 264, 280, 287, 292, 296, 309-310.
HOGARTH (docteur), 221, 226.
HOGARTH (Mme), 226-227.
HOOVER, Herbert Clark, 38.
HUGO, Jeanne, 45.
HUGO, Victor, 40, 43, 45, 56, 308.
HUYSMANS, Joris Karl, 354.

ICHOK, Grégoire, 167, 175.
IHLEFELD, Kurt, 257-258.
IRRGANG, Erika, 20, 38-39, 49, 85, 91, 99.
IVANOV, 245.
IVERNEL, Daniel, 326.

JACOB, Max, 317-318.
JALOUX, Edmond, 52-53.
JAMET, Claude, 302-303, 342.
JEANSON, Henri, 74.
JENSEN Karen Marie, 81, 97-98, 101-102, 113, 115, 123, 125, 143, 186, 193, 242-245, 247-250, 287-288, 321-323, 339-341.
JOHANSEN, Hella, 340.
JOHNSTON-WATSON (capitaine), 39.
JONCOUR, Louis, 271.
JOSEPH (professeur), 245.
JOUHANDEAU, Marcel, 22, 157-158, 217, 250, 267-268.
JOUVENEL, Bertrand DE, 217, 254.
JOUVET, Louis, 69-70, 75.
JOXE, François, 69.
JÜNGER, Ernst, 235, 250-251, 326.

KALLETSKI, 131.
KALMANOVITCH (docteur), 181.
KAMENEV (Lev Borissovitch ROSENFELD, dit), 136.
KAMINSKI, H.-E., 175.
KERENSKI, Aleksandr Fedorovitch, 189.
KÉRILLIS, Henri DE, 129.
KIEFFÉ, Suzanne, 184.
KIROV, 136.
KNAPP (docteur), 246, 251, 266, 318.
KNIASSEF, Boris, 125.
KNOCHEN, Helmut, 257, 312, 314.
KNUPPEL, Marie-Louise, 267.
KOCHNO, Boris, 125.
KOUDRIACH, 141.
KUNI Matsuo, 256-257.

L'HELGOUARCH, Noël, 270-272.
LA CHÂTRE, Jacqueline DE, 311.
LA HIRE, Jean DE, 259.
LA ROCQUE, colonel DE, 179, 188.
LA VARENDE (Jean MOLLARD, vicomte DE), 44, 250.
LABÉ, Louise, 70.
LABORI, Fernand, 61.
LABRIC, Pierre, 108.
LACOUTURE, Jean, 49-50.
LACRETELLE, Jacques DE, 250.
LAENNEC, René, 45.
LAFFOREST, Roger DE, 334.
LAINÉ, Pierre, 77-79.
LAMARTINE, Alphonse DE, 55, 308.
LAMBERT, Henri, 298.

LAPORTE, Jean, 311.
LARBAUD, Valery, 46.
LARCHER, Pierre, 304.
LARDANCHET (librairie), 217.
LATTRE DE TASSIGNY, Jean DE, 233.
LAUBREAUX, Alain, 324-325.
LAUNAY, Pierre-Jean, 64.
LAVAL, Josée (marquise de CHAMBRUN), 251.
LAVAL, Pierre, 145, 175-176, 186, 219, 226-227, 248-249, 261, 285, 288, 341.
LE BANNIER, Maria, 159-160, 173, 305-306, 352.
LE BANNIER, Sergine, 306, 308, 352.
LE BOTERF, Hervé, 309-310, 326.
LE COZ, Andrée, 232, 308, 309, 343.
LE COZ, Anne, 308, 309.
LE PENVEN, Jef, 311.
LE VIGAN (Robert COQUILLAUD, dit), 70, 72, 74-76, 107, 233, 268, 322, 332, 337.
LEANNEC, Suzanne DE (Mme BOYER LE MOINE), 309, 311, 315-316.
LÉAUTAUD, Paul, 27, 45, 51-52, 55, 112, 158, 267, 278.
LEBLANC, Georgette, 53-54.
LEBLANC, Maurice, 53.
LEBLOND, Jacques, 211.
LECACHE, Bernard, 170, 183, 276, 300, 354.
LECAIN (docteur), 181.
LECONTE (docteur), 212.
LEDOUX, Fernand, 75.
LEFÈVRE, Frédéric, 317.
LEHIDEUX, François, 227.
LEITES, A., 131.
LEJEUNE, Jacques, 119.
LEMELAND, Jacques, 230.
LEMERRE, Alphonse, 45.
LÉNINE, 246.
LÉQUÉRICA (ambassadeur), 339.
LESDAIN, Jacques DE, 259.
LESSARD, Émile, 311.
LESTANDI DE VILLANI, Jean, 215, 283-285, 290, 296.
LEVIDON, 131.
LÉVITAN, 213.
LÉVY (Mgr), 358.
LIABEUF, 185.
LIFAR, Serge, 123-125, 244, 295.
LINDEQUIST (Mme), 113, 243.
LITTLE BROWN (éditions), 93.
LITVINOFF, 295.
LÖCHEN, François, 345.
LOEB, 100.
LŒWEL, Pierre, 47, 169.
LOISEAUX, Gérard, 253.
LONDON, Géo, 129.
LOUIS XIV, 149, 284.
LUCHAIRE, Florence, 244.
LUCHAIRE, Jean, 244, 292.

MABILLE, Simone (Mme MARIETTI), 336-337.
MACGREGOR, Robert, 79-80, 95, 143, 348.
MAC ORLAN, Pierre, 108.
MAETERLINCK, Maurice, 53-54.
MAHÉ, Henri, 95-96, 99, 107, 186, 232, 270, 279, 305, 310, 316, 322.
MAHÉ, Henri-Albert, 232.
MAHÉ (Mme Henri-Albert), 316.
MALLET, Arthur, 342.
MALOUVIER, Sylvain, 190-191.
MALRAUX, André, 40, 50, 120, 129, 131, 134, 139, 169, 217-218.
MANCKIEWICTZ, 282.
MANDEL, Georges, 239, 284-285.
MANET, Édouard, 80.
MARAIS, Jean, 324-325.
MARCHANDEAU, 161, 183.
MARGUERITTE, Paul, 57.
MARGUERITTE, Victor, 47.
MARION, 217.
MARITAIN, Jacques, 158.

MARKS, John, 50, 69, 78-82, 88, 93, 99, 103, 124-125, 138, 142, 164, 190.
MARQUIS, Raoul (Voir GRAFFIGNY, Henry DE).
MARSAN, Eugène, 119.
MARTEAU, Pascaline, 95.
MARTEAU, Paul, 95-96, 110-111, 213.
MARTIN, Georges, 25.
MARTINY (docteur), 291.
MARX, Karl, 127, 301.
MARZOUK (Mme), 191-192.
MASSIS, Henri, 66.
MAULNIER, Thierry, 217.
MAURIAC, François, 49-50,156, 216, 262, 267.
MAURICE (magistrat), 75.
MAUROIS, André, 215.
MAURRAS, Charles, 66-67, 120, 157, 179, 358.
MAYER, René, 166.
MAZELINE, Guy, 22-25, 27-28, 46, 48, 51.
MC BRIDE, Irene (Mme GOUDE), 98, 102, 123, 234, 239.
MEERSCH, Maxence van der, 22.
MERLIN, 306.
MICHAUX, Henri, 52.
MIDAS, 185.
MIKKELSEN, Thorvald, 40, 74, 111, 159, 226, 235, 252, 272, 315.
MILLER, Henry, 54-56.
MILLER, Marilyn, 98.
MILLERAND, Alexandre, 41.
MIRBEAU, Octave, 21.
MIQUEL, Lucien, 65.
MIQUEL, René, 107.
MITRE, Simone, 224, 270.
MOELLHAUSEN, Eitel, 276-279.
MOLIÈRE (Jean-Baptiste POQUELIN, dit), 47.
MOLITOR, Victor, 65.
MOLOTOV (Viatcheslav Mikhaïlovitch SKRIABINE, dit), 137, 197.
MONDAIN (docteur), 316.
MONNIER, Pierre, 53, 116, 125.
MONTAIGNE, Michel DE, 301.
MONTANDON, Georges, 129, 182, 188, 213, 257, 259, 343.
MONTHERLANT, Henry DE, 44, 189, 217, 250, 254, 267, 326.
MONZIE, Anatole DE, 121, 129, 285, 292.
MORAND, Jacqueline, 169.
MORAND, Paul, 46, 50, 250-251.
MORAVIA, Alberto, 115.
MORCHAIN (docteur), 108, 233.
MORDREL, Olier (Olivier MORDRELLE, dit), 309-311, 315.
MOREAU, 291.
MORÉSI, Florent, 186-187.
MORGENTHAU, 100.
MORICAND, Conrad, 317-318.
MORVAN, François, 271.
MOULIN, Jean, 316.
MOURLET, Jacques, 155, 229-233, 270, 310-311, 342.
MOURLET (M. et Mme), 270.
MUGNIER (abbé), 41-43, 57.
MUSSOLINI, Benito, 176, 197.
MYGDAL, Madsen, 340.
MYGDAL (Mme Madsen), 341.

NALI, Robert, 108.
NANSEN, Fridtjof, 38.
NAPOLÉON, 89.
NAUD, Albert, 44, 314.
NELSON, 92.
NETTELBECK, Colin W., 85-86.
NEVEUX, Georges, 326.
NEVEUX, Pol, 21, 24, 27-28, 30.
NEVELSON, Louise, 98-99, 102.
NICOLAS II, 140.
NICOULIN, 131.
NIETZSCHE, Friedrich, 156.
NINGOULA, A., 131.
NIZAN, Paul, 40, 119-120, 128.
NOBEL, Alfred, 139.

NOCETI, Jean, 107, 322.
NORDLING, Raoul, 73.
NOUVELLES ÉDITIONS EXCELSIOR, 175.
NOUVELLES ÉDITIONS FRANÇAISES, 213.
NOVERRE, Jean Georges, 124.
NYS, Raymond DE, 25.

OBORIN, A., 131.
OLECHA, 131.
OLSEN, 190.
OLTRAMARE, Georges, 270.
OPPMAN (docteur), 181.
OTTERSTRØM, Knud, 113.
OULANOVA (danseuse), 141.

PACELLI, Eugenio (Voir PIE XII).
PAGAVA, Ethéry, 124.
PALFY (comtesse), 250.
PALLU, Jean, 48.
PAM, Cillie, 19-20, 26, 38-40, 49, 63, 85, 87-88, 99, 112, 138, 142, 167, 321.
PANNETIER, Odette, 25.
PAPAZOF (peintre), 108.
PAPEN, Franz von, 295.
PARAZ, Albert, 55, 92, 116, 123-124, 134, 163-164, 194-195, 314.
PARINAUD, André, 82-83, 173-174, 345.
PARSONS, 81.
PAUL, Gen (Eugène PAUL, dit), 72, 74, 91, 102, 106-112, 137, 142, 144, 187, 200, 212-213, 231, 233, 235-236, 245-247, 254-256, 269, 316, 318-319, 321-323, 331, 336, 339-340.
PAUL (Mme Gen), 144, 236.
PAULHAN, Jacqueline, 64, 70.
PAULHAN, Jean, 63-64, 71, 267.
PAULUS, Friedrich, 299.
PAVLOVA, Anna, 354.
PAYR, Bernard, 252-253, 268.
PÉGUY, Charles, 296, 353, 358.
PEISSON, Édouard, 23.
PÉLADAN (Joseph, dit Joséphin), 344.
PELEGRINI (matelot), 203.
PEMJEAN, Lucien, 213.
PERGAUD, Louis, 46.
PÉRI, Gabriel, 180.
PERRAULT, Serge, 123, 214, 269, 336.
PERROT, Jean, 107.
PERROT, Jean-Louis, 271.
PÉTAIN, Philippe, 178-179, 206, 215-217, 238, 276-277, 288, 296, 310, 353.
PETIOT (docteur), 192, 291.
PETITJEAN, Armand, 217.
PETITPA, Marius, 124.
PEYTEL (avocat), 28, 30.
PFEIFFER, Édouard, 129.
PHILIPE, Gérard, 326.
PHILIPPON, Henri, 107.
PICARD, Gaston, 25.
PICASSO, Pablo, 46.
PIE XI, 178.
PIE XII, 178.
PIERRE Ier, 149.
PINAULT, Jacques-Henri, 82.
PIRAZZOLI (Mme), 212, 330.
PISAN, Christine DE, 70.
PIZELLA, 108.
PLAZANNET, Marcel, 269-270.
PLINE L'ANCIEN, 323, 338.
PLISNIER, Charles, 48.
PLOHIC, Jean, 271.
POINCARÉ, Raymond, 136.
POLLET, Évelyne, 76, 88, 99-100, 112, 117, 190, 193-195, 238.
PONCHON, Raoul, 21, 24, 29.
PONCINS, Léon DE, 257.
POPELIN, Claude, 227.
POPOFF, 166.
PORQUEROL, Élisabeth, 65, 99.
PORTE (Mme), 210.
POULAILLE, Henri, 22.
POULAIN, Henri, 282-283.
POULAIN, Odette, 154, 227.
PROUST, Marcel, 46-47, 132, 157, 299-300.
PUCHEU, Pierre, 214, 227.

PULICANI, André, 108.
PUYSÉGUR, Armand DE, 259.
PYTHON (avocat), 28.

QUERRIOUX (docteur), 213.

RABELAIS, François, 136.
RACINE, 262.
RAIMU (Jules Auguste César MURAIRE, dit), 71.
RAJCHMAN, Ludwig, 36, 161, 190.
RAMADIER, Paul, 134.
RAMEAU, Colette, 210.
RATEL, Simonne, 22.
RATTI, Achille (Voir PIE XI).
RAYMONDI, 291.
RAYNAUD, Paul, 206.
REBATET, Lucien, 157, 170-171, 188, 213-214, 250, 260, 286, 292, 294-296, 324.
REHM (docteur), 209.
REICH, Annie, 86.
REMBRANDT (Rembrandt Harmenszoon VAN RIJN, dit), 113.
RENARD, Jules, 158.
RENAUD, Madeleine, 75.
RENOIR, Jean, 74-75.
REVOL, Max, 107.
RIBBENTROP, Joachim von, 309.
RICCINI (Mme), 116.
RICOVA, N., 131.
RIENZI, Raymond DE, 23-24, 28.
RIMBAUD, Arthur, 54.
RIO, Paul-Yves, 121, 256, 270.
RIVAULT, Marcel, 108, 233.
RIVET, Jules, 170.
ROBICHON, Jacques, 29, 31-32.
ROBINSON, Madeleine, 71.
RODIN, Auguste, 142.
ROLLAND, Romain, 129.
ROMAINS, Jules, 43, 189, 215.
RONDEAU, Daniel, 99.
ROOSEVELT, Franklin Delano, 100.
ROSEMBLY, Oscar-Louis, 111.
ROSENBERG, Alfred, 252.
ROSNY AINÉ, J.-H. (Joseph-Henri BOEX, dit), 20-22, 24, 26-32, 57.
ROSNY JEUNE, J.-H., 20-22, 24, 28.
ROSSELLI, Carlo, 175.
ROTHSCHILD (famille), 284.
ROUQUÈS, Pierre, 87, 180-185, 243.
ROUSSEAU, Jean-Jacques, 282.
ROUSSEAUX, André, 165.
ROUX, Dominique DE, 45.
ROVOL, Pierre, 71.
RUDLER, Jean-Claude, 242, 245-247.

SABORD, Noël, 25, 48, 119.
SAINT-JEAN, Robert DE, 65-66.
SAINT-SIMON (Louis de ROUVROY, duc DE), 46.
SAINTU, Simone, 36, 39-40.
SALMON, André, 317.
SAMPAIX, Lucien, 180, 276, 297.
SANDY, Margaret, 102, 234.
SARTRE, Jean-Paul, 119, 139, 267, 326.
SAUDEMONT, André, 180-184.
SAUER, Émile, 114.
SAUVAGE, Marcel, 25.
SAVOIRE, Alfred (A. POSNANSKI, dit), 270.
SAVOIRE, Camille, 270.
SCHIFF, 100.
SCHLEIER, 255.
SCHLEMANN, 291.
SCHWARTZ, Solange, 244.
SCIZE, Pierre, 119-120.
SCONIN, Jeanne, 262.
SELIVANOVSKI, 131.
SEMMELWEIS, Philippe-Ignace, 148.
SERÉ, Maurice DE, 299.
SERGE, Victor, 129, 145.
SEROUILLE, Albert, 226, 228, 333.
SERPEILLE DE GOBINEAU, Clément, 257, 259.
SERRAT, Juan, 339-341.
SERVONNET, Hyacinthe, 331.

SÉZILLE (capitaine), 180, 259-261, 286-287.
SHANDRA KALI, 123, 234.
SHAKESPEARE, William, 47, 66, 69, 71, 231, 327.
SICARD, Maurice-Yvan puis Ivan-M., 27-32, 162, 287-288, 291.
SIEBURG, Friedrich, 251.
SIMON, Michel, 70, 108.
SOBOLEVSKI, N., 131.
SOLEVANT (mécanicien), 203.
SOPHOCLE, 47.
SOUPAULT (Raphaël, dit Ralph), 74, 107, 233.
STALINE, Joseph, 137, 139, 145, 197, 287, 310.
STAVISKY, Alexandre, 165.
STARTSEV, A., 135.
STEEG (Mlle von), 251.
STEELE, Bernard, 77, 185-186.
STRAUSS, Walter, 166-167, 190.
STRAVINSKI, Igor, 125.
STROPFER, A. J., 86.
SUAREZ, Georges, 157.

TAITTINGER, Pierre, 179.
TALLEYRAND, 240.
TANEF, 166.
TCHAÏKOVSKI, Petr Ilitch, 140.
TCHAROV, M., 131.
TCHERINA, Ludmilla, 123-124.
THEZENAS, Maurice, 41.
THIBAULT, Jean-Marc, 326.
THIERS, Adolphe, 192.
THOMAS, Germaine, 86, 351.
THOMAS, Jean, 86, 349-350, 351.
THOMAS, Pierre, 349, 351.
THOMAS, Robert, 330.
THOREZ, Maurice, 134, 175, 198, 216.
TITOFF (docteur), 189.
TOLSTOÏ, Léon, 41.
TOURNAY, Raymond, 298.
TREICH, Léon, 180.
TRÉNET, Charles, 295, 322.
TRIOLET, Elsa, 127, 129-130, 132-134, 139.
TROTSKI, Léon, 128, 136.
TRUC, Gustave, 47.
TSCHANN, Louis, 55, 182.
TURPIN, Colette, 24-25, 84, 187, 312, 314, 328-330.
TURPIN, Jean-Marie, 329.
TURPIN, Yves, 329-330.
TUSET, Jean, 317.
TUSET (docteur), 271-272, 316-317.

UTRILLO, Maurice, 109.
UTTER, André, 108.

VACHER DE LA POUGE, G., 257.
VAILLAND, Roger, 336-337.
VAILLANT-COUTURIER, Paul, 129.
VALADON, Suzanne, 108.
VALÉRY, Paul, 108, 158, 250.
VALETTE, Alfred, 27.
VALLAT, Xavier, 259-260, 292, 296.
VALLÉRY-RADOT, Robert, 66.
VALLÈS, Jules, 42.
VALOIS, Georges, 179.
VAN DEN BROEK, Robert, 188.
VANIER, Jean, 142.
VANINO, Maurice, 286.
VANNI, Joannin, 223.
VAREDDES, Francis, 351.
VARENNE, Alexandre, 108, 213.
VARENNE, Jo, 108.
VAUDOYER, Jean-Louis, 70.
VAUDREMER (docteur), 212.
VERCEL, Roger, 23.
VERLAINE, Paul, 55.
VERNES (docteur), 235.
VIALAR, Paul, 65.
VIENNEY, Paul, 180, 184.
VIGNAUD, Jean, 57.
VILDRAC, Charles, 129.
VILMORIN, André DE, 67.

VILLEBŒUF, André, 107.
VILLON, François, 70.
VINNEUIL, François (Voir REBATET, Lucien).
VISSAUT, Guy (dit de COETLOGON), 311.
VITOUX, Frédéric, 332.
VLAMINCK, Maurice DE, 41-42, 108.
VOLTAIRE (François Marie AROUET, dit), 44, 157.
VON BOHSE, Carl William, 251.

WACKER, 323.
WAHL, Lucien, 47.
WALTER, Bruno, 114.
WAUGH, Evelyn, 115.
WEBB, Clifton, 98.
WEBSTER, 156.
WEISBREM, Charles, 189.
WEISS, Louise, 129.
WENDEL, 302.
WEYGAND, 302.
WILD, Roger, 124.
WILL, Franck, 108.
WOLF, Pierre-René, 25.
WORMS, 285, 288.

YACOUB (prince), 122, 256.
YACOUB, Desta, 122, 256.
YACOUB, Menène, 122, 256.
YARD, Lester, 97.

ZAHAROFF, 164.
ZAY, Jean, 358.
ZEITSCHEL, 259.
ZINOVIEV (Grigori Ieseïevitch APFELBAUM, dit), 136.
ZOLA, Émile, 23, 45, 53, 56-58, 60-61, 70, 139, 156-157.
ZULOAGA, Antonio, 108, 233, 255-256, 339-340.

TABLE DES ILLUSTRATIONS

Sauf mention particulière, les documents reproduits proviennent des collections de Mme Lucette Destouches et de l'auteur.

La pagination en chiffres romains renvoie au cahier hors-texte placé entre les pages 62 et 63 du texte.

I 1. Louis Destouches est sur la charrette, en blanc.
2. Louis Destouches, enfant assis sur l'âne.
II 3. Louis Destouches, fin 1914 ou 1915.
4. Louis Destouches, probablement à Diepholz ou à Karlsruhe en 1908.
III 5. Louis Destouches, au Val-de-Grâce, en décembre 1914, à droite en képi. Mention manuscrite au dos : « Vue de héros en décadence, Louis. »
IV 6. Louis Destouches, en 1923 (Photo Sabourin, Paris.)
7. Louis Destouches (collection Édith Follet).
V 8. Louis Destouches (debout), à Roscoff en 1920 (collection Pierre Thomas).
VI 9. Louis Destouches à Rome, reçu par Mussolini, avec les « Échangistes » (quatrième en partant de la gauche); 3 août 1925.

VIII 10. Colette Destouches. Mention manuscrite au dos de la photo : « Chère Madame, j'ai bien reçu la photo de la petite Colette que voici. Elle va très bien, ce qui fait que vous la verrez bientôt, je crois. Je vous embrasse bien affectueusement tous les deux. Édith. »

IX 11. La mère de Louis Destouches (Prestofoto, Paris).

12. « Ma petite fille Colette » (mention manuscrite au dos de la photo).

X 13. Lucette Almansor en costume de scène.

XI 14. Karen Marie Jensen.

15. A l'extrême gauche, Blanche d'Alessandri; à la barre, Lucette Almansor et Ludmilla Tcherina.

XII 16. Céline à Saint-Malo sur la terrasse de Maria Le Bannier en 1933 (collection Sergine Le Bannier).

17. « Je ne puis que vous envoyer notre photographie dans un moment sportif triomphal » : lettre inédite de Louis Destouches à Maria Le Bannier (1931).

XIII 18. Henri Mahé (au centre).

XIV 19. Le *Meknès* à Bordeaux (Documentation historique, Compagnie Générale Transatlantique).

XV 20. Céline au retour de Leningrad en 1936, à bord du *Meknès* (collection André de Fonscolombe).

XVI 21. Gen Paul dans son atelier, avec sa femme (photo Paul G. Almasy).

XVII 22. Gen Paul, dans son imitation de Hitler.

23. Gen Paul et son orchestre (photo Brücken, 27 octobre 1946).

XVIII 24. Céline (premier à gauche) et Lucette Almansor (deuxième à droite). L'ambulance de Sartrouville pendant l'Exode, en juin 1940.

XX 25. Louis-Ferdinand Céline à l'Institut d'études des questions juives. Paris, 11 mai 1941 (collection Roger-Viollet).

26-27. Profils de Céline et de sa mère (dans les années quarante).

Illustrations in texte :

Page 258 : Rapport inédit du docteur Kurt Ihlefeld à Otto Abetz (archives du Centre de documentation juive contemporaine, document V-6).

Page 293 : Fac-similé d'une lettre inédite du journal *Au pilori* (archives du Centre de documentation juive contemporaine, document CX-174).

Page 313 : Déclaration de changement de domicile établie au nom de Lucie Almansor.

Pages 346-347 : Réponse à un questionnaire de *New Directions.*

TABLE

AVERTISSEMENT

AVERTISSEMENT BIBLIOGRAPHIQUE

Chapitre I. PLACE GAILLON.

Chapitre II. PARIS.

Chapitre III. RUE LEPIC.

Chapitre IV. LOS ANGELES.

Chapitre V. AVENUE JUNOT.

Chapitre VI. LENINGRAD.

Chapitre VII. SUR LES RIVES DU STYX.

Chapitre VIII. MUNICH.

Chapitre IX. GIBRALTAR.

Chapitre X. SAINT-JEAN D'ANGÉLY.

Chapitre XI. BEZONS.

Chapitre XII. BERLIN. 237

Chapitre XIII. RUE GIRARDON. 273

Chapitre XIV. SAINT-MALO. 305

Chapitre XV. GARE DE L'EST. 321

ANNEXE I : DEUX LETTRES INÉDITES DE LOUIS DESTOUCHES SUR LA MÉDECINE. 349

ANNEXE II : « ACTE DE FOI ». 352

ANNEXE III : LETTRE À JACQUES DORIOT. 355

INDEX 359

TABLE DES ILLUSTRATIONS 373

DE CET OUVRAGE
COMPOSÉ ET ACHEVÉ D'IMPRIMER
PAR L'IMPRIMERIE FLOCH
À MAYENNE EN OCTOBRE 1985
IL A ÉTÉ TIRÉ
TRENTE EXEMPLAIRES HORS COMMERCE,
NUMÉROTÉS DE HC 1 À HC 30,
RÉSERVÉS À L'AUTEUR.

N° d'impression : 23664.
Dépôt légal : octobre 1985.